高等职业教育"互联网+"新形态一体化教材

工 程 力 学

主　编　朱耀武　李迎吉

副主编　黄国栋　冯志祥　陈　义

参　编　郁　荣　金旭星　吕伟文

机 械 工 业 出 版 社

本书是根据当前高职教育发展的特点，充分吸收高职教育力学课程改革的成果，并结合编者长期教学积累的经验与体会，按照实用、优化、提高的原则编写的。本书分为静力学、材料力学、运动力学三篇，共 13 章，主要内容包括静力学的基本概念、平面力系、空间力系与重心、轴向拉伸与压缩、剪切与挤压、圆轴的扭转、直梁的弯曲、组合变形的强度计算、压杆稳定、动载荷与交变应力、运动学、动力学、动能定理。

本书可作为普通高等学校应用型本科、高等职业院校、成人高校机械类与近机械类专业力学课程的教材，也可供相关工程技术人员参考。

本书配有电子课件、习题答案（部分）、二维码资源和在线开放课程，凡使用本书作为教材的教师可登录机械工业出版社教育服务网 www.cmpedu.com 注册后免费获取。咨询电话：010-88379375。

图书在版编目（CIP）数据

工程力学/朱耀武，李迎吉主编. —北京：机械工业出版社，2023.12
高等职业教育"互联网+"新形态一体化教材
ISBN 978-7-111-74470-2

Ⅰ.①工… Ⅱ.①朱… ②李… Ⅲ.①工程力学-高等职业教育-教材
Ⅳ.①TB12

中国国家版本馆 CIP 数据核字（2023）第 245873 号

机械工业出版社（北京市百万庄大街 22 号 邮政编码 100037）
策划编辑：刘良超 责任编辑：刘良超
责任校对：孙明慧 梁 静 封面设计：王 旭
责任印制：常天培
北京铭成印刷有限公司印刷
2024 年 3 月第 1 版第 1 次印刷
184mm×260mm · 15.75 印张 · 384 千字
标准书号：ISBN 978-7-111-74470-2
定价：49.80 元

电话服务 网络服务
客服电话：010-88361066 机 工 官 网：www.cmpbook.com
010-88379833 机 工 官 博：weibo.com/cmp1952
010-68326294 金 书 网：www.golden-book.com
封底无防伪标均为盗版 机工教育服务网：www.cmpedu.com

前　言

"工程力学"是工科院校机械类及近机械类专业必修的基础课程之一，是各类技术工程学科的重要理论基础，是将力学原理应用于实际工程系统的科学，是沟通自然科学基础理论与工程实践的桥梁。通过学习"工程力学"课程，学生可初步具备在机械设计过程中进行力学分析和工程计算的能力。本书将系统地引导学生结合实际解决工程中的力学问题，以力学的知识改进工程设计问题。

本书在编写过程中突出了高等职业教育的特点，以简明为宗旨，在内容方面进行精心选择与编排，删减了烦琐的推导过程，注重实用性和教学的可操作性，在加强基础理论的同时，注意密切联系工程实际，以培养学生分析问题和解决问题的能力。

党的二十大报告指出，"推进教育数字化，建设全民终身学习的学习型社会、学习型大国。"为响应党的二十大精神，本书制作了大量数字资源，以二维码形式放置于相应知识点处，学生手机扫码即可观看相应资源；制作了在线开放课程，丰富了教学手段，有利于信息化教学。此外，本书还标记了重点内容，并以双色印刷的形式呈现，便于学生提纲挈领地掌握知识脉络。

本书由无锡职业技术学院朱耀武、李迎吉担任主编，无锡职业技术学院黄国栋、冯志祥，苏州江锦自动化科技有限公司陈义担任副主编。具体编写分工为：第一章~第三章由朱耀武编写；第四章~第七章由李迎吉编写；第八章由冯志祥编写；第九章由陈义编写；第十章由无锡职业技术学院郁荣编写；第十一章由无锡职业技术学院金旭星编写；第十二章由黄国栋编写；第十三章由无锡职业技术学院吕伟文编写。

本书在编写过程中得到了无锡职业技术学院各级领导和同事的帮助和支持，在此谨致以诚挚的谢意。

由于编者水平有限，书中错漏之处在所难免，恳请广大读者批评指正。

编　者

二维码索引

（续）

目　录

第三篇　运动力学

绪 论

一、工程力学研究的内容与对象

工程力学包括静力学、材料力学与运动力学三个部分。

平衡是工程中机械运动的特殊形式，在工程力学中首先要研究物体受力后的平衡条件及其在工程中的应用，这是静力学研究的主要内容。

材料力学研究的主要内容是研究构件在外力作用下的变形、受力和破坏的规律，为合理设计构件提供有关强度、刚度和稳定性分析的基本理论和方法。

运动力学主要研究质点的运动和刚体的基本运动，以及在这些运动中，受力物体的运动与作用力之间的关系。

工程力学研究的对象往往比较复杂，在实际问题中，常需要抓住一些带本质的主要因素，略去次要因素，从而抽象成力学模型作为研究对象。当物体的运动范围比它本身的尺寸要大得多时，可把物体当作只有一定质量而其形状和大小均可忽略不计的一个质点。物体在力的作用下要发生变形，如果这种变形在所研究的问题中可以不考虑或暂不考虑，则可把它当作不变形的物体——刚体。质点和刚体是两种最基本的力学模型。当变形不能忽略时，就要将物体作为变形体来处理。一般来说，任何物体都可以看做是由许多质点组成的，这种质点的集合称为质点系。因此，工程力学研究的主要对象为质点、刚体、质点系和变形体。

二、工程力学在工程技术中的地位

工程力学是一门与工程技术联系极为密切的技术基础学科，它是工程技术的重要理论基础之一。工程力学的定律、定理与结论广泛应用于各种工程技术之中，机械、交通、纺织、轻工、化工、石油等领域都要用到工程力学的知识。

三、学习工程力学的基本要求及方法

工程力学来源于实践。因此，进行现场观察和实验是认识力学规律的重要环节。学习本课程时，要求大量地观察实际生活中的力学现象，并学会用力学基本知识去解释这些现象。要利用我们原有的直接经验与感性认识对所学的理论进行对照、检验、分析。对于正在学习工程力学课程的学生来讲，应掌握下面的学习方法：

1）工程力学系统性较强，各部分有较紧密的联系，学习中要循序渐进，及时解决不清楚的问题，以免在以后的学习中失去信心。

2）要注意深入体会和理解基本概念、基本理论和基本方法，不能满足于背公式、记结论。要注意分析问题的思路和解决问题的方法。要善于思考、善于发现问题并利用工程力学的知识积极地去解决问题。

3）课前应预习，做到听课时有重点。课后应及时复习，加深对新内容的理解。在复习理解的基础上，再做一定量的练习。练习是运用基本理论解决实际问题的一种基本训练，要在理解概念与掌握公式的基础上进行。

综上所述，作为未来的工程技术人员，不仅要学好工程力学的理论内容，还要掌握好工程力学的研究方法。只有这样，才能在建设具有中国特色的社会主义的过程中，作出应有的贡献。

第一篇

静 力 学

引　言

　　静力学研究的是刚体在力系作用下的平衡规律。它包括确定研究对象、进行受力分析、简化力系、建立平衡条件及求解未知量等内容。

　　所谓刚体，就是在力的作用下其大小和形状都不变的物体。刚体是一种抽象的力学模型，在实际中并不存在。所谓平衡是指物体相对于地面保持静止或做匀速直线运动。平衡是物体各种运动状态中的特殊情形，是相对的。力系是指作用在物体上的一组力，一般记作 $(\boldsymbol{F}_1, \boldsymbol{F}_2, \cdots, \boldsymbol{F}_n)$，如果力系可使物体处于平衡状态，则称该力系为平衡力系；若两力系分别对同一物体的作用效应相同，则二者互称为等效力系；若力系与一力等效，此力则称为该力系的合力。所谓力系的简化就是用简单的力系等效替代复杂的力系。

力学故事汇

我国古代的力学探索

　　力学是研究宏观物体机械运动规律的一门科学。在人类研究力学的历史过程中，特别是在古代力学发展过程中，我国的古代科学家做出了杰出的贡献，他们对运动和力等一些力学基本概念做了简单的描述；对静力平衡问题、杠杆原理等一些力学现象做了一定的研究；此外，对惯性、速度及流体等的研究也有所记载。他们对力学的研究成为人类探索力学规律活动的重要组成部分。

　　东汉时期成书的《尚书纬·考灵曜》中指出："地恒动不止而不知，譬如人在大舟中，闭牖而坐，舟行而不觉也。"这是对机械运动相对性十分生动和浅显的比喻。其后的哥白尼、伽利略在论述这类问题时，都不谋而合地运用过几乎相同的比喻，但在时间上已经晚了一千四百年之多，这说明我国早在公元二世纪前对运动就有了相当深刻的认识。

　　墨家最早指出："力，刑之所以奋也。"这里的"刑"同"形"，指物体的运动状态；这里的"奋"字是由静到动、由慢到快的意思，明确含有加速度的意思。所以以上墨家的论点可解释为：力是物体由静到动、由慢到快做加速运动的原因。《墨经》中还记载道："力，重之谓，下、举，重奋也。"意思是物体的重量也就是一种力，物体下坠、上举都是基于重量的作用，也就是用力的表现。古代一直把重量单位如"钧""石"等作为力的量度单位，也足以说明这一点。

　　古时人们曾用头发编成发辫来悬挂重物，结果发现发辫中有的头发被拉断，而有的头发不被拉断，对此墨家进行了细致的观察和深入的研究，终于发现：当这些头发共悬一件重物时，由于头发的松紧程度不同，被拉紧的那一部分头发承受了重物全部的重量，尽管重物的重量可能不是很大，但这些头发往往先被拉断，其他部分的头发也有可能相继被拉断。于是，墨家认为，假如重物的重量能够均匀地分配到每一根头发上，这些头发就有可能一根也不会断。所谓"轻而发绝，不均也。均，其绝也莫绝"就是这个意思。战国后期的名家公孙龙在墨家这个论点的基础上提出了"发引千钧"的设想，即如果头发的松紧程度相同，则能承受很重的物体。

惯性是力学中一个非常重要的基本概念。我们的祖先很早以前就开始注意惯性这一力学现象了，而且在生活和生产实践中，逐步形成了对惯性现象的初步认识。《考工记》中写道："马力既竭，车舟（辕）犹能一取也。"意思是说，马拉车的时候，马虽然停止前进，即不对车施加拉力了，但车辕还能继续往前动一动。这显然是对惯性的一个生动而直观的描述，这也是我国古代力学史上关于惯性最早的记载。

中国作为一个文明古国，在古代科学技术方面曾经在相当长的一段历史时期内相对于西方保持着明显的领先地位，这反映出我国古代人民的聪明才智和科学素养。在倡导科技创新的今天，我们回顾祖国灿烂的古代科技文明，应树立文化自信，一方面为祖先的辉煌成就而骄傲，另一方面以振兴民族科技为己任，为实现中华民族的伟大复兴贡献一份力量。

第 一 章

静力学的基本概念

第一节 力 的 概 念

一、力的定义

力的概念来自于实践，人们在劳动或日常生活中推、拉、提、举物体时，肌肉有紧张之感，逐渐产生了对力的感性认识，大量的感性认识经过科学抽象，并加以概括，形成了力的概念。力是物体之间的相互机械作用。这种作用对物体产生两种效应，即引起物体机械运动状态的变化或使物体产生变形，前者称为力的外效应或运动效应，是本书第一篇静力学和第三篇运动力学的研究内容；后者称为力的内效应或变形效应，是本书第二篇材料力学的研究内容。

力的作用离不开物体，因此谈到力时，必须指明相互作用的两个物体，并且要根据研究对象的不同来明确受力体和施力体。

实践证明，力对物体的作用效应取决于力的大小、方向和作用点，这三个因素称为力的三要素。当这三个要素中有任何一个改变时，力的作用效应也将改变。

为了表示力的大小，必须确定力的单位。本书采用国际单位制（SI），以"牛顿"作为力的单位，记作 N；有时也以"千牛顿"作为单位，记作 kN。

二、力的表示法

力是一种有大小和方向的量，又满足平行四边形计算法则，所以力是矢量（简称力矢）。如图 1-1 所示，力常用一带箭头的线段表示，线段长度 AB 按一定比例表示力的大小；线段的方位和箭头的指向表示力的方向；线段的起点（或终点）表示力的作用点；与线段重合的直线称为力的作用线。本书中，矢量用黑体字母表示，如 $\boldsymbol{F}$；力的大小是标量，用一般字母表示，如 F。

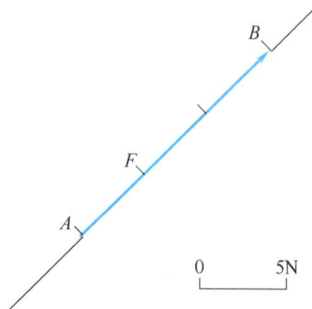

图 1-1

若力矢 $\boldsymbol{F}$ 在平面 Oxy 中，则其矢量表达式为

$$\boldsymbol{F}=\boldsymbol{F}_x+\boldsymbol{F}_y=F_x\boldsymbol{i}+F_y\boldsymbol{j} \tag{1-1}$$

式中，$\boldsymbol{F}_x$、$\boldsymbol{F}_y$ 分别表示力 $\boldsymbol{F}$ 沿平面直角坐标轴 x、y 方向上的两个分力；F_x、F_y 分别表示力 $\boldsymbol{F}$ 在坐标轴 x、y 上的投影；$\boldsymbol{i}$、$\boldsymbol{j}$ 分别为坐标轴 x、y 上的单位矢量。

力 $\boldsymbol{F}$ 在坐标轴上的投影方法为：过力 $\boldsymbol{F}$ 两端分别向两坐标轴引垂线，得垂足 a、b 和 a'、b'，如图 1-2 所示，线段 ab、$a'b'$ 分别为力 $\boldsymbol{F}$ 在 x 轴和 y 轴上的投影大小。投影的正负号规定为：由起点 a 到终点 b（或由 a' 到 b'）的指向与坐标轴正向相同时为正，反之为负。图 1-2 中力 $\boldsymbol{F}$ 在 x 轴和 y 轴上的投影分别为

$$\left.\begin{aligned} F_x &= F\cos\alpha \\ F_y &= -F\sin\alpha \end{aligned}\right\} \tag{1-2}$$

若已知力的矢量表达式，则力 $\boldsymbol{F}$ 的大小及方向夹角为

$$\left.\begin{aligned} F &= \sqrt{F_x^2 + F_y^2} \\ \tan\alpha &= \left| \frac{F_y}{F_x} \right| \end{aligned}\right\} \tag{1-3}$$

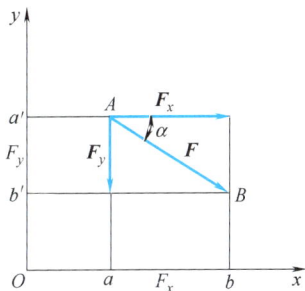

图 1-2

三、力的性质

人们经过长期的生活和生产实践的积累，建立了力的概念，并由此总结出几条力的基本性质，因其正确性已被实践反复证明，为大家所公认，所以也称为**静力学公理**。

性质 1 二力平衡公理 刚体上仅受两力作用且处于平衡状态的必要与充分条件是：此两力等值、反向、共线，即 $\boldsymbol{F}_1 = -\boldsymbol{F}_2$，如图 1-3 所示。这一性质揭示了作用于刚体上最简单的力系平衡时所必须满足的条件。工程上常将只受两个力作用而平衡的构件称为二力构件。根据性质 1，二力构件上的两力必沿两力作用点的连线，且等值、反向。

性质 2 加减平衡力系原理 在已知力系上，加上或减去任一平衡力系，并不改变原力系对刚体的作用效应。

推论 1 力的可传性 作用在刚体上的某力可沿其作用线移动到该刚体上任一点而不改变此力对刚体的作用效应。

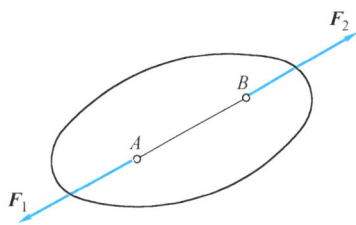

图 1-3

证 设力 $\boldsymbol{F}$ 作用于刚体上的 A 点，如图 1-4a 所示，在其作用线上任取一点 B，并在 B 点处添加一对平衡力 $\boldsymbol{F}_1$ 和 $\boldsymbol{F}_2$，使 $\boldsymbol{F}$、$\boldsymbol{F}_1$、$\boldsymbol{F}_2$ 共线，且 $\boldsymbol{F}_2 = -\boldsymbol{F}_1 = \boldsymbol{F}$，如图 1-4b 所示。根据性质 2，将 $\boldsymbol{F}$、$\boldsymbol{F}_1$ 所组成的平衡力系去掉，刚体上仅剩下 $\boldsymbol{F}_2$，且 $\boldsymbol{F}_2 = \boldsymbol{F}$，如图 1-4c 所示，由此得证。

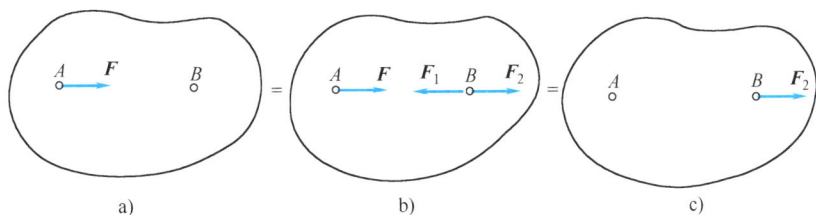

a)　　　　　　　　b)　　　　　　　　c)

图 1-4

力的可传性说明，对刚体而言，力是滑移矢量，它可沿其作用线滑移至刚体上的任一位置。需要指出的是，此原理只适用于刚体而不适用于变形体。

性质 3 力的平行四边形法则 作用于物体上同一点的两个力，可以合成为一个合力。

合力的作用点仍在原作用点，且合力的大小和方向可以用这两个力为邻边所作的平行四边形的对角线来确定。

该公理说明，力矢可按平行四边形法则进行合成与分解，如图 1-5 所示，合力矢量 F_R 与分力矢量 F_1、F_2 间的关系符合矢量运算法则

$$F_R = F_1 + F_2 \qquad (1-4)$$

即合力等于两分力的矢量和。

在平面直角坐标系中，由式（1-1）和式（1-4）可得

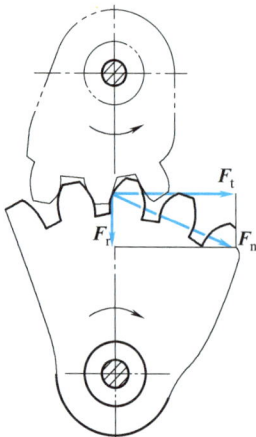

图 1-5

$$F_R = F_{Rx} + F_{Ry} = F_{Rx}\boldsymbol{i} + F_{Ry}\boldsymbol{j}$$
$$F_1 + F_2 = (F_{1x}\boldsymbol{i} + F_{1y}\boldsymbol{j}) + (F_{2x}\boldsymbol{i} + F_{2y}\boldsymbol{j})$$
$$= (F_{1x} + F_{2x})\boldsymbol{i} + (F_{1y} + F_{2y})\boldsymbol{j}$$

所以

$$F_{Rx} = F_{1x} + F_{2x}, \qquad F_{Ry} = F_{1y} + F_{2y} \qquad (1-5)$$

由此可推广到 n 个力作用的情况。设一刚体上受力系（F_1，F_2，$\cdots$，F_n）作用，力系中各力的作用线共面且汇交于同一点（称为平面汇交力系），根据性质 3 和式（1-4）可将此力系合成为一个合力 F_R，且有

$$F_R = F_1 + F_2 + \cdots + F_n = \sum F \qquad (1-6)$$

可见，平面汇交力系的合力等于力系中各分力的矢量和。

根据式（1-5）可得

$$\left. \begin{array}{l} F_{Rx} = F_{1x} + F_{2x} + \cdots + F_{nx} = \sum F_x \\ F_{Ry} = F_{1y} + F_{2y} + \cdots + F_{ny} = \sum F_y \end{array} \right\} \qquad (1-7)$$

式（1-7）称为合力投影定理，即力系的合力在某轴上的投影等于力系中各分力在同轴上投影的代数和。

在工程中常利用平行四边形法则将力沿两个规定方向分解，使力的作用效应更加突出。例如，在进行直齿圆柱齿轮的受力分析时，常将齿面的法向正压力 F_n 分解为沿齿轮分度圆圆周切线方向的分力 F_t 和指向轴心的压力 F_r，如图 1-6 所示。F_t 称为圆周力或切向力，作用是推动齿轮绕轴转动；F_r 称为径向力，该力对支承齿轮的轴有影响。

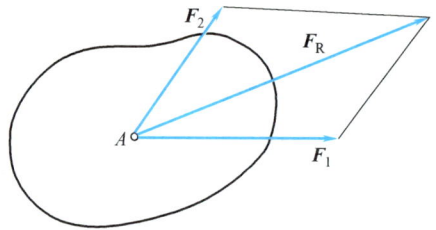

图 1-6

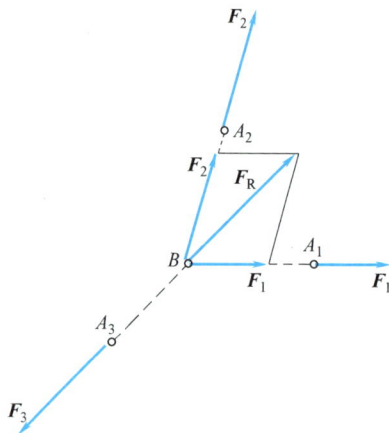

图 1-7

推论 2　三力平衡汇交定理　刚体受三个共面但互不平行的力作用而平衡时，三力必汇交于一点。

证　设刚体上 A_1、A_2、A_3 三点受共面且平衡的三力 $\boldsymbol{F}_1$、$\boldsymbol{F}_2$、$\boldsymbol{F}_3$ 作用，如图 1-7 所示，根据力的可传性将 $\boldsymbol{F}_1$、$\boldsymbol{F}_2$ 移到其作用线交点 B，并根据性质 3 将其合成为 $\boldsymbol{F}_\text{R}$，则刚体上仅有 $\boldsymbol{F}_3$ 和 $\boldsymbol{F}_\text{R}$ 作用。根据性质 1，$\boldsymbol{F}_3$ 和 $\boldsymbol{F}_\text{R}$ 必在同一直线上，所以 $\boldsymbol{F}_3$ 的作用线一定通过点 B，于是得证 $\boldsymbol{F}_1$、$\boldsymbol{F}_2$、$\boldsymbol{F}_3$ 均通过点 B。

此定理说明了不平行的三力平衡的必要条件，当两个力的作用线相交时，可用来确定第三个力的作用线的方位。

性质 4　作用与反作用定律　两物体间相互作用的力总是同时存在，并且两力等值、反向、共线，分别作用于两个物体。这两个力互为作用与反作用的关系。

此定律概括了自然界中物体间相互作用的关系，表明一切力总是成对出现的，揭示了力的存在形式和力在物体间的传递方式。

第二节　力对点之矩

一、力矩的概念

如图 1-8 所示，用扳手转动螺母时，作用于扳手 A 点的力 $\boldsymbol{F}$ 可使扳手与螺母一起绕中心点 O 转动。由经验可知，力的这种转动作用不仅与力的大小、方向有关，还与转动中心至力的作用线的垂直距离 d 有关。因此，将 Fd 的乘积定义为力使物体对点 O 产生转动效应的度量，称为力 $\boldsymbol{F}$ 对点 O 之矩，简称力矩，用 $M_O(\boldsymbol{F})$ 表示，即

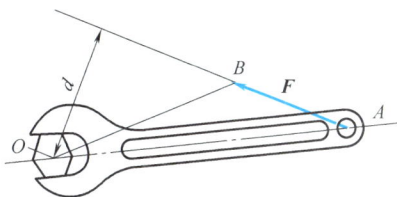

图 1-8

$$M_O(\boldsymbol{F}) = \pm Fd \tag{1-8}$$

式中，点 O 称为力矩中心，简称**矩心**；d 称为**力臂**；乘积 Fd 称为力矩的大小；符号"±"表示力矩的转向，规定在平面问题中，逆时针转向的力矩取正号，顺时针转向的力矩取负号，故平面上力对点之矩为代数量。

力矩的单位为 N·m 或 kN·m。

应当注意：一般来说，同一个力对不同点产生的力矩是不同的，因此不指明矩心而求力矩是无任何意义的。在表示力矩时，必须标明矩心。

力矩的概念

二、力矩的性质

从力矩的定义式（1-8）可知，力矩有以下几个性质：

1）力 $\boldsymbol{F}$ 对点 O 之矩不仅取决于力 $\boldsymbol{F}$ 的大小，还与矩心的位置即力臂 d 有关。

2）力 $\boldsymbol{F}$ 对于任一点之矩，不因该力的作用点沿其作用线移动而改变。

3）力的大小等于零或力的作用线通过矩心时，力矩等于零。

显然，互相平衡的两个力对于同一点之矩的代数和等于零。

三、合力矩定理

若力 F_R 是平面汇交力系（F_1，F_2，$\cdots$，F_n）的合力，由于力 F_R 与力系等效，则合力对任一点 O 之矩等于力系中各分力对同一点之矩的代数和，即

$$M_O(F_R) = M_O(F_1) + M_O(F_2) + \cdots + M_O(F_n) = \sum M_O(F) \tag{1-9}$$

式（1-9）称为合力矩定理。

当力矩的力臂不易确定时，常将力分解为若干分力（通常是正交分解），然后应用合力矩定理计算力矩。

例 1-1　如图 1-9 所示，数值相同的三个力按不同方式分别施加在同一扳手的 A 端。若 $F = 200N$，试求三种情况下力对点 O 之矩。

解　图示三种情况下，虽然力的大小、作用点和矩心均相同，但力的作用线各异，致使力臂均不相同，因而三种情况下，力对点 O 之矩不同。根据式（1-8）可求出各力对点 O 之矩分别为

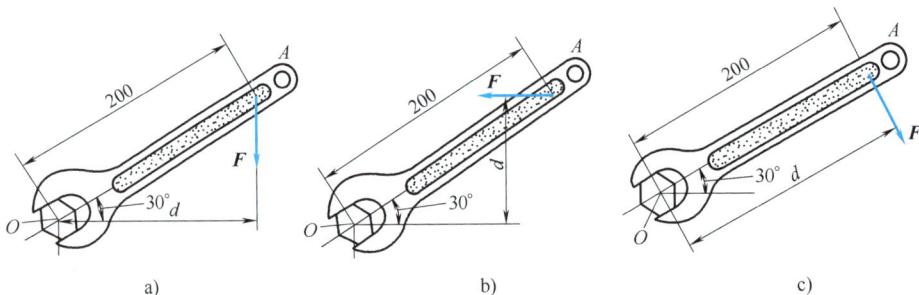

图 1-9

（1）图 1-9a 中

$$M_O(F) = -Fd = -200N \times 200m \times 10^{-3} \times \cos30° = -34.64N \cdot m$$

（2）图 1-9b 中

$$M_O(F) = Fd = 200N \times 200m \times 10^{-3} \times \sin30° = 20.00N \cdot m$$

（3）图 1-9c 中

$$M_O(F) = -Fd = -200N \times 200m \times 10^{-3} = -40.00N \cdot m$$

由计算结果看出，第三种情况（力臂最大）下力矩值为最大，这与人们的实践体会是一致的。

例 1-2　作用于齿轮上的啮合力 $F_n = 1000N$，齿轮节圆直径 $D = 160mm$，压力角（啮合力与齿轮节圆切线间的夹角）$\alpha = 20°$，如图 1-10a 所示。求啮合力 F_n 对轮心点 O 之矩。

解　（1）解法一　用力矩定义式（1-8）计算 F_n 对点 O 之矩，即

$$M_O(F_n) = -F\frac{D}{2}\cos\alpha$$

$$= -1000N \times \frac{160m \times 10^{-3}}{2} \times \cos20° = -75.2N \cdot m$$

（2）解法二　用合力矩定理式（1-9）计算 F_n 对点 O 之矩。

如图 1-10b 所示，将啮合力 F_n 在齿轮啮合点处分解为圆周力 F_t 和径向力 F_r，则 $F_t =$

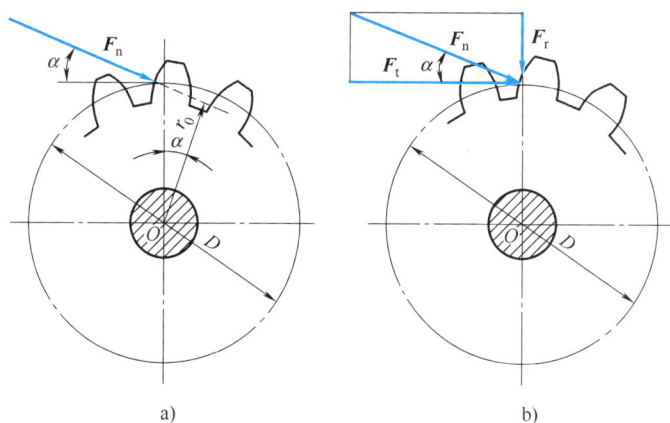

图 1-10

$F_n\cos\alpha$，$F_r = F_n\sin\alpha$，由合力矩定理可得

$$M_O(F_n) = M_O(F_t) + M_O(F_r)$$

$$= -F_t\frac{D}{2} + 0 = -(F_n\cos\alpha)\frac{D}{2}$$

$$= -1000\text{N} \times \cos20° \times \frac{160\text{m} \times 10^{-3}}{2} = -75.2\text{N} \cdot \text{m}$$

第三节　力　偶

一、力偶的概念

在生活和生产实践中，常见到某些物体同时受到大小相等、方向相反、作用线互相平行且不共线的两个力作用的情况。例如，用手拧水龙头时，作用在水龙头上的两个力 F 和 F'，如图 1-11a、b 所示；驾驶员用双手转动转向盘的作用力 F 和 F'，如图 1-11c、d 所示。

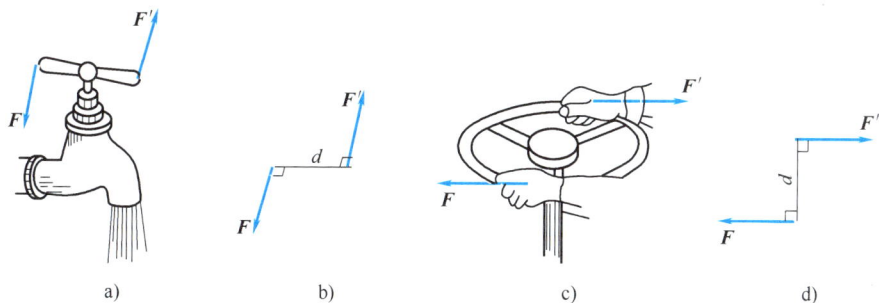

图 1-11

力偶

一对等值、反向、不共线的平行力组成的特殊力系，称为力偶，记作（F，F'）。两个或两个以上力偶的组合称为力偶系。

力偶对刚体的作用效应是使物体产生转动。组成力偶的两个力的作用线所确定的平面称为**力偶的作用面**，两力作用线间的垂直距离称为**力偶臂**。力学中，用力偶的任一力的大小 F 与力偶臂 d 的乘积再冠以相应的正负号，作为力偶在其作用面内使物体产生转动效应的度量，称为**力偶矩**，记作 $M(F, F')$ 或 M，即

$$M(F, F') = M = \pm Fd \qquad (1\text{-}10)$$

式中，符号"$\pm$"表示力偶的转向。一般规定，力偶逆时针方向转动时取正号，顺时针方向转动时取负号。力偶矩的常用单位为 N·m 或 kN·m。

由实践可知，力偶对刚体作用的转动效应取决于力偶的三要素，即力偶矩的大小、力偶的转向、力偶作用面的方位。凡三要素相同的力偶彼此等效。

对同一平面内的两个力偶，由于力偶作用面的方位相同，力偶的效应只取决于力偶矩的大小和力偶的转向，因此，只要保证这两个要素不变，两个力偶就彼此等效。

二、力偶的基本性质

性质 1　力偶在坐标轴上的投影等于零，如图 1-12 所示，故力偶无合力，力偶对刚体的移动不会产生任何影响，即力偶不能与一个力等效，也不能简化为一个力。

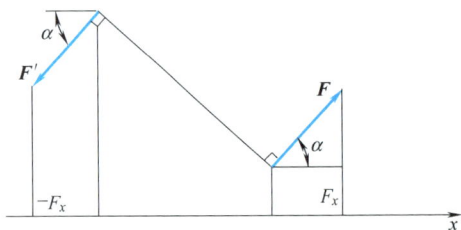

图 1-12

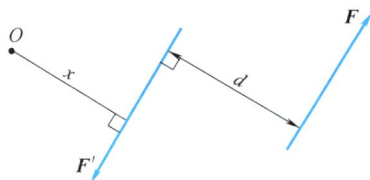

图 1-13

性质 2　力偶对作用面内任意一点之矩等于力偶矩，力偶矩与矩心的位置无关。如图 1-13 所示，已知力偶（F，F'）的力偶矩 $M = Fd$，在其作用面内任意取点 O 作为矩心，设点 O 到力 F' 的垂直距离为 x，则力偶（F，F'）对点 O 之矩为

$$M_O(F) + M_O(F') = F(x+d) - F'x = Fd$$

可见，力偶矩与矩心的位置无关。

由上述力偶的三要素和力偶的性质，可以对力偶做以下等效处理：

只要保持力偶矩的大小和转向不变，力偶可以在其作用面内任意移动，且可以同时改变力偶中力的大小和力偶臂的长短，而不改变其作用效应。故力偶可以用带箭头的弧线表示，如图 1-14 所示。

三、平面力偶系的合成

平面力偶系合成的结果为一合力偶，合力偶矩等于各分力偶矩的代数和，即

$$M = M_1 + M_2 + \cdots + M_n = \sum M_i \qquad (1\text{-}11)$$

证　如图 1-15a 所示，设在刚体某平面上作用力偶系 M_1，M_2，$\cdots$，M_n。在力偶系作用面内任选两点 A、B，连接 A、B，以 $AB = d$ 作为公共力偶臂，保持各力偶的力偶矩不变，将各力偶分别表示成作用在 A、B 两点的反向平行力，如图 1-15b 所示，则有

$$F_1 = M_1/d, F_2 = M_2/d, \cdots, F_n = M_n/d$$

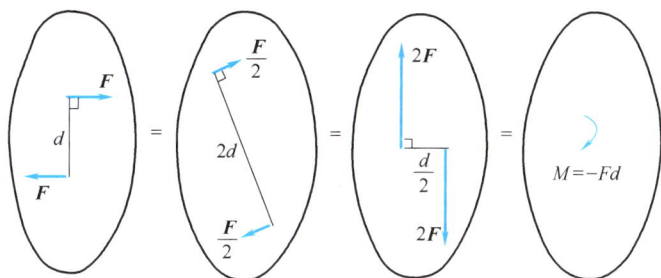

图 1-14

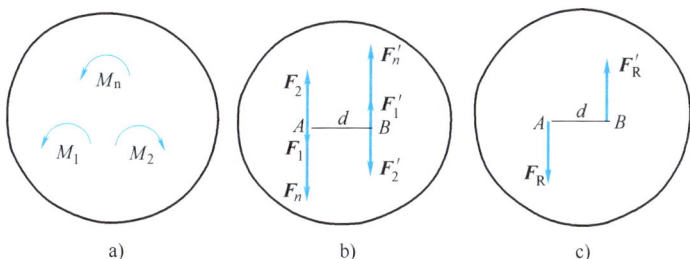

a)　　　　　　　b)　　　　　　　c)

图 1-15

于是，在 A、B 两点处各得一组共线力系，其合力分别为 F_R 和 F_R'，如图 1-15c 所示，且有

$$F_R = F_R' = F_1 + F_2 + \cdots + F_n = \sum F$$

F_R 和 F_R' 为一对等值、反向、不共线的平行力，它们组成的力偶即为合力偶，其合力偶矩为

$$M = F_R d = (F_1 + F_2 + \cdots + F_n) d = M_1 + M_2 + \cdots + M_n = \sum M_i$$

第四节　力的平移定理

作用在物体上的力 F 可以平行移动到物体内任一点 O，但必须同时附加一个力偶，才能与原来力的作用等效。其附加力偶的力偶矩等于原力 F 对平移点 O 的力矩。这就是力的平移定理。

证　设一力 F 作用于刚体上的点 A，今欲将此力平移到刚体上的点 B，如图 1-16a 所示，为此，在点 B 处加上一对平衡力 F'、F''，并使它们与力 F 平行且大小相等，如图 1-16b 所示，此时的力系 F、F'、F'' 与原力 F 等效。由图可看出力 F 与 F'' 组成一力偶，称为附加力偶，其力偶矩 $M = Fd = M(F)$。于是，力系 F、F'、F'' 与力系 F'、M 等效，如图 1-16c 所示。因此，力 F 与力系 F'、M 等效，即力 F 可从点 A 平移到点 B，但必须附加一力偶，才能保持原力 F 对刚体的作用效应不变。附加力偶的力偶矩等于原力对平移点之矩。

力的平移定理揭示了力对物体产生移动和转动两种运动效应的实质。以削乒乓球为例，如图 1-17 所示。当球拍击球的作用力没有通过球心时，按照力的平移定理，将力 F 平移至球心，平移力 F' 使球产生移动，附加力偶 M 使球产生绕球心的转动，于是形成旋转球。

又如圆周力 F 作用于转轴的齿轮上，如图 1-18 所示，将力 F 平移至轮心点 O，平移力

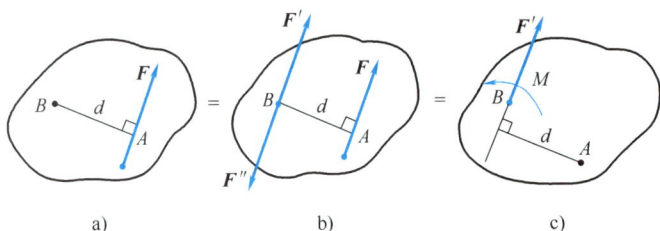

图 1-16

力的平移定理

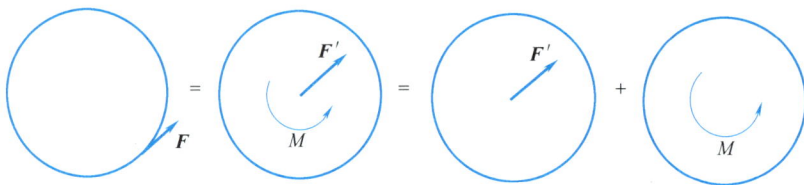

图 1-17

F' 作用于轴，附加力偶 M 则使齿轮绕轴转动。

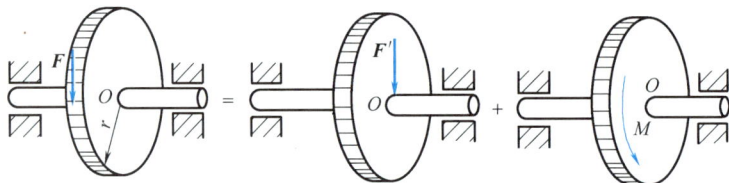

图 1-18

力的平移定理的逆定理是成立的，即刚体的某平面上的一力 F 和一力偶 M 可进一步合成得到一个合力 F_R，$F_R = F$。

第五节　约束与约束力

自然界中，运动的物体可分为两类，一类为自由体，一类为非自由体。例如，空中的飞鸟、水中的游鱼、运行的炮弹等，它们的位置和运动没有受到任何限制，这样的物体称为自由体。如果物体的位置和运动受到某些限制，例如火车车轮受到铁轨的限制，它们只能沿铁轨运动；再如电动机转子受轴承限制，只能做定轴转动；又如用绳索悬挂的重物，受绳索限制不能下落等。以上这些物体（车轮、电动机转子、重物等）均称为非自由体，工程中所遇到的物体，大部分是非自由体。

对于非自由体来说，限制物体的位置和运动的条件称为物体所受的约束。实现这些约束条件的物体称为约束体，受到约束条件限制的物体称为被约束体。如火车车轮被限制只能沿铁轨运动，这一限制条件称为车轮所受的约束。实现这种约束的铁轨称为约束体，而受到限制的车轮称为被约束体。按照习惯，今后我们把约束体简称为约束，将被约束体简称为物体。

约束对物体的位置和运动进行限制时产生了力的作用。这里，把约束对物体的作用力称为约束力。除约束力以外，其他如重力、推力等，统称为主动力。约束力的大小往往是未知的，它与主动力的值有关，在静力学中将通过刚体的平衡条件求得。约束力的方向与物体被限制的运动方向相反。

下面介绍几种在工程中经常遇到的简单的约束类型和确定约束力方向的方法。

一、柔索约束

属于柔索约束的有绳索、链条和带等。柔索本身只能承受拉力，不能承受压力。其约束特点是：限制物体沿着柔索伸长方向的运动，因此它只能给物体提供拉力，这类约束的约束力常用符号 F_T 表示。

如图 1-19a 所示，起吊一减速器箱盖，链条对箱盖的约束力作用在链条与箱盖的接触点上，方向沿着链条的中心线，指向背离受力体，如图 1-19b 所示。当链条或胶带绕过轮子时，约束力沿轮缘的切线方向，如图 1-20 所示。

二、光滑接触面约束

当物体之间以点、线、面形式接触时，可以认为是光滑接触面约束（接触处摩擦力很小，可以略去不计）。这种约束不限制物体沿约束面的切向位移，只阻止物体沿接触面公法线向约束体内的运动。因此，光滑接触面对物体的约束力，是沿接触点的公法线，并指向被约束物体，这类约束的约束力，常用 F_N 表示，如图 1-21 所示。

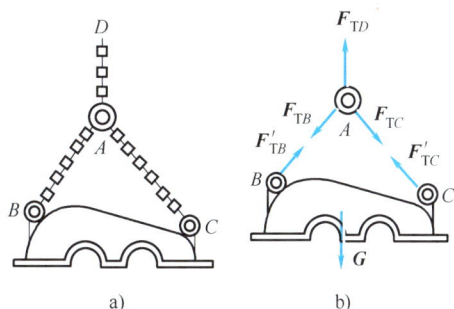

图 1-19

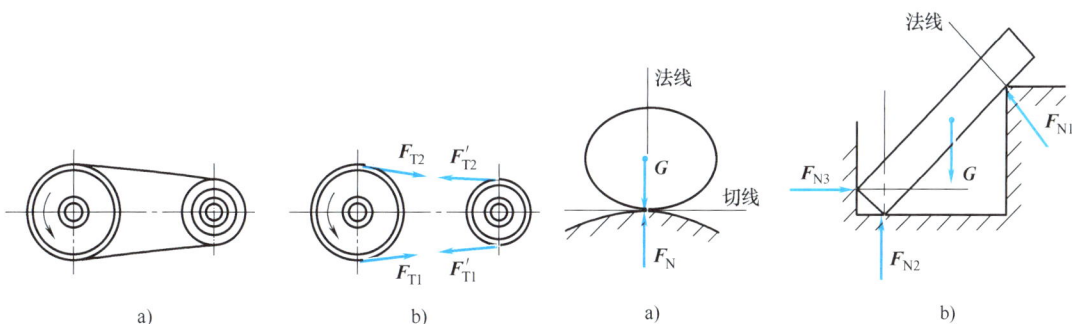

图 1-20

图 1-21

三、圆柱形铰链约束

工程中，将两个物体用圆柱形销钉连接起来。受约束的两个物体都只能绕销钉轴线转动，销钉对被连接的物体沿垂直于销钉轴线方向的移动形成约束，这类约束称为圆柱形铰链约束。一般根据被连接物体的形状、位置及作用，可分为以下几种形式。

（一）中间铰约束

如图 1-22a 所示，1、2 分别是带圆孔的两个物体，将圆柱销穿入物体 1 和 2 的圆孔中，便构成中间铰，如图 1-22b 所示，简图通常用图 1-22c 表示。

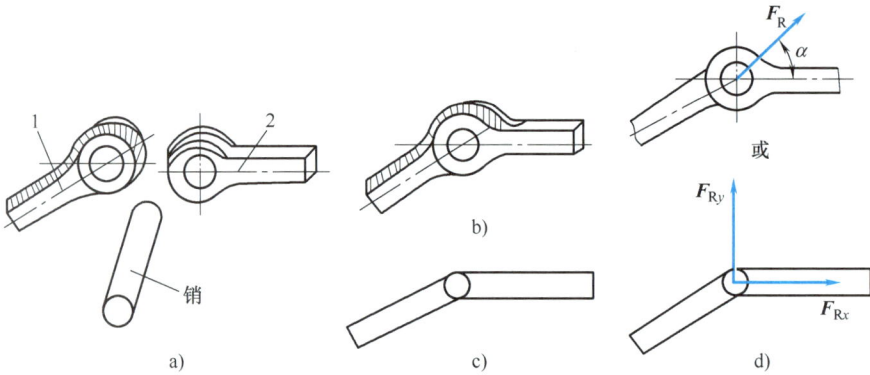

中间铰约束

图 1-22

由于销与物体的圆孔表面都是光滑的，两者之间总有缝隙，产生局部接触，本质上属于光滑接触面约束，故销对物体的约束力应通过物体圆孔中心。但由于接触点不确定，则中间铰对物体的约束力的特点是：作用线通过销钉中心，垂直于销轴线，方向不定，可表示为图 1-22d 中单个力 F_R 和未知角 α 或两个正交分力 F_{Rx}、F_{Ry}。F_R 与 F_{Rx}、F_{Ry} 为合力与分力的关系。

（二）固定铰链支座约束

如图 1-23a 所示，将中间铰结构中物体 1 换成支座，且与基础固定在一起，则构成固定铰链支座约束，符号如图 1-23b 所示。约束力的特点与中间铰相同，如图 1-23c 所示。

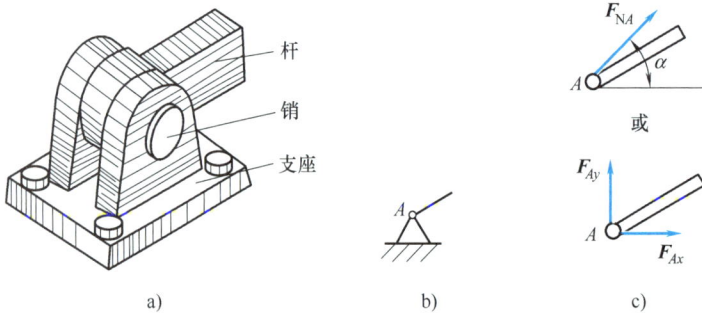

固定铰链支座约束

图 1-23

（三）活动铰链支座约束

将固定铰链支座底部安放若干滚子，并与支承面接触，则构成活动铰链支座，又称辊轴支座，如图 1-24a 所示。这类支座常见于桥梁、屋架等结构中，简图如图 1-24b 所示。活动铰链支座只能限制构件沿支承面垂直方向的移动，不能阻止物体沿支承面切线方向的运动或绕销钉轴线的转动。因此，活动铰链支座的约束力通过销钉中心，垂直于支承面，如图 1-24c 所示。

（四）二力杆约束

不计自重，两端均用铰链的方式与周围物体相连接，且不受其他外力作用的杆件，称为二力构件，简称二力杆。

根据二力平衡条件，二力杆的约束力必沿杆件两端铰链中心的连线，指向不定。图 1-25a 中的杆 AC，图 1-25b 中的杆 DC 均为二力杆。

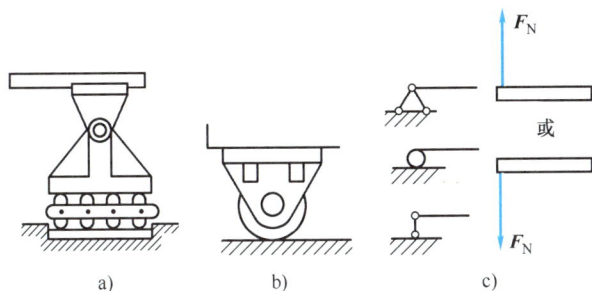

图 1-24　　　　　　　　　　　　　　活动铰链支座约束

四、固定端约束

如图 1-26 所示，建筑物上的阳台，车床上的刀具，立于路旁的电线杆等，它们均不能沿任何方向移动和转动，这种物体的一部分固嵌入另一物体所构成的约束称为固定端约束。

平面问题中一般用图 1-27a 所示简图符号表示固定端约束，约束作用如图 1-27b 所示，两个正交约束力 F_{Ax}、F_{Ay} 起到限制构件移动的约束作用，一个约束力偶 M_A 起到限制构件转动的约束作用。

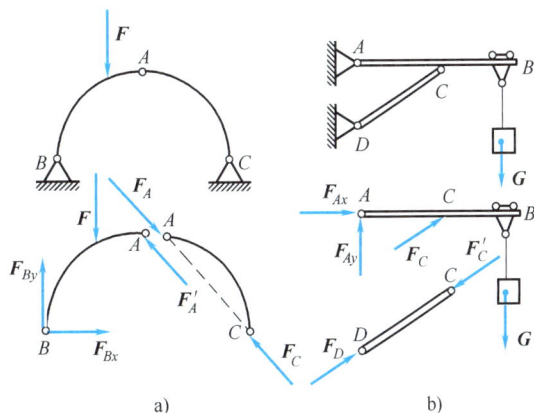

图 1-25

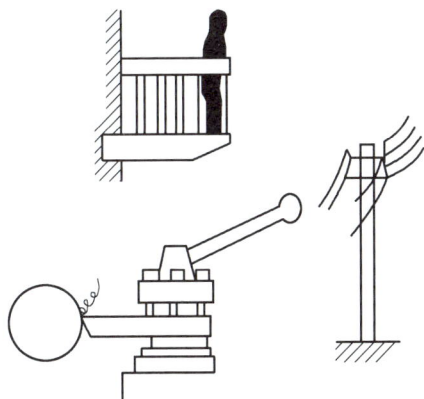

图 1-26

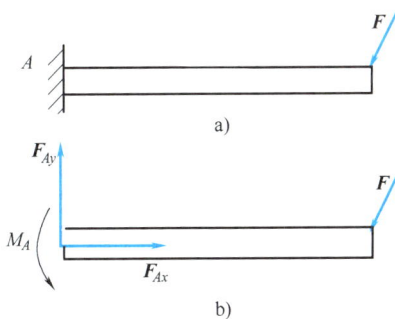

图 1-27

二力杆约束

第六节　受力图与受力分析

解决静力学问题时，首先要明确研究对象，再考虑它的受力情况，然后用相应的平衡方程去计算。工程中的结构与机构十分复杂，为了清楚地表达出某个物体的受力情况，必须将它从与其相联系的周围物体中分离出来。分离的过程就是解除约束的过程。在解除约束的地方用相应的约束力来代替约束的作用。被解除约束后的物体称为分离体。在分离体上画上物体所受的全部主动力和约束力，此图称为研究对象的受力图。整个过程就是对所研究的对象进行受力分析。

画受力图的基本步骤一般为：

1）确定研究对象，取分离体。

2）在分离体上画出全部主动力。

3）在分离体上画出全部约束力。

如研究对象为几个物体组成的物体系统，还必须区分外力和内力。物体系统以外的周围物体对系统的作用力称为系统的外力。系统内部各物体之间的相互作用力称为系统的内力。随着所取系统的范围不同，某些内力和外力也会相互转化。由于系统的内力总是成对出现的，且等值、共线、反向，在系统内自成平衡力系，不影响系统整体的平衡，因此，当研究对象是物体系统时，只画作用于系统上的外力，不画系统的内力。下面举例说明受力图的画法。

例 1-3 如图 1-28a 所示，绳悬挂一重为 G 的球。试画出球的受力图（摩擦不计）。

解 以球为研究对象，画出球的分离体图。

在球心点 C 处标上主动力 G（重力），在解除约束的点 B 处画上柔性约束力 F_B，在 D 点画上光滑接触面约束力 F_{ND}，如图 1-28b 所示。

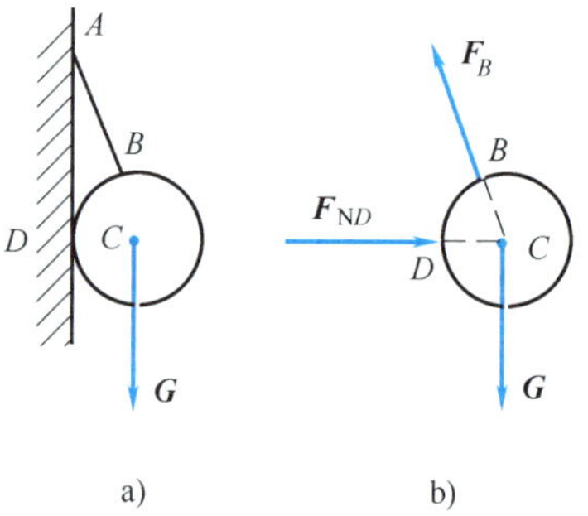

图 1-28

例 1-4 图 1-29a 所示为三铰拱结构简图。A、B 为固定铰支座，C 为连接左、右半拱的中间铰。若左半拱受到水平推力 T 的作用，拱重不计，试分别画出左、右半拱的受力图。

解 （1）先取右半拱为研究对象，画出其分离体图。因其本身重量不计，它只在 B、C 两铰处各受一个力作用而平衡，所以它是二力杆。因此，可以确定约束力 F_{NB}、F_{NC} 的作用线必沿连线 BC，而方向相反，如图 1-29b 所示。

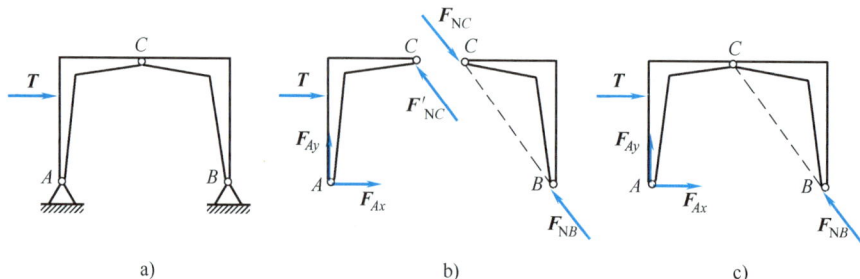

图 1-29

（2）再取左半拱为研究对象，并画出其分离体图。作用于其上的主动力有水平推力 T；此外，右半拱通过铰链 C 对左半拱所作用的力是 F'_{NC}，力 F'_{NC} 与 F_{NC} 互为作用力与反作用力，因此 F'_{NC} 与 F_{NC} 等值、反向、共线；固定铰链支座 A 处有 F_{Ax}、F_{Ay} 两个正交约束力，指向暂时任意假定，如图 1-29b 所示。

在研究平衡问题时，有时需要对由几个物体组成的系统进行受力分析。例如本例中，若取整个三铰拱为研究对象，则整个三铰拱只受到主动力 T，A 处的约束力 F_{Ax}、F_{Ay}，B 处的约束力 F_{NB} 的作用，其受力图如图 1-29c 所示。而铰 C 处的约束力 F'_{NC} 与 F_{NC} 是系统的内力，它们总是成对出现，彼此等值、反向、共线，所以相互抵消。

例 1-5 简易起重机如图 1-30a 所示，梁 ABC 一端用铰链固定在墙上，另一端装有滑轮并用杆 CE 支承，梁上 B 处固定一卷扬机 D，钢索经定滑轮 C 起吊重物 H。不计梁、杆滑轮的自重，试画出重物 H、杆 CE、滑轮 C、销 C、横梁 ABC、横梁与滑轮整体的受力图。

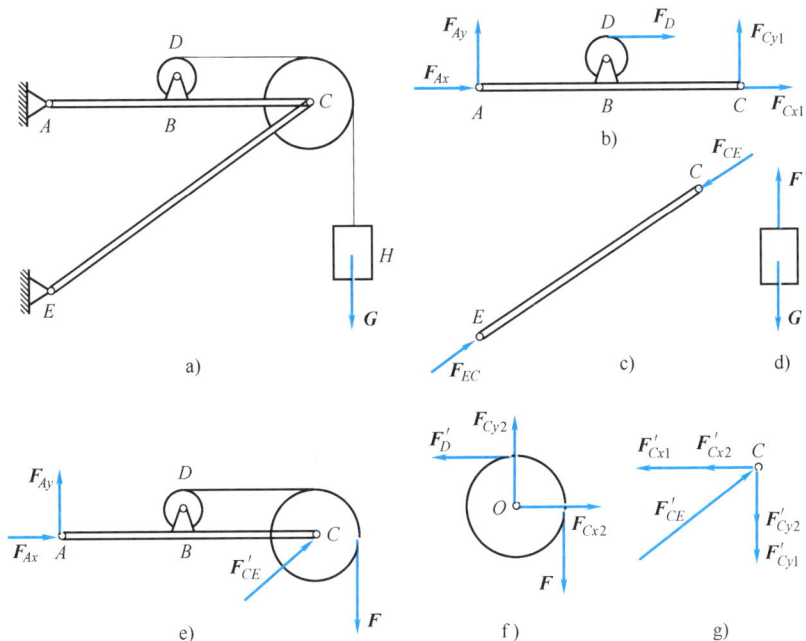

图 1-30

解 分别以重物 H、杆 CE、滑轮 C、销 C、横梁 ABC、横梁与滑轮整体为研究对象，解除各自的约束，画出分离体简图。

对本题，应首先判断出 CE 杆为二力杆。其次，C 处是用销连接三个物体的中间铰链约束。对 CE 杆，画出约束力 F_{EC} 和 F_{CE}，如图 1-30c 所示；重物受到重力 G 和拉力 F' 作用，如图 1-30d 所示；滑轮上受柔索拉力 F 和 F'_D 作用，受铰链销钉的约束力 F_{Cx2}、F_{Cy2} 作用，如图 1-30f 所示；在横梁 ABC 上有固定铰链支座约束力 F_{Ax}、F_{Ay}，重物通过钢索对卷扬机的拉力 F_D，C 处为铰链销钉的约束力 F_{Cx1}、F_{Cy1}，如图 1-30b 所示；对横梁与滑轮整体，除 F_{Ax}、F_{Ay}、F 外，尚有 C 处铰链销钉的约束力 F'_{CE}，如图 1-30e 所示；对于销钉 C，它分别受到横梁 ABC 的约束力 F'_{Cx1} 和 F'_{Cy1}，二力杆 CE 的约束力 F'_{CE} 以及滑轮的约束力 F'_{Cx2} 和 F'_{Cy2}，如图 1-30g 所示。

显然，F_{Cx1} 和 F'_{Cx1}、F_{Cy1} 和 F'_{Cy1}、F_{CE} 和 F'_{CE}、F_{Cx2} 和 F'_{Cx2}、F_{Cy2} 和 F'_{Cy2} 互为作用力与反作用力。

例 1-6 一多跨梁 ABC 由 AB 和 BC 用中间铰 B 连接而成，支承和载荷情况如图 1-31a 所示。试画出梁 AB、梁 BC、销 B 及多跨梁整体的受力图。

解 （1）取出分离体梁 AB，受力图如图 1-31b 所示。其上作用有主动力 F_1，中间铰 B

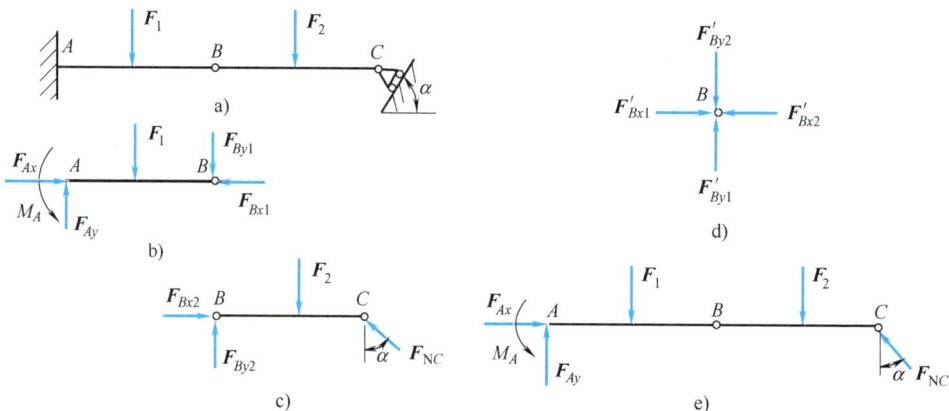

图 1-31

的销钉对梁 AB 的约束力用两正交分力 F_{Bx1}、F_{By1} 表示，固定端支座约束处有两个正交约束力 F_{Ax}、F_{Ay} 和一个约束力偶 M_A。

（2）取出分离体梁 BC，受力图如图 1-31c 所示。其上作用有主动力 F_{Bx2}、F_{By2}，活动铰支座 C 的约束力 F_{NC} 也垂直于支承面。

（3）以销 B 为研究对象，受力情况如图 1-31d 所示，销钉 B 受 F'_{Bx1}、F'_{By1}、F'_{Bx2}、F'_{By2} 四个力的作用。销钉为梁 AB 和梁 BC 的连接点，其作用是传递梁 AB 和 BC 间的作用力，约束两梁的运动，从图 1-31d 可看出，销 B 的受力呈现等值、反向的关系。因此，在一般情况下，若销钉处无主动力作用，则不必考虑销钉的受力，将梁 AB 和 BC 间点 B 处的受力视为作用力与反作用力即可。

（4）图 1-31e 所示为 ABC 梁整体的受力图，受到 F_1、F_2、F_{NC}、F_{Ax}、F_{Ay}、M_A 的作用，铰链点 B 处为内力作用，故不予画出。

思　考　题

1-1　"分力一定小于合力" 这种说法对不对？为什么？试举例说明。

1-2　试将作用于点 A 的力 F 依下述条件分解为两个力：（1）沿 AB、AC 方向（图 1-32a）；（2）已知分力 F_1（图 1-32b）；（3）一分力沿已知方位 MN，另一分力要数值最小（图 1-32c）。

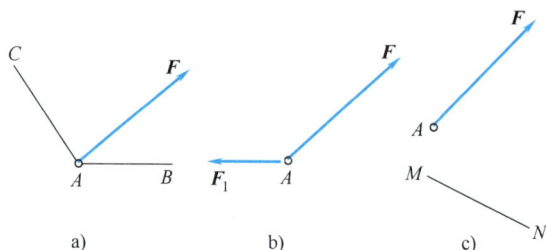

图 1-32

1-3　如图 1-33 所示，当求铰链 C 的约束力时，可否将作用于杆 AC 上 D 点的力 F 沿其作用线移动，变成作用于杆 BC 上 E 点的力 F'？为什么？

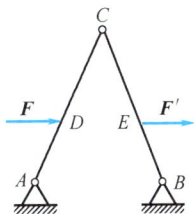

图 1-33

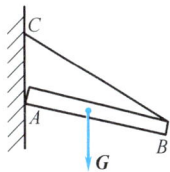

图 1-34

1-4　如图 1-34 所示，杆 *AB* 重为 *G*，*B* 端用绳子拉住，*A* 端靠在光滑的墙面上，问杆件能否平衡？为什么？

1-5　如图 1-35 所示，圆盘在力偶 $M = Fr$ 和力 *F* 的作用下保持静止，能否说力偶可以用力来平衡？为什么？

1-6　凡两端用铰链连接的直杆均为二力杆，对吗？

1-7　图 1-36 所示的受力图是否正确？请说明原因。

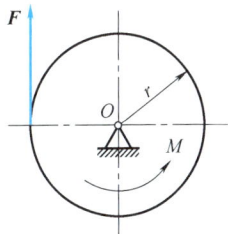

图 1-35

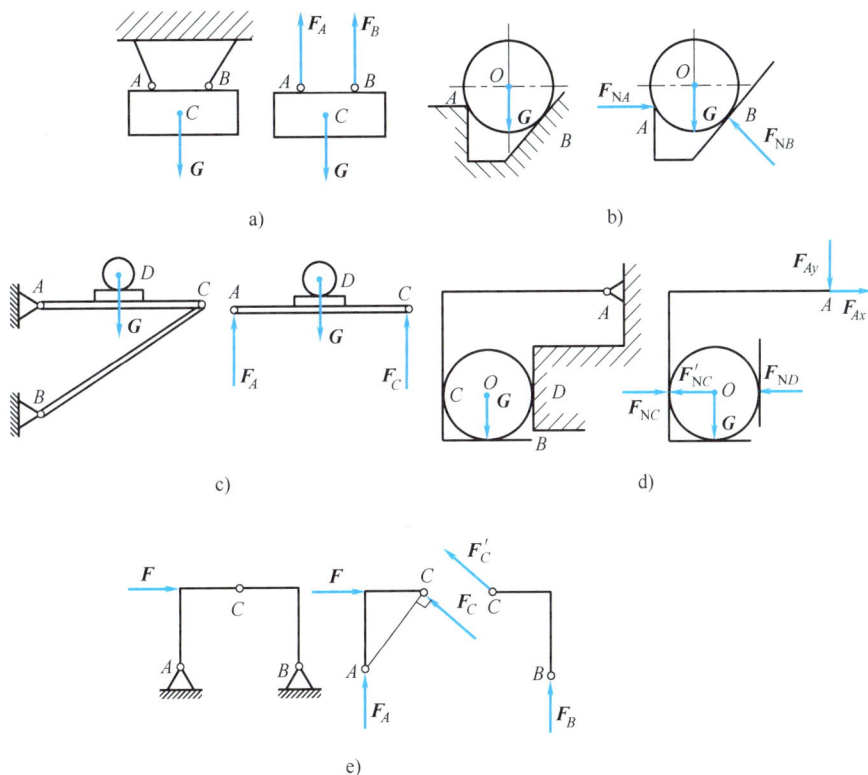

图 1-36

习　　题

1-1　试写出图 1-37 中四个力的矢量表达式。已知：$F_1 = 1000N$，$F_2 = 1500N$，$F_3 = 3000N$，$F_4 = 2000N$。

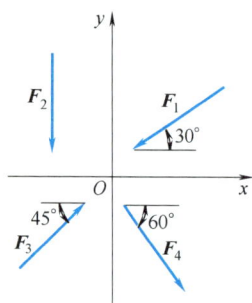

图 1-37

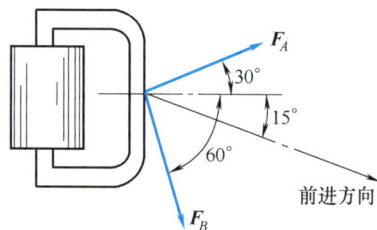

图 1-38

1-2　两人拉一压路碾子，如图 1-38 所示，$F_A = 400N$，为使碾子沿图中所示方向前进，F_B 应为多大？

1-3　试计算图 1-39 中各力 F 对于点 O 之矩。

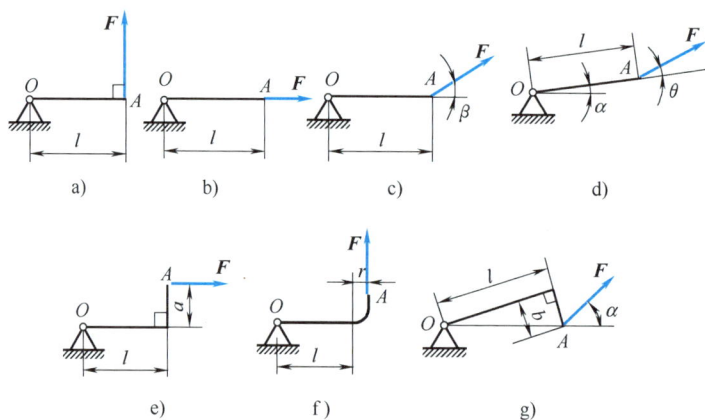

图 1-39

1-4　求图 1-40 中力 F 对点 A 之矩。已知 $r_1 = 20cm$，$r_2 = 50cm$，$F = 300N$。

1-5　图 1-41 所示摆锤重 G，其重心 A 到悬挂点 O 的距离为 L。试求在图示三个位置时，力 G 对点 O 之矩。

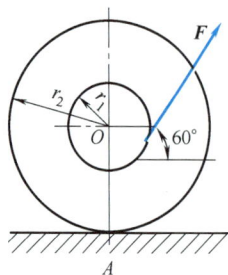

图 1-40

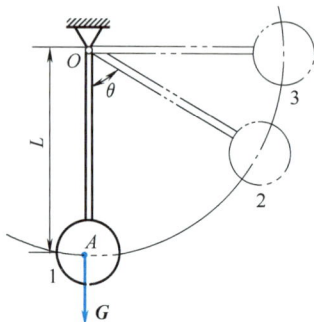

图 1-41

1-6 图 1-42 所示齿轮齿条压力机在工作时，齿条 BC 作用于齿轮 O 上的力 $F_n = 2kN$，方向如图所示，压力角 $\alpha_0 = 20°$，齿轮节圆直径 $D = 80mm$。求 F_n 对轮心点 O 的力矩。

1-7 画图 1-43 所示各指定物体的受力图（假设各接触处均为光滑，未画重力矢的各物体不计重量）。

1-8 画出图 1-44 所示各物系中指定物体的受力图（假设各接触处均为光滑，未画重力矢的各物体不计重量）。

1-9 液压夹紧装置如图 1-45 所示，液压力通过活塞 A、连杆 BC 和杠杆 DCE 增大对工件 I 的压力，试分别画出活塞 A、滚子 B 和杠杆 DCE 的受力图。

1-10 挖掘机简图如图 1-46 所示，HF 与 EC 为液压缸（液压缸为二力杆）。试分别画出动臂 AB、斗杆与铲斗组合体 CD 的受力图。

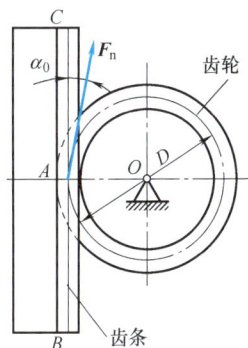

图 1-42

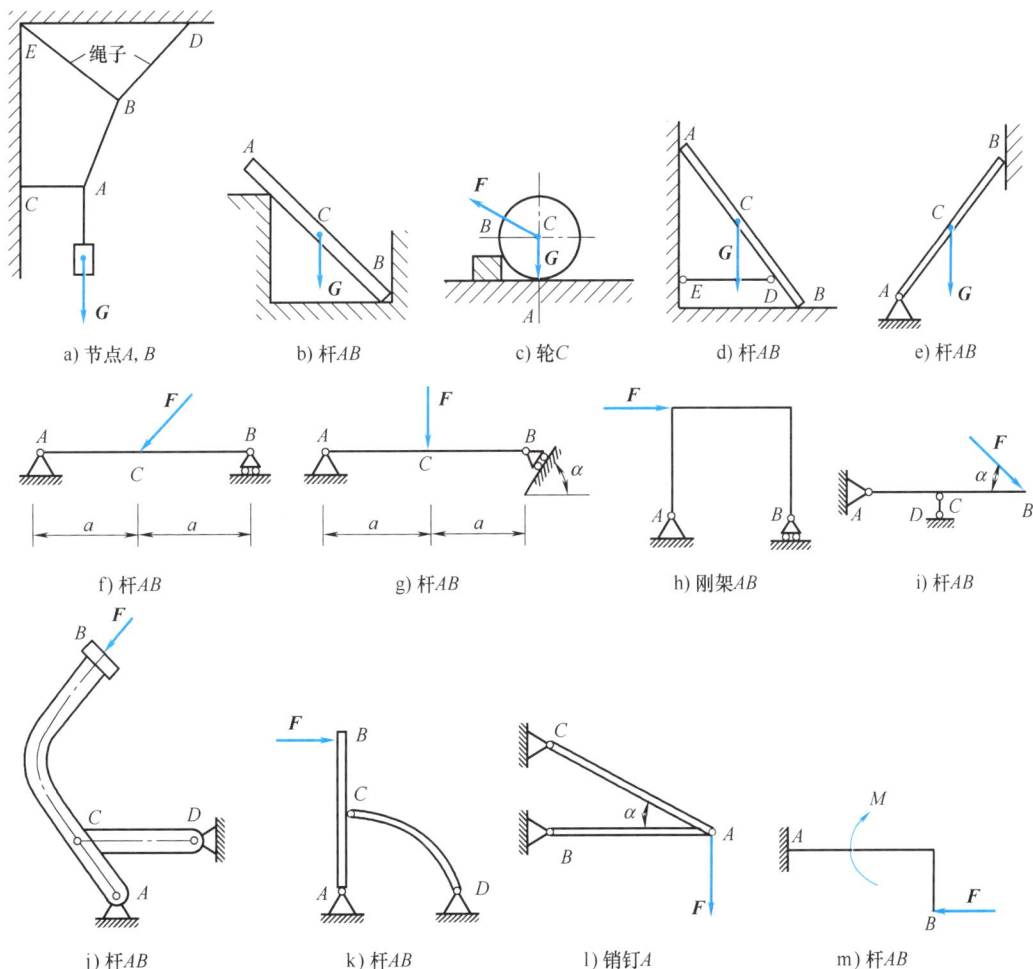

a) 节点 A, B b) 杆 AB c) 轮 C d) 杆 AB e) 杆 AB

f) 杆 AB g) 杆 AB h) 刚架 AB i) 杆 AB

j) 杆 AB k) 杆 AB l) 销钉 A m) 杆 AB

图 1-43

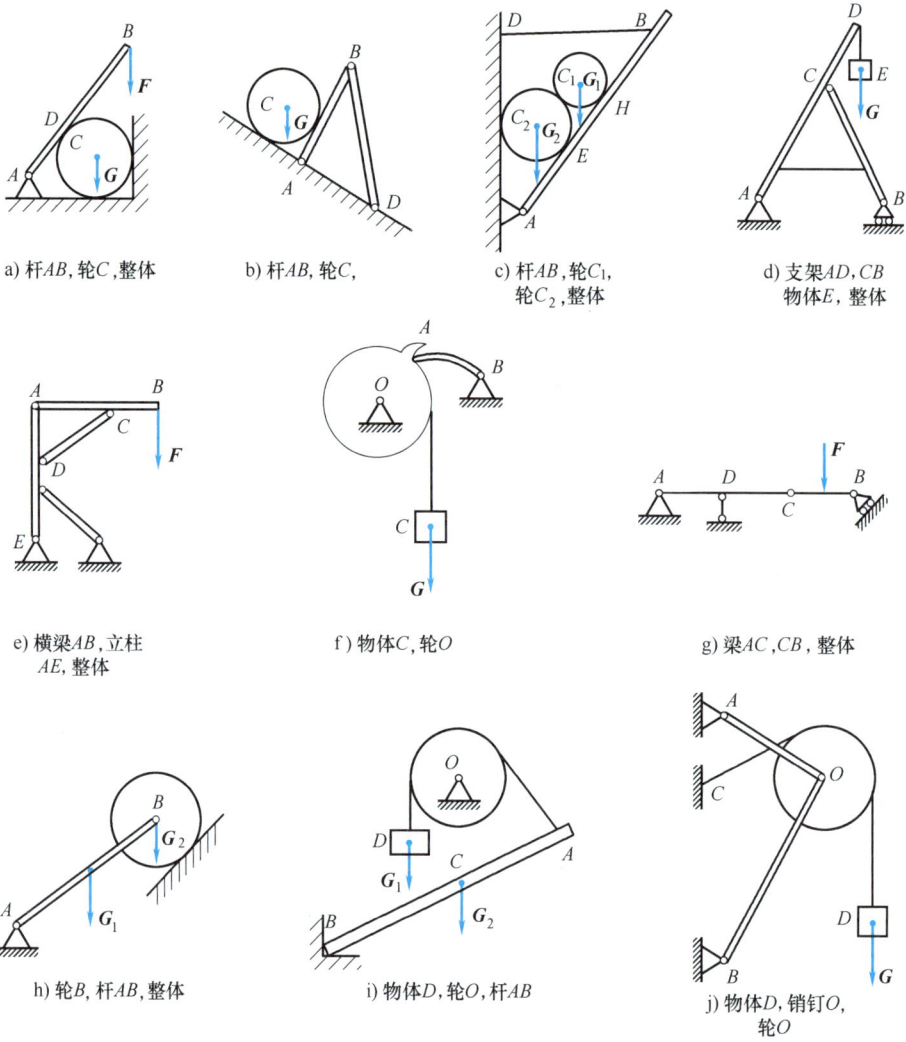

a) 杆AB,轮C,整体   b) 杆AB,轮C,   c) 杆AB,轮C_1,   d) 支架AD,CB
                                  轮C_2,整体   物体E,整体

e) 横梁AB,立柱   f) 物体C,轮O   g) 梁AC,CB,整体
AE,整体

h) 轮B,杆AB,整体   i) 物体D,轮O,杆AB   j) 物体D,销钉O,
                                      轮O

图 1-44

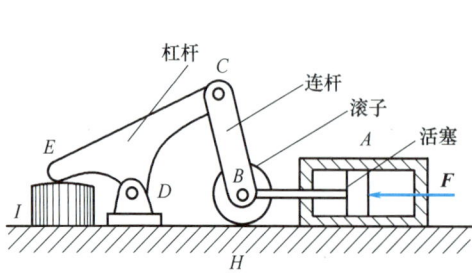

图 1-45

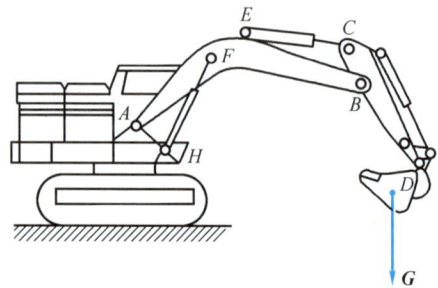

图 1-46

第二章

平 面 力 系

平面力系是指作用于物体上的各力的作用线均在同一平面内的力系。平面力系中的各力作用线可能任意分布，也可能汇交于一点，也可能相互平行。各力作用线任意分布的情况是工程实际中最常见的问题。本章主要研究平面力系的简化和平衡问题。

第一节 平面任意力系的简化

一、平面任意力系向一点简化

设刚体上作用有一平面任意力系（F_1，F_2，$\cdots$，F_n），如图 2-1a 所示，在力系所在的平面内任取一点 O，称为**简化中心**。按力的平移定理，把力系中的各力平行移至点 O，如图 2-1b 所示。

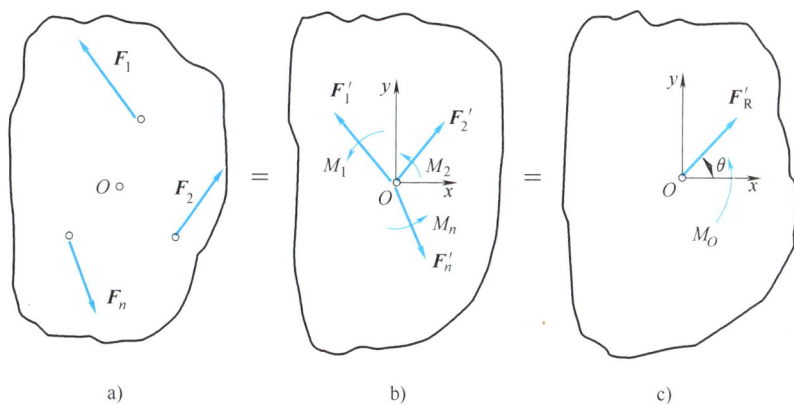

平面任意力系向一点简化

a)　　　　　　　b)　　　　　　　c)

图 2-1

因此，原力系等价于作用在点 O 的平面共点力系（F_1'，F_2'，$\cdots$，F_n'），以及矩为（M_1，M_2，$\cdots$，M_n）的平面力偶系，其中

$$F_1' = F_1, F_2' = F_2, \cdots, F_n' = F_n$$

$$M_1 = M_O(F_1), M_2 = M_O(F_2), \cdots, M_n = M_O(F_n)$$

此共点力系（F_1'，F_2'，$\cdots$，F_n'）的矢量和为 F_R'，显然，在一般情况下，F_R' 不能代替原力系对物体的作用，故 F_R' 称为平面任意力系的主矢，主矢的计算式为

$$F_R' = F_1 + F_2 + \cdots + F_n = \sum F \tag{2-1}$$

很明显，式（2-1）不会因为简化中心点 O 的不同而不同，所以，主矢与简化中心位置

无关。式（2-1）在直角坐标系下的投影形式为

$$\begin{cases} F'_{Rx} = F_{1x} + F_{2x} + \cdots + F_{nx} = \sum F_x \\ F'_{Ry} = F_{1y} + F_{2y} + \cdots + F_{ny} = \sum F_y \end{cases} \qquad (2\text{-}2)$$

故主矢的大小为

$$F'_R = \sqrt{F'^2_{Rx} + F'^2_{Ry}} = \sqrt{\left(\sum F_x\right)^2 + \left(\sum F_y\right)^2} \qquad (2\text{-}3)$$

主矢与 x 轴所夹之锐角 θ（图 2-1c）为

$$\tan\theta = \left| \sum F_y \big/ \sum F_x \right| \qquad (2\text{-}4)$$

F'_R 所在之象限可由 $\sum F_x$、$\sum F_y$ 的正负来确定。

根据平面力偶理论可知，附加的平面力偶系可以合成为一个合力偶，其矩为

$$M_O = M_1 + M_2 + \cdots + M_n = M_O(F_1) + M_O(F_2) + \cdots + M_O(F_n)$$

所以
$$M_O = \sum M_O(F) \qquad (2\text{-}5)$$

M_O 称为平面任意力系对于简化中心 O 的主矩。显然，主矩与简化中心 O 的位置有关。

综上所述，可得如下结论：平面任意力系向平面内任一点 O 简化后，可以得到一个力和一个力偶，这个力等于力系中各力的矢量和，作用于简化中心，称为原力系的主矢；这个力偶的力偶矩等于原力系中各力对简化中心之矩的代数和，称为原力系的主矩。

二、平面任意力系简化结果的分析

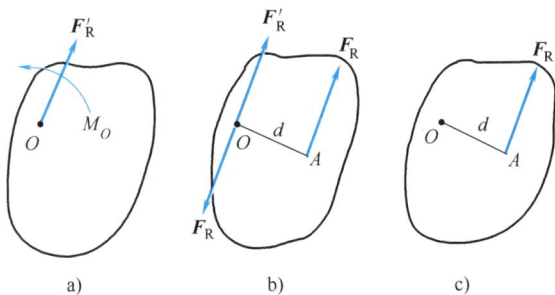

通过上面的分析，我们知道平面任意力系向平面内任一点简化可以得到主矢 F'_R 和主矩 M_O，力系简化的最后结果如何？分析如下：

1）若 $F'_R \neq 0$，$M_O = 0$，即原力系可简化为一个合力 F'_R，这个力就是原力系的合力，作用于简化中心 O。

2）若 $F'_R = 0$，$M_O \neq 0$，即原力系可简化为一个力偶，其力偶矩 $M = M_O = \sum M_O(F)$。由力偶性质可知，力偶不能合成为一个力，也就是说原力系合力为零，此时主矩 M_O 与简化中心位置无关。

3）若 $F'_R \neq 0$，$M_O \neq 0$，此时力系没有简化为最简单的形式，还可以根据力的平移定理，将 F'_R 和 M_O 进一步合成为一个合力 F_R。其大小及方向与 F'_R 相同，即

$$F_R = F'_R = \sum F$$

力 F_R 就是原力系的合力，其作用线至简化中心 O 的垂直距离为 d（图 2-2）。

平面任意力系
简化结果的分析

$$d = M_O / F'_R \qquad (2\text{-}6)$$

另外，由式（2-6）和式（2-5）可知

$$\pm F_R d = M_O = \sum M_O(F) \qquad (2\text{-}7)$$

式（2-7）再一次验证了合力矩定理：平面任意力系中，合力对平面内任一点的力矩等于所有分力对同一点的力矩的代数和。

a)   b)   c)

图 2-2

4）若 $F_R' = 0$，$M_O = 0$，原力系的主矢和主矩都等于零，即原力系平衡。

例 2-1　水平梁 AB 受三角形分布载荷的作用，如图 2-3 所示，分布载荷的最大集度为 $q(\mathrm{N/m})$，梁长 l，试求分布载荷的合力大小和合力作用线的位置。

解　先求分布载荷的合力 F_Q 的大小，在距 A 端 x 处取微段 $\mathrm{d}x$，作用在 $\mathrm{d}x$ 段内的分布载荷可近似地看成均布载荷，其载荷集度为 q_x，由图中几何关系可知 $q_x = xq/l$，在 $\mathrm{d}x$ 段内的载荷为

$$q_x \mathrm{d}x = (xq/l)\,\mathrm{d}x$$

所以合力为

$$F_Q = \int_0^l (xq/l)\,\mathrm{d}x = ql/2$$

图 2-3

由上式可以看出，分布载荷的合力大小为分布载荷图形的面积。

再求合力的作用线位置 x_C，由合力矩定理得

$$F_Q x_C = \int_0^l (xq/l)\,x\,\mathrm{d}x$$

可解得

$$x_C = 2l/3$$

此结果表明分布载荷的合力作用线一定通过载荷图形的形心。

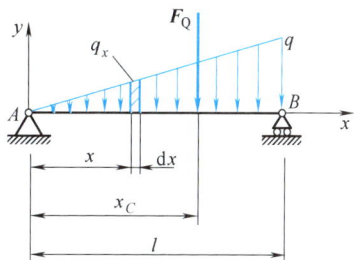

第二节　平面任意力系的平衡方程及其应用

一、平面任意力系的平衡方程

平面任意力系向平面内任一点简化后，若主矢和主矩都为零时，力系必定平衡。因此，平面任意力系平衡的充分与必要条件为：力系的主矢及力系对任一点的主矩都等于零，即

$$F_R' = 0, M_O = 0 \tag{2-8}$$

以上平衡方程可由解析式表示。由式（2-3）和式（2-5）可知，当式（2-8）满足时，必有

$$\sum F_x = 0,\ \sum F_y = 0,\ \sum M_O(F) = 0 \tag{2-9}$$

因此，平面任意力系的平衡条件为：力系中所有各力在两个任选的直角坐标轴上的投影的代数和分别等于零，以及各力对平面内任一点的矩的代数和也等于零。式（2-9）是平面任意力系平衡方程的基本形式。这三个方程是完全独立的，因而用它求解平面任意力系的平衡问题时，能够并且最多只能求出三个未知数。在解题时，对一个平衡物体写出三个方程之后，如果再写出第四个方程（不论是就任何第二点而写出的力矩方程，还是就 x、y 轴以外的任何轴而写出的投影方程），若都不是独立方程，则不能求解更多的未知数。

二、平面任意力系平衡方程的其他形式

（一）二力矩式

$$\sum M_A(\boldsymbol{F}) = 0, \sum M_B(\boldsymbol{F}) = 0, \sum F_x = 0 \qquad (2-10)$$

式（2-10）为两个力矩方程，一个投影方程，其中 A、B 是平面内任意两点，投影轴 x 不能与矩心 A、B 的连线垂直。

（二）三力矩式

$$\sum M_A(\boldsymbol{F}) = 0, \sum M_B(\boldsymbol{F}) = 0, \sum M_C(\boldsymbol{F}) = 0 \qquad (2-11)$$

式（2-11）为三个力矩方程，其中 A、B、C 必须是平面内不共线的任意三点。

在应用平衡方程解平衡问题时，应注意以下几个问题：

1）为了使计算简化，一般应将矩心选在几个未知力的交点上，并尽可能使较多的力的作用线与投影轴垂直或平行。

2）计算力矩时，如果其力臂不易计算，而它的正交分力的力臂容易求得，则可以用合力矩定理计算。

3）解题前应先判断系统中的二力构件或二力杆。

4）在解具体问题时，应根据已知条件和便于解题的原则，选用平衡方程的某一种形式。

三、解题步骤与方法

1. 确定研究对象，画受力图

将已知力和未知力共同作用的物体作为研究对象，将研究对象从结构中分离出来并画完整的受力图。

2. 建立坐标系，选取矩心，列平衡方程

在列平衡方程前，首先要确定力的投影坐标轴和矩心的位置。恰当选取坐标轴和矩心，可使单个方程中的未知量个数减少，便于求解。

3. 求解未知量，讨论结果

将已知条件代入方程式中，联立方程求解未知量。必要时可对影响结果的因素进行讨论；还可以选其他形式的平衡方程来进行验算。

例 2-2 摇臂吊车如图 2-4a 所示，水平梁 AB 的 A 端以铰链连接于立柱 EF 上，D 端则通过两端铰接的拉杆 DC 与立柱相连。DC 延伸与 AB 梁相交于 B 点。已知梁重 $G = 4\text{kN}$，载荷重 $Q = 12\text{kN}$，梁长 $l = 6\text{m}$，载荷离 A 端的距离 $x = 4\text{m}$，$\alpha = 30°$。试求拉杆的拉力和铰链 A 的约束力。

解 （1）因为已知力、未知力汇集于 AB 梁，所以选取横梁 AB 为研究对象，画出 AB 梁的分离体受力图（图 2-4b）。

（2）选坐标轴，列平衡方程式并求解。本例中 A、B、C 三个点，均为两个未知力的汇交点。若取两个未知力的汇交点为矩心，可列出只含一个未知力的力矩方程。若将 A、B、C 三点作为矩心并加以比较，很明显，取点 B 为矩心列出力矩方程时，计算最为简单。所以，取点 B 为矩心，列出平衡方程

$$\sum M_B(\boldsymbol{F}) = 0 \qquad Gl/2 + Q(l-x) - F_{NAy}l = 0$$

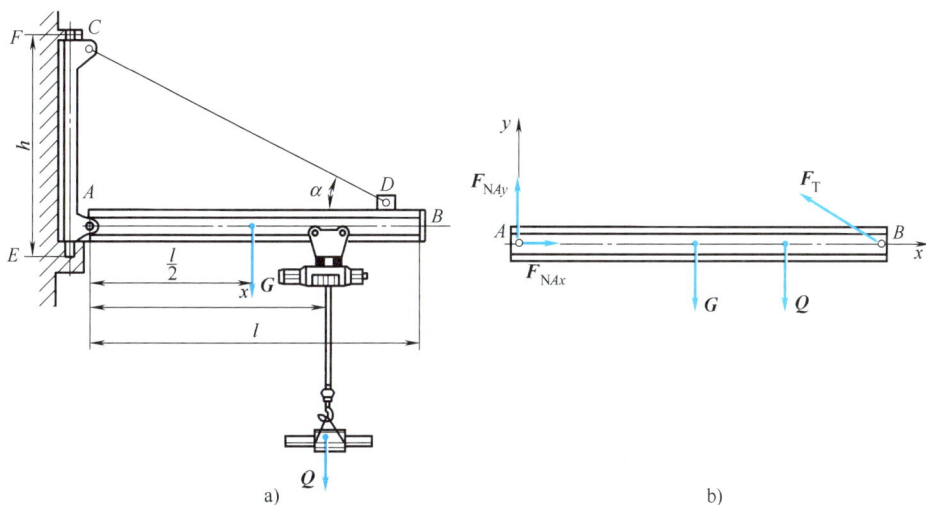

图 2-4

解得
$$F_{NAy} = G/2 + Q(1-x/l) = [4/2 + 12(1-4/6)]kN = 6kN$$

求出 F_{NAy} 值后，取 y 轴为投影轴，列出投影方程

$$\sum F_y = 0 \qquad F_T\sin\alpha + F_{NAy} - G - Q = 0$$

解得
$$F_T = (G/2 + Qx/l)/\sin\alpha = (4/2 + 12\times4/6)\times2kN = 20kN$$

最后，只剩下一个未知量 F_{NAx}，取 x 轴为投影轴，列出投影方程

$$\sum F_x = 0 \qquad F_{NAx} - F_T\cos\alpha = 0$$

解得
$$F_{NAx} = F_T\cos\alpha = 20kN\times\cos\alpha = 17.32kN$$

若用二力矩式来解本题，可分别取 A、B 为矩心，取 x 轴为投影轴，列方程如下

$$\sum M_B(\boldsymbol{F}) = 0 \qquad Gl/2 + Q(l-x) - F_{NAy}l = 0$$

解得
$$F_{NAy} = G/2 + Q(1-x/l) = [4/2 + 12(1-4/6)]kN = 6kN$$

$$\sum M_A(\boldsymbol{F}) = 0 \qquad F_Tl\sin\alpha - Gl/2 - Qx = 0$$

解得
$$F_T = (Gl/2 + Qx)/l\sin\alpha = (4\times6/2 + 12\times4)kN/(6\times1/2) = 20kN$$

$$\sum F_x = 0 \qquad F_{NAx} - F_T\cos\alpha = 0$$

解得
$$F_{NAx} = T\cos\alpha = 20kN\times\cos\alpha = 17.32kN$$

本题如果采用三矩式求解，可分别取 A、B、C 为矩心，则有

$$\sum M_B(\boldsymbol{F}) = 0 \qquad Gl/2 + Q(l-x) - F_{NAy}l = 0$$

$$\sum M_A(\boldsymbol{F}) = 0 \qquad F_Tl\sin\alpha - Gl/2 - Qx = 0$$

$$\sum M_C(\boldsymbol{F}) = 0 \qquad F_{NAx}l\tan\alpha - Gl/2 - Qx = 0$$

由以上三式同样可解得：$F_{NAy} = 6kN$，$F_T = 20kN$，$F_{NAx} = 17.32kN$

在解题过程中，若能灵活运用平衡方程的不同形式，将使计算过程得到最大程度的简化。

例 2-3　箕斗重 $G = 40kN$，沿与水平方向成 $\alpha = 30°$ 斜巷等速提升，箕斗重心的位置 C 如图 2-5a 所示。求钢绳的牵引力及箕斗对轨道的压力（不计阻力）。

解　（1）取箕斗为研究对象，画出其受力图（图 2-5b）。

（2）选坐标轴，列平衡方程并求解未知量。

$$\sum F_x = 0 \qquad F_T - G\sin\alpha = 0$$

$$\sum F_y = 0 \qquad F_{NA} + F_{NB} - G\cos\alpha = 0$$

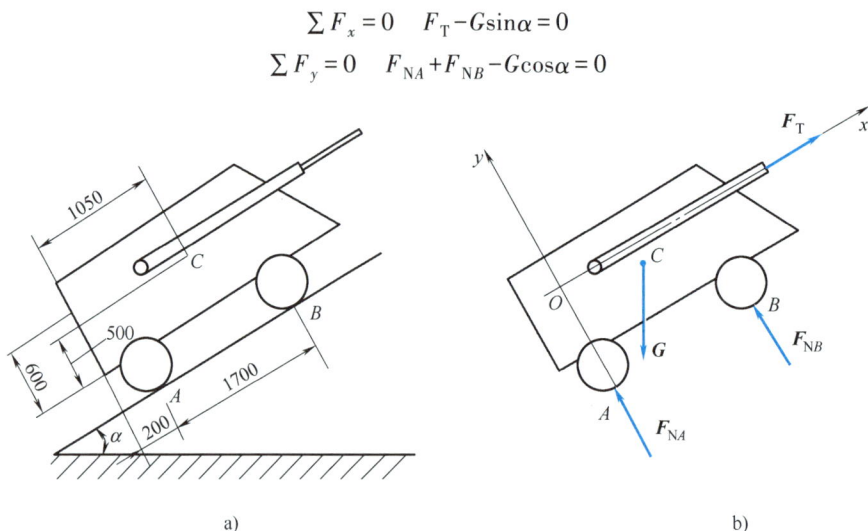

图 2-5

$$\sum M_O(\boldsymbol{F}) = 0 \qquad -G\sin\alpha(0.6-0.5) - G\cos\alpha(1.7/2) + 1.7F_{NB} = 0$$

解上述方程可求得

$$F_T = G\sin\alpha = 40\text{kN} \times \sin30° = 20\text{kN}$$

$$F_{NB} = [G\sin\alpha(0.6-0.5) + G\cos\alpha(1.7/2)]/1.7$$

$$= (40 \times \sin30° \times 0.1 + 40 \times \cos30° \times 0.85)\text{kN}/1.7 = 18.5\text{kN}$$

$$F_{NA} = G\cos\alpha - F_{NB} = (40 \times \cos30° - 18.5)\text{kN} = 16.1\text{kN}$$

以上计算就是利用了合力矩定理，将点 C 的重力 **G** 沿 x、y 方向分解成两个分力后再以点 O 为矩心取矩的。

根据作用与反作用公理，箕斗对轨道压力的大小分别等于 **F**$_{NA}$ 与 **F**$_{NB}$ 的大小，方向与之相反。

四、平面特殊力系的平衡方程

（一）平面汇交力系的平衡方程

如果平面力系中各力的作用线汇交于一点，该力系就称为**平面汇交力系**。

如果平面力系平衡，由平面任意力系平衡的充要条件可知，力系中各力对平面内任一点的力矩的代数和等于零，因此平面汇交力系的各力对汇交点的力矩的代数和恒等于零，所以平面汇交力系对平面内其他点的力矩的代数和也一定等于零，也就是说，平衡方程式（2-9）中的第三式是恒满足的。这样，满足平面汇交力系平衡的条件即为两个投影方程

$$\sum F_x = 0, \sum F_y = 0 \tag{2-12}$$

即平面汇交力系的平衡条件是：力系中所有各力在任意互成垂直的两个坐标轴上投影的代数和分别等于零。

例 2-4 重 G = 20kN 的物体被绞车吊起，绞车的绳子绕过光滑的定滑轮 B，如图 2-6a 所示。若滑轮由不计重量的杆 AB、BC 支持，A、B、C 三点都是光滑铰链连接，滑轮 B 的大小可忽略不计，试求杆 AB 和杆 BC 所受的力。

解　（1）取滑轮 B 为研究对象。

（2）画受力图，如图 2-6b 所示。

（3）选取坐标轴（图 2-6b），列平衡方程并求解。

$$\sum F_x = 0 \qquad -F_{NAB} - F_{NBC}\cos 30° - F_T\sin 30° = 0$$

$$\sum F_y = 0 \qquad -F_{NBC}\sin 30° - F_T\cos 30° - G = 0$$

解得 $F_{NBC} = -74.6\text{kN}$　　$F_{NAB} = 54.6\text{kN}$

这里，F_{NBC} 为负值说明它的实际指向与原假设的方向相反，即杆 BC 实际上受压力作用。

例 2-5　简易压榨机由两端铰接的杆 AB、BC 和压板 D 组成（图 2-7a），各构件的重量不计。已知 $AB = BC$，杆的倾角为 α，点 B 作用有铅垂压力 F_P，求水平压榨力 F_N。

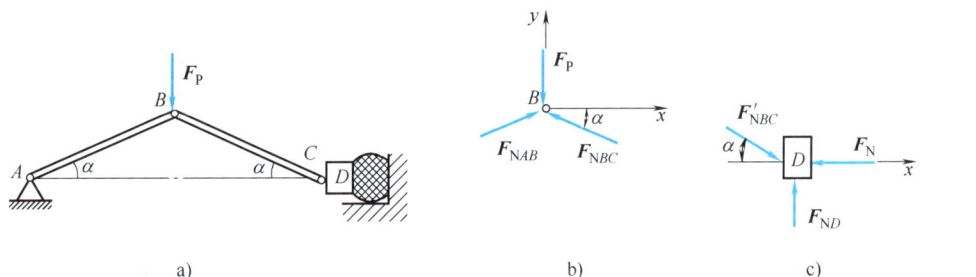

图 2-6

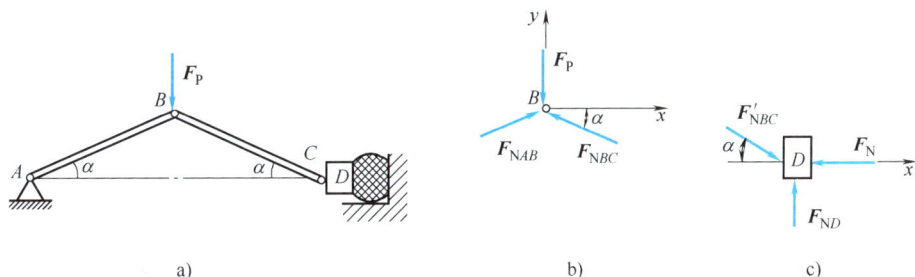

图 2-7

解　（1）选取销钉 B 为研究对象。

（2）画销钉 B 的受力图，如图 2-7b 所示。

（3）选定坐标轴，列方程并求解。

$$\sum F_x = 0 \qquad F_{NAB}\cos\alpha - F_{NBC}\cos\alpha = 0$$

$$\sum F_y = 0 \qquad F_{NAB}\sin\alpha + F_{NBC}\sin\alpha - F_P = 0$$

可解得

$$F_{NBC} = F_{NAB} = F_P/(2\sin\alpha)$$

（4）选取压板 D 为研究对象。

（5）画受力图，如图 2-7c 所示。

（6）选取坐标轴，列方程并求解。

$$\sum F_x = 0 \qquad F'_{NBC}\cos\alpha - F_N = 0$$

因为 $\qquad\qquad\qquad\qquad F'_{NBC} = F_{NBC}$

所以 $\qquad\qquad F_N = F'_{NBC}\cos\alpha = F_{NBC}\cos\alpha = (F_P\cot\alpha)/2$

分析讨论：从 $F_N = (F_P\cot\alpha)/2$ 的关系式可以看出，影响水平压榨力的主要因素是铅垂压力 F_P 和杆的倾角 α。在同样的铅垂力 F_P 作用下，α 越小，则水平压榨力越大。根据这个关系式，可以由需要的 F_N 来确定机构的参数 α 和作用的铅垂压力 F_P。

（二）平面平行力系的平衡方程

各力作用线在同一平面内，且相互平行的力系称为**平面平行力系**。

设物体受平面平行力系 F_1，F_2，…，F_n 的作用，若取 x 轴与各力垂直，则 y 轴与各力平行（图 2-8），则不论平面平行力系本身是否平衡，各力在 x 轴上投影的代数和恒等于零，即平面任意力系平衡方程中的 $\sum F_x = 0$ 恒成立。于是平面平行力系的平衡方程为

$$\sum F_y = 0, \sum M_O(F) = 0 \qquad (2\text{-}13)$$

式（2-13）表明，平面平行力系平衡的充分与必要条件是：力系中的各力在与力平行的坐标轴上投影的代数和为零，以及这些力对任一点的力矩的代数和也为零。

平面平行力系的平衡方程也可以表示成二力矩形式，即

$$\sum M_A(F) = 0, \sum M_B(F) = 0 \qquad (2\text{-}14)$$

其中矩心 A、B 为力作用线所在平面内任意两点，但 A、B 的连线不能与各力作用线平行。

图 2-8

由于平面平行力系只有两个独立的平衡方程，所以只能求解两个未知量。

例 2-6　图 2-9 所示为塔式起重机，已知机架重 $G = 500\text{kN}$，重心在点 O，其作用线至右轨的距离 $b = 1.5\text{m}$，起重机的最大起重量 $F_P = 250\text{kN}$，其作用线至右轨的距离 $l = 10\text{m}$，起重机的平衡锤重为 Q，其重心至左轨的距离 $x = 6\text{m}$，左右轨距离 $a = 3\text{m}$。试求起重机在满载时不向右倾倒，空载时不向左倾倒的平衡重 Q 的范围。

解　（1）取起重机为研究对象。

（2）画出其受力图，如图 2-9a 所示。

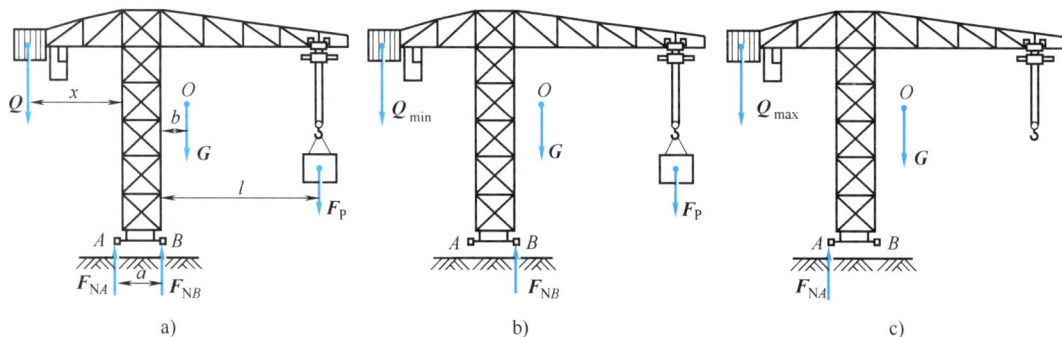

a)　　　　　　　　　　b)　　　　　　　　　　c)

图 2-9

考虑起重机的整体平衡问题。起重机在起吊重物时，作用在它上面的力有机架自重 G、载荷 F_P、平衡重 Q 以及轨道的约束力 F_{NA}、F_{NB}，这些力组成了一组平面平行力系。起重机在平面平行力系作用下处于平衡。力系中有三个未知力，即平衡锤重和两轨的约束力，而平面平行力系却只有两个互相独立的平衡方程，问题为不可解。但是，本题求的是起重机满载与空载都不致翻倒的平衡锤重 Q 的范围，因此，根据题意来讨论 Q 的临界情况，以确定 Q 值的范围。

（3）考虑满载时（$F_P = 250\text{kN}$）的情况。要保证机架满载时平衡而不向右倾倒，则必须满足 $F_{NA} = 0$，$Q = Q_{min}$，其受力如图 2-9b 所示。列平衡方程并求解。

$$\sum M_B(F) = 0 \qquad Q_{min}(x+a) - Gb - F_P l = 0$$

由此可解得

$$Q_{\min} = (Gb+F_P)/(x+a) = (500×1.5+250×10)kN/9 = 361.1kN$$

（4）考虑空载时（$F_P = 0$）的情况。要保证机架空载时平衡而不向左倾倒，则必须满足 $F_{NB} = 0$，$Q = Q_{\max}$，其受力如图 2-9c 所示。列平衡方程并求解。

$$\sum M_A(\boldsymbol{F}) = 0 \qquad Q_{\max}x-G(a+b) = 0$$

由此可解得

$$Q_{\max} = G(a+b)/x = 500×(3+1.5)kN/6 = 375kN$$

因此，要保证起重机不翻倒，平衡锤重 Q 必须满足的条件为

$$361.1kN \leqslant Q \leqslant 375kN$$

分析讨论：从 $Q_{\min} = (Gb+F_P)/(x+a)$ 和 $Q_{\max} = G(a+b)/x$ 可以看出，要增加起重机的稳定性，可从减小 x 值或增加 a 值这两个方面来考虑。

（三）平面力偶系的平衡方程

如果平面力系中只有力偶的作用，则称该力系为**平面力偶系**。

由力偶性质可知，平面力偶系没有合力，合成结果仍然是一个力偶，也就是说，主矩就是平面力偶系的合力偶矩，而主矢等于零。由于合力偶矩在任一坐标轴上的投影恒为零，因此，平面任意力系平衡方程中的两个投影方程 $\sum F_x = 0$，$\sum F_y = 0$ 为恒等式。所以若要使平面力偶系达到平衡状态，其合力偶矩必须等于零。因此其平衡方程为

$$\sum M = 0$$

由此可见，平面力偶系平衡的充分与必要条件是：平面力偶系中各分力偶矩的代数和等于零。

例 2-7 外伸梁 AB 的受力情况和尺寸如图 2-10a 所示，梁的重量不计。若已知 $Q = Q' = 1.2kN$，$M = 8N·m$，$a = 120mm$，求支座 A、B 的约束力。

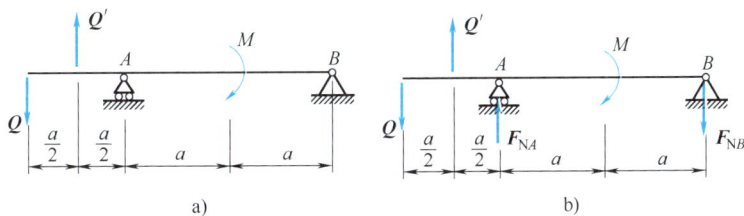

图 2-10

解 （1）取外伸梁为研究对象。

（2）画出其受力图，如图 2-10b 所示。梁上有 Q、Q' 组成的主动力偶，其力偶矩为 M；A、B 处的约束力为 F_{NA} 及 F_{NB}。根据力偶必须由力偶来平衡可知，F_{NA} 与 F_{NB} 必组成一对力偶。由于 F_{NA} 方向可以确定，所以 F_{NB} 的方向也随之而定。

（3）列方程并求解未知量。

$$\sum M = 0 \qquad Qa/2-M-F_{NA}2a = 0$$

可解得

$$F_{NA} = (Qa/2-M)/2a = (1.2×10^3×120×10^{-3}/2-8)N/(2×120×10^{-3}) = 267N$$

$$F_{NB} = F_{NA} = 267N$$

第三节　物体系统的平衡

一、物体系统的平衡问题

由若干个物体以适当的约束互相联系所组成的系统，称为**物体系统**，简称**物系**。在研究物体系统的平衡问题时，既要分析物体系统以外的物体对物系的约束，还要分析物体内部各物体之间的相互作用力。从平衡意义来说，如果物体系统处于平衡状态，则物体系统内的各物体也一定处于平衡状态。因此，既可以取物体系统作为研究对象，也可以取物体系统内的单个物体或几个物体组成的局部作为研究对象。对整个物体系统来说，内力总是成对出现的，所以在研究物体系统的平衡问题时，物系中的内力不需考虑。必须注意，内力与外力的概念是相对的。当研究物系中某一物体的平衡时，物系中其他物体对所研究物体的作用力就转化为外力，这时该力就必须考虑。

在一般情况下，对于每一个物体，可以写出三个独立的平衡方程。如果物体系统由 n 个物体组成，在平面任意力系作用下保持平衡，则该系统可以也只能建立 $3n$ 个独立的平衡方程，因而也可以确定 $3n$ 个未知量。在建立平衡方程时，应尽可能避免解联立方程，需要几个方程就列几个方程，多余的方程不列出。

求解物体系统的平衡问题，往往要选择两个以上的研究对象，分别画出其受力图，在画受力图时，要特别注意作用力与反作用力关系。对每个研究对象列出必要的平衡方程，所以有一个在解题之前必须考虑的"解题方案"问题。

为了选择比较简便的"解题方案"，应注意以下几点：

（1）应首先考虑是否可选整体为研究对象。一般来讲，如整体的外约束力未知量不超过三个，或虽然超过三个却可通过选择合适的平衡方程，率先求出一部分未知量时，应首先选取整体为研究对象。

（2）如果整体的外约束力未知量超过三个或者题意还要求求解内部约束的约束力时，应考虑把物体系统拆开来选取研究对象，可选单个刚体，也可选若干刚体组成的局部。这时一般应先选取受力较简单，未知量较少但却包含了已知力和待求未知量的刚体或局部为研究对象。

（3）在分析时，应排好选择研究对象的先后顺序，整理出解题步骤，当确定能完成题目要求时，才可以动手解题。

下面举例说明物体系统平衡问题的解法。

例 2-8　位于铅垂面的人字梯 ACB 如图 2-11a 所示，置于光滑水平面上，且处于平衡状态，已知 $F_P = 60\text{kN}$，$l = 3\text{m}$，$\alpha = 45°$。试求铰链 C 的约束力。

解　（1）先选择整体为研究对象，画出受力图，如图 2-11b 所示。显然，人字梯整体在平面平行力系作用下处于平衡。列平衡方程并求解。

$$\sum M_A(\boldsymbol{F}) = 0 \qquad F_{NB}2l\sin(\alpha/2) - F_P(2l/3)\sin(\alpha/2) = 0$$

解得

$$F_{NB} = F_P/3 = 20\text{kN}$$

$$M_B(\boldsymbol{F}) = 0 \qquad -F_{NA}2l\sin(\alpha/2) + F_P[l\sin(\alpha/2) + (l/3)\sin(\alpha/2)] = 0$$

解得

$$F_{NA} = 2F_P/3 = 40\text{kN}$$

（2）取 CB 杆为研究对象，画出其受力图，如图 2-11c 所示，CB 杆在平面任意力系作用下处于平衡。选取坐标轴，列平衡方程并求解。

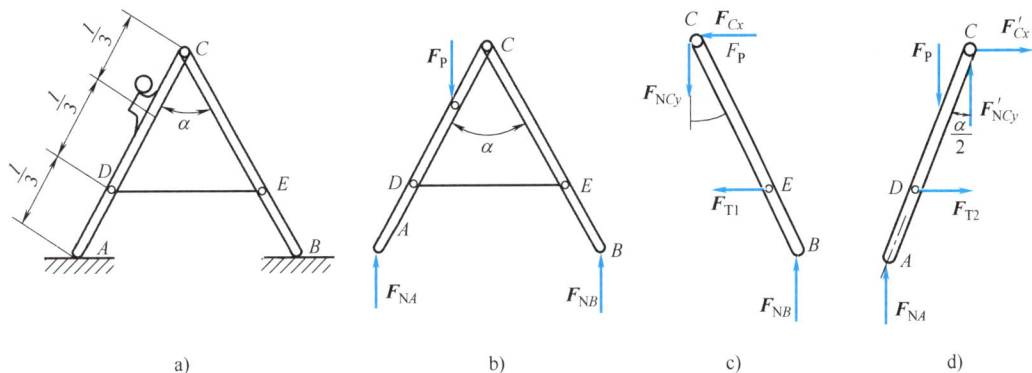

图 2-11

$$\sum F_y = 0 \qquad -F_{NCy} + F_{NB} = 0$$

解得
$$F_{NCy} = F_{NB} = 20kN$$

$$\sum M_E(F) = 0$$

$$F_{NB}(l/3)\sin(\alpha/2) + F_{NCx}(2l/3)\cos(\alpha/2) + F_{NCy}(2l/3)\sin(\alpha/2) = 0$$

解得
$$F_{NCx} = -3F_{NB}\sin(\alpha/2)/[2\cos(\alpha/2)] = -12.4kN$$

负号表示 F_{NCx} 的实际方向与图 2-11c 所示方向相反。

解题方法讨论：

1）本题最后一步采用对 E 点取力矩式平衡方程，而不采用对 B 点或 C 点取力矩式方程，也不采用 $\sum F_x = 0$ 的投影方程，是为了避免求解本题并不需要求解的未知量 F_T。

2）本题的第二个研究对象还可以选取 AC 杆，其受力图如图 2-11d 所示。显然，由于其上多了一个作用力 F_P，不如选择 CB 杆简便。再比如本题也可不取整体为研究对象，而先后选取 AC 杆和 CB 杆为研究对象，这样也可以解出题目要求的未知量，但不免会遇到解联立方程的问题。所以在正式解题前，比较一下可能的"解题方案"，选取较简便的一种，会使解题过程变得简单。

例 2-9 多跨静定梁如图 2-12a 所示。AB 梁和 BC 梁用中间铰 B 连接，A 端为固定端，C 端为斜面上可动铰链支座。已知 $F_P = 20kN$，$q = 5kN/m$，$\alpha = 45°$，试求支座 A、C 的约束力。

解 （1）先取 BC 梁为研究对象，画受力图如图 2-12b 所示。选取坐标轴，列平衡方程并求解。

$$\sum M_B(F) = 0 \qquad F_{NC}2\cos45° - F_P \times 1 = 0$$

解得
$$F_{NC} = F_P/(2\cos45°) = 20/(2\cos45°)kN = 14.14kN$$

$$\sum F_x = 0 \qquad F_{NBx} - F_{NC}\sin45° = 0$$

解得
$$F_{NBx} = F_{NC}\sin45° = 14.14 \times \sin45°kN = 10kN$$

$$\sum F_y = 0 \qquad F_{NBy} + F_{NC}\cos45° - F_P = 0$$

解得
$$F_{NBy} = F_P - F_{NC}\cos45° = (20 - 14.14 \times \cos45°)kN = 10kN$$

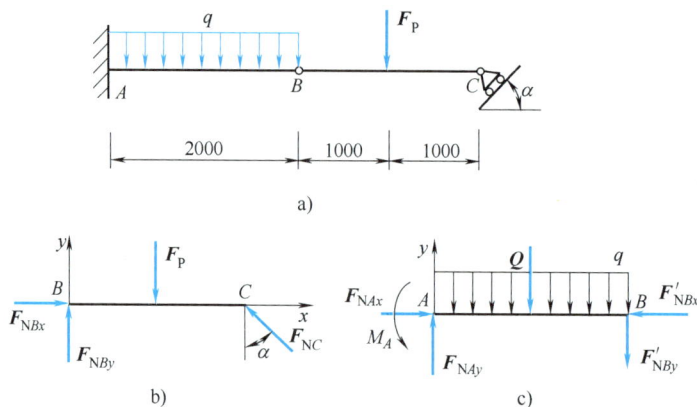

图 2-12

（2）取 AB 梁为研究对象，画出受力图，如图 2-12c 所示。选取坐标轴，列平衡方程并求解。

$$\sum M_A(F) = 0 \qquad M_A - q \times 2 \times 1 - F'_{NBy} \times 2 = 0$$

解得 $M_A = q \times 2 \times 1 + F'_{NBy} \times 2 = (5 \times 2 \times 1 + 10 \times 2) kN \cdot m = 30 kN \cdot m$

$$\sum F_x = 0 \qquad F_{NAx} - F'_{NBx} = 0$$

解得
$$F_{NAx} = F'_{NBx} = F_{NBx} = 10 kN$$

$$\sum F_y = 0 \qquad F_{NAy} - F'_{NBy} - q \times 2 = 0$$

解得
$$F_{NAy} = F'_{NBy} + q \times 2 = (10 + 5 \times 2) kN = 20 kN$$

本题还可选 BC 梁和整体作为研究对象，先取 BC 梁为研究对象，列出对 B 点的取矩方程，求出 F_{NC}，再取整体为研究对象，列出三个平衡方程，解出 A 端的三个未知量，这样只要列出 4 个平衡方程就可以求出系统的所有约束力，若要求 B 点中间铰的约束力，可由 BC 杆的另两个平衡方程求出。

二、静定与静不定的概念

由各种力系的平衡条件可知，每一种力系都有一定数目的平衡方程，如平面任意力系有三个独立的平衡方程，而平面汇交力系及平面平行力系都只有两个独立的平衡方程，平面力偶系只有一个独立的平衡方程。对每一个研究对象所能建立的独立平衡方程数最多是 3 个，对于由 n 个物体组成的物体系统的平衡问题，最多也只能建立 $3n$ 个独立的平衡方程。若所研究的问题中未知量数目等于或少于所能建立的独立平衡方程数，则所有未知量都可以由静力平衡方程求得，这样的问题称为**静定问题**。若未知量的数目多于独立平衡方程数目时，未知量不能全部由静力平衡方程求出，则这样的问题称为**静不定问题**（或称**超静定问题**）。静不定问题并不是不能解决的，只是不能用静力平衡方程式来解决。有些问题之所以成为静不定问题，是由于在静力学中把物体抽象为刚体，忽略了物体的变形。如果考虑物体的变形，找出物体的变形与作用力之间的关系，列出补充方程，静不定问题就可以得到解决。但这是材料力学或结构力学所研究的范畴。

图 2-13a 所示简支梁为静定问题，而图 2-13b 所示梁为静不定问题。

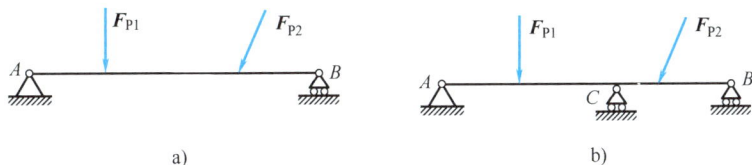

图 2-13

第四节 考虑摩擦时的平衡问题

一、滑动摩擦定律

摩擦是一种普遍存在于机械运动中的自然现象，人行走、车行驶、机器运转无一不存在着摩擦。前面几节分析物体的受力时，都假定物体表面是理想光滑的，因而都没有考虑摩擦力对物体的作用，这是因为在工程实际中有许多物体的接触面比较光滑，并且具有良好的润滑条件，摩擦力不起主要作用，为了简化问题而忽略摩擦，不会对计算结果的正确性造成重大的影响，可以获得比较接近实际的近似结果。但在很多工程问题中，摩擦已成为主要因素，必须加以考虑。摩擦既有有利的一面，如传动、制动和夹具夹紧工件等需利用摩擦；也有有害的一面，如摩擦要消耗能量，并使机器磨损，从而降低精度和机械效率，缩短机器寿命。研究摩擦现象，就是要发挥其有利的一面，限制其有害的一面。

两个互相接触的物体，当它们之间产生相对滑动或有相对滑动的趋势时，在接触面上，就会出现阻碍彼此滑动的机械作用，这种机械作用就称为滑动摩擦力（简称摩擦力）。摩擦力作用在物体的接触表面上，其方向沿接触面的切线，并和物体滑动或滑动趋势方向相反。滑动摩擦可依据两接触面间是否存在相对运动，分为静滑动摩擦和动滑动摩擦两类。

（一）静滑动摩擦

为了研究滑动摩擦的规律，可做如下实验。

放在桌子上的物体，如图 2-14 所示，受水平拉力 F_T 的作用，拉力的大小由砝码的重量确定。当水平拉力 F_T 很小时，物体有向右滑动的趋势，物体受到桌面的法向约束力 F_N 及切向摩擦力 F_f 的作用而保持平衡状态。这时，$F_N = F_P$，$F_f = F_T$。若拉力逐渐增大，滑动的趋势也增大，静摩擦力 F_f 也相应增大，可见，静摩擦力是个不固定的值，它的大小应由平衡条件来确定，即静摩擦力 F_f 与外界的水平拉力 F_T 等值、反向，维持物体在水平方向的平衡。

进一步的实验可以证明，静摩擦力 F_f 并不随力 F_T 的增大而无限度地增大，当拉力 F_T 增大至某一数值时，物体处于要滑动而又未滑动的临界状态，拉力 F_T 再增大一点，物体的平衡就被打破而开始滑动。由此可知，物体处

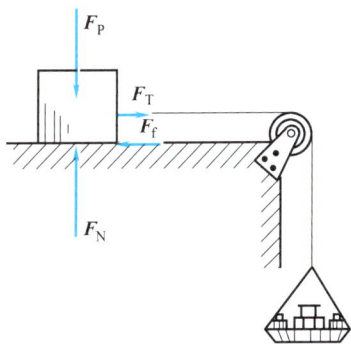

图 2-14

于临界状态时，静摩擦力 F_f 达到最大值，也就是说，静摩擦力 F_f 有一个极限值，以 F_{fmax} 表示，称为最大静滑动摩擦力（或称最大静摩擦力），综上所述，静摩擦力的大小随主动力

的情况而改变，但介于零与最大值之间，即

$$0 \leqslant F_f \leqslant F_{fmax} \qquad (2\text{-}15)$$

当 $F_f \leqslant F_{fmax}$ 时，由于摩擦力的存在，物体始终处于平衡状态。

大量实验表明，最大静摩擦力的方向与相对滑动趋势的方向相反，大小与两物体间的法向反力（正压力）成正比，即

$$F_{fmax} = \mu_s F_N \qquad (2\text{-}16)$$

这就是**静滑动摩擦定律**。式（2-16）中的比例常数 μ_s 称为**静滑动摩擦因数**，简称**静摩擦因数**，它是一个量纲为一的量，其大小与接触物体的材料、接触面的表面情况（表面粗糙度、温度、湿度、润滑情况等）有关，而与接触面积的大小无关。一般材料的 μ_s 值可从机械手册中查得，部分常用材料的 μ_s 见表 2-1。

表 2-1 静摩擦因数 μ_s 的参考值

钢对钢	钢对铸铁	钢对青铜	软钢对铸铁	皮革对铸铁	木材对木材	砖对混凝土
0.15	0.3	0.15	0.2	0.3～0.5	0.6	0.76

（二）动滑动摩擦

由前面分析可知，当水平拉力 F_T 增加到略大于 F_{fmax} 时，这时最大静滑动摩擦力已不足以阻碍物体向前滑动，于是两物体在接触面上产生阻碍物体滑动的力即为动滑动摩擦力，简称动摩擦力，以 F_f' 表示。

动摩擦力的方向沿着接触面的切向，与相对滑动的方向相反。大量实验证明，动摩擦力 F_f' 的大小与接触面间的正压力大小成正比。即

$$F_f' = \mu F_N \qquad (2\text{-}17)$$

式（2-17）即为**动滑动摩擦定律**。式中比例常数 μ 称为**动滑动摩擦因数**，简称**摩擦因数**，它的大小除了与两物体接触表面状况等因素及两接触物体的材料有关外，还与两物体的相对速度有关，μ 值随滑动速度的增大而减小，当速度变化不大时可认为 μ 是常数。在一般情况下，μ 略小于 μ_s，在精确度要求不高时，可近似地认为动摩擦因数与静摩擦因数相等。

综上所述可知，当考虑摩擦问题时，首先要分清物体是处于哪种状态（静止、临界平衡、滑动），然后选用相应的方法来计算摩擦力。静止时，静摩擦力 F_f 由静力平衡条件确定，其大小为 $0 \leqslant F_f \leqslant F_{fmax}$，随物体的受力大小而变化；临界平衡状态时，摩擦力 F_f 应选用最大静摩擦力公式 $F_{fmax} = \mu_s F_N$ 来计算；滑动时，摩擦力 F_f' 应选用动摩擦力公式 $F_f' = \mu F_N$ 来计算，但对于一般工程中精确度要求不高时，也可近似采用 $F_f' = \mu_s F_N$ 来计算。

二、摩擦角和自锁现象

（一）摩擦角的概念

当考虑摩擦时，物体所受到的接触面的约束力包括法向约束力 F_N 和摩擦力 F_f 这两个分量。它们的合力 F_R 称为接触面对物体的全约束力，如图 2-15a 所示。全约束力 F_R 与法向约束力 F_N 之间的夹角 α 将随着摩擦力 F_f 的增大而增大，当物体处于临界平衡状态时，即摩擦力 F_f 达到最大值 F_{fmax} 时，全约束力与接触面公法线间的夹角 α 也达到最大值 φ_m，φ_m 称为摩擦角。

由图 2-15b 可知

$$\tan\varphi_m = F_{fmax}/F_N$$

以 $F_{fmax} = \mu_s F_N$ 代入得

$$\tan\varphi_m = F_{fmax}/F_N = \mu_s \qquad (2\text{-}18)$$

式（2-18）表明，摩擦角的正切等于静滑动摩擦因数。摩擦角和摩擦因数都是表示材料表面性质的物理量。

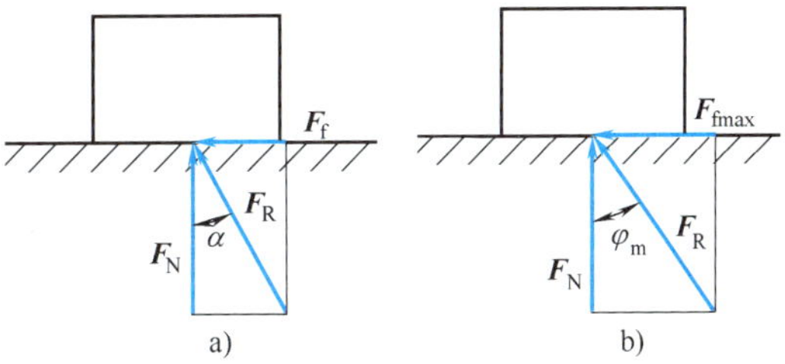

（二）自锁现象

物体平衡时，静摩擦力总是小于或等于最大静摩擦力。因此全约束力与接触面法线间的夹角 α 也总是小于或等于摩擦角 φ_m，如图 2-16a 所示。也就是说

$$0 \leqslant \alpha \leqslant \varphi_m \qquad (2\text{-}19)$$

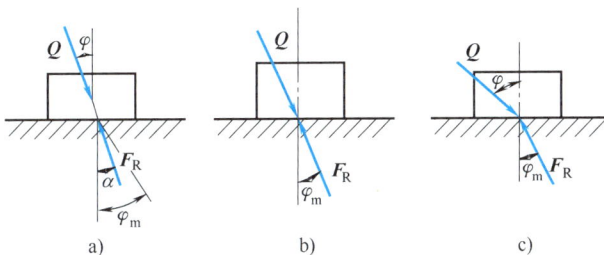

图 2-15

图 2-16

只有当物体处于临界平衡状态时，α 才能等于摩擦角 φ_m，所以摩擦角表明了物体平衡时全约束力作用线所处的几何范围，即只要全约束力的作用线在摩擦角内，物体总是平衡的。当全部主动力的合力 Q 与接触面法线间的夹角 φ 小于或等于摩擦角 φ_m 时，由于主动力的合力 Q 与全约束力 F_N 共线、反向、等值，故 $\varphi = \alpha$，如图 2-16b 所示，又因物体平衡时，$\alpha \leqslant \varphi_m$，所以当物体平衡时，应满足下列条件

$$\varphi \leqslant \varphi_m \qquad (2\text{-}20)$$

即作用于物体上的主动力合力 Q，不论其大小如何，只要其作用线与接触面法线间的夹角 φ 小于或等于摩擦角 φ_m，物体就能平衡，这种现象称为自锁。式（2-20）即为自锁的几何条件。反之，如果 $\varphi > \varphi_m$ 时，如图 2-16c 所示，不论 Q 值多么小，物体都将产生滑动。

工程上常利用摩擦角的概念设计一些机构或夹具，如在设计螺旋千斤顶时，螺纹升角 α 必须小于摩擦角，才能使重物举起后不致自行下落。有时却要避免"自锁"的发生，防止"自锁"和"卡住"的现象。

三、考虑摩擦时物体的平衡问题

求解考虑摩擦时物体的平衡问题与求解忽略摩擦的物体平衡问题，基本方法是相同的。即都必须满足力系的平衡条件。所不同的是：

1）在分析受力时，在有摩擦的地方，要画上摩擦力，指向与滑动趋势或滑动方向相反。

2）考虑了摩擦力就增加了未知量，可根据摩擦定律列出一个补充方程。

3）要分析清楚物体所处的状态，确定采用哪个补充方程。

静力平衡: $$0 \leqslant F_f \leqslant \mu_s F_N$$
临界平衡: $$F_f = \mu_s F_N$$
滑动: $$F'_f = \mu F_N$$

下面结合例题进行讨论。

例 2-10 一物块重 1200N，如图 2-17a 所示，置于倾角为 30° 的斜面上，物块上作用有水平推力 $F_P = 500N$，物块与斜面间的摩擦因数为 0.2。试问物块是否静止？如果物块处于静止状态，那么摩擦力的大小、方向如何？

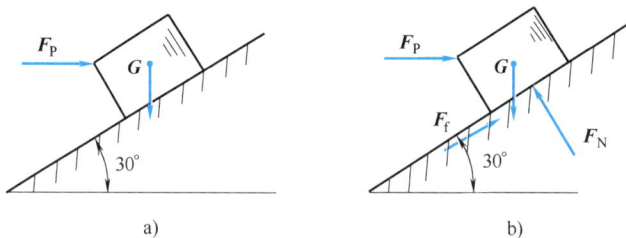

图 2-17

解 题目是要判断物块是否静止。对这类问题的解题步骤是，首先假设物块处于静止状态，由静力学平衡方程求出静摩擦力 F_f 和法向约束力 F_N，再求出最大静摩擦力 F_{fmax}，将 F_f 与 F_{fmax} 进行比较，若 F_f 的绝对值小于或等于 F_{fmax}，物块确实处于静止状态；若 F_f 的绝对值大于 F_{fmax}，物块已进入运动状态，所求 F_f 无意义。

选取物块为研究对象。

（1）求静摩擦力。假设物块静止，并有向下滑动的趋势，画出其受力图，如图 2-17b 所示。图中摩擦力的指向是假设的，若计算结果为正，则说明实际指向与假设相同；反之，则说明实际指向与假设相反。

选取坐标轴，列平衡方程并求解。

$$\sum F_x = 0 \qquad F_f - G\sin30° + F_P\cos30° = 0$$

解得 $$F_f = G\sin30° - F_P\cos30° = (1200 \times \sin30° - 500 \times \cos30°)N = 167N$$

$$\sum F_y = 0 \qquad F_N - G\cos30° - F_P\sin30° = 0$$

解得 $$F_N = G\cos30° + F_P\sin30° = (1200 \times \cos30° + 500 \times \sin30°)N = 1289N$$

（2）求物块的最大静摩擦力。

$$F_{fmax} = \mu F_N = 0.2 \times 1289N = 258N$$

（3）比较 F 与 F_{fmax}。

$$F_f = 167N < F_{fmax} = 258N$$

（4）结论。物块在斜面上静止，静摩擦力大小为 167N，指向沿斜面向上。

例 2-11 图 2-18a 所示为一制动器的结构简图，几何尺寸如图所注，闸瓦与制动轮间的摩擦因数为 μ_s，鼓轮上悬挂重物为 Q。试求制止制动轮逆时针转动所需的最小力 F_{Pmin}。

解 制动是通过闸瓦与制动轮之间的摩擦力来实现的。这是一个物体系统的平衡问题。要分别取制动轮及曲杆为研究对象。

（1）选取制动轮为研究对象，画出受力图如图 2-18b 所示。摩擦力 F 随 F_P 值的降低而减小，因此最小的 F_P 值将使制动轮处于临界平衡状态。这时，摩擦力为最大静摩擦力

$F_{fmax}=\mu_s F_{ND}$。当 F_P 小于 F_{Pmin} 时，因摩擦力不够，将使制动轮开始打滑。

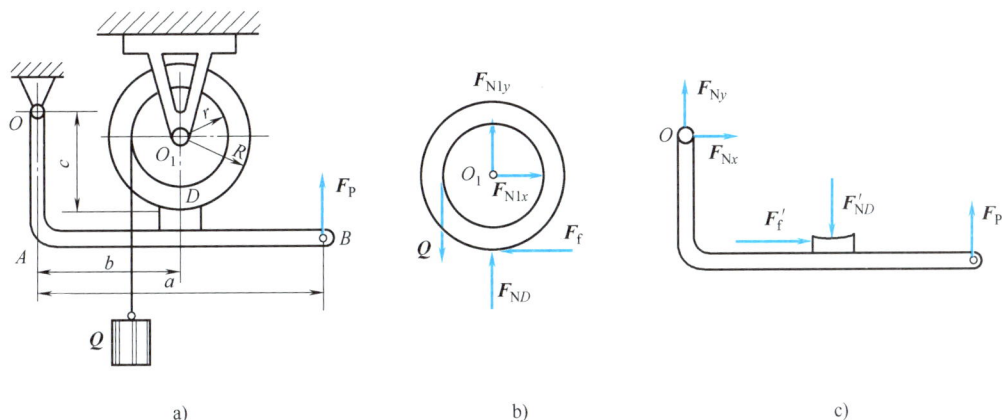

图 2-18

选取坐标轴，列平衡方程。

因为点 O、O_1 的约束力并非题目所要求的，所以各力的投影方程可以省去不必列出。

$$\sum M_{O1}(\boldsymbol{F})=0 \qquad Qr-F_f R=0 \tag{1}$$

（2）选取曲杆 OAB 为研究对象，画出其受力图，如图 2-18c 所示。

选取坐标轴，列平衡方程并求解。

$$\sum M_O(\boldsymbol{F})=0 \qquad F_{Pmin}a+F_f' c-F_{ND}' b=0 \tag{2}$$

补充方程
$$F_f=F_{fmax}=\mu_s F_{ND} \tag{3}$$

注意到有
$$F_f=F_f',\ F_{ND}=F_{ND}'$$

联立方程式（1）、（2）、（3），可解得

$$F_{Pmin}=Qr(b-c\mu_s)/aR\mu_s$$

四、滚动摩阻简介

搬运笨重物体时，如果在重物底下垫上一些滚子，比直接放在地面上推动重物要省力得多，如图 2-19 所示。这表明以滚动代替滑动，重物受到的阻力要小得多。

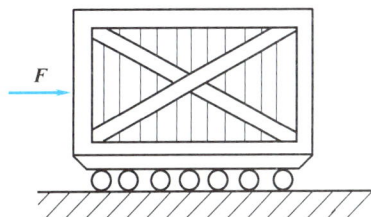

图 2-19

滚动阻力小于滑动阻力的原因，可通过车轮在地面上滚动的情况来分析。设一重为 Q 的车轮放在地面上，轮心受水平拉力 F_P 作用。很明显，地面对车轮除有法向约束力 F_N 外，还有地面阻止车轮向前滑动的摩擦力 F_f，如图 2-20a 所示。由图可见，水平拉力 F_P 与滑动摩擦力 F_f 组成一个力偶，它使车轮向前滚动。而实际情况是，在车轮重量的作用下，车轮与地面都会产生变形，变形影响了车轮与地面接触面处反作用力的分布情形，地面对车轮的反作用力应该是如图 2-20b 所示，而不是如图 2-20a 所示的那样。这时因车轮在力的作用下有向右移动的趋势，故接触面在 A 点右边压紧、左边放松，分布于接触面的反作用力的合力 F_R 的作用点不通过车轮的最低点，而是偏离了一小段距离，如图 2-20b 所示，即合力的法向分量 F_N 向右偏移了一个 e 值，如图 2-21a 所示。将反力 F_R 分解为法向反力 F_N 和摩擦力 F_f，并把它们向车轮的最低点 A 简化。法向反力向 A 点平移时须附加一力偶，力偶矩为 $M=F_N e$，M 起到阻止

车轮滚动的作用，其转向与车轮的滚动趋势相反，M 就是地面对车轮滚动的阻力矩，称为滚动摩阻力偶。由图 2-21b 可知，车轮平衡时，$M = F_P r$。

若水平拉力 F_P 增加，则滚动摩阻力偶也增加。当力 F_P 逐渐增加使车轮达到开始滚动而尚未滚动的临界状态时，法向反力 F_N 的偏移值 e 也相应地逐渐增加到最大值 δ，故滚动摩阻力偶 M 随主动力 F_P 的增加而增大，直到主动力矩增加到稍大于某一临界值时，车轮就从静止开始滚动。物体滚动时，滚动摩阻力偶矩达到最大值，用 M_{max} 表示。即

$$M_{max} = \delta F_N \qquad (2-21)$$

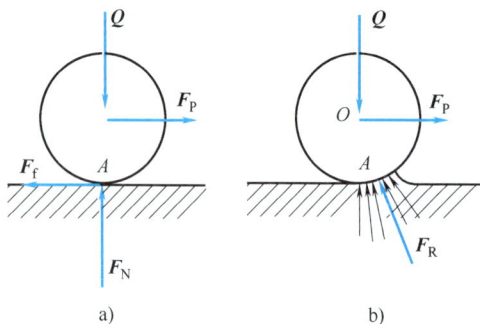

图 2-20

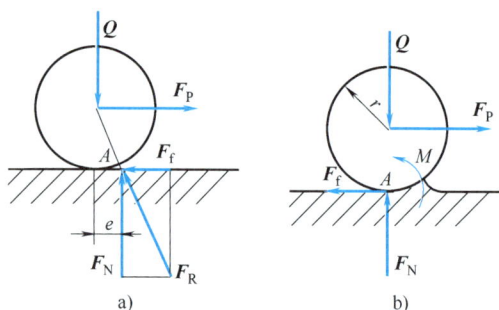

图 2-21

式 (2-21) 表明，滚动摩阻力偶矩的最大值与法向反力的大小成正比。δ 称为滚动摩阻系数，它具有长度的量纲。式 (2-21) 称为滚动摩阻定律。δ 值主要与两接触面的材料硬度有关。显然，较硬的材料，受载后变形就小，δ 值也较小。轮胎打足气可以减小滚动摩阻就是这个道理。

表 2-2 列出了几种常用材料的滚动摩阻系数的参考值。

表 2-2　滚动摩阻系数 δ 的参考值　　　　　　　　　　（单位：mm）

软钢对软钢	铸铁对铸铁	木材对钢	木材对木材	火车轮对钢轨	轮胎对路面
0.05	0.05	0.3~0.4	0.5~0.8	0.5~0.7	2~10

下面我们分析滚动比滑动省力的原因。在车轮上施加水平力后，车轮运动的可能性有两种：一是滚动；二是滑动。设使车轮开始滚动所需的水平力为 F_{P1}，而使它开始滑动的水平力为 F_{P2}，则发生滚动的条件是

$$F_{P1} r > \delta F_N = \delta G$$

或

$$F_{P1} > \delta G / r \qquad (2-22)$$

发生滑动的条件是
$$F_{P2} > \mu_s F_N = \mu_s G \qquad (2-23)$$

一般说来，$\mu_s \geq \delta / r$，所以 $F_{P2} \geq F_{P1}$，所以使轮子滚动要比使它滑动省力得多。这说明当水平力 F_P 由零逐渐增大时，轮子必先发生滚动而不是滑动。以半径为 0.4m 的火车车轮在钢轨上滚动为例，其 $\delta \approx 0.5$mm，$\mu_s \approx 0.1$，可求出

$$F_{P2} / F_{P1} = \mu_s r / \delta = 0.1 \times 400 / 0.5 = 80$$

不难看出，使火车轮开始滑动所需的力是使它滚动的力的 80 倍，所以滚动比滑动省力得多。在工程上尽量用滚动摩擦来代替滑动摩擦。

思　考　题

2-1　设平面任意力系向一点简化得到一个合力，能否找到一个适当的点作为简化中心，使其简化为一合力偶？

2-2　力偶可在作用面内任意转移，那为什么又说主矩与简化中心的位置有关呢？这里没有什么矛盾吗？

2-3　如图 2-22 所示，试确定图示两种情况下，合力作用线的位置。已知 $F_{P1} /\!/ F_{P2}$，$F_{P1} = 2F_{P2}$，$AB = l$。

2-4　二力矩式和三力矩式平衡方程为什么要有限制条件？平面汇交力系是否也能采用力矩形式的平衡方程？应有什么限制条件？

2-5　图 2-23a、b 所示分别表示定滑轮受力 F_P 和力偶（F'_P，F''_P）作用，试问这两种情况下滑轮的受力有何不同？轮轴支承处的约束力有何不同？设滑轮静止，$-F'_P = F''_P = F_P/2$，滑轮的半径为 R。

2-6　力偶不能用一个力来平衡，为什么图 2-24 中的轮子又能平衡呢？

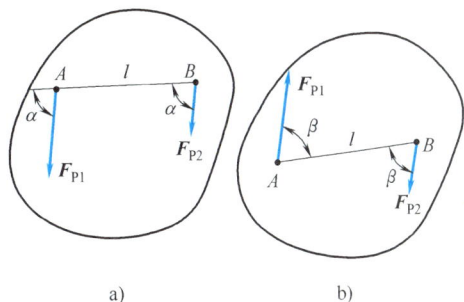

a)　　　　　　　b)

图 2-22

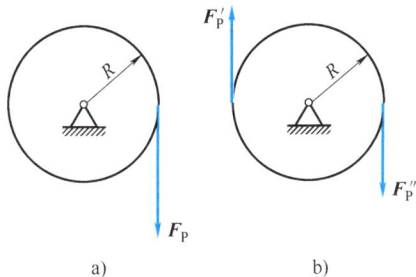

a)　　　　　　　b)

图 2-23

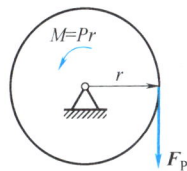

图 2-24

2-7　求解物系的平衡问题时，在画出各个物体的分离体受力图后，如何决定这些对象求解的先后？

2-8　判断图 2-25 中所示各种平衡问题是静定的，还是静不定的？设各接触面均为理想光滑的，主动力的作用情况如图所示。

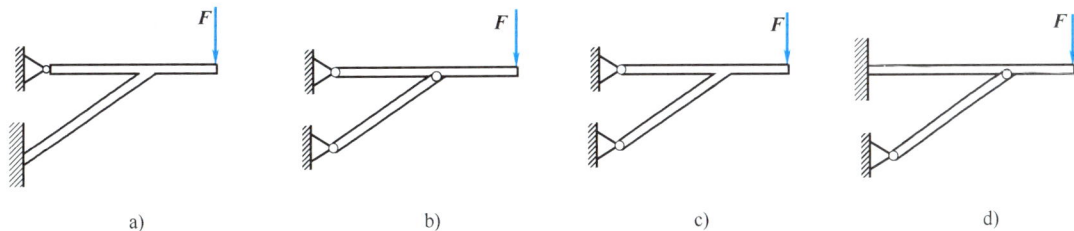

a)　　　　　　　b)　　　　　　　c)　　　　　　　d)

图 2-25

2-9 物体放在不光滑的桌面上是否一定受到摩擦力的作用?

2-10 设 F_f 为静滑动摩擦力,μ_s 为静滑动摩擦因数,G 是物体重量,F_N 是法向约束力。试判断下列等式是否正确? 为什么?

(1) $F_f = \mu_s G$。

(2) $F_f = \mu_s X$ (X 为 G 在法线方向分量的大小)。

(3) $F_f = \mu_s F_N$。

2-11 物块重量 $G = 100N$,用水平力 F_P 将它压在铅垂墙上,如图 2-26 所示。已知 $F_P = 400N$,物块与墙间的摩擦因数 $\mu_s = 0.3$,求摩擦力。

2-12 物体重 G,与水平地面间的静摩擦因数为 μ_s,如图 2-27 所示,欲使物体向右滑动,将图 2-27a 的施力方法与图 2-27b 的施力方法相比较,哪一种更省力? 若要最省力,α 角应为多大?

2-13 物体 A 放在粗糙的斜面上,如图 2-28 所示。设 $\alpha > \varphi_m$ (物体 A 会下滑)。现在物体上加一个垂直于斜面方向的力 F,问加上此力后能否制止物体下滑? 为什么?

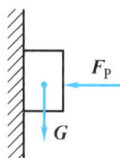
图 2-26

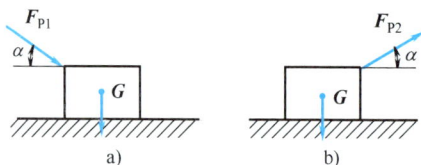
a)　　　　　　b)
图 2-27

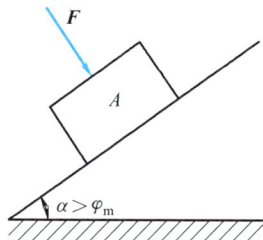
图 2-28

习　题

2-1 如图 2-29 所示,平面任意力系向 O 点简化,求所得的主矢及主矩,并求力系合力的大小、方向及合力离 O 点的距离 d,在图上画出合力的作用线。已知图中每格边长为 $5mm$,$F_1 = 5N$,$F_2 = 25N$,$F_3 = 25N$,$F_4 = 20N$,$F_5 = 10\sqrt{2}N$,$F_6 = 25N$。

2-2 扳手受到一力和一力偶的作用,如图 2-30 所示,求此力系的合力作用点 D 的位置(以距离 b 表示)。

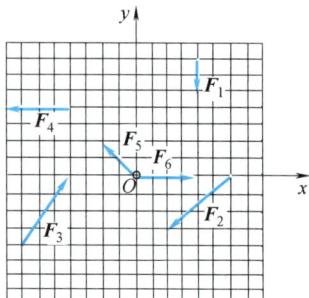
图 2-29

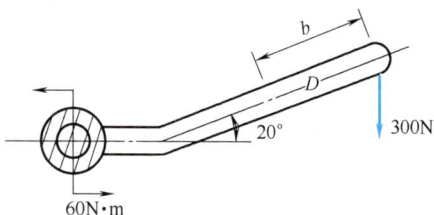
图 2-30

2-3 某厂房排架的柱子，如图 2-31 所示，承受吊车传来的力 $F = 250\text{kN}$，屋顶传来的力 $Q = 30\text{kN}$，试将该两力向中心 O 简化。

2-4 试求图 2-32 中各平行分布力的合力大小、作用线位置及对点 A 之矩。

2-5 试求图 2-33 中各支承点的约束力，已知物体的重量 $G = 2\text{kN}$。

2-6 如图 2-34 所示，已知 $F = 60\text{kN}$，$a = 20\text{cm}$，求各梁支座的约束力。

2-7 试求图 2-35 中所示各杆固定端的约束力。已知 $c = h = 0.08\text{m}$，$l = 0.1\text{m}$，$d = 0.02\text{m}$，$F = 1.5\text{kN}$，$q = 10\text{kN/m}$。

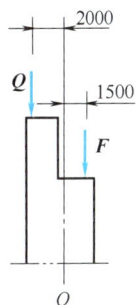

图 2-31

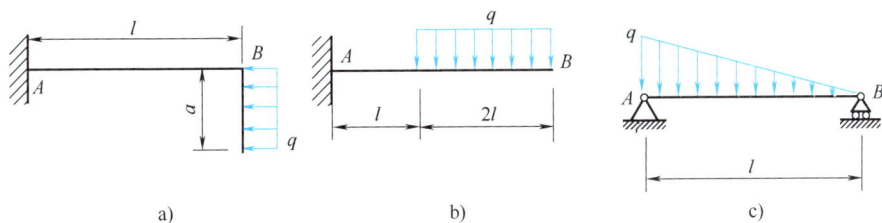

图 2-32

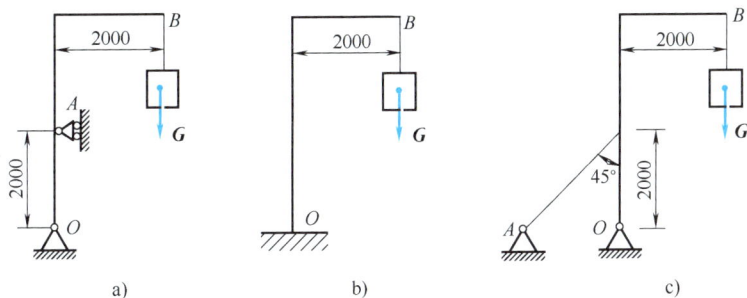

图 2-33

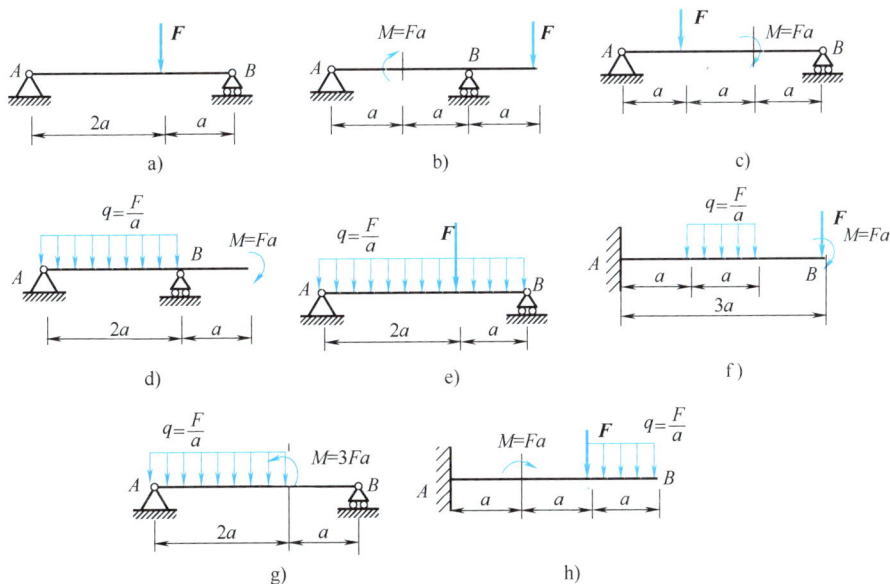

图 2-34

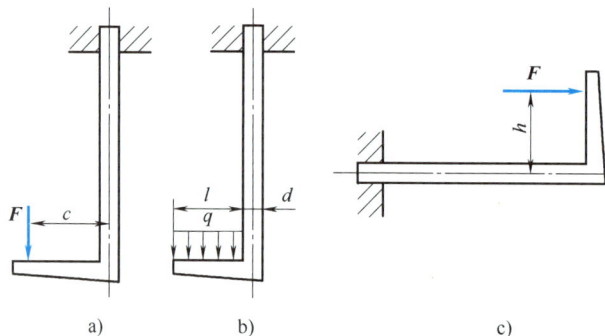

图 2-35

2-8 有一起重井架，载荷及几何尺寸如图 2-36 所示，已知滑轮的直径 $d = 0.2\text{m}$，悬挂物重 $G = 30\text{kN}$；试求：（1）绳的拉力；（2）铰链 O 处的约束力。

2-9 一平行轴减速器，如图 2-37 所示，减速器的输入轴 I 上作用着力偶，其力偶矩 $M_1 = 0.5\text{kN} \cdot \text{m}$，输出轴 II 上作用着阻力偶，其矩 $M_2 = 2\text{kN} \cdot \text{m}$。设 $l = 0.5\text{m}$，不计减速器重量。试求螺栓 A 以及支承面 B 所受的力。

2-10 起重机 ABC，借跨过滑车 D 的链索吊起重物 $G = 20\text{kN}$，滑车 D 固定在墙上，$\angle CAD = 60°$、$\angle ABC = 60°$、$\angle ACB = 30°$，如图 2-38 所示。求杆 AB 与 AC 所受的力（滑车 A 的半径可忽略不计）。

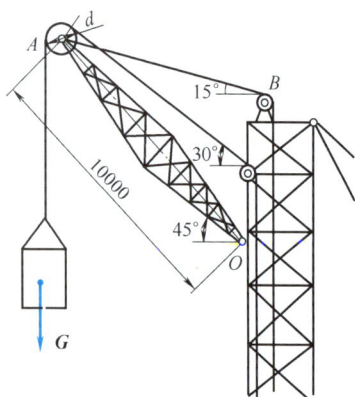

图 2-36

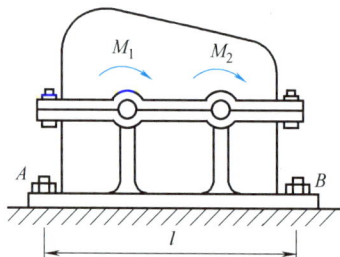

图 2-37

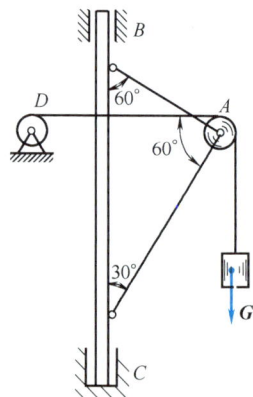

图 2-38

2-11 如图 2-39 所示，均质圆球 O，重 G，放在板 AB 与墙 AC 之间，D、E 处为光滑接触，板的重量略去不计。求支座 A 的约束力及绳 BC 的拉力。

2-12 某铲车如图 2-40a 所示，起重架上有固定铰支座 O，A 点处有液压缸的活塞连杆作用以调节起重架位置。已知最大起重量 $Q = 50\text{kN}$，试求液压缸活塞连杆的作用力 F 以及支座 O 的约束力。尺寸如图 2-40b 所示。

2-13 图 2-41 所示为木桩拔出机构，在桩的上端系绳 AB，在该段绳中间某点再系绳 CD，B 端和 D 端固定。在 CD 段绳中某点 E 作用一向下的力 F，以使桩的上端产生一向上拔的力。若这时 AC 段是铅垂的，CE 段是水平的，BC 段与铅垂线的夹角和 ED 段与水平线的夹角均为 α，且有 $\tan\alpha = 0.1$，试求拔木桩的力有多大？

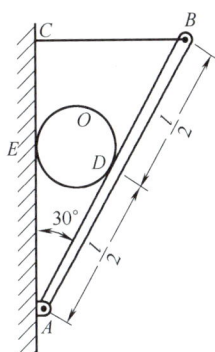

图 2-39

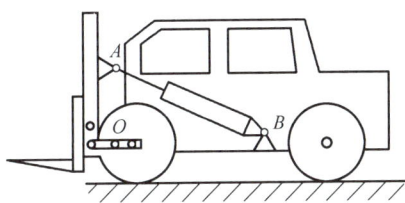

a)

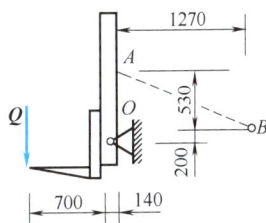

b)

图 2-40

2-14　如图 2-42 所示，在四连杆机构 ABCD 的铰链 B 和 C 上分别作用有力 **Q** 和 **F**_P，机构在图示位置平衡。试求平衡时力 **F**_P 和 **Q** 的大小之间的关系。

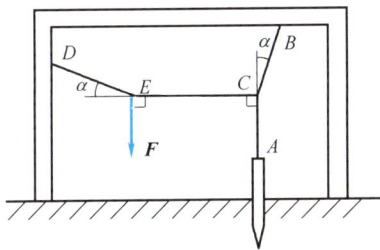

图 2-41

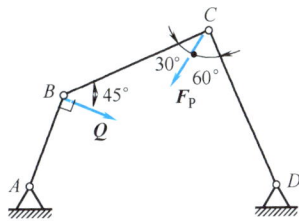

图 2-42

2-15　图 2-43 所示为一手动水泵。手柄 AD 所受的作用力 $F = 200\text{N}$，不计各杆自重及摩擦。试求图示平衡位置时连杆 BC 的内力、水的压力大小 Q 与支座 A 的约束力。

2-16　钢筋校直机构如图 2-44 所示，如在 E 点作用水平力 $F = 90\text{N}$，试求在 D 处将产生多大的压力，并求铰链支座 A 的约束力。

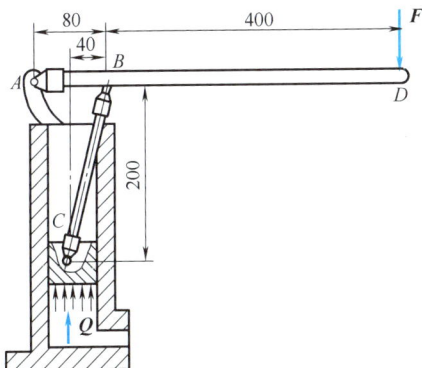

图 2-43

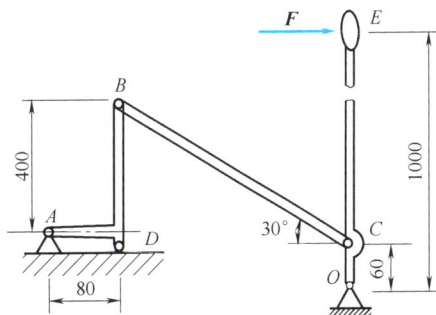

图 2-44

2-17　如图 2-45 所示，井架由 AB、AC 两杆组成，A 处装一滑轮，已知滑轮半径 $r = 20\text{cm}$，$AB = AC = 3\text{m}$，摩擦及杆重不计，$G = 20\text{kN}$，试求 B、C 两支承的约束力。

2-18　重 $G = 20\text{kN}$ 的物体被绞车吊起，绞车的绳子绕过光滑的定滑轮 B，如图 2-46 所示。若滑轮由不计重量的杆 AB、BC 支持，A、B、C 三点都是光滑铰链连接，滑轮 B 的大小可以忽略不计，试求 AB 杆和 BC 杆所受的力。

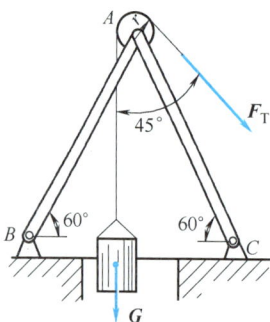

图 2-45

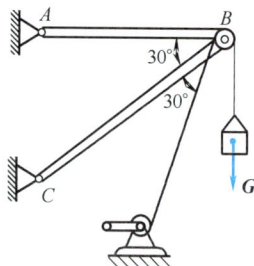

图 2-46

2-19　如图 2-47 所示，起重设备中的棘轮机构用以防止齿轮倒转，鼓轮直径 $d_1 = 32\text{cm}$，棘轮节圆直径 $d = 50\text{cm}$，棘爪位置的两个尺寸 $a = 6\text{cm}$，$h = 3\text{cm}$，起吊重物 $Q = 5\text{kN}$；不计棘爪自重及摩擦，试求棘爪尖端所受的压力。

2-20　齿轮箱的两个轴上作用的力偶如图 2-48 所示，它们的力偶矩的大小分别为 $M_1 = 500\text{N} \cdot \text{m}$，$M_2 = 125\text{N} \cdot \text{m}$。求两螺栓处的铅垂约束力。图中长度单位为 cm。

2-21　如图 2-49 所示，四连杆机构在图示位置处于平衡，已知 $OA = 60\text{cm}$，$BC = 40\text{cm}$，作用在杆 BC 上力偶的力偶矩大小 $M_2 = 1\text{N} \cdot \text{m}$，试求作用在杆 OA 上力偶的力偶矩大小 M_1 和杆 AB 所受的力 F_N。各杆重量不计。

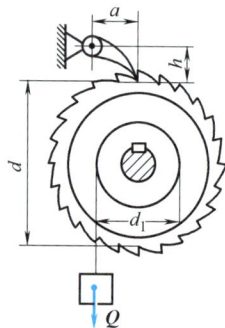

图 2-47

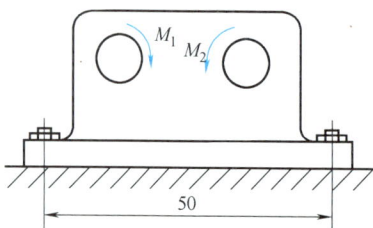

图 2-48

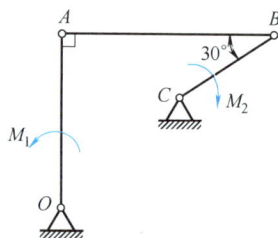

图 2-49

2-22　如图 2-50 所示，由 AC 和 CD 构成的组合梁通过铰链 C 连接。已知均布载荷集度 $q = 10\text{kN/m}$，力偶矩 $M = 40\text{kN} \cdot \text{m}$，不计梁重，试求支座 A、B、D 处的约束力。

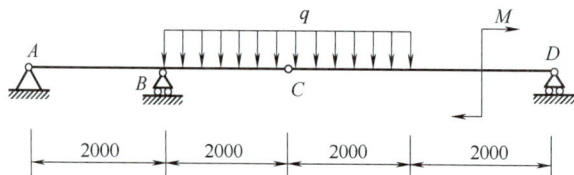

图 2-50

2-23　用支架 ABC 承托斜面上的圆球，球重 $G = 1000\text{N}$，如图 2-51 所示。若各种摩擦忽略不计，试求杆 BC 所受的压力。

2-24　图 2-52 所示为汽车台秤简图。BCF 为汽车台秤的整体台面，杠杆 AOB 可绕 O 轴转动，B、C、D 均为光滑铰链，杆 DC 处于水平位置。试求平衡时砝码的重量 G_1 与汽车的重量 G_2 的关系。

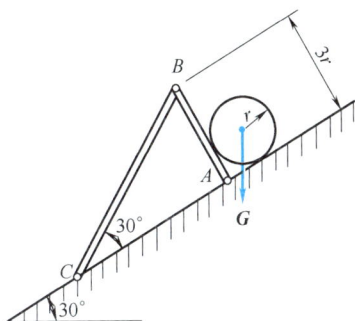

图 2-51

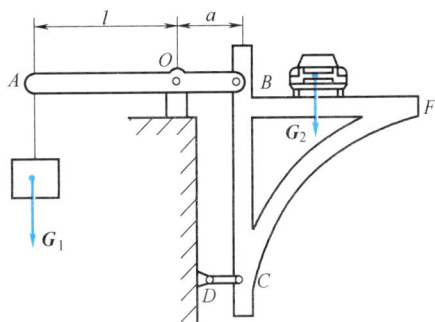

图 2-52

2-25　图 2-53 所示为火箭发动机试验台示意图。发动机固定在台面上，测力计 M 指示绳子的拉力为 F_T。已知工作台和发动机共重 G，重力通过 AB 的中点，$CD = 2b$，$CK = h$，$AC = BD = H$，火箭推力 F 的作用线到 AB 的距离为 a，试求此推力 F 及杆 BD 所受的力。

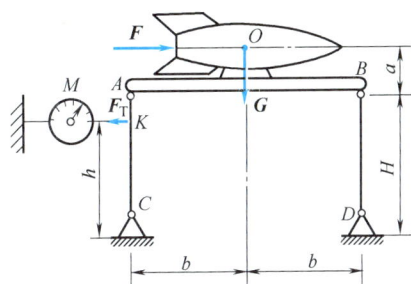

图 2-53

2-26　炼钢炉的送料机由跑车 A 和可移动的桥 B 组成，如图 2-54 所示。跑车可沿桥上的轨道运动，两轮间距离为 2m，跑车与操作架、平臂 OC 以及料斗 C 相连，料斗每次装载物料重 $Q = 15kN$，平臂长 $OC = 5m$。设跑车 A、操作架和所有附件总重为 G，作用于操作架的轴线，问 G 至少应多大才能使料斗在满载时跑车不致翻倒？

2-27　如图 2-55 所示，由杆 AB、BC 和 CE 组成的支架和滑轮 E 支持着物体。物体重 12kN。D 处也为光滑铰链连接。试求固定铰链支座 A 和滚动铰链支座 B 的约束力以及杆 BC 所受的力。

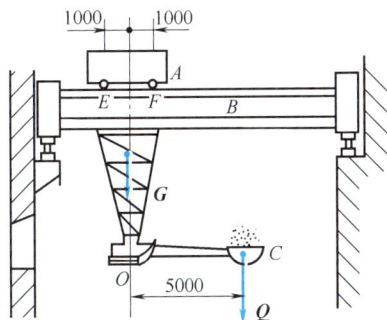

图 2-54

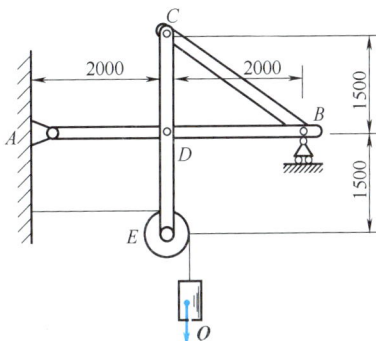

图 2-55

2-28　如图 2-56 所示，无底的圆柱形空筒放在光滑的固定面上，内放两个重球。设每

个球重为 G，半径为 r，圆筒的半径为 R，若不计各接触面间的摩擦，试求圆筒不致翻倒的最小重量 Q_{min}（$R<r<2R$）。

2-29　如图 2-57 所示，物重 $G=100N$，与水平面间的摩擦因数 $\mu_s=0.3$。问：（1）当水平力 $F=10N$ 时，物体受多大的摩擦力？（2）当水平力 $F=30N$ 时，物体受多大的摩擦力？（3）当水平力 $F=50N$ 时，物体受多大的摩擦力？（4）在此三种情况下，物体分别处于何种状态？

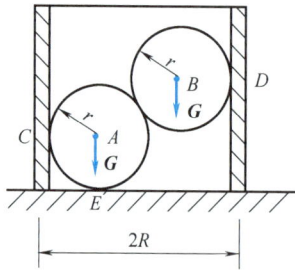

图 2-56

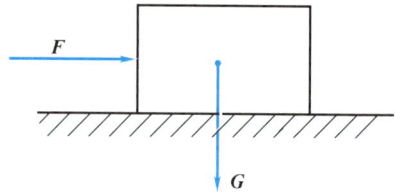

图 2-57

2-30　重为 G 的物体放在倾角为 α 的斜面上，如图 2-58 所示，物体与斜面间的摩擦角为 φ_m，且 $\alpha>\varphi_m$。如在物体上作用一力 F，此力与斜面平行，试求能使物体保持平衡的力 F 的最大值和最小值。

2-31　如图 2-59 所示，一个重 $G=100N$ 的梯子靠在墙角，梯子与地面之间的夹角 $\alpha=60°$，梯子与墙的摩擦因数 $\mu_{sA}=0.3$，梯子与地面的摩擦因数 $\mu_{sB}=0.5$。问需加一个多大的紧贴地面的水平力 F 才能推动梯子向上滑动？

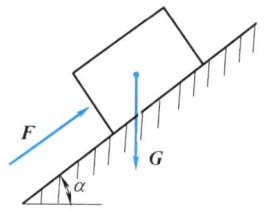

图 2-58

2-32　变速箱中双联滑移齿轮如图 2-60 所示，已知齿轮孔与轴间的静摩擦因数为 μ_s，双联齿轮与轴的接触长度为 b。问拨叉（图中未画）作用在齿轮上的力 F 到轴线的距离 a 为多大，齿轮就不会被卡住。齿轮重量忽略不计。

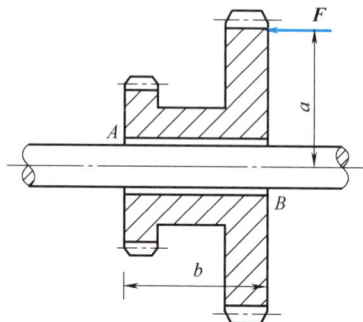

图 2-59

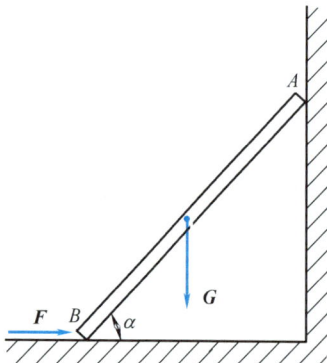

图 2-60

2-33　物块 A 和 B 叠放在水平固定面上，如图 2-61 所示。两者的重量都是 $10N$，两物块之间以及物块 B 和固定面之间的摩擦因数都是 0.2。设在物块 A 上施加大小等于 $5N$ 的力 F，这个力的方向偏向下方并与水平面成倾角 $30°$。试分别判断两物块能否运动？并求两物块受到的摩擦力。

2-34　如图 2-62 所示，重为 G 的圆球夹在曲臂杆 ABC 与墙壁之间。若圆球的半径为 r，圆心比 A 低 h，球与杆及球与墙的摩擦因数均为 μ_s。试求要维持圆球不致滑下，力 F 的最小值应为多少？

2-35　如图 2-63 所示，砖夹宽 28cm，爪 AHB 和 $HCED$ 在 H 点铰接。被提起的砖块共重 G，提举力 F_P 作用在砖夹中心线上。已知砖夹与砖之间的摩擦因数 $\mu_s = 0.5$，问尺寸 b 应多大，才能保证砖不滑掉。

2-36　如图 2-64 所示，重为 210N 的轮子放在相互垂直的水平平面和竖直平面上，在轮轴上绕有软绳并挂有重物 A，设接触处的摩擦因数均为 0.25，轮子半径 R 为 20cm，轮轴半径 r 为 10cm，求平衡时重物 A 的最大重量。

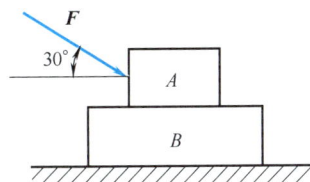

图 2-61

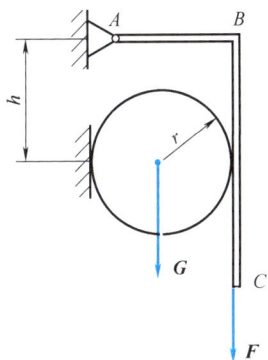

图 2-62

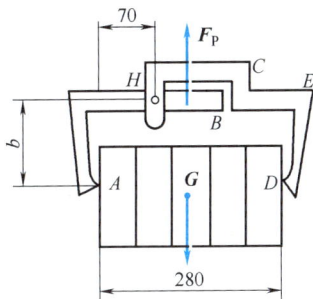

图 2-63

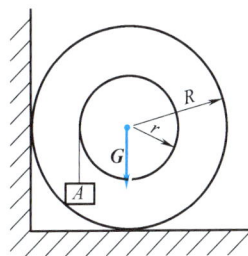

图 2-64

2-37　如图 2-65 所示，重为 $G = 210\text{N}$ 的轮子，放在直角固定面上，轮子半径 $R = 20\text{cm}$，接触处的摩擦因数 $\mu_s = 0.25$；轮上作用一力偶 M，求轮子平衡时，力偶矩 M 的最大值。

2-38　圆柱形滚子重 3kN，半径为 30cm，放在水平面上，如图 2-66 所示。若滚动摩擦因数 $\delta = 0.5\text{cm}$，求 $\alpha = 0°$ 及 $\alpha = 30°$ 两种情况下拉动滚子所需的力 F 的值。

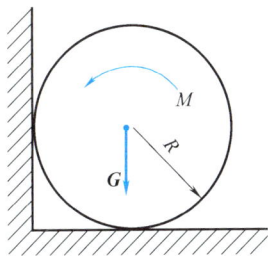

图 2-65

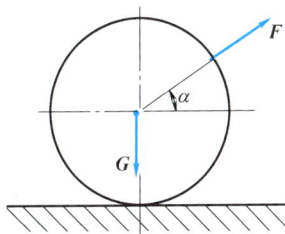

图 2-66

第三章

空间力系与重心

工程中常见物体所受各力的作用线并不都在同一平面内，而是空间分布的，这种力系称为**空间力系**。与平面力系一样，空间力系分为**空间汇交力系**、**空间平行力系**和**空间任意力系**。本章着重研究空间任意力系的平衡问题。

第一节　力在空间直角坐标轴上的投影

为了方便分析力对物体的作用，常需要将力沿空间直角坐标轴投影。若已知力 $\boldsymbol{F}$ 与正交坐标系 $Oxyz$ 三轴间的夹角分别为 α、β、γ，如图 3-1 所示，根据第一章第一节所述，力 $\boldsymbol{F}$ 在三个轴上的投影为

$$\left.\begin{aligned} F_x &= F\cos\alpha \\ F_y &= F\cos\beta \\ F_z &= F\cos\gamma \end{aligned}\right\} \tag{3-1}$$

图 3-1

与平面力的投影相同，空间力的投影也是代数量。投影后，力的起点到终点的方向与坐标轴正向相同，则力的投影为正；反之为负。

当力 $\boldsymbol{F}$ 与坐标轴 Ox、Oy 间的夹角不易确定时，可采用二次投影法。先把力 $\boldsymbol{F}$ 投影到坐标平面 Oxy 上，得到力 $\boldsymbol{F}_{xy}$，然后再把这个力投影到 x、y 轴上，得到 F_x、F_y。在图 3-2 中，已知角 γ 和 φ，则力 F 在三个轴上的投影分别为

$$\left.\begin{aligned} F_x &= F\sin\gamma\cos\varphi \\ F_y &= F\sin\gamma\sin\varphi \\ F_z &= F\cos\gamma \end{aligned}\right\} \tag{3-2}$$

力在空间直角
坐标轴上的投影

反之，若已知力 $\boldsymbol{F}$ 在空间直角坐标轴上的投影 F_x、F_y、F_z，则合力 $\boldsymbol{F}$ 的大小和方向余弦为

$$\left.\begin{aligned} F &= \sqrt{F_x^2 + F_y^2 + F_z^2} \\ \cos\alpha &= \left|\frac{F_x}{F}\right|, \cos\beta = \left|\frac{F_y}{F}\right|, \cos\gamma = \left|\frac{F_z}{F}\right| \end{aligned}\right\} \tag{3-3}$$

式中，α、β 和 γ 分别表示合力与三个坐标轴的夹角。

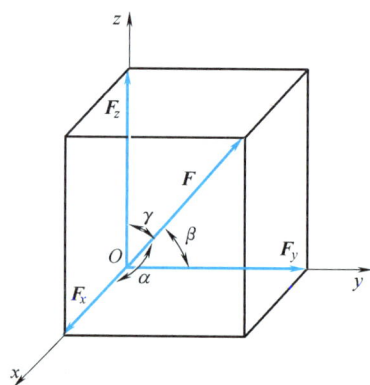

例 3-1 如图 3-3 所示的圆柱斜齿齿轮，其上受啮合力 F_n 的作用。已知该斜齿轮的螺旋角 $\beta = 15°$，压力角 $\alpha = 20°$，啮合力 $F_n = 5kN$，试求力 F_n 沿 x、y 和 z 轴的分力。

解 从以力 F_n 为对角线的正六面体中可得

$$F_x = F_{xy}\sin\beta = F_n\cos\alpha\sin\beta = 1.22kN$$

$$F_y = F_{xy}\cos\beta = F_n\cos\alpha\cos\beta = 4.54kN$$

$$F_z = -F_n\sin\alpha = -1.71kN$$

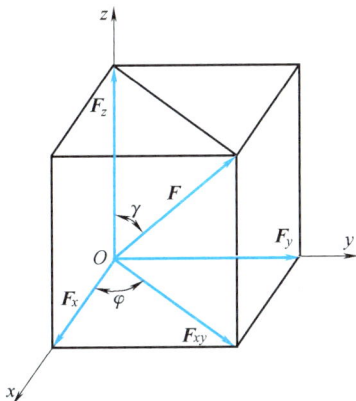

图 3-2

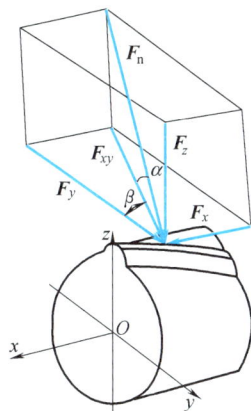

图 3-3

第二节 力对轴之矩

工程中，经常遇到刚体绕定轴转动的情况，为了度量力对绕定轴转动刚体的作用效果，必须了解力对轴之矩的概念。

以斜齿轮为例，如图 3-4 所示，把作用在斜齿轮上的力 F_n 分解成 F_t、F_r、F_a。在工程上，依次称该三力为圆周力、径向力与轴向力。圆周力 F_t 能推动斜齿轮绕 x 轴转动，故对 x 轴有力矩；径向力 F_r 的作用线通过 x 轴，对 x 轴没有力矩，不能推动斜齿轮转动；轴向力 F_a 平行于 x 轴，也不能推动斜齿轮绕 x 轴转动。因而，力 F_n 对 x 轴的矩为

$$M_x(F_n) = M_x(F_t)$$

上式表明，力对轴之矩的计算方法与平面力系中力对点之矩的计算方法相同，但当力与某轴平行或相交时，即与某轴共面时，力对该轴之矩为零。

力对轴之矩的单位为 N·m。正负号可以这样确定：从转轴的正向观察，若力 F 使物体作逆时针方向旋转，力矩取正号；反之，则取负号。

例 3-2 如图 3-5 所示，手柄 $ABCE$ 在平面 Axy 内，力 F 作用在 D 处，力 F 在垂直于 y 轴的平面内，偏离铅直线的角度为 α。杆 BC 平行于 x 轴，杆 CE 平行于 y 轴，$CD = a$，$AB = BC = l$。试求力 F 对 x、y 和 z 轴的矩。

解 将力 F 沿坐标轴分解为 F_x 和 F_z 两个分力，其中 $F_x = F\sin\alpha$，$F_z = F\cos\alpha$。根据合力矩定理，力 F 对轴的矩等于分力 F_x 和 F_z 对同一轴的矩的代数和。注意到力与轴平行或相交时的矩为零，于是有

$$M_x(F) = M_x(F_z) = -F_z(AB+CD) = -F\cos\alpha(l+a)$$

$$M_y(F) = M_y(F_z) = -F_z BC = -F\cos\alpha l$$

$$M_z(\boldsymbol{F}) = M_z(\boldsymbol{F}_x) = -F_x(AB+CD) = -F\sin\alpha(l+a)$$

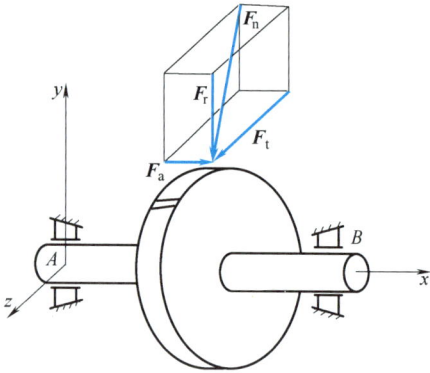

图 3-4

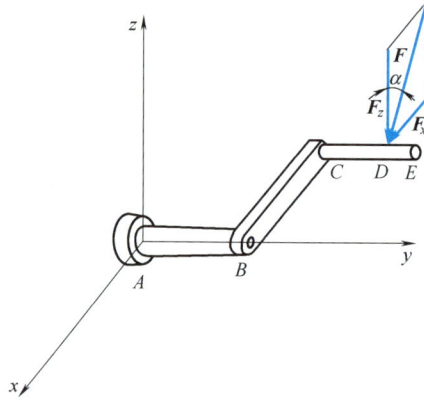

图 3-5

力对轴之矩

第三节　空间力系的平衡方程

与平面力系相同，通过力系的简化，空间任意力系最终也可简化为主矢和主矩。当主矢和主矩都等于零时，该力系为平衡力系，由此可导出空间任意力系的平衡方程为

$$
\left.
\begin{aligned}
\sum_{i=1}^{n} F_{ix} &= 0 \\
\sum_{i=1}^{n} F_{iy} &= 0 \\
\sum_{i=1}^{n} F_{iz} &= 0 \\
\sum_{i=1}^{n} M_x(\boldsymbol{F}_i) &= 0 \\
\sum_{i=1}^{n} M_y(\boldsymbol{F}_i) &= 0 \\
\sum_{i=1}^{n} M_z(\boldsymbol{F}_i) &= 0
\end{aligned}
\right\} \tag{3-4}
$$

式（3-4）表明空间任意力系平衡的必要与充分条件是：各力在三个坐标轴上的投影的代数和以及各力对此三轴之矩的代数和都等于零。

式（3-4）有六个独立的平衡方程，可以解六个未知量，它是解决空间力系平衡问题的基本方程。

若物体受空间汇交力系作用，则力系简化结果为一个合力，力系中各力对坐标轴 x、y 及 z 的矩都等于零。所以**空间汇交力系的平衡方程只有三个**，即

$$\left.\begin{array}{l} \sum_{i=1}^{n} F_{ix} = 0 \\[2mm] \sum_{i=1}^{n} F_{iy} = 0 \\[2mm] \sum_{i=1}^{n} F_{iz} = 0 \end{array}\right\} \qquad (3\text{-}5)$$

若物体受空间平行力系作用，如图 3-6 所示，设诸力的作用线与 z 轴平行，则力系中各力对坐标轴 z 的矩都等于零，同时各力在 x 轴与 y 轴上的投影也都等于零。所以**空间平行力系的平衡方程只有三个**，即

$$\left.\begin{array}{l} \sum_{i=1}^{n} F_{iz} = 0 \\[2mm] \sum_{i=1}^{n} M_x(\boldsymbol{F}_i) = 0 \\[2mm] \sum_{i=1}^{n} M_y(\boldsymbol{F}_i) = 0 \end{array}\right\} \qquad (3\text{-}6)$$

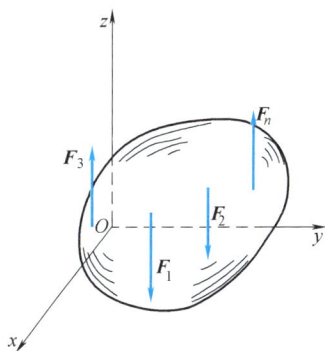

图 3-6

例 3-3　在图 3-7a 所示的传动轴上，已知两齿轮的半径分别为 $r_C = 0.1\text{m}$，$r_D = 0.05\text{m}$。其上受力有：圆周力 $F_{t1} = 3.58\text{kN}$，径向力 $F_{r1} = 1.3\text{kN}$，$F_{r2} = 2.6\text{kN}$。$AC = CD = DB = 0.1\text{m}$。求 D 轮的圆周力 F_{r2} 及 A、B 两轴承的约束力。

解　以传动轴 AB 为研究对象，其受力图如图 3-7b 所示，轴承 A、B 处的约束力为 $\boldsymbol{F}_{NAx}$、$\boldsymbol{F}_{NAz}$、$\boldsymbol{F}_{NBx}$、$\boldsymbol{F}_{NBz}$。

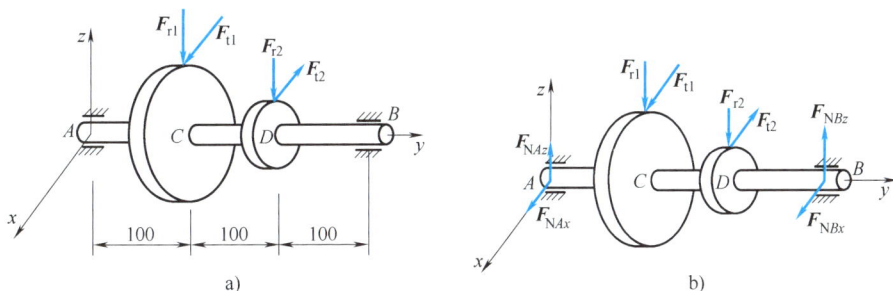

a)　　　　　　　　b)

图 3-7

由式（3-4）可列平衡方程并求解如下

$$\sum M_y(\boldsymbol{F}) = 0, \quad F_{t1} r_C - F_{t2} r_D = 0$$

解得

$$F_{t2} = 7.16\text{kN}$$

$$\sum M_z(\boldsymbol{F}) = 0, \quad -F_{t1} AC + F_{t2} AD - F_{NBx} AB = 0$$

解得

$$F_{NBx} = 3.58\text{kN}$$

$$\sum F_x = 0, \quad F_{NAx} + F_{t1} - F_{t2} + F_{NBx} = 0$$

解得

$$F_{NAx} = 0$$

$$\sum M_x(\boldsymbol{F}) = 0, \quad -F_{r1} AC - F_{r2} AD + F_{NBz} AB = 0$$

解得
$$F_{NBz} = 2.17\text{kN}$$
$$\sum F_z = 0, F_{NAz} - F_{r1} - F_{r2} + F_{NBz} = 0$$
解得
$$F_{NAz} = 1.73\text{kN}$$

第四节　轮轴类零件平衡问题的平面解法

当空间任意力系平衡时，它在任意平面上的投影组成的平面任意力系也是平衡的。工程计算中，常将一些空间任意力系的平衡问题（例如轮轴类零件的平衡问题）按主视、俯视、侧视三个平面来投影，列出各平面上的平衡方程，求解未知量。这种方法称为空间问题的平面解法，特别适用于轮轴类零件的受力计算。下面举例说明。

例 3-4　将例 3-3 转化为平面问题求解。

解　（1）以轴 AB 连同轮 C、D 为研究对象画受力图，以 A 为原点作 x、y、z 轴，如图 3-8 所示。

（2）将所有外力投影在 xAz 平面内，如图 3-8a 所示，这些力组成平面任意力系，列平衡方程
$$\sum M_A(\boldsymbol{F}) = 0, -F_{t1} \cdot r_C + F_{t2} \cdot r_D = 0$$
解得
$$F_{t2} = 7.16\text{kN}$$

（3）将所有外力投影在 yAz 平面内，如图 3-8b 所示，这些力组成平面平行力系，列平衡方程
$$\sum M_A(\boldsymbol{F}) = 0, -F_{r1} \times 0.1 - F_{r2} \times 0.2 + F_{NBz} \times 0.3 = 0$$
解得
$$F_{NBz} = 2.17\text{kN}$$
$$\sum F_z = 0, F_{NAz} - F_{r1} - F_{r2} + F_{NBz} = 0$$
解得
$$F_{NAz} = 1.73\text{kN}$$

（4）将所有外力投影在 xAy 平面内，如图 3-8c 所示，这些力组成平面平行力系，列平衡方程
$$\sum M_A(\boldsymbol{F}) = 0, -F_{t1} \times 0.1 + F_{t2} \times 0.2 - F_{NBx} \times 0.3 = 0$$
解得
$$F_{NBx} = 3.58\text{kN}$$
$$\sum F_x = 0, F_{NAx} + F_{t1} - F_{t2} + F_{NBx} = 0$$
解得
$$F_{NAx} = 0$$

用上面方法计算的结果与例 3-3 的计算结果相同。

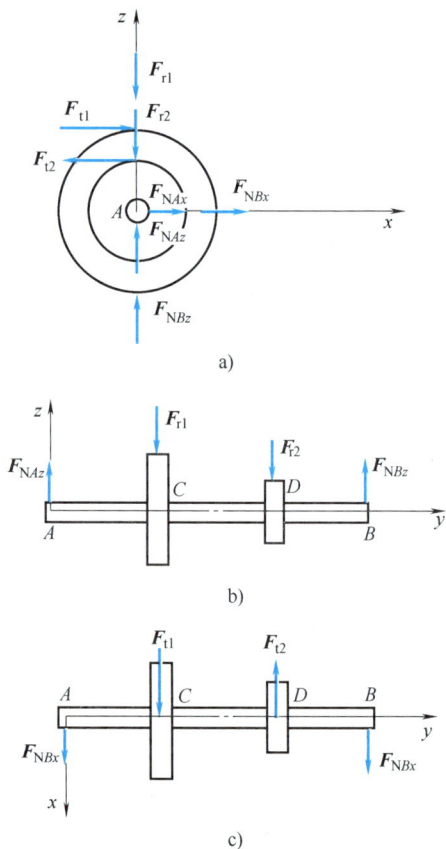

图 3-8

第五节　重　心

重心在工程实际中具有重要的意义。重心位置不当会影响物体的平衡和稳定。如飞机的重心超前，会增加起飞和着陆的困难；汽车的重心偏高，会影响汽车的加速性能；船舶的重心若偏离对称线，船身会发生倾斜等。又如，工程中转动构件的重心若不在其回转轴线上，会引起振动，所以工厂使用的砂轮一般都要经过动平衡调试合格后才能使用。

求物体重心的问题，实质上是求平行力系的合力问题。求物体重心的方法还适用于解决其他类似的问题，如物体的质量中心、面积形心和液体的压力中心等。

一、重心的概念及其坐标公式

在地球附近的物体都受到地球的地心引力，即物体的重力。重力分布于物体内每一微小部分，近似视作一个平行分布力系。不变形的物体（刚体）在地球表面处无论怎样放置，其平行分布力系的合力作用线，都通过物体上一个确定的点，这一点称为物体的重心，即为物体重力 G 的作用点。如图 3-9 所示，若将物体分成若干微小部分，各部分的重力分别为 ΔG_1、ΔG_2、…、ΔG_i，各力作用点的坐标分别为（x_1，y_1，z_1）、（x_2，y_2，z_2）、…、（x_i，y_i，z_i），根据合力矩定理，对 y 轴取矩，有

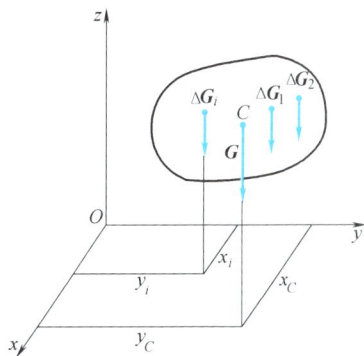

图 3-9

$$Gx_C = \Delta G_1 x_1 + \Delta G_2 x_2 + \cdots + \Delta G_n x_n = \sum \Delta G x_i$$

得
$$x_C = \frac{\sum \Delta G_i x_i}{G}$$

同理，对 x 轴取矩

得
$$y_C = \frac{\sum \Delta G_i y_i}{G}$$

重心的概念

为求坐标 z_C，将物体连同坐标系 $Oxyz$ 一起绕 x 轴顺时针方向转 90°，使 y 轴向下，各重力 ΔG_i 及其合力 G 都与 y 轴平行，再对 x 轴取矩，得

$$z_C = \frac{\sum \Delta G_i z_i}{G}$$

根据以上的计算，可得重心坐标的一般公式为

$$\left. \begin{aligned} x_C &= \frac{\sum \Delta G_i x_i}{G} \\ y_C &= \frac{\sum \Delta G_i y_i}{G} \\ z_C &= \frac{\sum \Delta G_i z_i}{G} \end{aligned} \right\} \tag{3-7}$$

如物体是均质的，即物体每单位体积的重量 γ 是常量。设物体的体积为 V，则物体的重量 $G = \gamma V$，而每一微小体积的重量 $\Delta G_i = \Delta V_i \gamma$。将上述关系代入式（3-7）并消去 γ 后得

$$\left. \begin{aligned} x_C &= \frac{\sum \Delta V_i x_i}{V} \\ y_C &= \frac{\sum \Delta V_i y_i}{V} \\ z_C &= \frac{\sum \Delta V_i z_i}{V} \end{aligned} \right\} \tag{3-8}$$

　　可见，均质物体的重心位置与其单位体积的重量（密度）无关，仅决定于物体的形状。均质物体的重心也称为体积形心，式（3-8）是均质物体体积形心坐标的计算公式。

　　如物体是均质等厚的平薄板，设薄板的面积为 A，厚度为 h，则薄板的总体积为 $V=Ah$，而每一微小体积为 $\Delta V_i = \Delta A_i h$。在薄板平面内取直角坐标系 Oxy，如图 3-10 所示，此时 $z_C = 0$，将上述关系代入式（3-8）中的前两式，消去 h 后得

图 3-10

$$\left. \begin{array}{l} x_C = \dfrac{\sum \Delta A_i x_i}{A} \\[3mm] y_C = \dfrac{\sum \Delta A_i y_i}{A} \end{array} \right\} \tag{3-9}$$

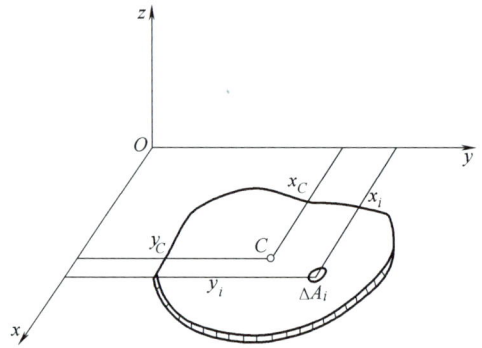

　　式（3-9）所确定的点 C 称为薄板的形心，或平面图形的形心。

　　具有对称面、对称轴或对称中心的均质物体，其重心必在其物体的对称面、对称轴或对称中心上。如直线段的重心在该线段的中点，圆形或整个圆周的重心在圆心，平行四边形的重心在其两对角线的交点上等。另外，简单形状物体的重心可查阅工程手册，表 3-1 列出了几种简单形状物体的重心。工程上常用的型钢（如工字钢、角钢、槽钢等）的截面形心可从工程手册中的型钢表中查到。

表 3-1　简单形体重心表

图形	重心位置	图形	重心位置
	$y_C = \dfrac{1}{3}h$		$x_C = \dfrac{r\sin\alpha}{\alpha}$
	$y_C = \dfrac{h}{3}\dfrac{(2a+b)}{(a+b)}$		$x_C = \dfrac{2}{3}\dfrac{r^3\sin^3\alpha}{S}$ $\left[\text{面积 } S = \dfrac{r^2(2\alpha - \sin 2\alpha)}{2}\right]$

（续）

图形	重心位置	图形	重心位置
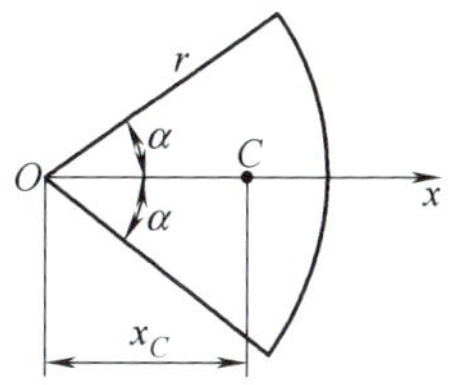	$x_C = \dfrac{2}{3} \dfrac{r\sin\alpha}{\alpha}$	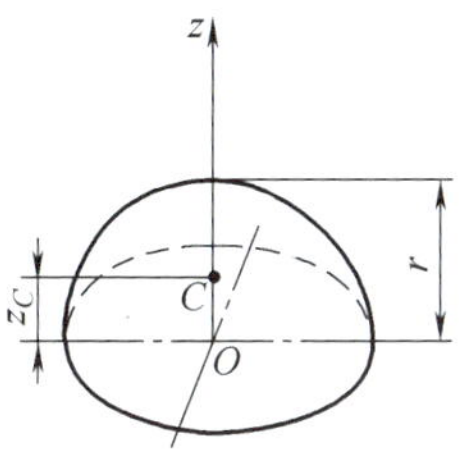	$z_C = \dfrac{3}{8} r$
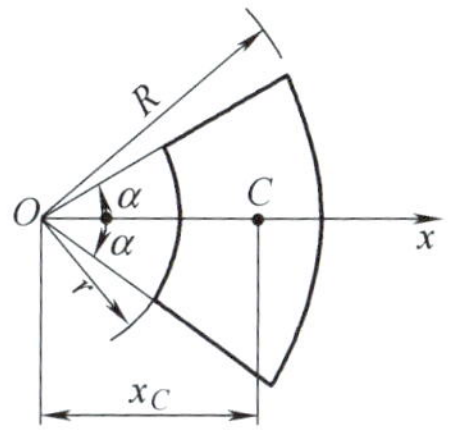	$x_C = \dfrac{2}{3} \dfrac{(R^3 - r^3)\sin\alpha}{(R^2 - r^2)\alpha}$	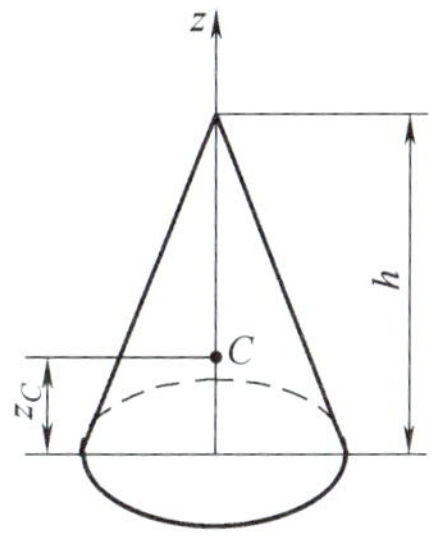	$z_C = \dfrac{1}{4} h$
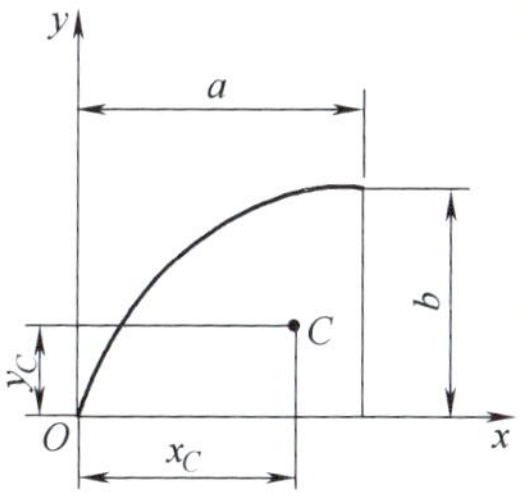	$x_C = \dfrac{3}{5} a$ $y_C = \dfrac{3}{8} b$	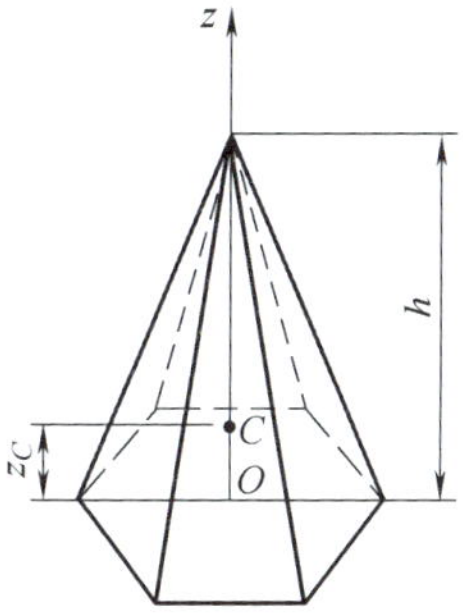	$z_C = \dfrac{1}{4} h$
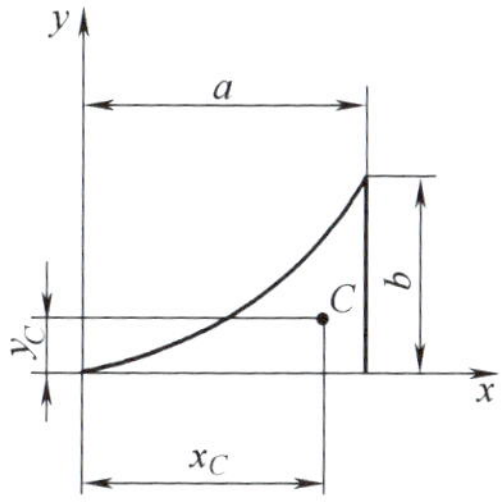	$x_C = \dfrac{3}{4} a$ $y_C = \dfrac{3}{10} b$	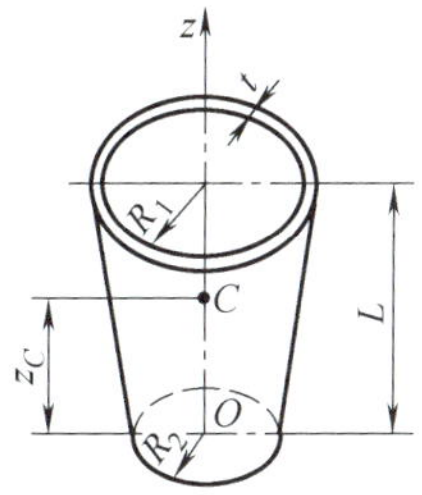	$z_C = \dfrac{4R_1 + 2R_2 - 3t}{6(R_1 + R_2 - t)} L$

二、确定重心与形心位置的方法

（一）用组合法求重心

工程实际中，经常遇到所研究的物体由一些正规几何形状的物体组成，对于这样的物体，可以采用式（3-9）来计算重心的坐标。

例 3-5 试求 z 形截面重心的位置，尺寸如图 3-11 所示。

解 取坐标轴如图所示，将该图形分割为三个矩形（例如沿 ab 和 cd 两线分割）。以 C_1、C_2、C_3 表示这些矩形的重心，以 A_1、A_2、A_3 表示这些矩形的面积。以 (x_1, y_1)、(x_2, y_2)、(x_3, y_3) 分别表示 C_1、C_2、C_3 的坐标，由图得

$$x_1 = -15\text{mm}, y_1 = 45\text{mm}, A_1 = 300\text{mm}^2$$

$$x_2 = 5\text{mm}, y_2 = 30\text{mm}, A_2 = 400\text{mm}^2$$

$$x_3 = 15\text{mm}, y_3 = 5\text{mm}, A_3 = 300\text{mm}^2$$

按公式求得该截面重心的坐标 x_C、y_C 为

$$x_C = \frac{x_1A_1 + x_2A_2 + x_3A_3}{A_1 + A_2 + A_3} = 2\text{mm}$$

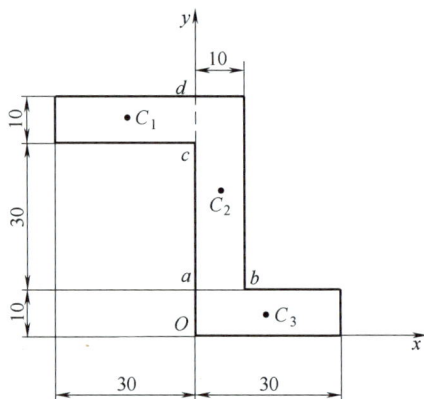

图 3-11

$$y_C = \frac{y_1A_1 + y_2A_2 + y_3A_3}{A_1 + A_2 + A_3} = 27\text{mm}$$

如果在组合形体中切去一部分，而需要求出剩余部分物体的重心时，仍可用组合法，但要把切去部分的面积取为负值。

例 3-6 如图 3-12 所示，振动器中偏心块的几何尺寸 $R = 100\text{mm}$，$r = 13\text{mm}$，$b = 17\text{mm}$。试求偏心块重心的位置。

解 取坐标系 Oxy，其中 Oy 轴为对称轴。根据对称性，偏心块重心 C 必在对称轴 Oy 上，所以

$$x_C = 0$$

将偏心块分割成三部分：半径为 R 的半圆 A_1，半径为 $(r+b)$ 的半圆 A_2 及半径为 r 的小圆 A_3，因 A_3 是需要切去的部分，故其面积应为负值。这三部分的面积及其坐标为

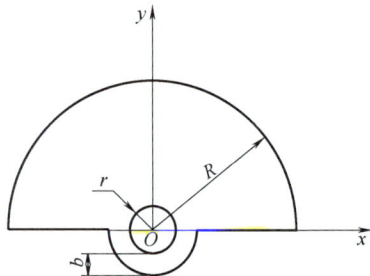

图 3-12

$$A_1 = \frac{1}{2}\pi R^2, \quad y_1 = \frac{4R}{3\pi}$$

$$A_2 = \frac{1}{2}\pi(r+b)^2, \quad y_2 = -\frac{4(r+b)}{3\pi}$$

$$A_3 = -\pi r^2, \quad y_3 = 0$$

按式（3-9）可得

$$y_C = \frac{A_1y_1 + A_2y_2 + A_3y_3}{A_1 + A_2 + A_3}$$

$$= \frac{\frac{1}{2}\pi R^2 \times \frac{4R}{3\pi} + \frac{\pi}{2}(r+b)^2 \times \left[-\frac{4(r+b)}{3\pi}\right] + (-\pi r^2 \times 0)}{\frac{1}{2}\pi R^2 + \frac{1}{2}\pi(r+b)^2 - \pi r^2}$$

$$= \dfrac{\dfrac{1}{2}\pi\times100^2\times\dfrac{4\times100}{3\pi}+\dfrac{\pi}{2}(13+17)^2\times\left[-\dfrac{4\times(13+17)}{3\pi}\right]+(-\pi\times13^2\times0)}{\dfrac{1}{2}\pi\times100^2+\dfrac{\pi}{2}\times(13+17)^2-\pi\times13^2}\mathrm{mm}$$

$$= 39\mathrm{mm}$$

于是，偏心块重心（即形心）C 的坐标为

$$x_C=0,y_C=39\mathrm{mm}$$

（二）用实验法求重心

如果物体形状复杂或质量分布不均匀，其重心（或形心）常用实验法来确定。

1. 悬挂法

如需求一薄板的重心，可先将板悬挂于任一点 A，如图 3-13a 所示。根据二力平衡条件，重心必在过悬挂点的铅直线上，在板上画出此线。然后再将板悬挂于另一点 B，同样可画出另一直线。两直线的相交点 C 即是薄板的重心位置，如图 3-13b 所示。

2. 称重法

对于形状复杂的机件，或体积很大的物体，可由称重法求其重心。图 3-14 所示为一发动机连杆，先用磅秤称出其重量 G，然后将其一端支于固定的支点 A，另一端支于磅秤上，量出两支点间的水平距离 l，并读出磅秤上的读数 F_{NB} 值，则由

$$F_{NB}l-Gx_C=0$$

得

$$x_C=\dfrac{F_{NB}l}{G}$$

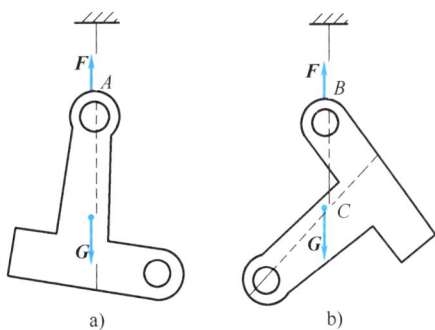

图 3-13

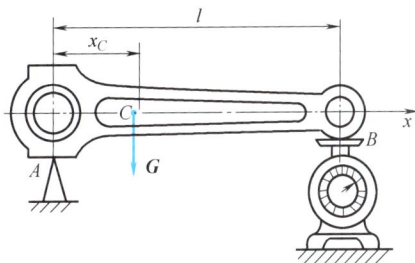

图 3-14

思 考 题

3-1　若已知力 F 与 x 轴的夹角为 α，与 y 轴的夹角为 β 以及力 F 的大小，能否计算出力 F 在 z 轴上的投影 F_z？

3-2　二次投影法中，力在平面上的投影是代数量还是矢量？

3-3　一个空间力系问题最多可以转化为几个平面力系问题？

3-4 如图 3-15 所示，作用在正六面体顶面内有一力偶，其力偶矩为 M，它对 x、y 及 z 轴的矩分别等于多少？

3-5 物体的重心一定在物体的内部吗？

3-6 将物体沿过重心的平面切开，两边是否一样重？

3-7 将一均质等截面直杆弯成半圆形，该杆的重心位置会改变吗？

3-8 计算一物体重心的位置时，如果选取的坐标轴不同，重心的坐标是否改变？重心在物体内的位置是否改变？

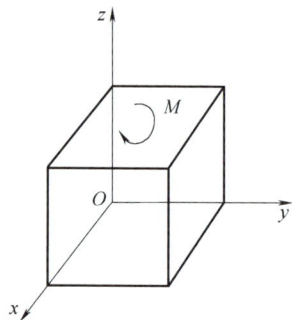

图 3-15

习 题

3-1 如图 3-16 所示，在边长 $a=12\text{cm}$、$b=16\text{cm}$、$c=10\text{cm}$ 的六面体上，作用有力 $F_1=2\text{kN}$、$F_2=2\text{kN}$、$F_3=4\text{kN}$，试计算各力在坐标轴上的投影。

3-2 如图 3-17 所示，写出力 F 在 x、y、z 轴上投影的计算公式。

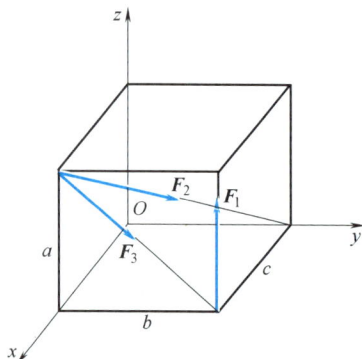

图 3-16

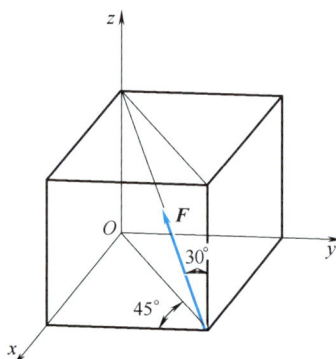

图 3-17

3-3 圆柱斜齿轮传动时，受力情况如图 3-18 所示。已知：圆周力 $F_t=1.8\text{kN}$，$\alpha=20°$，$\beta=15°$，试求齿轮受到的径向力 F_r、轴向力 F_a 及该三分力的合力 F_n。

3-4 直齿锥齿轮传动时，受力情况如图 3-19 所示。已知：作用在轮轴上的转矩 $M=114\text{N·m}$，$\delta_1=18°26'$，$\alpha=20°$，齿轮的平均分度圆半径 $r=60\text{mm}$，试求齿轮所受的圆周力 F_t、径向力 F_r 和轴向力 F_a，并求该三分力的合力 F_n。

3-5 如图 3-20 所示，杆 AB 铰连于墙上 B 点，并在 A 端用绳 AC 及 AD 系住，两绳系于同一墙上的 C、D 两点，且 C、D、A 三点在同一水平面内。若 A 点所受载荷 $F_P=10\text{kN}$，求绳及杆所受的力。

3-6 如图 3-21 所示，三脚圆桌的半径 $r=500\text{mm}$，重量 $G=600\text{N}$。圆桌的三脚 A、B 和 C 形成一等边三角形。若在中线 CD 上距圆心为 a 的点 M 处作用铅直力 $F=1500\text{N}$，求使圆桌不致翻倒的最大距离 a。

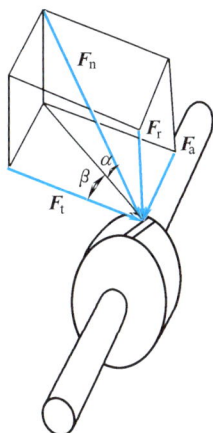

图 3-18

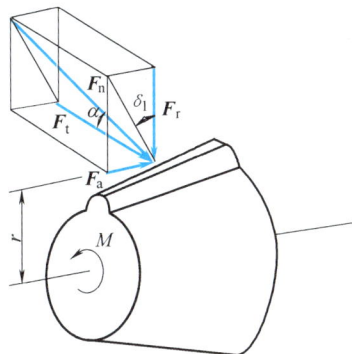

图 3-19

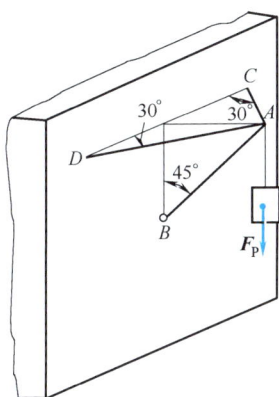

图 3-20

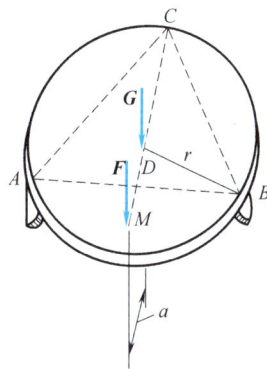

图 3-21

3-7　图 3-22 所示的空间桁架由六杆 1、2、3、4、5 和 6 构成。在 A 点上作用一力 F，此力在矩形 $ABCD$ 平面内，且与铅垂线成 45°角。△EAK = △FBM。等腰三角形 EAK、FBM 和 NDB 在顶点 A、B 和 D 处均为直角，又 $EC = CK = FD = DM$。若 $F = 10$kN，求各杆的内力。

3-8　如图 3-23 所示，齿轮轴在 C 处装有一直齿圆柱齿轮，轴的外伸端 E 处装有联轴器，力偶 M 作用在联轴器上，已知齿轮所受圆周力 $F_t = 5$kN，方向平行于 x 轴，径向力 $F_r = 2$kN，$a = 20$cm，$b = 30$cm，$d = 15$cm，试求轴承 A、B 处的约束力及力偶矩 M 的大小。

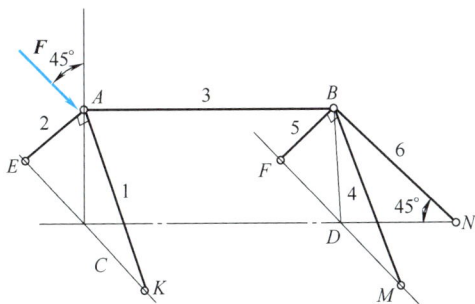

图 3-22

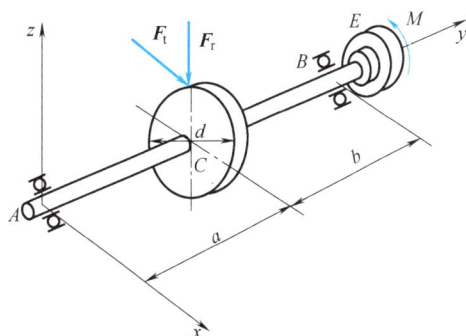

图 3-23

3-9 如图 3-24 所示，一转轴上装有齿轮与带轮。已知带拉力 $F_{t1} = 1300N$，$F_{t2} = 700N$，带轮半径 $R = 50cm$，齿轮圆周力 $F_t = 1000N$，径向力 $F_r = 364N$，齿轮节圆半径 $r = 30cm$，$a = 0.5m$，试求轴承 A、B 处的约束力。

3-10 如图 3-25 所示，一转轴上装有斜齿轮与带轮，斜齿轮节圆半径 $r = 60mm$，圆周力 $F_t = 1.08kN$，径向力 $F_r = 0.408kN$，轴向力 $F_a = 0.29kN$，带轮半径 $R = 100mm$，$F_{t1} = 2F_{t2}$，F_{t1} 为水平方向，F_{t2} 与水平方向成 $30°$ 角。已知 $a = b = 100mm$，$c = 150mm$，轴做匀速转动，求带的拉力 F_{t1}、F_{t2} 以及轴承 A、B 处的约束力。

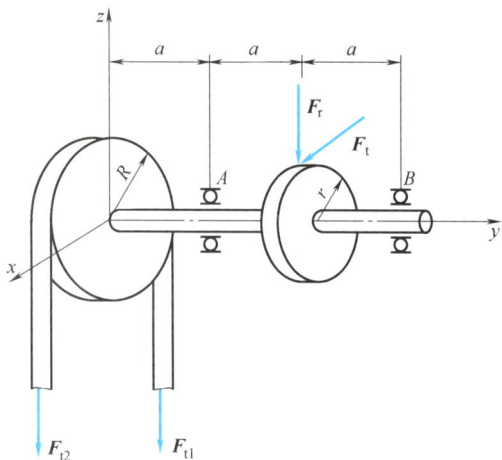

图 3-24

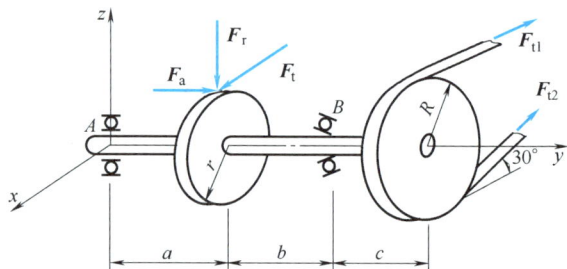

图 3-25

3-11 图 3-26 所示为一汽车后桥半轴。A 端轴承能承受径向与轴向载荷，B 端轴承只能承受径向载荷。汽车等速直线行驶时，地面对轮胎的正压力 $F_N = 20kN$，锥齿轮上受到的切向力 $F_t = 116.5kN$，径向力 $F_r = 36kN$，轴向力 $F_a = 22.5kN$，锥齿轮节圆平均直径 $D = 98mm$，车轮半径 $r = 440mm$，其他尺寸如图所示。试求地面的摩擦力及 A、B 轴承的约束力。

3-12 如图 3-27 所示，作用在踏板上的垂直力 F 使位于垂直位置的连杆产生一拉力 F_T，已知 $F_T = 400N$，求轴承 A、B 的约束力以及力 F 的大小。

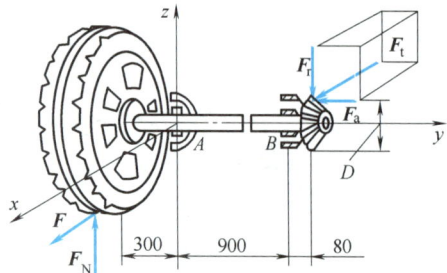

图 3-26

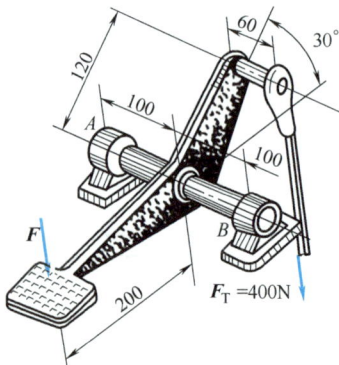

图 3-27

3-13 如图 3-28 所示，圆截面的均质钢轴上套有相同钢材的圆环。求其重心 C 到轴端的距离 x_C。

3-14　如图 3-29 所示，求影线所示平面图形形心的坐标。

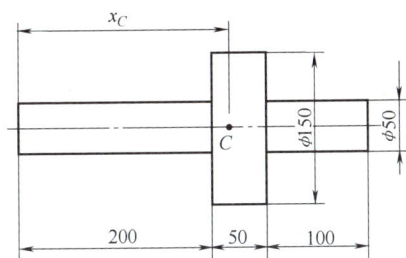

图 3-28

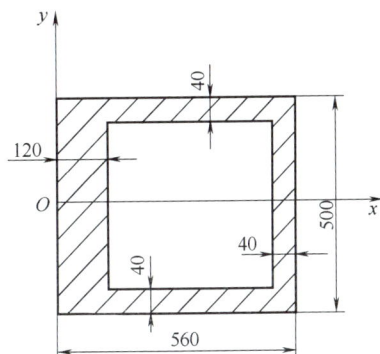

图 3-29

3-15　如图 3-30 所示，平面桁架由 7 根截面相同的均质杆组成。如各杆单位长度的质量均相等，求桁架重心的坐标。

3-16　一构件的组合对称断面如图 3-31 所示，试求其形心位置。

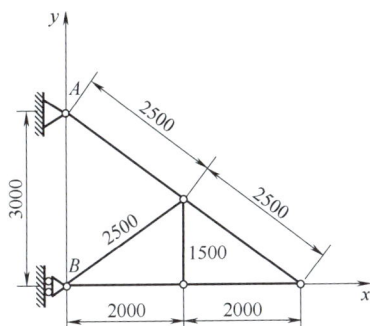

图 3-30

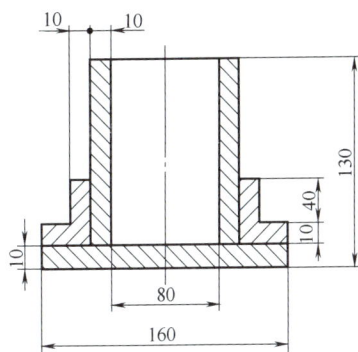

图 3-31

3-17　均质细杆沿三坐标轴弯成图 3-32 所示形状，各段长均为 $a = 200\text{mm}$，求其重心的位置。

3-18　图 3-33 所示为一铸模，求其重心的位置。

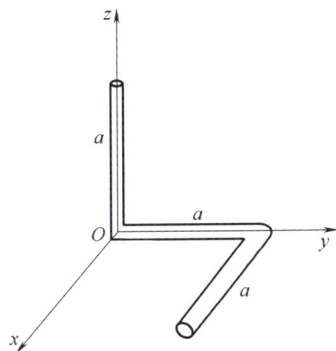

图 3-32

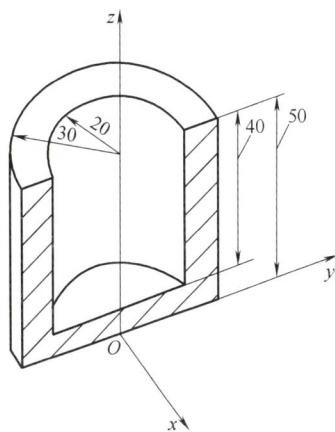

图 3-33

第二篇

材 料 力 学

引　言

一、材料力学的任务

各种工程机械都是由若干构件组成的，为了保证构件在外力作用下能够正常工作，必须满足以下三方面的要求：

（1）强度要求　在规定的使用条件下，要求构件不被破坏。例如，起重机的钢丝绳在起吊重物时不能发生断裂，否则将会引起严重的不良后果。构件抵抗破坏的能力称为强度。

（2）刚度要求　在规定的使用条件下，要求构件不产生过大的变形。例如，机械传动装置中的传动轴发生过大弯曲变形时，轴承、齿轮会加剧磨损，缩短机械装置的寿命，同时因影响齿轮的正确啮合，降低了机械传动的精度。构件抵抗变形的能力称为刚度。

（3）稳定性要求　在规定的使用条件下，要求受压构件具有保持原有直线平衡状态的能力。受压构件保持其原有直线平衡状态的能力称为稳定性。

如果仅考虑构件的安全性，只需多用材料与选用优质材料即可，但这样会增加生产成本，有违经济性。材料力学的任务是：在保证构件既安全又经济的前提下，建立构件强度、刚度和稳定性计算的理论基础，为构件的选材及设计合理的截面形状与尺寸提供依据。

二、变形固体和基本假设

材料力学的研究对象是变形固体（绝对的刚体是不存在的）。变形固体的变形可分为弹性变形和塑性变形。载荷卸除后能消失的变形称为弹性变形；载荷卸除后不能消失的变形称为塑性变形（永久变形）。

为便于材料力学问题的理论分析和实际计算，对变形固体作出如下基本假设：

（1）连续性假设　认为整个物体内充满了物质，没有任何空隙存在。根据这个假设，构件中的一些物理量（例如各点的位移）即可用连续函数表示，并可应用微积分的数学运算等方法分析。

（2）均匀性假设　认为物体内任何部分的性质是完全一样的。根据这个假设，说明以后所讨论的物体的力学性能，都是指物体内各粒子性能的统计平均值。

（3）各向同性假设　沿各个方向具有相同力学性能的材料称为各向同性材料。大部分金属材料是各向同性材料；木材等一些纤维性材料是非各向同性材料。

（4）小变形条件　指构件受到外力作用后发生的变形与原始尺寸相比非常微小。在研究构件的受力平衡时，忽略变形的影响，仍按构件的原始尺寸进行计算，这样的计算结果误差不大。

上述基本假设虽与工程材料的实际微观情况有所差异，但从宏观分析及实验结果来看，这些假设所得到的理论和计算方法，可满足一般的工程实际要求。

工程实际中的构件种类繁多，根据其几何形状，可以简化分类为杆、板、壳、块。长度方向尺寸远大于其他两方向尺寸的构件，在材料力学中称为杆。轴线为直线的杆，称为直杆。各横截面相同的直杆，称为等直杆。材料力学研究的主要对象就是等直杆。

三、杆件变形的基本形式

杆件在工作时的受力情况是不同的，受力后所产生的变形也不同。对于杆件来说，其受力后所产生的变形，有以下几种基本形式：

（1）轴向拉伸与压缩　例如简易起重机的拉杆和压杆受力后的变形（图Ⅱ-1）。

（2）剪切　例如铆钉连接中的铆钉受力后的变形（图Ⅱ-2）。

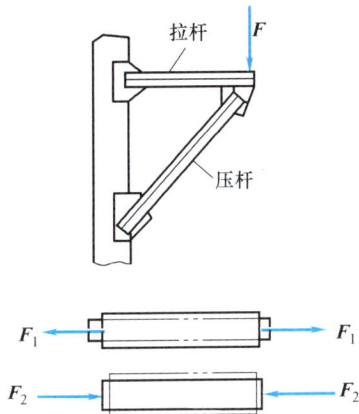

图Ⅱ-1

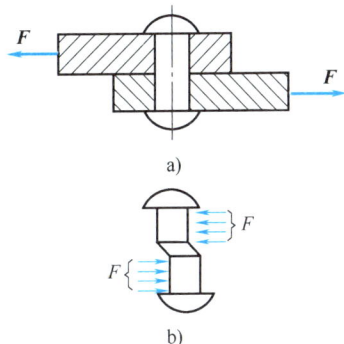

图Ⅱ-2

（3）扭转　例如机器中的传动轴受力后的变形（图Ⅱ-3）。

（4）弯曲　例如桥式起重机的横梁受力后的变形（图Ⅱ-4）。

对于变形比较复杂的杆件，也只是这几种基本变形的组合，称为组合变形。本篇首先讨论四种基本变形的强度和刚度计算，然后再讨论工程中常见的两种组合变形。

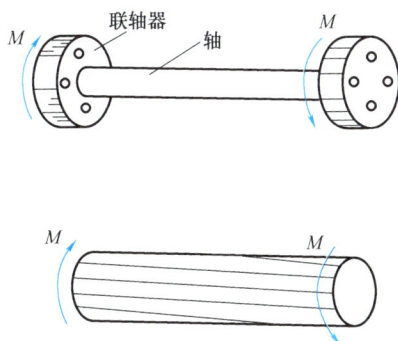

图Ⅱ-3

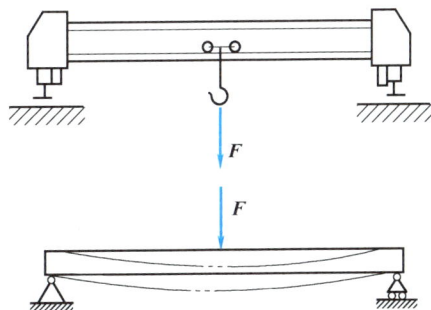

图Ⅱ-4

力学故事汇

警钟长鸣——韩国三丰百货大楼事故

1995年夏天，韩国汉城（现更名为首尔）欣欣向荣，堪称20世纪末亚洲经济奇迹的代表。三丰百货大楼是地标性建筑，也是韩国在全球快速成功崛起的象征。6月29日下午，这里却成为一场恐怖浩劫的中心。在30秒内，五层百货大楼层层塌陷，导致501人被压死。到底是什么原因造成韩国历史上和平时期最惨重的灾难？

三丰百货大楼属于"平板"结构，平板结构施工优点多，却很敏感，它的规划必须更精确，完全不能出错。调查小组中的建筑师在检查大楼建筑蓝图后发现，设计图被施工单位大幅度更改，最关键的变动在五楼。五楼本来要当溜冰场，但后被改成传统的韩国餐厅，导致楼面重量增加了三倍。每家餐厅又加装了大型厨房设备，而这些多出的重量从未列入结构计算。紧接着，调查人员又发现屋顶的一项大修改：由于邻居抱怨噪声，大型冷却水塔从地面移至屋顶，水塔装满水重量可以达到30吨。上面楼层重量大增，理应加强支撑，但建筑商却反其道而行。调查小组在进行大楼的骨架与蓝图比对时，发现有些柱子与楼板间没有托板，但托板却是平板结构的要件，因为柱头的托板可以降低压强，分散混凝土楼板的荷载。实际调查的结果是许多托板的尺寸太小，有的柱头甚至没有托板。紧接着发现的是支撑四、五楼的柱子直径大幅缩水。顶楼的重量大幅度增加，结构支撑却大幅度缩水，这两大因素造成了致命的结果。调查人员看完三丰百货大楼的蓝图即可判断出灾难迟早会发生，但为什么它还正常运营了5年多？压垮它的最后一根稻草又是什么？

具有讽刺意味的是，最后毁了大楼的，竟然是新添的安全设施。根据韩国的法规，百货公司必须在电扶梯旁加装防火墙。防火墙遇到火警会自动关闭，以免火势浓烟蔓延到其他楼层。而为腾出空间加装防火墙，工人切开电扶梯旁的混凝土柱。这个举动严重削弱了大楼的支撑结构。这一系列致命的组合就像颗定时炸弹。三丰百货倒塌的元凶，就是"贯穿剪力"。太细的柱子承受过多的重量，在强大的压强作用下就会像针一样贯穿上方的顶棚。

1995年6月29日的情况就是如此。从一早员工开始上班时，三丰百货大楼已经接近崩塌边缘。当天早晨，有员工发现楼板隆起，餐厅的顶棚下陷，四楼电扶梯旁的那根被切割过的柱子受到剪力，开始贯穿楼板。建筑物开始摇晃，造成餐具部玻璃器皿晃动作响，但百货公司没人有警觉，还把晃动怪到屋顶的空调。上午9时40分，五楼的餐厅因地板出现裂缝而关闭。1小时后，四楼的柱子继续贯穿天花板，整片混凝土板下陷5厘米。上午11时30分到12时之间，店员听见四、五楼传来连续轰隆声。14时，三丰百货公司会长紧急召集主管，决定请结构工程师察看裂缝，评估损害。14时到15时，员工抽干屋顶冷却水塔，以减少负重。但这改变太小又太迟，结构损害已经造成，三丰百货大楼已经踏上倒塌的不归路。16时，结构工程师向三丰百货公司主管建议在打烊之后进行补强。17时，三丰百货公司挤满购物人潮。17时47分，四楼的柱子彻底贯穿了顶棚，失去承载能力，载荷顿时转移到其余的柱子，但其他柱子无力支撑多出的重量开始发生破坏。17时52分，大楼开始倒塌。30秒内，三丰百货大楼化为飞扬尘土和一堆瓦砾。

由此次事故我们可以知道，在实际的工程与生产中，力学问题不可忽视，一旦发现构件变形或损坏，应引起高度重视，查明原因，防微杜渐，以免引起更严重的事故。2021 年 5 月 18 日中午 12 点 31 分，高达 355.8 米的深圳华强北赛格大厦发生晃动，大楼管理处立即通过应急广播通知所有人撤离，40 分钟内共疏散群众达一万五千人。经专家调查，证实是由于桅杆风致涡激共振引发大厦有感振动，大楼主体结构没有异常。这一事件说明我国民众的安全意识和管理部门的应急管理措施都十分到位。各位同学在今后的生活与工作中，也应牢记力学常识，时刻保持一定警惕性，保证人身安全、生产安全。

第 四 章

轴向拉伸与压缩

本章将通过对轴向拉伸与压缩杆件的受力分析和变形分析，介绍研究材料力学的基本方法；讨论拉（压）杆的内力、应力计算问题；重点研究轴向拉（压）杆的强度和变形计算；介绍常温、静载下材料的力学性能。

第一节　轴向拉伸与压缩的概念

在工程机械中，杆件承受轴向拉伸和压缩的实例是很多的。如图 4-1 所示的螺栓连接，当拧紧螺母时，螺栓受到拉伸。又如图 4-2 所示的起重机吊架中，当不计杆的自重时，杆 BC、AB 均为二力杆，分别受到轴向拉伸与压缩。

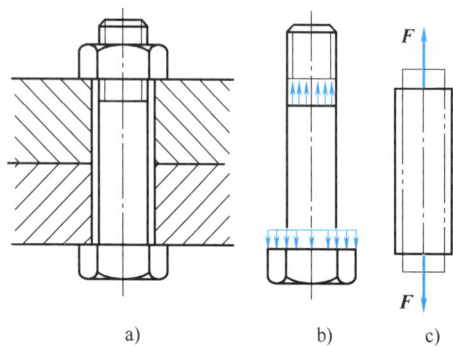

图 4-1

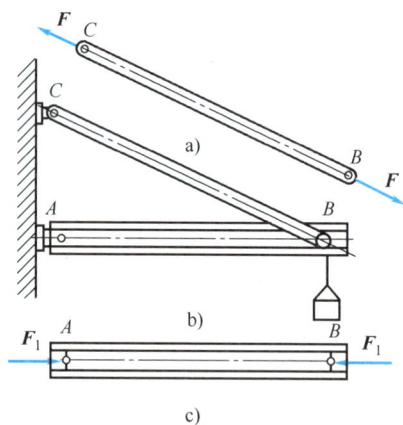

图 4-2

上述两例中的杆件均可抽象为一等直杆，其计算简图如图 4-3 所示。它们的受力特点是：作用于杆件上的外力（或外力的合力）的作用线与杆件的轴线重合；其变形特点是：杆件沿轴线方向伸长或缩短。这种变形形式称为轴向拉伸或压缩。

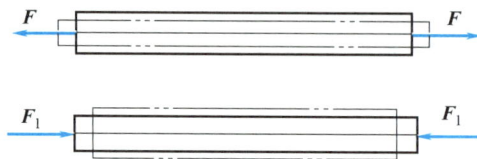

图 4-3

第二节　轴向拉伸与压缩时横截面上的内力——轴力

一、内力的概念

杆件受外力作用后要发生变形，其内部各颗粒间的相对位置也会改变，颗粒间的相互作用力也将发生改变。这种由于外力作用而引起的杆件内部相互作用力的改变，称为附加内力，简称内力。内力是由外力引起的，它随着外力的改变而改变。内力过大，将引起构件的破坏，因此，内力分析是材料力学的重要内容。

二、截面法

求内力的方法是截面法。现以下例来说明。

如图 4-4a 所示，杆件受外力 F 作用，求横截面 1—1 上的内力。为了求出截面上的内力，假想将杆件截成两部分，任取其中一部分作为研究对象。例如取左半段作为研究对象，将右半段去掉；用分布内力的合力 F_N 来替代右半段对左半段的作用，如图 4-4b 所示；建立平衡方程，可计算得 $F_N = F$。

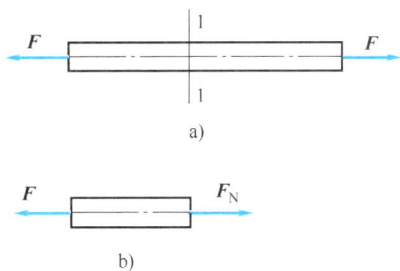

a)

b)

图 4-4

上述假想地把杆件分成两部分，以显示并确定内力的方法称为**截面法**。截面法是研究杆件内力的基本方法，其过程可归纳为三个步骤：

1）沿所研究的截面将杆截为两部分，并取其中一部分作为研究对象。

2）以内力代替另一部分对研究对象的作用。

3）对研究对象列出平衡方程，求解内力。

截面法

三、轴力与轴力图

（一）轴力

受轴向拉、压的杆件，外力的作用线都与杆件的轴线重合，故内力也作用于杆件的轴线，并称为**轴力**，用符号 F_N 表示。习惯上，把背离截面的轴力规定为正，指向截面的轴力规定为负。如果将轴力方向总是设定为离开截面，那么计算结果为正值，则轴力为拉力；计算结果为负值，则轴力为压力。

（二）轴力图

当杆件上有多个外力作用时，杆件各段横截面上的轴力大小就不一定相同。为了直观地反映整个杆件各横截面轴力大小沿轴线的变化情况，我们用平行于杆轴线的 x 坐标表示横截面的位置，用垂直于杆轴线的 F_N 坐标表示横截面上的轴力，按选定的比例将各横截面上的轴力画到 x-F_N 坐标系中，描出轴力沿轴线变化的曲线，这样的图称为**轴力图**。

例 4-1　一直杆受外力作用，如图 4-5a 所示，求此杆各段的轴力，并作轴力图。

解　（1）计算各段轴力。由于杆上有四个外力，故应将杆分为 AB、BC 和 CD 三段，逐段计算轴力。

设各段的轴力均为拉力，由截面法（图 4-5b、c、d）可得

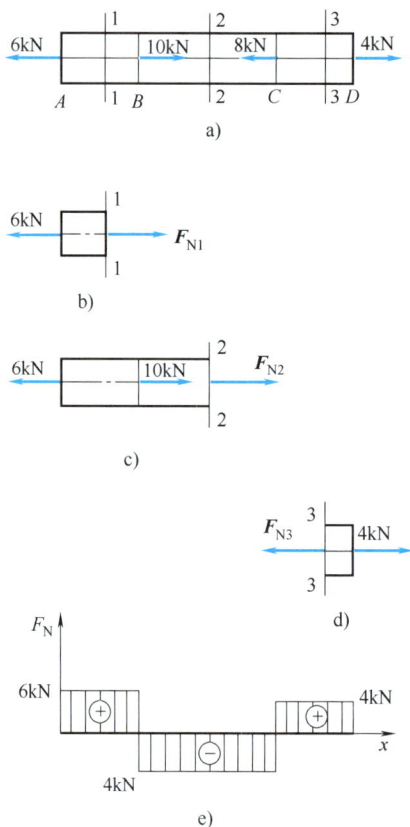

图 4-5

| AB 段 | $\sum F_x = 0$ | $F_{N1} - 6\text{kN} = 0$ |

解得
$$F_{N1} = 6\text{kN}(拉力)$$

| BC 段 | $\sum F_x = 0$ | $F_{N2} + 10\text{kN} - 6\text{kN} = 0$ |

解得
$$F_{N2} = -4\text{kN}(压力)$$

F_{N2} 为负值，说明 F_{N2} 的方向应指向截面，截面受压。

| CD 段 | $\sum F_x = 0$ | $4\text{kN} - F_{N3} = 0$ |

得
$$F_{N3} = 4\text{kN}(拉力)$$

（2）绘制轴力图。根据以上结果绘制轴力图，如图 4-5e 所示。

第三节　轴向拉伸与压缩时横截面上的应力

一、应力的概念

根据内力的大小还不能解决杆件的强度问题。例如，有一根两段直径不同的钢杆，受轴向外力 F 作用而拉伸，当外力 F 逐渐增大时，杆较细的一段必定先断裂。这说明拉杆的强度不仅与内力的大小有关，而且与截面面积有关，也就是与内力在截面上分布的集度有关。**内力在截面上分布的集度称为应力。**

通常，截面上一点处的应力可分解为垂直于截面的**正应力** σ 和相切于截面的**切应力** τ，如图 4-6 所示。

在国际单位制中，应力的单位是 N/m^2，称为帕斯卡，简称为帕（Pa）。常用的还有 kPa、MPa、GPa，其中 $1kPa = 10^3 Pa$，$1MPa = 10^6 Pa$，$1GPa = 10^9 Pa$。工程上常用单位是 MPa（N/mm^2）。

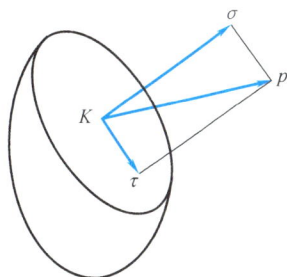

图 4-6

二、轴向拉伸与压缩时杆横截面上的正应力计算

为了确定拉伸与压缩时直杆横截面上的应力，必须研究横截面上轴力的分布规律。为此对杆进行拉伸或压缩实验，观察其变形。

取一易变形的等截面直杆，在其表面画上两条与杆轴线垂直的横向线 ab 和 cd，并在平行线 ab 和 cd 之间画上与杆轴线平行的纵向线，如图 4-7a 所示。然后沿杆的轴线作用拉力 **F**，使杆件产生拉伸变形。在此期间可以观察到：横向线 ab 和 cd 在杆件变形过程中始终为直线，只是从起始位置平移到 $a'b'$ 和 $c'd'$ 的位置，但仍垂直于杆轴线；各纵向线伸长量相同，横向线收缩量也相同，如图 4-7b 所示。

根据对上述现象的分析，可知：受拉伸的杆件变形前为平面的横截面，变形后仍为平面，仅沿轴线产生了相对平移，仍与杆的轴线垂直，设想杆件是由无数条纵向纤维所组成，据此，在任意两个横截面之间的各条纤维的伸长相同，即变形相同。由材料的均匀性、连续性假设可以推断出轴力在横截面上的分布是

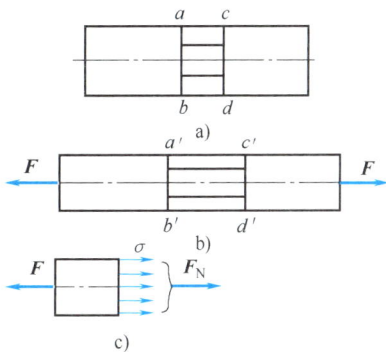

图 4-7

均匀的，而且都垂直于横截面，故横截面上的正应力也是均匀分布的，如图 4-7c 所示。因此，轴向拉伸与压缩时横截面上的正应力计算公式为

$$\sigma = \frac{F_N}{A} \tag{4-1}$$

式中，σ 为横截面上的正应力；F_N 为横截面上的内力（轴力）；A 为横截面面积。

正应力的正负号与轴力的正负号一致，即拉应力为正，压应力为负。

例 4-2 一正中开槽的直杆，承受轴向载荷 $F = 20kN$ 的作用，如图 4-8 所示。已知 $h = 25mm$，$h_0 = 10mm$，$b = 20mm$。试求杆内的最大正应力。

解 （1）计算轴力。由截面法可求得杆中各横截面上的轴力均为

$$F_N = -F = -20kN$$

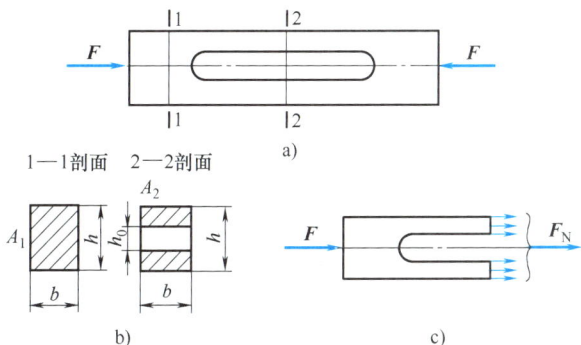

1—1剖面　2—2剖面

图 4-8

（2）计算最大正应力。由于整个杆件轴力相同，故最大正应力发生在面积较小的横截面上，即开槽部分的横截面上。其面积为

$$A = (h - h_0) b = (25 - 10) \times 20 \text{mm}^2 = 300 \text{mm}^2$$

则杆件内的最大正应力 σ_{max} 为

$$\sigma_{max} = \frac{F_N}{A} = \frac{-20 \times 10^3}{300} \text{MPa} = -66.7 \text{MPa}$$

负号表示最大应力为压应力。

第四节　轴向拉伸与压缩时的变形胡克定律

杆件受轴向拉伸时，将引起轴向尺寸的伸长和横向尺寸的缩短，现在来研究这种变形。

一、纵向变形

设圆截面等直杆的原长为 l，直径为 d，如图 4-9a 所示，在轴向力作用下，变形后的长度为 l_1，直径为 d_1，如图 4-9b、c 所示。

（一）绝对变形

轴向拉伸（压缩）时，杆件长度的伸长（缩短）量称为**纵向绝对变形**，若以 Δl 表示，则

$$\Delta l = l_1 - l$$

拉伸时绝对变形为正，压缩时绝对变形为负。

（二）相对变形

绝对变形与杆件的原长有关，为消除杆件原长度的影响，引入相对变形的概念。单位长度的变形称为相对变形，也称为**线应变**。沿轴线方向单位长度的变形称为**纵向相对变形或纵向线应变**，简称应变，若以 ε 表示，则

$$\varepsilon = \frac{\Delta l}{l} \tag{4-2}$$

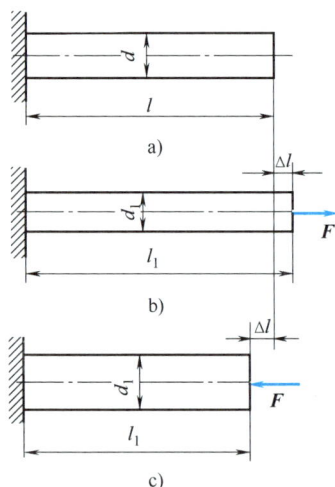

图 4-9

二、横向变形

（一）绝对变形

轴向拉伸（压缩）时，杆件横向尺寸的缩小（增大）量称为**横向绝对变形**，若以 Δd 表示，则

$$\Delta d = d_1 - d$$

（二）相对变形

横向单位长度的变形称为**横向相对变形或横向线应变**，若以 ε' 表示，则

$$\varepsilon' = \frac{\Delta d}{d} \tag{4-3}$$

拉伸时横向尺寸缩小，ε' 为负值；压缩时横向尺寸增大，ε' 为正值。

三、泊松比

试验表明，当应力不超过某一限度时，同一种材料的横向线应变与纵向线应变之比的绝对值为一常数，即

$$\mu = \left| \frac{\varepsilon'}{\varepsilon} \right| \tag{4-4}$$

式中，μ 为**横向变形系数**或**泊松比**，是一个量纲为 1 的量，通常由试验测得，工程上常用材料的泊松比见表 4-1。

表 4-1　常用材料的 E，μ 值

材料名称	E/GPa	μ
低碳钢	196 ~ 216	0.25 ~ 0.33
合金钢	186 ~ 216	0.24 ~ 0.33
灰铸铁	115 ~ 157	0.23 ~ 0.27
铜合金	72.6 ~ 128	0.31 ~ 0.42
铝合金	70	0.33

四、胡克定律

试验指出，对于工程中使用的大多数材料，**当应力不超过某一极限值时，杆的轴向变形与轴向载荷成正比、与杆的长度成正比、与杆的横截面面积成反比**。这一关系称为**胡克定律**，即

$$\Delta l \propto \frac{Fl}{A}$$

引进比例常数 E，则有

$$\Delta l = \frac{Fl}{EA}$$

由于轴向拉（压）时有 $F = F_N$，故上式可改写为

$$\Delta l = \frac{F_N l}{EA} \tag{4-5}$$

式中，E 为材料的**弹性模量**，单位常用 GPa。对同一材料，E 为常数。

由式（4-5）可知，受力和长度相同的杆件，绝对变形 Δl 和 EA 的乘积成反比，该乘积越大，变形就越小。它反映了杆件抵抗拉伸（压缩）变形的能力，故 EA 称为杆的**抗拉（压）刚度**。

将 $\sigma = \dfrac{F_N}{A}$、$\varepsilon = \dfrac{\Delta l}{l}$ 代入式（4-5），得

$$\sigma = E\varepsilon \tag{4-6}$$

式（4-6）是胡克定律的另一表达形式，即胡克定律可以表述为：**当应力不超过某一极限值时，应力与应变成正比**。

例 4-3　一钢制阶梯杆受力如图 4-10a 所示，已知其横截面面积分别为 $A_{CD} = 300\text{mm}^2$，

$A_{AB} = A_{BC} = 500\text{mm}^2$，材料的弹性模量 $E = 200\text{GPa}$。试求：

（1）杆的总变形量。

（2）杆的最大纵向线应变。

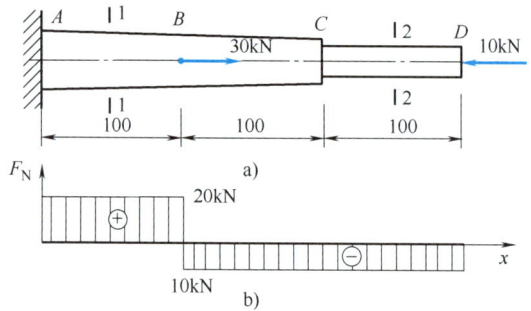

解（1）画轴力图。用截面法求得截面 1—1 和 2—2 上的轴力分别为

$$F_{N1} = 20\text{kN}$$

$$F_{N2} = -10\text{kN}$$

画出杆的轴力图，如图 4-10b 所示。

图 4-10　阶梯杆

（2）计算各段杆的变形。将阶梯杆分为 AB、BC 和 CD 段，应用胡克定律分别求出各段杆的变形量为

AB 段　　$\Delta l_{AB} = \dfrac{F_{N1} l_{AB}}{E A_{AB}} = \dfrac{20 \times 10^3 \times 100}{200 \times 10^3 \times 500}\text{mm} = 2 \times 10^{-2}\text{mm}$

BC 段　　$\Delta l_{BC} = \dfrac{F_{N2} l_{BC}}{E A_{BC}} = \dfrac{-10 \times 10^3 \times 100}{200 \times 10^3 \times 500}\text{mm} = -1 \times 10^{-2}\text{mm}$

CD 段　　$\Delta l_{CD} = \dfrac{F_{N2} l_{CD}}{E A_{CD}} = \dfrac{-10 \times 10^3 \times 100}{200 \times 10^3 \times 300}\text{mm} = -1.67 \times 10^{-2}\text{mm}$

（3）计算杆的总变形。杆的总变形等于各段杆的变形量之和。

$$\Delta l_{总} = \Delta l_{AB} + \Delta l_{BC} + \Delta l_{CD} = (2 - 1 - 1.67) \times 10^{-2}\text{mm} = -6.7 \times 10^{-3}\text{mm}$$

整个杆件缩短了 0.0067mm。

（4）计算杆的最大纵向线应变 $\varepsilon_{\max}$。由于各段的杆长相等，因此按式（4-3）可得

$$\varepsilon_{\max} = \frac{\Delta l_{AB}}{l_{AB}} = \frac{2 \times 10^{-2}}{100} = 2 \times 10^{-4}$$

第五节　材料在拉伸与压缩时的力学性能

杆件的承载能力与材料的力学性能有关。材料的力学性能是指材料在受力过程中强度与变形方面所表现出的性能。

材料的力学性能是通过试验方法得出的。试验不仅是确定材料的力学性能的唯一方法，而且是建立理论和验证理论的重要手段。本节主要介绍工程中广泛使用的两种金属材料低碳钢和铸铁在常温（室温）、静载（缓慢加载）下试验得出的力学性能。

为便于比较试验结果，将材料按国家标准（GB/T 228.1—2010）（为表述方便，本部分内容依然使用旧标准）制成标准试件。一般金属材料采用圆形截面试件（图 4-11a）或矩形截面试件（图 4-11b）。用划线与打冲眼等方法，在试件表面确定一有效工作总长度 l_0（标

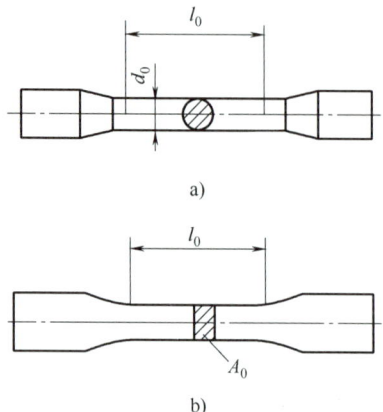

图 4-11

距）。按规定，对圆形试件，标距 l_0 与横截面直径 d_0 的关系为 $l_0 = 10d_0$ 或 $l_0 = 5d_0$；对于矩形截面试件，若截面面积为 A_0，则 $l_0 = 11.3 \sqrt{A_0}$ 或 $l_0 = 5.65 \sqrt{A_0}$。

用于测定压缩力学性能的试件为短圆柱，其高度 h 为直径 d 的 $1.5 \sim 3$ 倍，短圆柱能防止受轴向压力时丧失稳定而变弯。

一、低碳钢拉伸和压缩时的力学性能

（一）低碳钢拉伸时的力学性能

将低碳钢 Q235 制成的标准试件安装在试验机的上、下夹头中，对其进行缓慢加载，直至把试件拉断为止。试验机将试验过程中的载荷 F 和对应的伸长量 Δl 绘成 F-Δl 曲线图，称为**拉伸图**，如图 4-12a 所示。为了消除试件横截面尺寸和长度的影响，将载荷 F 除以试件的横截面面积得到应力 σ，将变形 Δl 除以试件的长度得到纵向线应变 ε，将 F-Δl 曲线转化为 σ-ε 曲线（**应力-应变曲线**）。Q235 材料的 σ-ε 曲线如图 4-12b 所示。

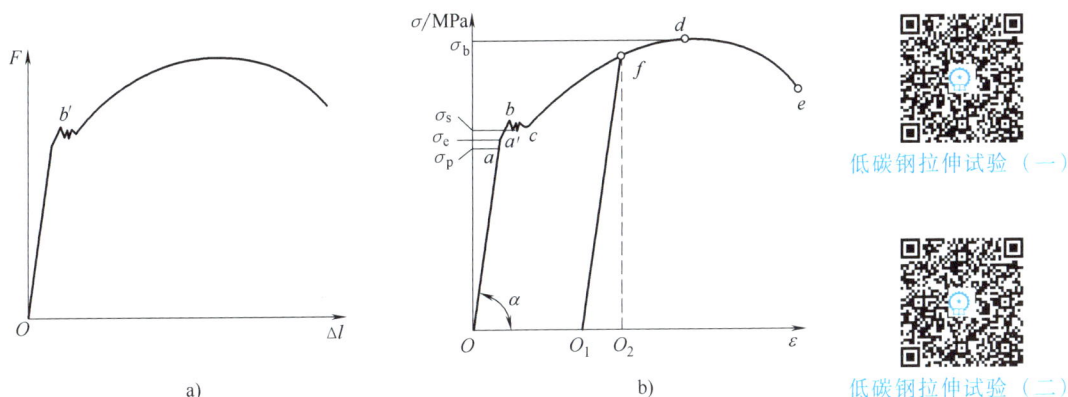

低碳钢拉伸试验（一）

低碳钢拉伸试验（二）

图 4-12

以 Q235 材料拉伸的 σ-ε 曲线为例来讨论低碳钢在拉伸时的力学性能。该曲线可以分成四个阶段。

1. 弹性阶段

从图 4-12b 中可以看出，Oa 段是一条斜直线，这说明应力和应变在此段内成正比关系，材料性能满足胡克定律，即

$$\sigma = E\varepsilon$$

斜直线段最高点（a 点）所对应的应力，是应力 σ 与应变 ε 能够保持正比关系的最大应力，称为**比例极限**，用 σ_p 表示。Q235 钢的比例极限 $\sigma_p \approx 200\text{MPa}$。弹性模量 E 即为直线 Oa 的斜率，$E = \sigma/\varepsilon = \tan\alpha$，$\alpha$ 越大，材料的刚度越大。

超过比例极限后，图上 ab 已不是直线，σ 与 ε 不再是正比关系，但变形仍然是弹性的。a' 点所对应的应力值 σ_e 是材料产生弹性变形的最大应力，称为**弹性极限**。σ_p 与 σ_e 虽然含义不同，但数值非常接近，所以工程上对此二者不作严格区分。

2. 屈服阶段

在 σ-ε 曲线中，bc 段是一段近似水平的锯齿线，称为材料的屈服阶段。应力没有明显增大，而应变却急剧增加，这说明在这一阶段中，材料暂时失去了抵抗变形的能力。如果试

件是经过抛光的，这时便可以看到试件表面上出现许多与轴线约呈45°倾角的条纹，称为**滑移线**。一般认为，这是由于金属晶粒沿这个方向相对滑移的结果。这种应力几乎不变，应变却不断增加的现象称为材料的**屈服**或**流动**。当材料屈服时，因为锯齿线的最高点与加载速度等因素有关而不稳定，因此国家标准规定，类似这种有明显屈服现象的金属材料，一般把载荷首次下降的最低点所对应的应力，作为材料的**屈服强度**，并用σ_s表示。Q235钢的屈服强度$\sigma_s \approx 235\text{MPa}$。

在这一阶段内卸去外力，试件将出现不能完全消失的**塑性变形**，工程上不允许构件发生塑性变形，所以，屈服强度σ_s是衡量材料强度的重要指标之一。

3. 强化阶段

经过屈服阶段后，曲线又继续上升，要使试件继续变形，必须增大应力，这表明材料恢复了抵抗变形的能力。这一阶段最高点d所对应的应力是材料能承受的最大应力，称为**抗拉强度**，用σ_b表示。Q235钢的抗拉强度$\sigma_b \approx 400\text{MPa}$。

如果在这一阶段的某点f逐渐卸载，如图4-12b所示，曲线沿着与Oa段几乎平行的直线fO_1下降到O_1点。这说明材料在卸载过程中，应变与应力的关系仍成正比。其中O_1O_2是恢复的弹性应变，而OO_1是残余的塑性应变。卸载后再加载，曲线又沿着直线O_1f上升到f点，再沿曲线用fde变化，在e点试件断裂。曲线fde段的长度、形状和在f点没有卸载而直接拉伸断裂的曲线基本相同。

对比在强化阶段内有无卸载的两种σ-ε曲线可知，在强化阶段内卸载的材料，比例极限得到提高，但塑性变形减小，塑性降低，这种现象称为冷作硬化。工程中常利用冷作硬化来提高某些材料的承载能力，例如冷拔钢筋等。若要消除冷作硬化，需经过退火处理。

抗拉强度大的材料，表示抵抗断裂破坏的能力强。抗拉强度σ_b是衡量材料强度的另一个重要指标。

4. 缩颈阶段

在应力达到抗拉强度之前，试件各部分的变形是均匀的。当应力达到抗拉强度后，在试件的某一局部，变形会急剧增加，横截面面积显著变小，出现**缩颈**现象，如图4-13所示，然后试件在此处被拉断。

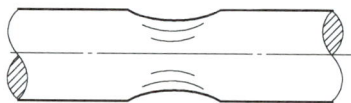

图4-13

试件拉断后，弹性变形消失，残留下来的是塑性变形。其大小可用来衡量材料的塑性。常用的塑性指标有两个：

（1）伸长率。伸长率用δ表示，即

$$\delta = \frac{l_1 - l_0}{l_0} \times 100\% \tag{4-7}$$

式中，l_1为试件拉断后的标距长度；l_0为试件的原标距长度。

（2）断面收缩率。试件拉断后，缩颈处横截面面积的最大缩减量与原始横截面面积的百分比称为断面收缩率，用ψ表示，即

$$\psi = \frac{A_0 - A_1}{A_0} \times 100\% \tag{4-8}$$

式中，A_1为试件拉断后断口处的横截面面积；A_0为试件的原横截面面积。

工程上通常把伸长率 $\delta \geqslant 5\%$ 的材料称为塑性材料，如钢材、铜和铝等；把 $\delta < 5\%$ 的材料称为脆性材料，如铸铁、砖石和玻璃等。低碳钢的伸长率 δ 为 $20\% \sim 30\%$，断面收缩率 ψ 为 $60\% \sim 70\%$，故低碳钢具有良好的塑性。

必须指出，材料呈脆性或塑性，是有条件的（这里是依据材料在常温、静载、轴向拉伸等条件下测得的伸长率 δ 来划分的）。若条件发生变化，材料的性能也随之改变。如低碳钢，常温下呈塑性，在低温时却出现脆性。又如石块，在单向压缩时呈脆性，当三个方向均受压时，则呈塑性。

（二）低碳钢压缩时的力学性能

Q235A 低碳钢压缩时的 $\sigma\text{-}\varepsilon$ 曲线如图 4-14 实线部分所示。

为了便于比较塑、脆性材料在拉伸时的力学性能，在图 4-14 中以虚线画出了低碳钢在拉伸时的 $\sigma\text{-}\varepsilon$ 曲线图。比较图中曲线可以看出，低碳钢压缩时的比例极限 σ_p、弹性极限 σ_e、屈服强度 σ_s 及弹性模量 E 都与拉伸时基本相同，在屈服阶段以前，压缩与拉伸的 $\sigma\text{-}\varepsilon$ 曲线基本重合；在屈服阶段以后，试件会越压越扁，故得不到压缩时的抗压强度。

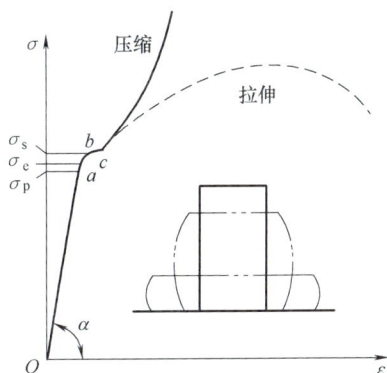

图 4-14

二、铸铁拉伸和压缩时的力学性能

（一）铸铁拉伸时的力学性能

铸铁是工程上广泛应用的脆性材料，它拉伸时的 $\sigma\text{-}\varepsilon$ 曲线如图 4-15 所示。

从铸铁的 $\sigma\text{-}\varepsilon$ 曲线图中可以看出，图中没有明显的直线部分，没有屈服阶段。铸铁拉伸时无缩颈现象，断裂是突然出现的，断口垂直于试件轴线，塑性变形小，通常只有 $0.2\% \sim 0.5\%$。衡量铸铁材料强度的唯一指标是抗拉强度。因铸铁的曲线图中没有明显的直线部分，所以它不符合胡克定律。但由于铸铁总是在较小的应力范围内工作，故可近似以一条直线（图中的虚线）代替曲线，并以直线的斜率作为材料的弹性模量 E。这样，仍可认为材料近似地满足胡克定律，公式 $\sigma = E\varepsilon$ 仍可适用。

由于铸铁拉伸时是在较小的应力下突然断裂，因此铸铁不宜用来制作承受拉力的构件。

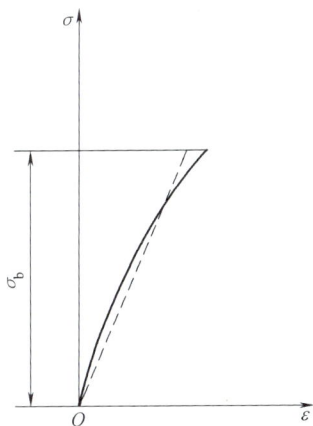

图 4-15

（二）铸铁压缩时的力学性能

铸铁压缩时的 $\sigma\text{-}\varepsilon$ 曲线如图 4-16 实线所示，它与拉伸时的 $\sigma\text{-}\varepsilon$ 曲线图（虚线）相似。值得注意的是，铸铁压缩时的抗压强度比拉伸时的抗拉强度一般要高 $4 \sim 5$ 倍。最后试件是沿与轴线呈 $45°$ 角的斜截面破坏的。

从以上试验可以看出，塑性材料的抗拉和抗压能力都很强，且抗冲击能力也强，因此在工程中，齿轮、轴等零件多用塑性材料制造；脆性材料的抗压能力高于抗拉能力，因此受压的构件往往用脆性材料制造。

三、其他常用材料的力学性能简介

（一）其他金属材料的力学性能

图 4-17 所示为锰钢、硬铝、退火球墨铸铁和 45 钢的 $\sigma\text{-}\varepsilon$ 曲线，这些都是塑性材料。它们的特点是：

1）存在线性弹性阶段。

2）断裂时有较大的塑性变形。

3）有些材料没有明显的屈服阶段，有些材料不存在缩颈现象。

对于没有明显屈服阶段的塑性材料，取对应于试样产生 0.2% 的塑性应变时的应力值作为屈服指标，称为材料的名义屈服极限，用 $\sigma_{0.2}$ 表示，如图 4-18 所示。

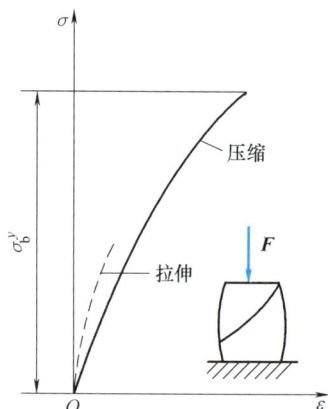

图 4-16

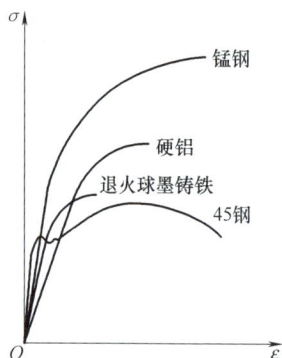

图 4-17

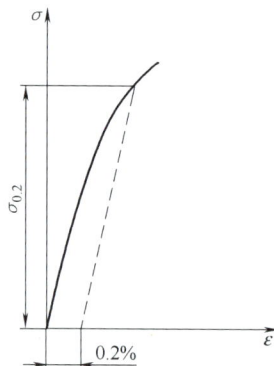

图 4-18

（二）复合材料的力学性能

复合材料是指把两种以上不同材质的材料，合理地进行复合而获得的一种材料，其目的在于通过复合来得到单一材料所不能达到的优异性能或多种功能。

例如，人们所熟悉的"玻璃钢"是由玻璃纤维与聚酯类树脂通过复合而增强的材料。具有强度高、重量轻、耐冲击、耐蚀、绝缘性好等优点。

图 4-19 所示为碳纤维和环氧树脂组成的复合材料中的单层板拉伸的 $\sigma\text{-}\varepsilon$ 曲线。由曲线可知，在与纤维平行和垂直的两个方向上，其力学性能不同。我们可以根据不同的受力要求，将复合材料的各层之间纤维铺设的方向相互交错，以获得更好的综合性能。

（三）工程塑料的力学性能

工程塑料是一种具有耐热、耐蚀、耐磨和高强度等特性的高分子材料，已广泛应用于各个领域，并在许多用途上可以取代金属材料。图 4-20 所示为几种高分子材料拉伸的 $\sigma\text{-}\varepsilon$ 曲线。由曲线可知，这些材料的塑性差别很大。高分子材料还有一个显著的特点：随着温度的升高，塑料性能会由脆性变成塑性，甚至变成黏弹性（指材料的变形不仅与应力的大小有关，还与应力作用所持续的时间有关）。

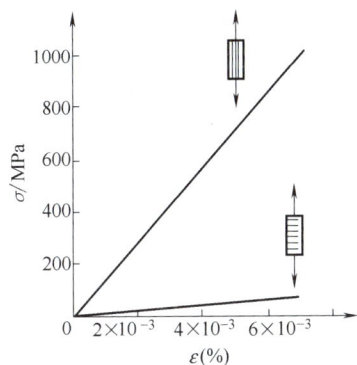

图 4-19

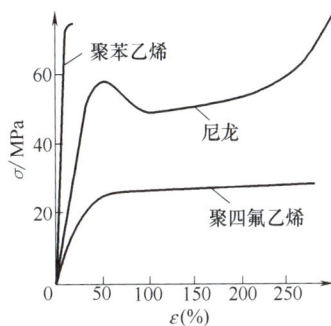

图 4-20

表 4-2 列出了几种工程上常用材料在常温、静载下的主要力学性能的数值，供参考。

表 4-2　几种常用材料的力学性能

材料名称	牌号	弹性模量 E/GPa	屈服点/MPa	抗拉（压）强度/MPa	伸长率 δ（%）
普通碳素钢	Q235	196~216	216~240	372~470	25~27
优质碳素钢	45	210	265~353	530~600	13~16
低合金钢	16Mn	206	270~343	470~510	19~21
合金钢	40Cr	186~216	790	980	9
灰铸铁	HT150	80~157	—	98~280 500~700 （压）	<1
球墨铸铁	QT400-10	160	290	390	10
铝合金	—	72	110~280	210~420	13~19
碳纤维-环氧树脂复合材料	—	180（平行于纤维） 10（垂直于纤维）	—	—	—
聚四氟乙烯	—	—	—	14~24	150~350

第六节　轴向拉伸与压缩时杆件的强度计算

一、极限应力、许用应力、安全因数

通过对材料力学性能的研究，我们知道，对于塑性材料，构件的工作应力达到屈服强度时，它就产生很大的塑性变形而影响构件的正常工作；对于脆性材料，工作应力达到抗拉（压）强度时，构件就会破坏。这两种情况在工程上都是不允许的。使材料丧失工作能力的应力称为**极限应力**，用 σ_0 表示。

在设计构件时，有许多情况难以准确估计，另外，还要考虑到留有适当的强度储备。因此，必须把构件的最大工作应力限制在极限应力 σ_0 以下。构件在工作时所允许的最大应力称为许用应力，用 $[\sigma]$ 表示。显然，许用应力必须低于极限应力。将极限应力除以大于 1

的系数 n 得出许用应力，n 称为**安全因数**，即

$$[\sigma] = \frac{极限应力 \ \sigma_0}{安全因数 \ n} \tag{4-9}$$

对于塑性材料，σ_s 或 $\sigma_{0.2}$ 是极限应力，因此许用应力为

$$[\sigma] = \frac{\sigma_s}{n_s} 或 [\sigma] = \frac{\sigma_{0.2}}{n_s}$$

对于脆性材料，σ_b 是极限应力，因此许用应力为

$$[\sigma] = \frac{\sigma_b}{n_b}$$

式中，n_s 为对应于塑性材料的安全因数，一般取 $n_s = 1.5 \sim 1.8$；n_b 为对应于脆性材料的安全因数，一般取 $n_b = 2.0 \sim 3.5$。

确定安全因数的数值时，一般考虑以下几方面的因素：

1）载荷分析和计算的精确程度。

2）材料的不均匀性的估算准确程度。

3）计算模型简化的近似程度。

4）构件的加工工艺和工作条件的影响，以及构件的重要性。

合理地选取安全因数关系到构件的安全与经济。通常，安全因数都由国家有关部门在所制定的设计规范中予以规定，各种不同工作条件下杆件的安全因数 n 可从这些资料中查取。

二、拉（压）杆的强度条件

为了保证拉（压）杆安全正常地工作，必须使杆内的最大工作应力不超过材料的许用应力，即

$$\sigma_{max} = \frac{F_N}{A} \leqslant [\sigma] \tag{4-10}$$

式中，F_N 为横截面上的轴力，以其绝对值代入式中；A 为横截面的面积。

式（4-10）称为拉（压）杆的强度条件。利用强度条件，可以解决以下三类问题。

1. 校核强度

如已知杆件的尺寸、所受载荷和材料的许用应力，则应用式（4-10）可以对拉（压）杆进行强度校核。

2. 设计截面尺寸

如已知杆件所承受的载荷及材料的许用应力，则可以设计杆件所需的最小横截面面积，由式（4-10）可以得其计算公式为

$$A \geqslant \frac{F_N}{[\sigma]}$$

然后根据所需截面形状设计截面尺寸。

3. 确定许可载荷

如已知杆件的横截面尺寸及材料的许用应力，则由强度条件可确定杆件能承受的最大轴力 F_N，其计算公式为

$$F_N \leqslant A[\sigma]$$

然后根据静力平衡条件即可求出结构所能承受的最大载荷，称为**许可载荷**。

例 4-4　悬臂起重机如图 4-21a 所示，最大的吊重（包括电动葫芦自重）$W = 70\text{kN}$。已知 $a = 1140\text{mm}$，$b = 360\text{mm}$，$c = 150\text{mm}$。斜拉杆 $C'D$ 为一外径 $D = 60\text{mm}$、内径 $d = 40\text{mm}$ 的无缝钢管，和水平线的夹角 $\alpha = 30°$，材料为 Q235 低碳钢，取安全因数 $n_\text{s} = 2.0$。试校核斜拉杆 $C'D$ 的强度（当载荷位于梁右端 B 处时）。

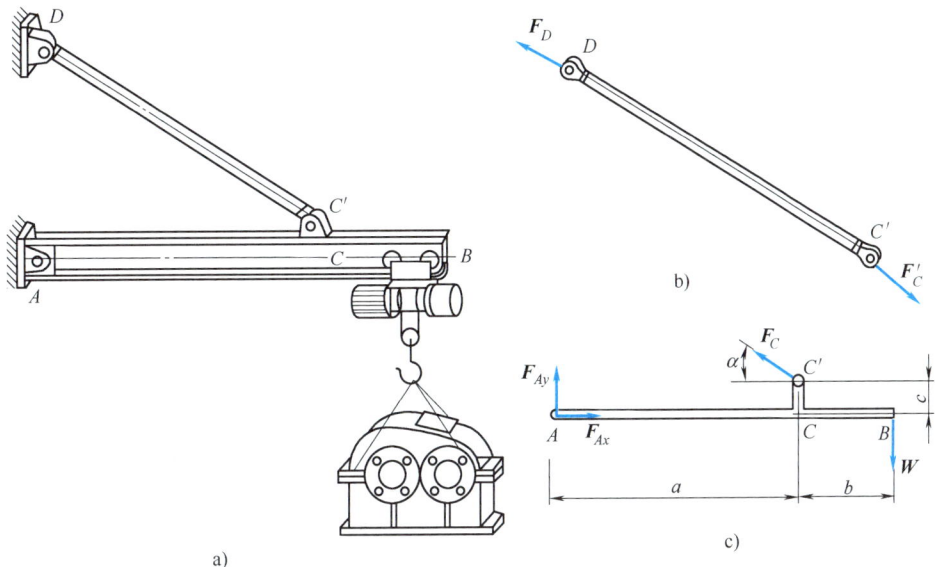

图 4-21

解　（1）求 $C'D$ 杆所承受的最大外力。取横梁 AB 为研究对象，其受力如图 4-21c 所示，由平面任意力系的平衡方程

$$\sum M_A(\boldsymbol{F}) = 0 \qquad F_C\cos\alpha \cdot c + F_C\sin\alpha \cdot a - W(a+b) = 0$$

代入数据，得

$$F_C = 150\text{kN}$$

斜拉杆 $C'D$ 的受力如图 4-21b 所示。根据作用与反作用定律，有

$$F'_C = F_C = 150\text{kN}$$

（2）求 $C'D$ 杆的轴力。二力平衡的斜拉杆 $C'D$，其轴力 F_N 等于杆端受力，即

$$F_\text{N} = F'_C = 150\text{kN}$$

（3）校核强度。根据式 $[\sigma] = \sigma_\text{s}/n_\text{s}$ 和表 4-2 材料力学性能的有关数据，取 $\sigma_\text{s} = 235\text{MPa}$，则拉杆的许用应力为

$$[\sigma] = \frac{\sigma_\text{s}}{n_\text{s}} = \frac{235}{2.0}\text{MPa} = 117.5\text{MPa}$$

斜拉杆 $C'D$ 的横截面面积为

$$A = \frac{\pi}{4}(D^2 - d^2) = \frac{3.14 \times (60^2 - 40^2)}{4}\text{mm}^2 = 1570\text{mm}^2$$

由式（4-11），得

$$\sigma_{\max} = \frac{F_\text{N}}{A} = \frac{150 \times 10^3}{1570}\text{MPa} = 95.5\text{MPa} < [\sigma]$$

所以斜拉杆 $C'D$ 的强度足够。

例 4-5 如图 4-22a 所示，简易起重机由等长的两杆 AC 及 BC 组成，在结点 C 受到载荷 $G = 350\text{kN}$ 的作用。已知杆 AC 由两根槽钢构成，$[\sigma_{AC}] = 160\text{MPa}$，杆 BC 由一根工字钢构成，$[\sigma_{BC}] = 100\text{MPa}$，试选择两杆的截面面积。

解 （1）求 AC 杆和 BC 杆所承受的外力。取结点 C 为研究对象，其受力如图 4-22b 所示，由平面汇交力系的平衡方程

$$\sum F_x = 0 \qquad F_{BC}\cos 30° - F_{AC}\cos 30° = 0$$

$$\sum F_y = 0 \qquad F_{AC}\sin 30° + F_{BC}\sin 30° - G = 0$$

代入数据，得 $\qquad\qquad F_{AC} = F_{BC} = 350\text{kN}$

（2）确定 AC 杆和 BC 杆所承受的轴力。AC 杆和 BC 杆均为二力杆，其轴力大小等于杆端的外力，即

AC 杆 $\qquad\qquad\qquad F_{N1} = F_{AC} = 350\text{kN}$

BC 杆 $\qquad\qquad\qquad F_{N2} = F_{BC} = 350\text{kN}$

（3）确定截面面积大小。由 $A \geqslant F_N / [\sigma]$ 得

AC 杆截面面积 $\qquad A_1 \geqslant \dfrac{F_{N1}}{[\sigma_{AC}]} = \dfrac{350 \times 10^3}{160}\text{mm}^2 = 2187.5\text{mm}^2$

由于 AC 杆由两根槽钢构成，每一根的截面面积为

$$\frac{A_1}{2} = 1093.75\text{mm}^2$$

BC 杆截面面积 $\qquad A_2 \geqslant \dfrac{F_{N2}}{[\sigma_{BC}]} = \dfrac{350 \times 10^3}{100}\text{mm}^2 = 3500\text{mm}^2$

（4）确定型钢规格。查型钢表，10 号槽钢的截面面积为 1274.8mm^2，因为 1274.8$\text{mm}^2 >$ 1093.75mm^2，所以 AC 杆用两根 10 号槽钢。

而 20a 号工字钢的截面面积为 3550mm^2，因为 3550$\text{mm}^2 > 3500\text{mm}^2$，所以 BC 杆用一根 20a 号工字钢。

例 4-6 如图 4-23a 所示的三角形构架，钢杆 1 和铜杆 2 在 A、B、C 处铰接。已知钢杆 1 的横截面面积 $A_1 = 150\text{mm}^2$，许用应力 $[\sigma_1] = 160\text{MPa}$；铜杆 2 的横截面面积 $A_2 = 300\text{mm}^2$，许用应力 $[\sigma_2] = 98\text{MPa}$。该结构在结点处受竖直方向的载荷 G 作用，试求 G 的最大允许值。

解 （1）求各杆的轴力与载荷 G 的关系。取结点 A 为研究对象，作出其受力图，如图 4-23b 所示。由平衡方程

$$\sum F_x = 0 \qquad F_{N2}\sin 30° - F_{N1}\sin 45° = 0 \qquad (1)$$

$$\sum F_y = 0 \qquad F_{N1}\cos 45° + F_{N2}\cos 30° - G = 0 \qquad (2)$$

联立式（1）（2）解得 $\qquad F_{N1} = 0.52G \qquad F_{N2} = 0.73G$

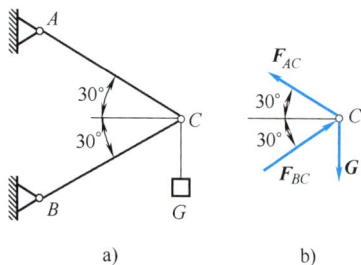

图 4-22

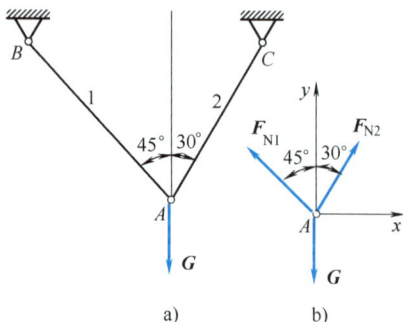

图 4-23

（2）求满足 AB 杆强度条件的最大允许值 G。由

$$F_{N1} \leqslant A_1[\sigma_1]$$

得　　　　　　　　　　　$0.52G \leqslant 150 \times 160\mathrm{N}$

即　　　　　　　　　　　$G = 46200\mathrm{N} = 46.2\mathrm{kN}$ 　　　　　　　　　　（3）

（3）求满足 AC 杆强度条件的最大允许值 G。由

$$F_{N2} \leqslant A_2[\sigma_2]$$

得　　　　　　　　　　　$0.73G \leqslant 300 \times 98\mathrm{N}$

即　　　　　　　　　　　$G = 40273\mathrm{N} = 40.273\mathrm{kN}$ 　　　　　　　　　（4）

为了保证整个结构的安全，A 点重物 G 的最大允许值应选取式（3）、式（4）中的较小值，即

$$G = 40.273\mathrm{kN}$$

第七节　应力集中

一、应力集中的概念

等截面构件受到轴向拉伸和压缩时，横截面上的应力是均匀分布的。实际由于结构和工艺方面的需要，构件的形状常常是比较复杂的。如机器中的轴常开有油孔、键槽、螺纹、退刀槽等，或将轴制成阶梯轴，因而使截面尺寸发生突然变化。在截面尺寸发生突变处的截面上，应力不是均匀分布的，在孔、槽附近的局部范围内应力将显著增大。这种由于截面的尺寸、形状突然变化而产生的局部应力显著增大的现象，称为**应力集中**。如图4-24 所示，构件孔边或槽边的最大应力 σ_{max} 远比平均应力 σ 高。σ_{max} 与 σ 之比，称为**理论应力集中系数**，以 α 表示，即

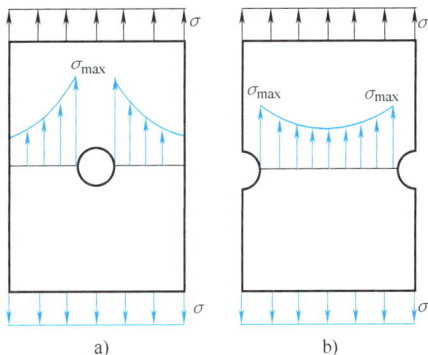

图 4-24

$$\alpha = \frac{\sigma_{max}}{\sigma}$$

在图 4-24a 所示的情形下，理论应力集中系数约为 3，而在图 4-24b 所示的情形下，理论应力集中系数约为 2。因此，构件上应尽可能地避免带尖角的孔和槽，在阶梯轴的轴肩处要用圆弧过渡，而且应尽量使圆弧半径大一些。

二、应力集中对构件强度的影响

在静载荷作用下，应力集中对构件强度的影响随材料不同而异。对于塑性材料，当局部区域的最大应力达到屈服强度时，引起构件的局部塑性变形，最大应力不再增大，一般不会影响整个构件的承载能力。如外力继续增加，增加的力就由截面上尚未屈服的材料来承担，使截面上其他点的应力相继增大到屈服强度的应力，如图4-25 所示，只有当整个截面的应力都达到屈服强度时，构件才丧失工作能力。由于塑性材料的许用应力比屈服强度小，所以

只要满足 $\sigma_{\max} = \dfrac{F_N}{A} \leqslant [\sigma]$ 的强度条件，构件就不会失效。故塑性材料具有缓和应力集中的性能，尤其是中、低强度钢材制成的构件，在静载荷作用下的强度计算，一般可以不考虑应力集中的影响。

脆性材料由于没有屈服阶段，一旦应力集中使局部区域的最大应力达到了抗拉强度，将引起局部脆性断裂，大大降低构件的承载能力，而断裂边缘会产生新的应力集中，继而又发生进一步地脆性断裂……直至整个构件破坏。例如，使用钻石刀具在玻璃表面划一刀痕，只要稍微弯曲，玻璃就容易断裂。故脆性材料制成的构件，即使在静载荷作用下的强度计算，也必须考虑应力集中的影响。不过，铸铁虽然是典型的脆性材料，但由于内部组织不均匀，缺陷甚多，本身存在许多产生应力集中的因素，在测定铸铁的抗拉强度时，已经包含这些因素，故在强度计算中，可以不考虑因截面变化引起的应力集中的影响。但是，当构件受周期性变化的应力作用或受冲击载荷作用时，不论是塑性材料还是脆性材料，应力集中对构件的强度都有较大的影响，应力集中往往是构件破坏的根源。有关这个问题将于第十章中讨论。

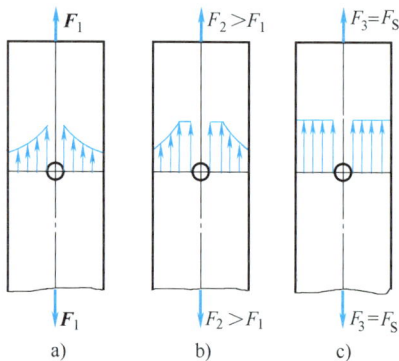

图 4-25

应力集中的概念

第八节　拉伸、压缩静不定问题简介

在前面第二章第三节中已经提到静定与静不定的概念。在材料力学中，构件的内力可由静力平衡方程全部求出的问题为静定问题；若不能由静力平衡方程全部求出的问题则为静不定问题。

图 4-26a 所示的结构为静定结构。在工程上，为提高结构的刚性，往往在静定结构中再加入一些约束，如图 4-26b 中的 AD 杆，从而使静定问题转化为静不定问题，仅凭静力平衡方程无法求出 F_{N1}、F_{N2}、F_{N3} 三个未知数。

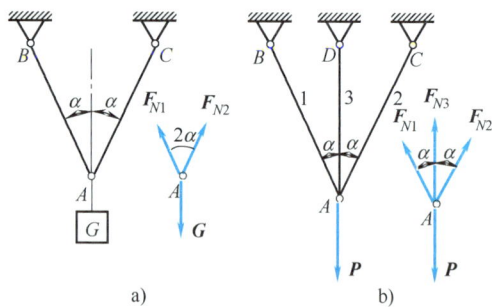

图 4-26

解决静不定问题的关键是建立必要的补充方程，与静力平衡方程联立，从而求得全部未知力。这些补充方程，可由结构变形的几何条件以及变形和内力间的物理条件来建立。

例 4-7　等直杆 AB 受力和尺寸如图 4-27a 所示。已知杆的横截面面积为 A，弹性模量为 E，求杆 AB 两端所受的约束力。

解　分析：等直杆 AB 的 B 端如果没有约束，则是静定问题，可视 B 端约束为多余约束。而由于 B 端约束的存在，则使 AB 杆的总变形量 $\Delta l_{AB} = 0$，由这个关系即可建立变形协调方程。

（1）列静力平衡方程，确定静不定次数。取杆 AB 为研究对象，受力如图 4-27b 所示，

据此列出平衡方程

$$\sum F_x = 0 \quad F_A - F + F - F_B = 0$$

得

$$F_A = F_B \tag{1}$$

因式中含有两个未知量，故为一次静不定。

（2）建立变形协调方程

$$\Delta l_{AB} = \Delta l_{AC} + \Delta l_{CD} + \Delta l_{DB} = 0 \tag{2}$$

（3）利用胡克定律建立补充方程

$$\left. \begin{aligned} \Delta l_{AC} &= \frac{F_N^{AC} l_{AC}}{EA} = \frac{-F_A l}{EA} \\[2mm] \Delta l_{CD} &= \frac{F_N^{CD} l_{CD}}{EA} = \frac{(F - F_A) l}{EA} \\[2mm] \Delta l_{DB} &= \frac{F_N^{DB} l_{DB}}{EA} = \frac{-F_B l}{EA} \end{aligned} \right\} \tag{3}$$

将式（3）代入变形协调方程式（2），可得

$$2F_A + F_B = F \tag{4}$$

联立式（1）、式（4）解得

$$F_A = F_B = \frac{F}{3}$$

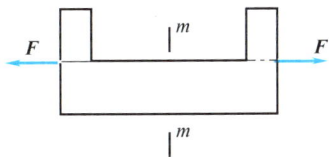

图 4-27

作出杆的轴力图，如图 4-27c 所示。

以上例子表明，静不定问题是综合了静力方程、变形协调方程（几何方程）和物理方程（胡克定律）三方面的关系求解的。

思　考　题

4-1　如图 4-28 所示，构件受载荷 $F = 20\text{kN}$ 的作用。若已知横截面 m—m 的面积 $A = 500\text{mm}^2$，那么截面上的正应力 $\sigma = 20 \times 10^3 \text{MPa}/500 = 40\text{MPa}$，对吗？

4-2　三种材料的 σ-ε 曲线如图 4-29 所示。试说明哪种材料的强度高？哪种材料的塑性好？在弹性范围内哪种材料的弹性模量大？

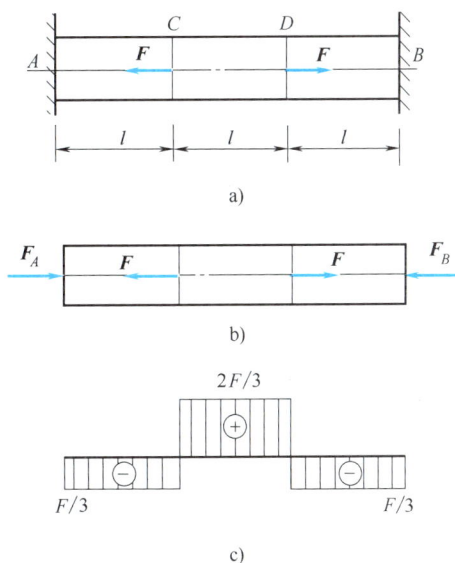

图 4-28

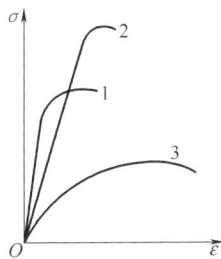

图 4-29

4-3　如图 4-30 所示，A、B 是两根材料相同、截面面积相等的直杆，$l_A > l_B$，两杆承受相等的轴向拉力，问 A、B 二杆的绝对变形是否相等？相对变形是否相等？

4-4 两根不同材料的等截面直杆，它们的截面面积和长度都相等，承受相等的轴力。试说明：

（1）二杆的绝对变形和相对变形是否相等？

（2）二杆横截面上的应力是否相等？

（3）二杆的强度是否相等？

4-5 现有一被拉伸的 Q235 钢的试件，已知其比例极限 $\sigma_p = 200\text{MPa}$，弹性模量 $E = 200\text{GPa}$，当其应变 $\varepsilon = 0.002$ 时，是否由此可知其应力 $\sigma = E\varepsilon = 200 \times 10^3 \times 0.002\text{MPa} = 400\text{MPa}$，为什么？

4-6 如图 4-31 所示，现有低碳钢及铸铁两种材料，若用铸铁制造杆 1，用低碳钢制造杆 2，你认为合理否？为什么？

4-7 将一条麦芽糖和一根粉笔分别拉伸和压缩，观察其变形现象，说明两种材料的力学性能区别。

4-8 若用刀沿纵向将筷子劈开和沿横向砍断，其难易程度显然不同。用刀切豆腐有这种现象吗？根据材料各向同性和各向异性的概念，试比较这两种材料力学性能的差异。

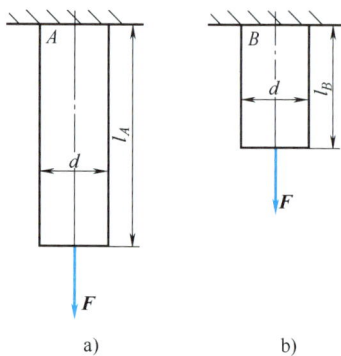

图 4-30

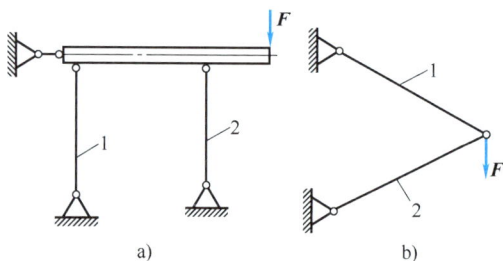

图 4-31

习　　题

4-1 试求图 4-32 所示各杆指定截面上的轴力，并作轴力图。

4-2 在图 4-32a 中，若 1—1、2—2 两个横截面的直径分别是 $d_1 = 15\text{mm}$、$d_2 = 20\text{mm}$，$F = 8\text{kN}$，试分别计算 1—1、2—2 截面上的应力。

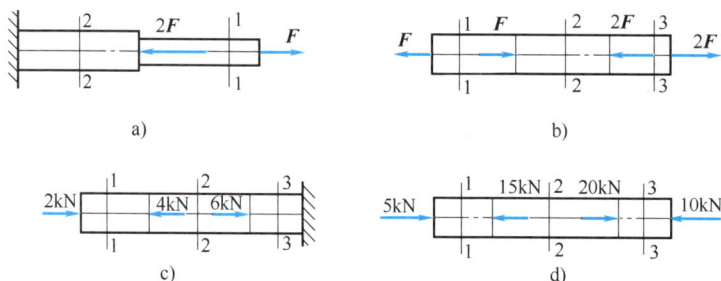

图 4-32

4-3 在圆杆上铣出一个槽，如图 4-33 所示。已知杆受拉力 $F = 15\text{kN}$ 作用，杆直径 $d = 20\text{mm}$，试求横截面 1—1 和 2—2 上的应力（铣槽的横截面面积可近似按矩形计算）。

4-4 图 4-34 所示支架，在结点 B 处悬挂一重量 $G = 20\text{kN}$ 的重物，杆 AB 及 BC 均为圆截

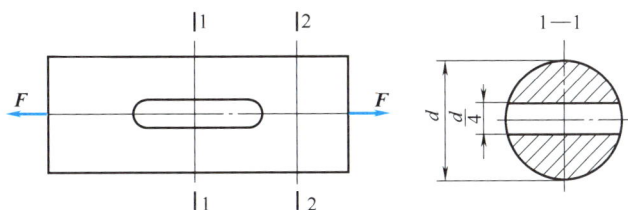

图 4-33

面钢制件。已知杆 AB 的直径 $d_1 = 20\text{mm}$，杆 BC 的直径 $d_2 = 40\text{mm}$，杆的许用应力 $[\sigma] = 160\text{MPa}$，试校核支架的强度。

4-5　如图 4-35 所示，钢拉杆受轴向载荷 $F = 40\text{kN}$ 作用，材料的许用应力 $[\sigma] = 100\text{MPa}$，横截面为矩形，且 $b = 2a$，试确定截面尺寸 a 和 b。

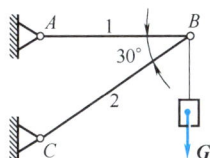

图 4-34

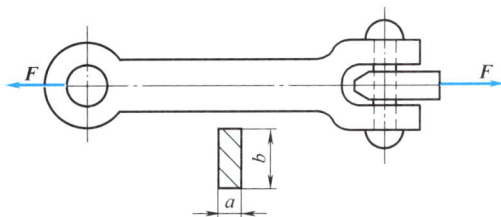

图 4-35

4-6　某悬臂起重机如图 4-36 所示。最大起重载荷 $G = 20\text{kN}$，拉杆 BC 由两根等边角钢组成，$[\sigma] = 100\text{MPa}$。试按电动葫芦位于最右端位置时确定等边角钢的规格。

4-7　在图 4-37 所示简易起重机中，AB 为钢杆，BC 为木杆。木杆 BC 的横截面面积 $A_1 = 3 \times 10^4 \text{mm}^2$，许用应力 $[\sigma_1] = 3.5\text{MPa}$；钢杆 AB 的横截面面积 $A_2 = 600\text{mm}^2$，许用应力 $[\sigma_2] = 140\text{MPa}$。试求许用荷载 $[G]$。

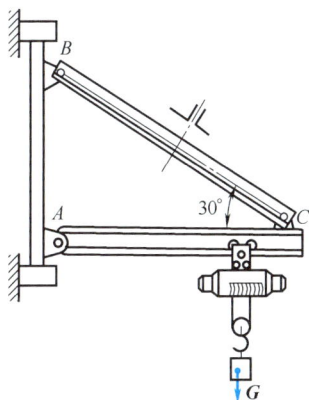

图 4-36

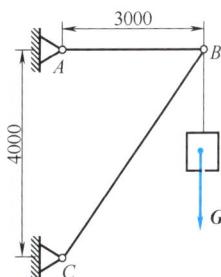

图 4-37

4-8　圆截面钢杆长 $l = 3\text{m}$，直径 $d = 25\text{mm}$，两端受到 $F = 100\text{kN}$ 的轴向拉力作用时伸长 $\Delta l = 2.5\text{mm}$。试计算钢杆横截面上的正应力 σ 和纵向线应变 ε。

4-9　一钢制阶梯杆如图 4-38 所示。已知 AD 段横截面面积为 $A_{AD} = 400\text{mm}^2$，DB 段的横

截面面积为 $A_{DB} = 250\text{mm}^2$，材料的弹性模量 $E = 200\text{GPa}$。试求：

1）各段杆的纵向变形。

2）杆的总变形 Δl_{AB}。

3）杆内的最大纵向线应变。

4-10 在图 4-39 所示结构中，假设 AC 梁为刚性杆，杆 1、2、3 的横截面面积相等，材料相同。试求三杆的轴力。

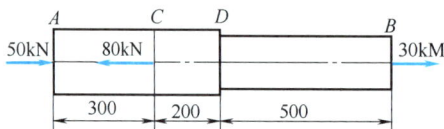

图 4-38

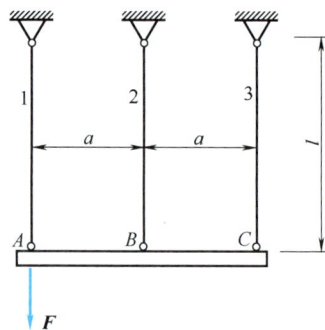

图 4-39

第 五 章

剪切与挤压

第一节　剪切与挤压的概念

一、剪切的概念

工程实际中，常需要用连接件将构件彼此相连。例如，图 5-1 所示的螺栓连接中的螺栓，图 5-2 所示的销连接中的销钉，图 5-3 所示的铆钉连接中的铆钉等，它们都是起连接作用的。这种连接件在受力后的主要变形形式是剪切。下面以铆钉连接为例说明剪切变形的受力和变形特点。

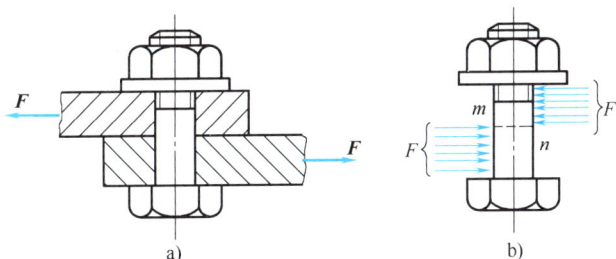

图 5-1

剪切的概念

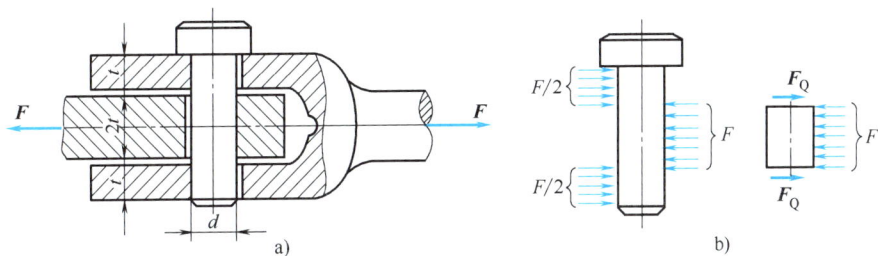

图 5-2

如图 5-3a 所示，两块钢板用铆钉连接。当钢板受外力作用后，铆钉就受到钢板传来的右上侧、左下侧两个力的作用。铆钉在这一对力的作用下，两力间的截面 m—n 处发生相对错动变形，如图 5-3b 所示，这种变形称为**剪切变形**。产生相对错动的截面 m—n 称为**剪切面**。

图 5-3 所示的铆钉连接中只有一个剪切面，这种情况称为**单剪**；图 5-2 所示的铆钉连接中有两个剪切面，则称为**双剪**。

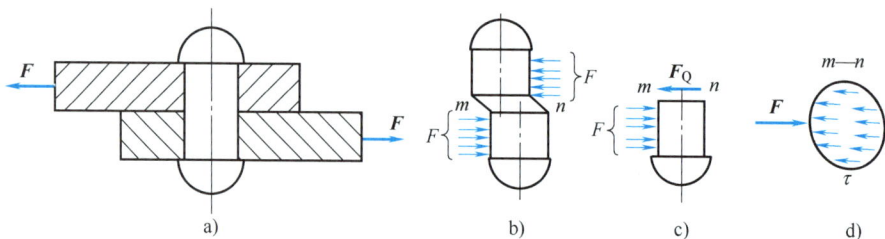

图 5-3

综上所述，**剪切变形的受力特点是：构件受到了一对大小相等、方向相反、作用线平行且相距很近的外力。剪切的变形特点是：在这两力作用线间的截面发生相对错动**，如图 5-3b 所示。

二、挤压的概念

构件在受到剪切作用的同时，往往还伴随着挤压作用。例如，铆钉受剪切的同时，铆钉和孔壁之间相互压紧，如图 5-4a 所示，上钢板孔左侧与铆钉上部左侧，下钢板孔右侧与铆钉下部右侧相互压紧，这种接触面相互压紧的现象，称为**挤压**。挤压力过大，挤压接触面会出现局部产生显著塑性变形甚至压陷的破坏现象，如图 5-4b 所示，这种破坏现象称为**挤压破坏**。构件上受挤压作用的表面称为**挤压面**，挤压面一般垂直于外力作用线。

挤压的概念

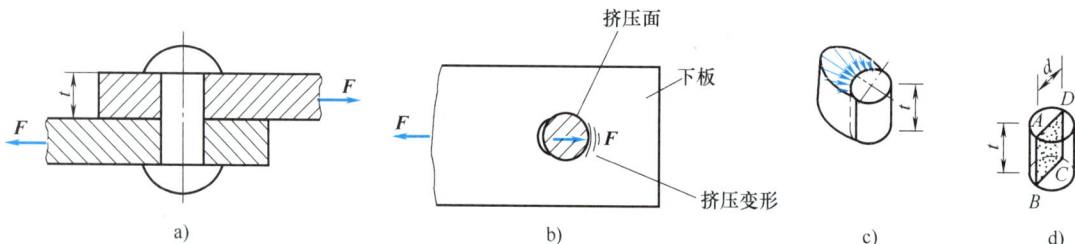

图 5-4

第二节　剪切与挤压的实用计算

一、剪切的实用计算

下面以铆钉连接（图 5-3a）为例，说明剪切强度的实用计算方法。

分析受剪时剪切面上的内力，仍用截面法。假设将铆钉沿 m—n 截面截开，如图 5-3c 所示，任取一部分（下面部分）为研究对象。为了与外力 F 平衡，在剪切面上加上一个大小与 F 相等，方向与 F 相反的内力，此内力称为**剪力**，用 F_Q 表示。剪力是剪切面上分布内力的合力。剪切面上分布内力的集度以 τ 表示，称为**切应力**，如图 5-3d 所示。

切应力在剪切面上的分布情况是很复杂的，工程中为简便实用，通常采用以实验、经验为基础而建立的实用计算方法。该方法假设切应力 τ 在剪切面上是均匀分布的，所以切应力的大小可按下式直接计算

$$\tau = F_Q/A \tag{5-1}$$

式中，τ 为剪切面上的切应力；F_Q 为剪切面上的剪力；A 为剪切面面积。

为了保证构件在工作时不被剪断，必须使构件剪切面上的切应力不超过材料的许用切应力，即

$$\tau = F_Q / A \leqslant [\tau] \tag{5-2}$$

式（5-2）就是剪切实用计算中的强度条件。式中，$[\tau]$ 为材料的许用切应力。

试验表明，金属材料的许用切应力 $[\tau]$ 与材料的许用拉应力 $[\sigma]$ 之间存在如下关系：

1）塑性材料：$[\tau] = (0.6 \sim 0.8)[\sigma]$。
2）脆性材料：$[\tau] = (0.8 \sim 1.0)[\sigma]$。

二、挤压的实用计算

作用在挤压面上的力称为**挤压力**，用 $\boldsymbol{F}_{jy}$ 表示。挤压力引起的应力称为**挤压应力**，用 σ_{jy} 表示。挤压应力在接触面上的分布是很复杂的，如图 5-4c 所示。因此，工程上同样采用实用计算，即假设挤压力在挤压面上是均匀分布的，则名义挤压应力为

$$\sigma_{jy} = F_{jy} / A_{jy} \tag{5-3}$$

式中，A_{jy} 为挤压面积。若接触面为平面，则挤压面积就为接触面积；对于螺栓、销等连接件，挤压面为半圆柱面，在实用计算中，以实际接触面积的正投影面积作为挤压面积，如图 5-4d 所示，$A_{jy} = dt$，这样计算所得结果与实际最大挤压应力比较接近。

为了保证构件在工作时不发生挤压破坏，必须满足工作挤压应力不超过许用挤压应力，即

$$\sigma_{jy} = F_{jy} / A_{jy} \leqslant [\sigma_{jy}] \tag{5-4}$$

式中，$[\sigma_{jy}]$ 是材料的许用挤压应力，其值可由试验来确定，设计时可查有关手册。式（5-4）即为挤压实用计算中的强度条件。在一般情况下，许用挤压应力 $[\sigma_{jy}]$ 与许用拉应力 $[\sigma]$ 之间存在如下关系：

1）塑性材料：$[\sigma_{jy}] = (1.7 \sim 2.0)[\sigma]$。
2）脆性材料：$[\sigma_{jy}] = (0.9 \sim 1.5)[\sigma]$。

如果相互挤压的两构件的材料不同，应对许用挤压应力较低的构件进行挤压强度计算。

例 5-1　有一连接如图 5-5a 所示，已知 $a = 30\text{mm}$，$b = 80\text{mm}$，$c = 10\text{mm}$，$F = 120\text{kN}$，许用切应力 $[\tau] = 80\text{MPa}$，许用挤压应力 $[\sigma_{jy}] = 200\text{MPa}$，试校核构件的剪切、挤压强度。

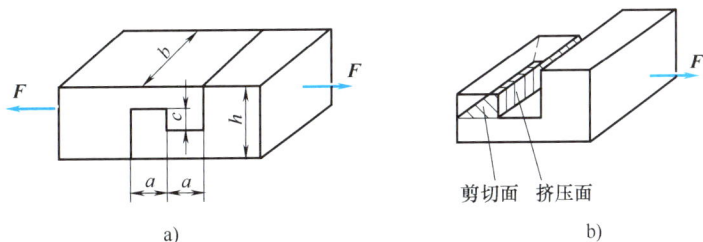

图 5-5

解　（1）分析物体的受力。由于构件两部分的受力情况相同，所以只需研究其中一部分即可。现以右半部分为研究对象，剪切面、挤压面如图 5-5b 所示。

（2）校核剪切强度。由图 5-5b 可知，剪切面积 $A = ab = (30 \times 80)\text{mm}^2 = 2400\text{mm}^2$，剪力 $F_Q = F = 120\text{kN}$，根据剪切实用计算的强度条件，校核剪切强度

$$\tau = F_Q/A = (120 \times 10^3/2400)\,\text{MPa} = 50\text{MPa} \leqslant [\tau]$$

（3）校核挤压强度。由图 5-5b 可知，挤压面积 $A_{jy} = bc = (80 \times 10)\,\text{mm}^2 = 800\text{mm}^2$，挤压力 $F_{jy} = F = 120\text{kN}$，根据挤压实用计算的强度条件，校核挤压强度

$$\sigma_{jy} = F_{jy}/A_{jy} = (120 \times 10^3/800)\,\text{MPa} = 150\text{MPa} \leqslant [\sigma_{jy}]$$

所以挤压强度足够。

例 5-2　拖车挂钩用销钉连接，如图 5-2a 所示，已知 $t = 15\text{mm}$，销钉的材料为 45 钢，许用切应力 $[\tau] = 60\text{MPa}$，许用挤压应力 $[\sigma_{jy}] = 180\text{MPa}$，拖车的拉力 $F = 100\text{kN}$，试确定销钉的直径。

解　（1）分析销钉的受力。销钉受力情况如图 5-2b 所示，有两个剪切面，用截面法取销钉中间部分为研究对象，由平衡方程得

$$F_Q = F/2 = (100/2)\,\text{kN} = 50\text{kN}$$

$$F_{jy} = F = 1000\text{kN}$$

（2）按剪切强度条件设计销钉直径。由剪切实用计算的强度条件

$$\tau = F_Q/A \leqslant [\tau]$$

得

$$A \geqslant F_Q/[\tau]$$

又因剪切面积 $A = \pi d^2/4$，所以

$$\pi d^2/4 \geqslant F_Q/[\tau] = (50 \times 10^3/60)\,\text{mm}^2 = 833\text{mm}^2$$

$$d^2 \geqslant (833 \times 4/\pi)\,\text{mm}^2$$

$$d \geqslant 32.6\text{mm}$$

（3）按挤压强度条件设计销钉直径。由挤压的强度条件

$$\sigma_{jy} = F_{jy}/A_{jy} \leqslant [\sigma_{jy}]$$

得

$$A_{jy} \geqslant F_{jy}/[\sigma_{jy}]$$

又因挤压面积 $A_{jy} = 2dt$，所以

$$2dt \geqslant F_{jy}/[\sigma_{jy}] = (100 \times 10^3/180)\,\text{mm}^2 = 556\text{mm}^2$$

$$d \geqslant 556\text{mm}^2/2t = (556/2 \times 15)\,\text{mm} = 18.5\text{mm}$$

为了同时满足剪切和挤压强度条件要求，应取直径 $d \geqslant 32.6\text{mm}$，考虑到起动与制动时冲击的影响，可取销钉直径 $d = 36\text{mm}$。

例 5-3　图 5-6a 所示为铆钉连接。设钢板与铆钉材料相同，许用拉应力 $[\sigma] = 160\text{MPa}$，许用切应力 $[\tau] = 100\text{MPa}$，许用挤压应力 $[\sigma_{jy}] = 300\text{MPa}$，钢板厚度 $t = 2\text{mm}$，宽度 $b = 25\text{mm}$，铆钉直径 $d = 4\text{mm}$。试计算该连接所允许的载荷。

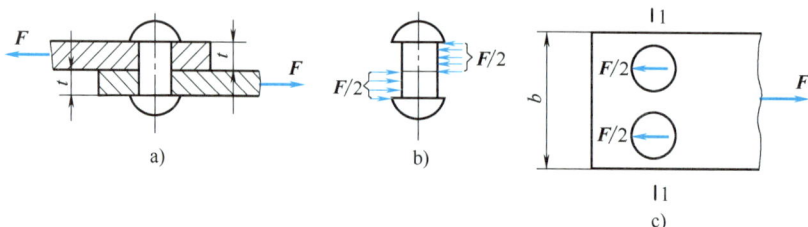

图 5-6

解　（1）分析铆钉连接的破坏形式。根据经验该连接主要有三种破坏形式：铆钉沿其横截面被剪断；铆钉与孔壁发生挤压破坏；钢板沿截面 1—1 被拉断。

（2）按铆钉剪切强度条件确定许用载荷 F。由于假设每个铆钉的受力相同，所以每个铆钉受力均为 $F/2$（图 5-6b），用截面法得剪切面上的剪力为

$$F_Q = F/2$$

由剪切强度条件

$$\tau = F_Q/A = 2F/\pi d^2 \leqslant [\tau]$$

得

$$F \leqslant \pi d^2 [\tau]/2 = (4^2 \times 100\pi/2)\,\text{N} = 2.51\,\text{kN}$$

（3）按连接挤压强度条件确定许用载荷 F。每个铆钉在挤压面上所受的挤压力为

$$F_{jy} = F/2$$

由挤压强度条件

$$\sigma_{jy} = F_{jy}/A_{jy} = F/2dt \leqslant [\sigma_{jy}]$$

得

$$F \leqslant 2dt[\sigma_{jy}] = (2 \times 4 \times 2 \times 300)\,\text{N} = 4.8\,\text{kN}$$

（4）按钢板的拉伸强度条件确定许用载荷 F。两块钢板的受力情况完全一样，取下板为研究对象（图 5-6c），截面上的轴力 $F_N = F$，由拉伸强度条件

$$\sigma = F_N/A = F/A \leqslant [\sigma]$$

得

$$F \leqslant A[\sigma]$$

由图可知 1—1 截面的截面积 $A = (b-2d)t$，所以

$$F \leqslant A[\sigma] = (b-2d)t[\sigma] = [(25-2 \times 4) \times 2 \times 160]\,\text{N} = 5.44\,\text{kN}$$

综合考虑上面三个方面，铆钉连接的许用载荷 $F = 2.51\,\text{kN}$。

第三节　剪切胡克定律

为便于分析剪切变形，在构件受剪部位取一微小正六面体（单元体）研究。剪切变形时，截面产生相对错动，致使正六面体变为平行六面体，如图 5-7a 所示。在切应力 τ 的作用下，单元体的右面相对于左面产生错动，其错动量为绝对剪切变形，而相对变形为

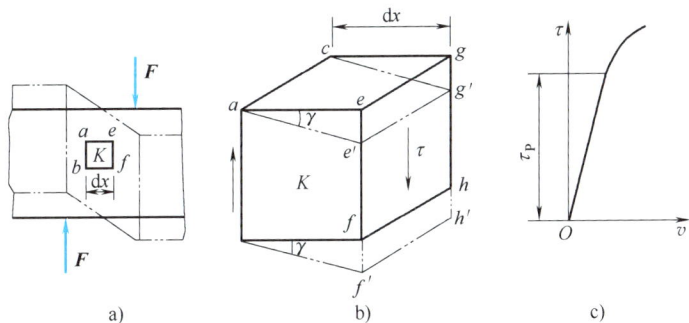

图 5-7

$$\frac{ee'}{dx} = \tan\gamma \approx \gamma$$

式中，γ 是矩形直角的微小改变量，称为切应变或角应变，用弧度（rad）度量。

实验表明：当切应力不超过材料的剪切比例极限时，切应力 τ 与切应变 γ 成正比关系，如图 5-7b 所示，即

$$\tau \propto \gamma$$

引入比例常数 G，得

$$\tau = G\gamma \tag{5-5}$$

这就是**剪切胡克定律**的表达式。比例常数 G 称为**剪切弹性模量**，单位与 E 的单位相同。当切应力 τ 不变时，G 越大，切应变 γ 就越小，所以 G 表示材料抵抗剪切变形的能力。一般钢材的 G 约为 80GPa。

可以证明，对于各向同性的材料，G、E 和 μ 不是各自独立的三个弹性常量，它们之间有如下关系

$$G = \frac{E}{2(1+\mu)} \tag{5-6}$$

思 考 题

5-1 剪切变形的受力特点和变形特点是怎样的？

5-2 什么叫作挤压？挤压与压缩有何区别？

5-3 剪力和挤压力分别是物体受剪切和挤压作用时的内力，对吗？为什么？

5-4 什么是剪切胡克定律？材料的 G 说明什么意义？

5-5 分析工程实际中某构件的剪切面和挤压面。

习 题

5-1 有一夹剪如图 5-8 所示。已知 $a = 50\text{mm}$，$b = 200\text{mm}$，销钉 C 的直径 $d_1 = 5\text{mm}$，铅丝直径 $d_2 = 3\text{mm}$。当力 $F = 700\text{N}$ 时，求此时铅丝与销钉横截面上的切应力。

5-2 如图 5-9 所示，压力机的最大冲力为 80kN，冲头材料的许用应力 $[\sigma] = 200\text{MPa}$，钢板的剪切强度极限 $\tau_b = 320\text{MPa}$，试确定该压力机能冲剪的最小直径 d 和板的最大厚度 t。

5-3 如图 5-10 所示，齿轮用平键与传动轴连接。已知轴径 $d = 80\text{mm}$，键宽 $b = 24\text{mm}$，键高 $h = 14\text{mm}$，键的许用切应力 $[\tau] = 40\text{MPa}$，许用挤压应力 $[\sigma_{jy}] = 90\text{MPa}$，若轴传递的最大力矩 $M = 3.2\text{kN} \cdot \text{m}$，试求该键的长度。

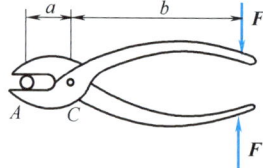

图 5-8

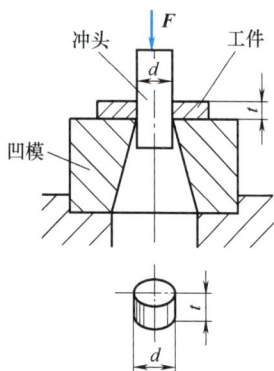

图 5-9

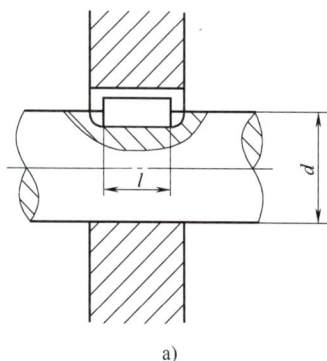

a)

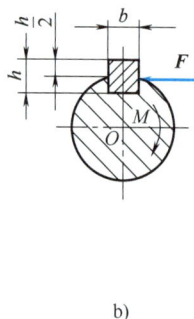

b)

图 5-10

5-4 如图 5-11 所示，已知拉杆受拉力 F 作用，材料的许用切应力 $[\tau]$ 与许用拉应力

$[\sigma]$ 关系为 $[\tau]=0.6[\sigma]$，试确定拉杆直径 d 和头部高度 h 的合理比例。

5-5　如图 5-12 所示，两块钢板用螺栓连接。已知螺栓杆部直径 $d=16\text{mm}$，两块钢板厚度相等，均为 $t_1=10\text{mm}$，螺栓加工出螺纹部分的长度 $L_1=22\text{mm}$，安装后测得钢板外螺纹部分长度 $L_2=20\text{mm}$，许用切应力 $[\tau]=80\text{MPa}$，许用挤压应力 $[\sigma_{jy}]=200\text{MPa}$，求螺栓所能承受的载荷。

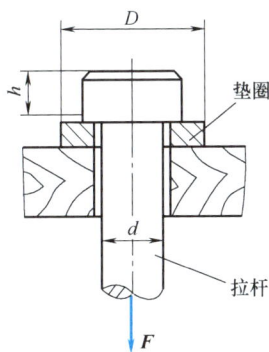

图 5-11

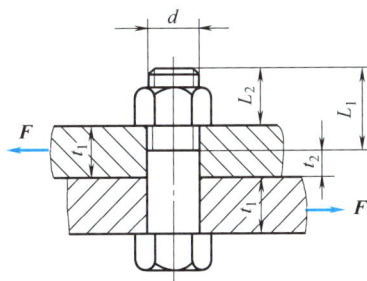

图 5-12

5-6　如图 5-13 所示，设钢板与铆钉的材料相同，许用拉应力 $[\sigma]=160\text{MPa}$，许用切应力 $[\tau]=100\text{MPa}$，许用挤压应力 $[\sigma_{jy}]=320\text{MPa}$，钢板的厚度 $t=10\text{mm}$，宽度 $b=90\text{mm}$，铆钉直径 $d=18\text{mm}$，拉力 $F=80\text{kN}$，试校核该连接的强度（假设各铆钉受力相同）。

5-7　图 5-11 所示的钢质拉杆，杆部直径 $d=25\text{mm}$，在力 F 作用下产生的拉应力 $\sigma=7\text{MPa}$，因为木板的挤压应力不能超过 1.4MPa，所以在钢质拉杆与木板间需放置一个金属垫圈，试问垫圈的直径 D 应为多大？

5-8　如图 5-14 所示，起重机吊钩上端用销钉连接。已知销钉直径 $d=45\text{mm}$，连接处板厚 $t=15\text{mrn}$，销钉的许用切应力 $[\tau]=60\text{MPa}$，许用挤压应力 $[\sigma_{jy}]=180\text{MPa}$，试计算许可的载荷 F 为多少？

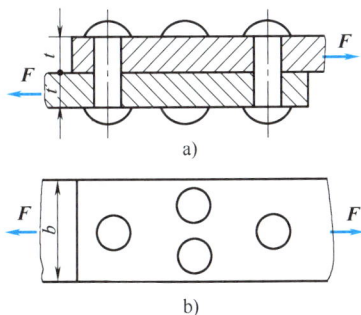

图 5-13

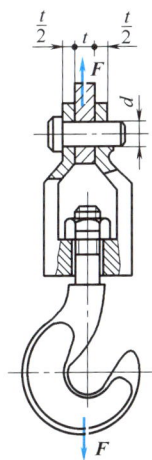

图 5-14

第六章

圆轴的扭转

扭转变形是构件的基本变形形式之一。以扭转为主要变形的杆件称为轴。工程中的轴大多是圆形截面的，本章只讨论圆轴扭转时的强度和刚度问题。

第一节　圆轴扭转的概念

在工程实际及日常生活中，人们经常会遇到一些发生扭转变形的杆，例如图 6-1 所示的汽车传递发动机动力的传动轴 AB，轴的左端受发动机的主动力偶作用，轴的右端受到传动齿轮的阻力偶作用，两个转动方向相反的力偶对轴产生了扭转作用。另外，旋紧螺钉时的旋具（图 6-2），钻孔时的钻头等，这些杆件在工作时受到两个转动方向相反的力偶作用，它们均为扭转变形的实例。

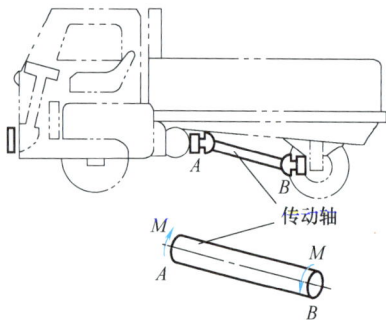

图 6-1

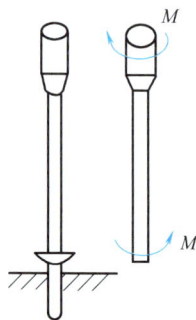

图 6-2

从上例可见，杆件扭转时的**受力特点**为：作用在杆两端的一对力偶，大小相等，方向相反，而且力偶作用面垂直于杆轴线。扭转变形的特征是：杆的各横截面绕轴线发生相对转动，如图 6-3 所示。杆件任意两横截面间相对转过的角位移称为**扭转角**，简称**转角**，常用 φ 表示。

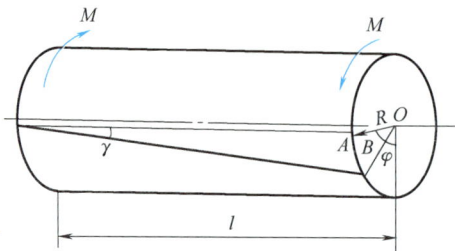

图 6-3

圆轴扭转的概念

第二节 圆轴扭转时横截面上的内力

一、外力偶矩的计算

在工程实际中，作用在轴上的外力偶矩一般并不是直接给出的，通常已知的是轴传递的功率和轴的转速，因此作用在轴上的外力偶矩要运用下式来确定：

$$M = 9550P/n \tag{6-1}$$

式中，M 为外力偶矩（N·m）；P 为轴传递的功率（kW）；n 为轴的转速（r/min）。

在确定外力偶矩的转向时应注意，输入端受到的外力偶矩是带动轴转动的主动力偶矩，它的转向应与轴的转向一致；而输出端受到的外力偶矩是阻力偶矩，它的转向应与轴的转向相反。

二、扭矩的计算

当轴上的外力偶矩确定后，便可应用截面法来分析圆轴扭转时的内力。现以图 6-4a 所示的受扭圆轴为例来说明。若欲求 AB 轴 m—m 截面上的内力，可假想沿该截面切开，任取一段（如取左段）为研究对象，如图 6-4b 所示。轴原来处于平衡状态，现在去掉了右段，但右段对左段的作用还保留着，所以左段还应该平衡。左段受到外力偶作用，根据力偶只能用力偶来平衡，所以截面 m—m 上必定是一个内力偶，其大小与外力偶相等，方向与外力偶相反。此内力偶的力偶矩称为**扭矩**，并用 M_n 表示。扭矩的大小可由力偶平衡方程 $\sum M = 0$ 求得。如取右段为研究对象，如图 6-4c 所示，可得到同样数值的扭矩，但是两者的转向相反，这是因为作用和反作用的关系。为了使不论取左段还是右段为研究对象时，所得同一截面上的扭矩正负号相同，对扭矩的正负号作如下规定：用右手螺旋法则将扭矩表示为矢量，即右手的四指弯曲方向表示扭矩的转向，大拇指表示扭矩矢量的指向，若矢量的指向离开截面，则扭矩为正，反之为负。因此，不论取左段还是右段作为研究对象，其扭矩不但数值相等，而且符号相同。图 6-4 中不论取左段还是右段为研究对象，其扭矩均为正值。

右手螺旋法则

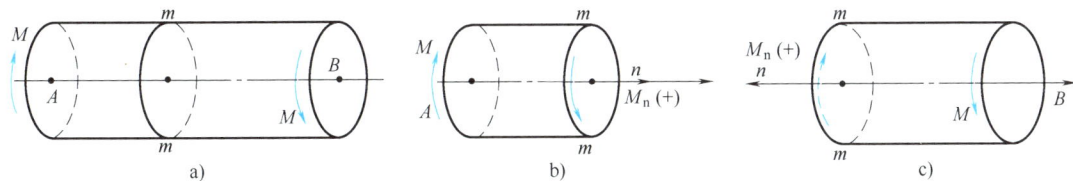

图 6-4

截面上的扭矩转向如果都按正向设定，计算结果为负值时，说明扭矩转向与所设相反，则扭矩为负。

例 6-1 一传动轴在外力偶作用下处于平衡状态，如图 6-5a 所示。已知 $M_1 = 200\text{N·m}$，$M_2 = 300\text{N·m}$。试求 1—1、2—2 截面上的扭矩。

解 （1）外力分析。取轴为研究对象，由

$$\sum M = 0, M_1 - M_2 + M_3 = 0$$

得

$$M_3 = M_2 - M_1 = (300 - 200)\text{N·m} = 100\text{N·m}$$

（2）内力分析。该轴受三个外力偶作用，需将轴分成 *AB*、*BC* 两段求其扭矩。求 *AB* 段的内力时，沿截面 1—1 处将轴截开，取左段为研究对象，如图6-5b 所示，由平衡条件

$$\sum M = 0 \qquad M_1 - M_{n1} = 0$$

得

$$M_{n1} = M_1 = 200N \cdot m$$

按同样方法，求 *BC* 段的内力。沿截面 2—2 将轴截开，取左段为研究对象，如图 6-5c 所示，由

$$\sum M = 0, M_1 - M_2 + M_{n2} = 0$$

得 $M_{n2} = M_1 - M_2 = (200-300)N \cdot m = -100N \cdot m$

也可取右段为研究对象，如图 6-5d 所示，由

$$\sum M = 0, M_{n2} + M_3 = 0$$

得

$$M_{n2} = -M_3 = -100N \cdot m$$

显然，以截面右段为研究对象求 M_{n2} 比较方便。

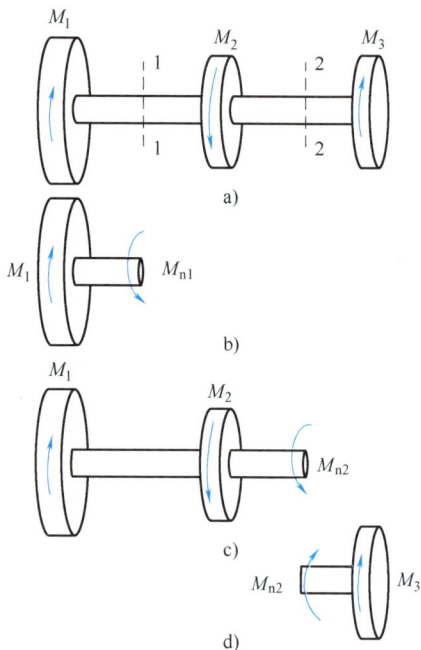

图 6-5

三、扭矩图

传动轴的两端受一对大小相等，方向相反的外力偶作用时，轴的各个横截面上的扭矩都相同。如果轴上作用多个外力偶时，轴的各个横截面上的扭矩则不一定相同。为了直观地表示各横截面上扭矩的大小和正负，以便确定最大扭矩所在的截面，则需画出横截面上扭矩沿轴线变化的图像，这种图像称为**扭矩图**。扭矩图画法与轴力图类同。沿平行于轴线方向取 *x* 坐标轴表示横截面的位置，以垂直于轴线的方向取 M_n 坐标轴表示相应横截面上的扭矩，正扭矩画在 *x* 轴上方，负扭矩则画在 *x* 轴下方。

例 6-2 已知传动轴（图 6-6a）的转速 $n = 300r/min$，主动轮 1 输入的功率 $P_1 = 500kW$，三个从动轮输出的功率分别为 $P_2 = 150kW$，$P_3 = 150kW$，$P_4 = 200kW$。试绘制轴的扭矩图。

解 （1）计算外力偶矩。根据式（6-1）求得

$$M_1 = 9550P_1/n = (9550 \times 500/300)N \cdot m = 15.9 \times 10^3 N \cdot m$$

$$M_2 = 9550P_2/n = (9550 \times 150/300)N \cdot m = 4.78 \times 10^3 N \cdot m$$

$$M_3 = 9550P_3/n = (9550 \times 150/300)N \cdot m = 4.78 \times 10^3 N \cdot m$$

$$M_4 = 9550P_4/n = (9550 \times 200/300)N \cdot m = 6.37 \times 10^3 N \cdot m$$

（2）用截面法求各段扭矩。

1）沿截面 Ⅰ—Ⅰ 截开，取左侧部分为研究对象（图 6-6b），求轮 2 至轮 3 间截面上的扭矩 M_{n1}。

$$\sum M = 0 \qquad M_2 + M_{n1} = 0$$

$$M_{n1} = -M_2 = -4.78 \times 10^3 N \cdot m$$

2）沿截面 Ⅱ—Ⅱ 截开，取左侧部分为研究对象（图 6-6c），求轮 3 至轮 1 间截面上的扭矩 M_{n2}。

$$\sum M = 0 \qquad M_2 + M_3 + M_{n2} = 0$$

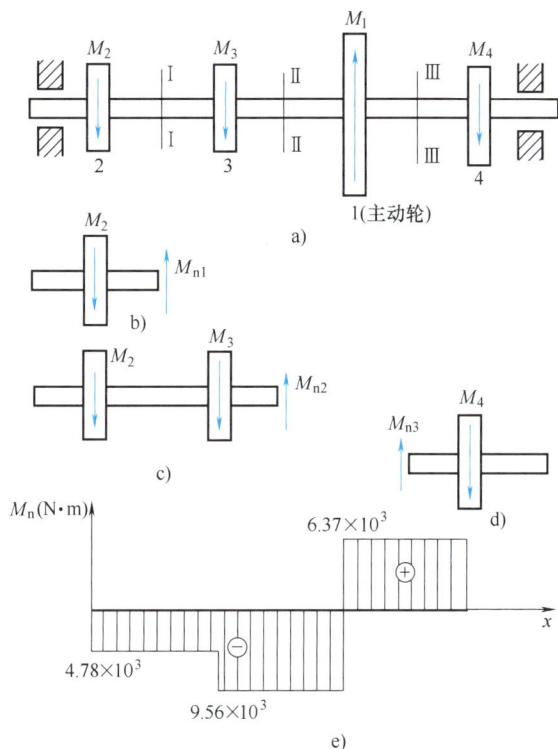

图 6-6

$$M_{n2} = -M_2 - M_3 = -(4.78 \times 10^3 + 4.78 \times 10^3)\,\text{N} \cdot \text{m}$$
$$= -9.56 \times 10^3\,\text{N} \cdot \text{m}$$

3）沿截面Ⅲ—Ⅲ截开，取右侧部分为研究对象（图 6-6d），求轮 1 至轮 4 间截面上的扭矩 M_{n3}。

$$\sum M = 0 \qquad -M_{n3} + M_4 = 0$$
$$M_{n3} = M_4 = 6.37 \times 10^3\,\text{N} \cdot \text{m}$$

（3）画扭矩图（图 6-6e）。可见，最大扭矩为 $9.56 \times 10^3\,\text{N} \cdot \text{m}$，在轴的 1 轮和 3 轮间。

第三节　圆轴扭转时的应力与变形

一、圆轴扭转时的应力

研究了横截面上的内力——扭矩后，还须研究横截面上的应力。由于应力与变形有关，为此，先来观察圆轴的扭转变形。取一等截面圆轴，如图 6-7a 所示，在其表面上画出两条平行于轴线的纵向线和两条代表横截面的圆周线。扭转后的情况，如图 6-7b 所示。

由图上可以看出：

1）圆周线的形状、大小及相互之间的距离都没有变化，但它们绕轴线发生了相对转动。

圆轴扭转时的应力

2）所有纵向线倾斜了同一角度 γ，使圆轴表面上的矩形变为平行四边形。

根据观察可知，圆轴扭转后，各横截面相对地转过了一个角度，但仍保持为互相平行的平面，而且圆周大小与形状保持不变，这就是扭转时的平面假设。

根据圆轴扭转时的平面假设，可以得出：

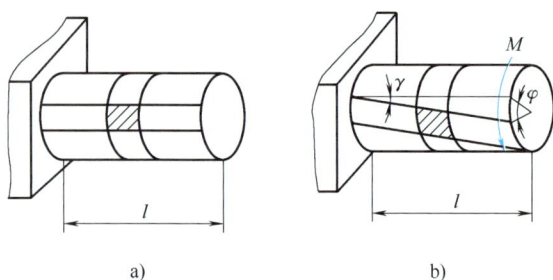

图 6-7

1）扭转变形时，圆轴相邻横截面间的距离不变，圆轴没有纵向变形，所以横截面上没有正应力。

2）扭转变形时，各纵向线同时倾斜了相同的角度 γ，各横截面绕轴线产生了相对转动，即相邻横截面上各点都发生了相对错动，出现了剪切变形，因此横截面上各点都存在着切应力。又因截面半径长度不变，所以切应力方向与半径垂直。

综上所述，我们知道圆轴扭转时横截面上有垂直于半径方向的切应力。切应力在横截面上究竟是如何分布的呢？应用静力学平衡条件、变形的几何条件及胡克定律，可以推导出圆轴扭转时横截面上各点切应力的计算公式为（推导过程从略）

$$\tau_\rho = M_n\rho/I_p \tag{6-2}$$

式中，τ_ρ 为横截面上距圆心 ρ 处的切应力（MPa）；M_n 为横截面上的扭矩（N·mm）；ρ 为横截面上任一点距圆心的距离（mm）；I_p 为横截面的截面二次极矩（mm⁴），它表示截面的几何性质，它的大小与截面形状和尺寸有关。

式（6-2）说明：横截面上任一点处的切应力的大小与该点到圆心的距离 ρ 成正比，圆心处的切应力为零，同一圆周上各点切应力相等。切应力分布规律如图6-8所示，其中图6-8a所示为实心轴截面，图6-8b所示为空心轴截面。

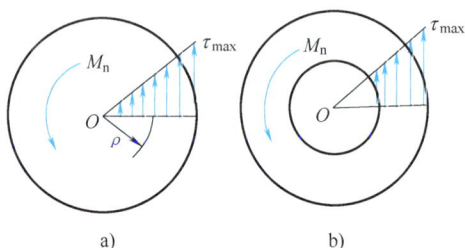

图 6-8

由图可见，在圆截面的边缘上，即 $\rho = R$ 时，该处切应力最大，其值为

$$\tau_{max} = M_n R/I_p$$

若令 $W_n = I_p/R$，则上式可写成如下形式

$$\tau_{max} = M_n/W_n \tag{6-3}$$

式中，W_n 称为抗扭截面系数（mm³）。从式（6-3）可知，W_n 越大，τ_{max} 就越小。因此，W_n 是横截面抵抗扭转破坏的截面几何量。还应该指出，式（6-2）和式（6-3）只适用于圆截面轴，而且截面上的最大切应力不得超过材料的剪切比例极限。

二、截面二次极矩和抗扭截面系数

工程中，轴的横截面通常有实心和空心两种，它们的截面二次极矩和抗扭截面系数按下列公式计算：

（1）实心轴　设直径为 D

截面二次极矩 $\qquad\qquad I_p = \pi D^4/32 \approx 0.1D^4$ $\qquad\qquad$ (6-4)

抗扭截面系数 $\qquad W_n = 2I_p/D = 2\pi D^4/(32D) = \pi D^3/16 \approx 0.2D^3$ $\qquad$ (6-5)

（2）空心轴　设外径为 D，内径为 d，$a = d/D$

截面二次极矩 $\qquad I_p = \pi D^4/32 - \pi d^4/32 = \pi D^4[1-(d/D)^4]/32$

或 $\qquad\qquad\qquad\qquad I_p = \pi D^4(1-\alpha^4)/32 \approx 0.1D^4(1-\alpha^4)$ $\qquad$ (6-6)

抗扭截面系数 $\qquad W_n = 2I_p/D = \pi D^3(1-\alpha^4)/16 \approx 0.2D^3(1-\alpha^4)$ $\qquad$ (6-7)

例 6-3　已知空心轴的外径 $D = 32\text{mm}$，内径 $d = 24\text{mm}$，两端受力偶矩 $M = 156\text{N·m}$ 作用，试计算轴横截面上的最大切应力 τ_{max}。

解　（1）计算扭矩。用截面法可求得轴横截面上的扭矩为

$$M_n = M = 156\text{N·m}$$

（2）计算抗扭截面系数 W_n。

$$W_n = \pi D^3(1-\alpha^4)/16 = \{\pi \times 32^3[1-(24/32)^4]/16\}\text{mm}^3 = 4400\text{mm}^3$$

（3）计算最大切应力。

$$\tau_{max} = M_n/W_n = (156 \times 10^3/4400)\text{MPa} = 35.5\text{MPa}$$

三、圆轴扭转时的变形

圆轴扭转时，任意两横截面间绕轴线产生相对扭转角 φ，称为**扭角**，如图 6-3 所示。扭角是扭转变形的变形度量，由图 6-3 中的几何关系可得

$$AB = \gamma l, AB = R\varphi \qquad\qquad (6\text{-}8a)$$

则 $\qquad\qquad\qquad\qquad\qquad \varphi = \gamma l/R \qquad\qquad\qquad\qquad (6\text{-}8b)$

将胡克定律 $\tau_{max} = G\gamma$ 代入式（6-8a）可得

$$\gamma = M_n R/(GI_p)$$

将上式代入式（6-8b），即可得扭角的计算公式：

$$\varphi = M_n l/(GI_p) \qquad\qquad\qquad (6\text{-}9)$$

式中，GI_p 越大，在相同的扭矩作用下扭角 φ 越小，因此，它表示圆轴抵抗扭转变形的能力，故 GI_p 称为抗扭刚度。

为消除轴长度的影响，工程上常采用单位长度上的扭角 θ 来表示，即

$$\theta = \varphi/l = M_n/(GI_p) \qquad\qquad (6\text{-}10)$$

式（6-10）中 θ 的单位为弧度/米（rad/m），工程实际中常用度/米（°/m）来表示，故此式可改写为

$$\theta = 180M_n/(\pi GI_p) \qquad\qquad (6\text{-}11)$$

第四节　圆轴扭转时的强度和刚度计算

一、强度计算

为了保证圆轴安全正常地工作，则要求圆轴的最大工作切应力 τ_{max} 小于材料的许用切应力 $[\tau]$，即

$$\tau_{max} = M_n / W_n \leqslant [\tau] \tag{6-12}$$

上式为圆轴扭转时的强度条件。式中 M_n 和 W_n 分别为危险截面的扭矩和抗扭截面系数。

例 6-4 某传动轴，已知轴的直径 $d = 40\text{mm}$，转速 $n = 200\text{r/min}$，材料的许用切应力 $[\tau] = 60\text{MPa}$，试求此轴可传递的最大功率。

解 （1）确定许可外力偶矩。由扭转强度条件得

$$M_n \leqslant W_n [\tau] = (0.2 \times 40^3 \times 10^{-9} \times 60 \times 10^6) \text{N} \cdot \text{m} = 768\text{N} \cdot \text{m}$$

$$M = M_n = 768\text{N} \cdot \text{m}$$

（2）确定最大功率。由式（6-1）得

$$P \leqslant M_n n / 9550 = (768 \times 200 / 9550) \text{kW} = 16\text{kW}$$

二、刚度计算

圆轴扭转时，除了要满足强度条件外，还要求不产生过大的扭转变形。例如，机床主轴在运转时若产生过大的扭转变形，则会发生扭振而影响被加工零件的精度。因此，对传动轴的扭转变形必须加以限制，工程上通常要求轴的最大单位长度扭角 θ 小于等于许用单位长度扭角 $[\theta]$，即

$$\theta_{max} = 180 M_n / (\pi G I_p) \leqslant [\theta] \tag{6-13}$$

式（6-13）就是圆轴扭转时的刚度条件。式中 M_n 和 I_p 分别是危险截面上的扭矩和二次极矩。

$[\theta]$ 的数值，可从有关手册中查得。一般情况下，可参照下列标准。

精密机械的轴 $[\theta] = (0.25 \sim 0.5)°/\text{m}$

一般传动轴 $[\theta] = (0.5 \sim 1.0)°/\text{m}$

精度要求不高的轴 $[\theta] = (1.0 \sim 2.5)°/\text{m}$

根据扭转刚度条件，可以解决三类问题，即校核刚度、设计截面和确定许可载荷。

例 6-5 汽车传动轴 AB 由 45 号无缝钢管制成，外径 $D = 90\text{mm}$，内径 $d = 85\text{mm}$，许用切应力 $[\tau] = 60\text{MPa}$，$[\theta] = 1.0°/\text{m}$，工作时最大力偶矩 $M = 1500\text{N} \cdot \text{m}$，$G = 80\text{GPa}$。

（1）试校核其强度及刚度。

（2）若将 AB 轴改为实心轴，试求其直径。

（3）比较空心轴和实心轴的重量。

解 （1）校核其强度和刚度。

1）强度校核。传动轴各截面上的扭矩均为

$$M_n = M = 1500\text{N} \cdot \text{m}$$

传动轴的抗扭截面系数为

$$W_n = 0.2 D^3 (1 - \alpha^4) = \{0.2 \times 90^3 [1 - (85/90)^4]\} \text{mm}^3 = 29800\text{mm}^3$$

传动轴横截面上的最大切应力为

$$\tau_{max} = M_n / W_n = (1500 \times 10^3 / 29800) \text{MPa} = 50.3\text{MPa} < [\tau] = 60\text{MPa}$$

传动轴满足强度要求。

2）刚度校核。传动轴的截面二次极矩为

$$I_p = 0.1 D^4 (1 - \alpha^4) = \{0.1 \times 90^4 [1 - (85/90)^4]\} \text{mm}^4 = 134 \times 10^4 \text{mm}^4$$

$$\theta_{max} = 180 M_n / (\pi G I_p) = (180 \times 1500 \times 10^3 / 80 \times 10^3 \times 134 \times 10^4 \pi) \times 10^3 °/\text{m}$$

$$= 0.8°/m < [\theta] = 1.0°/m$$

传动轴满足刚度要求。

（2）计算实心轴的直径。

1）按强度条件设计（设直径为 D_1）。若实心轴与空心轴强度相同，当材料相同时，它们的抗扭截面系数应相等，即

$$W_n = \pi D_1^3/16 = \pi D^3(1-\alpha^4)/16$$

由此得

$$D_1 = D\sqrt[3]{1-\alpha^4} = [90 \times \sqrt[3]{1-(85/90)^4}]mm = 53mm$$

2）按刚度条件设计（设直径为 D_2）。若它们的抗扭刚度相同，当材料相同时，它们的截面二次极矩相等，即

$$I_p = \pi D_2^4/32 = \pi D^4(1-\alpha^4)/32$$

由此得

$$D_2 = D\sqrt[4]{1-\alpha^4} = [90 \times \sqrt[4]{1-(85/90)^4}]mm = 61mm$$

为同时满足强度和刚度条件，实心轴直径最小应取 $D_2 = 61mm$。

（3）比较两轴重量。当两轴材料、长度相同，它们的重量之比等于横截面面积之比。设 A_1、A_2 分别为空心轴和实心轴的面积，则有

$$A_1/A_2 = [\pi(D^2-d^2)/4]/(\pi D_2^2/4) = (90^2-85^2)/61^2 = 0.235$$

计算结果表明，在扭转强度或刚度相同的情况下，空心轴的重量轻，节省材料的效果比较明显。这是由于空心轴将截面中心的材料移向外缘，使截面二次极矩和抗扭截面系数增大，从而提高了轴的扭转强度和刚度。可见，空心轴的材料利用率得到了提高。但是也应该注意空心轴的壁厚不能太薄，否则管子在受扭时易产生皱褶现象，从而降低抗扭能力；同时，还要考虑到空心轴由于加工工艺复杂因而价格相对较贵。

思　考　题

6-1　圆轴在什么情况下会发生扭转变形？试指出图 6-9 所示的各轴有哪些发生了扭转变形。

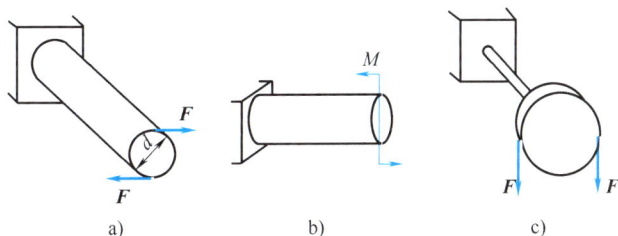

图 6-9

6-2　为什么减速器中高速轴的直径比低速轴的直径要小？

6-3　圆轴扭转时截面上是否有正应力？为什么？

6-4　直径、长度相同的两实心轴，一根是钢轴，另一根是铜轴，问它们的抗扭截面系

数是否相同？当受到相同的扭矩作用时，它们的最大切应力和扭转角是否相同？

6-5　圆轴扭转时，同一横截面上各点的切应力大小都不相同，对吗？

6-6　如图 6-10 所示，试分析下列各图中横截面上的扭转切应力分布是否正确？

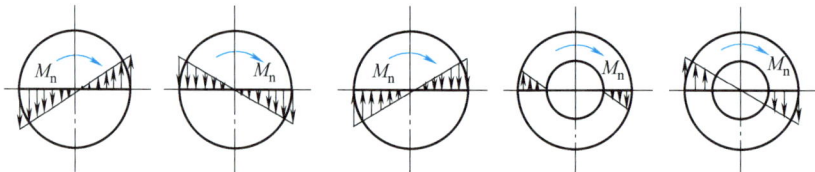

图 6-10

6-7　有一根圆轴，长为 L，直径为 D，如果其他条件不变，使轴的长度变为 $2L$，那么最大切应力、轴的扭转角将如何变化？如果将直径改为 $2D$，最大切应力、轴的扭转角又将如何变化？

6-8　当所设计的轴扭转强度不够时，可采取哪些措施？

6-9　当传递功率不变时，改变轴的转速对轴的强度和刚度有什么影响？

6-10　为什么说空心轴比实心轴合理？

习　　题

6-1　作图 6-11 所示各轴的扭矩图。

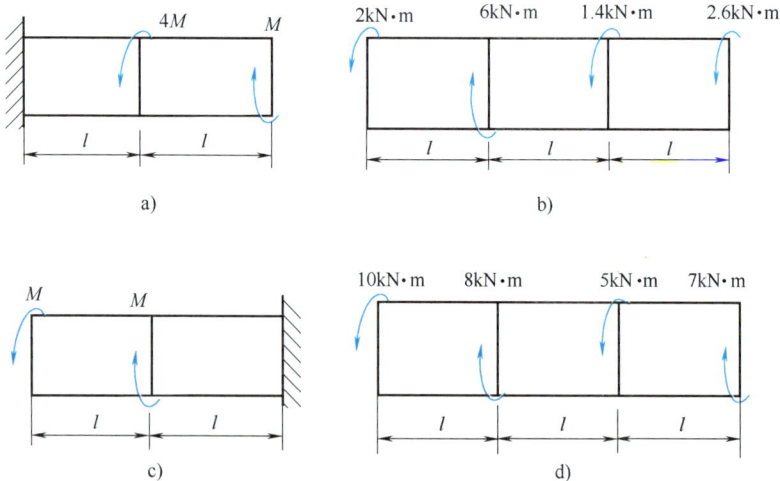

图 6-11

6-2　如图 6-12 所示，传动轴转速 $n = 200\text{r/min}$，主动轮 A 输入的功率 $P_1 = 60\text{kW}$，两个从动轮 B、C 输出功率分别为 $P_2 = 20\text{kW}$，$P_3 = 40\text{kW}$。

（1）试作轴的扭矩图。

（2）轮子如何布置比较合理？并求出这种方案的 M_{nmax}。

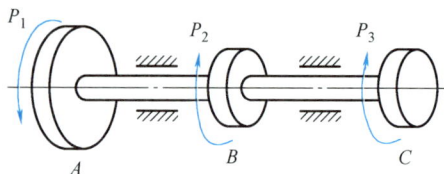

图 6-12

6-3　起重机传动轴受到的最大扭矩 $M_n = 600 \mathrm{N \cdot m}$，轴的直径 $D = 40 \mathrm{mm}$，试求在距轴心 10mm 处的切应力及截面上的最大切应力。

6-4　有一轴直径 $d = 50 \mathrm{mm}$，$l = 2.5 \mathrm{m}$，$G = 80 \mathrm{GPa}$，在力偶矩 $M = 200 \mathrm{N \cdot m}$ 的作用下发生扭转，试求轴两端面间的扭角。

6-5　某传动轴的直径 $D = 450 \mathrm{mm}$，转速 $n = 120 \mathrm{r/min}$，若轴的 $[\tau] = 60 \mathrm{MPa}$，试求能传递的最大功率？

6-6　传动轴直径 $d = 55 \mathrm{mm}$，转速 $n = 120 \mathrm{r/min}$，传递的功率为 18kW，轴的 $[\tau] = 50 \mathrm{MPa}$，试校核轴的强度。

6-7　一受扭圆轴，最大的工作切应力 τ_{max} 达到许用切应力 $[\tau]$ 的 1.5 倍，为了使轴能安全可靠地工作，将轴的直径由原来的 d_1 增加到 d_2，试确定 d_2 是 d_1 的几倍？

6-8　某机器传动轴传递功率 $P = 16 \mathrm{kW}$，轴的转速 $n = 500 \mathrm{r/min}$，$[\tau] = 40 \mathrm{MPa}$，试设计轴的直径。

6-9　上题中若 $[\theta] = 0.5°/\mathrm{m}$，$G = 80 \mathrm{GPa}$，试按刚度条件设计轴的直径。

6-10　阶梯轴 AB 如图 6-13 所示，AC 段直径 $d_1 = 70 \mathrm{mm}$，CB 段直径 $d_2 = 50 \mathrm{mm}$，$M_A = 1 \mathrm{kN \cdot m}$，$M_B = 0.6 \mathrm{kN \cdot m}$，$M_D = 0.4 \mathrm{kN \cdot m}$，材料的许用切应力 $[\tau] = 60 \mathrm{MPa}$，试校核该轴的强度。

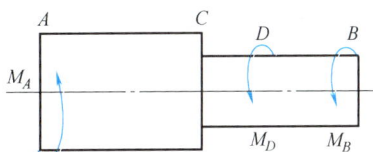

图 6-13

6-11　空心钢轴的外径 $D = 100 \mathrm{mm}$，内径 $d = 50 \mathrm{mm}$，要求轴在 2.4m 内的最大扭角不超过 1.8°，材料 $G = 80 \mathrm{GPa}$。求：

1）轴内最大切应力。

2）当转速 $n = 100 \mathrm{r/min}$ 时轴所能传递的功率。

6-12　桥式起重机传动轴，已知 $d = 55 \mathrm{mm}$，$[\tau] = 40 \mathrm{MPa}$，$[\theta] = 1.0°/\mathrm{m}$，$G = 80 \mathrm{GPa}$，试求该轴所能传递的最大转矩。

6-13　如图 6-14 所示，轮 B 为主动轮，轮 A、轮 C 分别为从动轮，已知 $P_B = 80 \mathrm{kW}$，$P_A = 60 \mathrm{kW}$，$P_C = 20 \mathrm{kW}$，轴的转速 $n = 630 \mathrm{r/min}$，$[\theta] = 0.5°/\mathrm{m}$，$G = 80 \mathrm{GPa}$，试设计轴的直径。

6-14　传动轴如图 6-15 所示，已知 $M_A = 1500 \mathrm{N \cdot m}$，$M_B = 500 \mathrm{N \cdot m}$，$M_C = 1000 \mathrm{N \cdot m}$，轴的直径 $d = 65 \mathrm{mm}$，$[\tau] = 40 \mathrm{MPa}$，$[\theta] = 0.5°/\mathrm{m}$，$G = 80 \mathrm{GPa}$，试校核轴的强度和刚度。

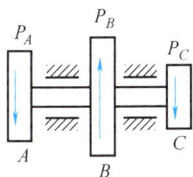

图 6-14

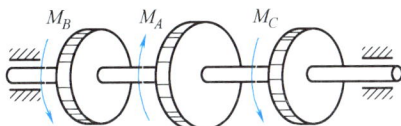

图 6-15

6-15　如图 6-16 所示，转轴的转速 $n = 500 \mathrm{r/min}$，它的功率由带轮 B 输入，轮 A、轮 C 为输出轮，已知 $P_B = 12 \mathrm{kW}$，$P_A = 2P_B/3$，$P_C = P_B/3$，轴的 $[\tau] = 60 \mathrm{MPa}$，$[\theta] = 0.5°/\mathrm{m}$，$G = 80 \mathrm{GPa}$，试按强度、刚度条件设计轴的直径。

6-16　如图 6-17 所示，镗孔装置在刀杆端部装有两把镗刀，已知切削功率 $P = 8 \mathrm{kW}$，刀杆转速 $n = 60 \mathrm{r/min}$，刀杆直径 $d = 70 \mathrm{mm}$，材料的 $[\tau] = 60 \mathrm{MPa}$，$[\theta] = 0.5°/\mathrm{m}$，$G = 80 \mathrm{CPa}$，

试校该刀杆的扭转强度和刚度。

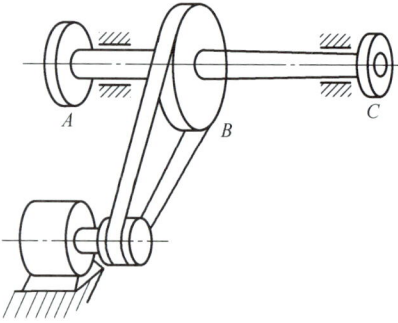

图 6-16

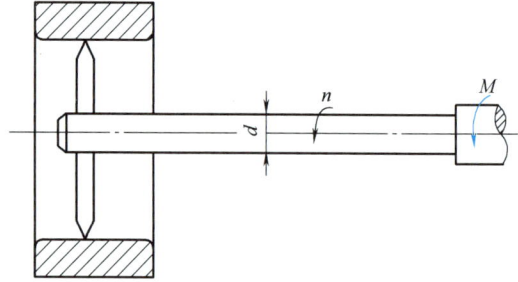

图 6-17

第七章

直梁的弯曲

弯曲变形是工程实际中最常见的一种变形，工程中通常把以发生弯曲变形为主的构件称为梁。本章主要讨论直梁平面弯曲的概念、内力图的绘制以及直梁弯曲时的强度和刚度计算。

第一节 直梁弯曲的概念

工程实际中，有较多的构件在工作时会发生弯曲变形。如图 7-1a 所示的火车轮轴，轨道对车轮的支承可视为固定铰支座和活动铰支座，在垂直于轮轴线的外力作用下，轮轴轴线将由直线变成曲线而发生变形。如图 7-2a 所示的桥式起重机大梁，在外力作用下其轴线也将发生变形。这种形式的变形称为弯曲变形。

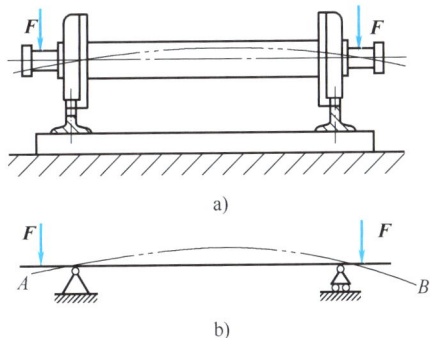

图 7-1

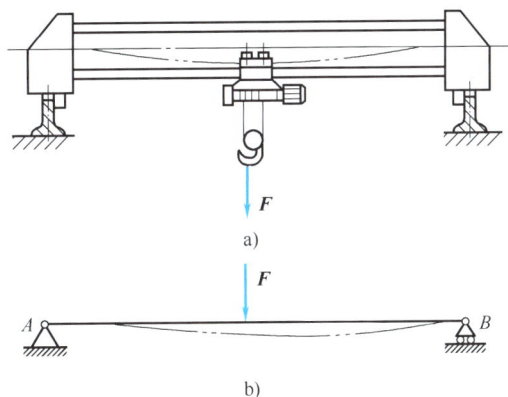

图 7-2

一、直梁的平面弯曲概念

工程实际中，常见的直梁的横截面大多有一根纵向对称轴，如图 7-3 所示。由梁的无数个横截面的纵向对称轴构成的平面称为梁的纵向对称平面（图 7-4）。

若梁上的所有外力（包括外力偶）都作用在梁的纵向对称平面内，梁的轴线将在其纵向对称平面内弯成一条平面曲线，梁的这种弯曲称为**平面弯曲**。平面弯曲是最常见、最基本的弯曲变形。本章将主要讨论直梁的平面弯曲。

由以上工程实例可以看出，直梁平面弯曲的受力特点是：外力作用于梁的纵向对称平面内。变形特点是：梁的轴线在纵向对称平面内弯成一条平面曲线。

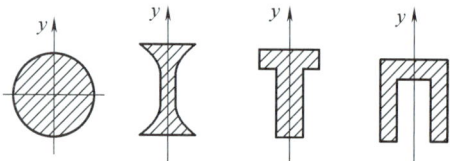

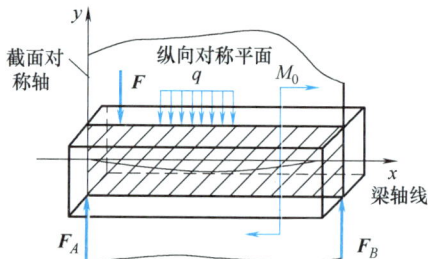

图 7-3

图 7-4

二、梁的力学模型与基本形式

（一）梁的简化

由上述平面弯曲的概念可知，载荷都作用在梁的纵向对称平面内，梁的轴线将弯成一条平面曲线。因此，**无论梁的外形尺寸如何复杂，都可用梁的轴线来代替梁**以使问题得以简化。如图 7-1b 和图 7-2b 分别用梁的轴线 AB 代替梁。

（二）载荷的简化

作用于梁上的外力，包括载荷和支座的约束力，都可以简化为下列三种类型：

（1）**集中力**　当力的作用范围远远小于梁的长度时，可将力简化为作用于一点的集中力。如火车车厢对轮轴的作用力及起重机吊重对大梁的作用等，都可以简化为集中力，如图 7-1 和图 7-2 所示。

（2）**集中力偶**　通过微小梁段作用在梁的纵向对称平面内的力偶称为**集中力偶**，如图 7-4 中的 M_0。

（3）**分布载荷**　沿梁的全长或部分长度连续分布的横向力称为**分布载荷**。如载荷是均匀分布，则称为均布载荷，通常用 q 表示，其单位为 N/m，如图 7-4 中的 q。

（三）支座的简化

根据支座对梁的约束特性，梁的约束支座按静力学中的支座约束模型约定，分别简化为固定铰支座、活动铰支座和固定端支座。

（四）梁的基本形式

根据梁的支座约束情况，工程中将梁分为以下三种基本形式：

（1）**简支梁**　梁的两端分别用铰链支座约束，大多数情况为一端是固定铰支座约束，另一端是活动铰支座约束。这种约束形式的梁称为简支梁，如图 7-2b 所示。

（2）**外伸梁**　约束形式与简支梁相同，但梁的一端或两端伸出支座之外的梁称为外伸梁，如图 7-1b 所示。

（3）**悬臂梁**　梁的一端为固定端约束，另一端为自由端约束的梁称为悬臂梁。如图 7-5a 所示

纵向对称平面

直梁平面弯曲的受力特点

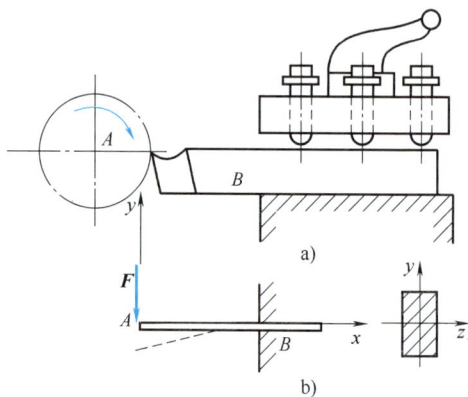

图 7-5

的车刀，刀架限制了车刀的随意移动和转动，故可简化为固定端，车刀则简化为悬臂梁，如图 7-5b 所示。

支座约束力可通过静力平衡方程求得的梁称为静定梁。支座约束力不能完全由静力平衡方程确定的梁称为静不定梁。本章仅讨论静定梁。

第二节　梁弯曲时横截面上的内力——剪力与弯矩

与前面三种基本变形求内力的方法相同，当作用在梁上的外载荷已知后，运用截面法即可求出梁横截面上的内力。

一、用截面法求梁的内力

以图 7-6a 所示的悬臂梁为例来分析梁弯曲时横截面上内力的求法。AB 梁的自由端受到集中力 F 的作用，由静力平衡方程可求出其固定端约束的约束力 $F_B = F$，约束力偶矩 $M_B = FL$，如图 7-6b 所示。

为了求出梁横截面 m—m 上的内力，在 m—m 处将梁截开，取左段梁为研究对象，如图 7-6c 所示。整个梁在外力作用下是平衡的，现在虽然取左段梁为研究对象，但右段梁对左段梁的作用还保留，所以左段梁还应是平衡的。要使左段梁处于平衡，那么在 m—m 横截面上必定有一个作用线与外力 F 平行的内力 F_Q 和一个在梁的纵向对称平面内的内力偶 M。由平衡方程可求得

$$\sum F_y = 0 \quad F - F_Q = 0$$

得
$$F_Q = F$$

这个作用线平行于横截面的内力称为**剪力**，用符号 F_Q 表示。

由平衡方程还可求得

$$\sum M_C(\boldsymbol{F}) = 0 \quad M - Fx = 0$$

得
$$M = Fx$$

这个作用平面垂直于横截面的内力偶的力偶矩称为**弯矩**，用符号 M 表示。式中矩心 C 是横截面的形心。

同理，如取右段梁为研究对象，如图 7-6d 所示，也可求得横截面 m—m 上的剪力 F_Q 和弯矩 M'，但与取左段梁讨论的结果相比，应该是等值反向，符合作用与反作用的关系。

二、剪力 F_Q 和弯矩 M 的正负号规定

为了使取左段梁或右段梁求同一截面上的剪力与弯矩时，不仅数值相等而且符号一致，所以对剪力和弯矩的正负号作如下规定：在所切横截面的内侧截取一微段，凡使该微段有做顺时针方向转动趋势的剪力为正，反之为负，如图 7-7a 所示；凡使该微段产生上凹弯曲变形的弯矩为正，反之为负，如图 7-7b 所示。

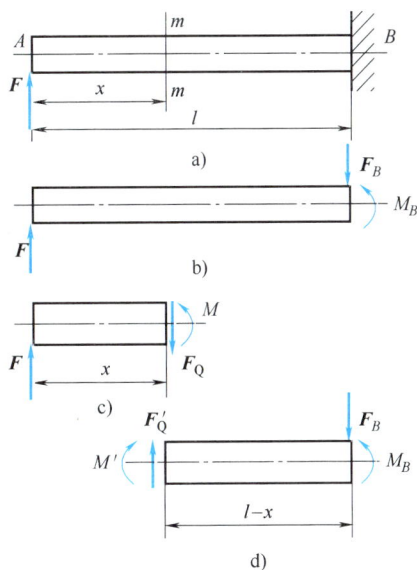

图 7-6

除上述所用的方法外，还可直接根据外力与外力矩的代数和来计算横截面上的剪力与弯矩，此时，对外力与外力矩的正、负号的确定应遵循下述规则：

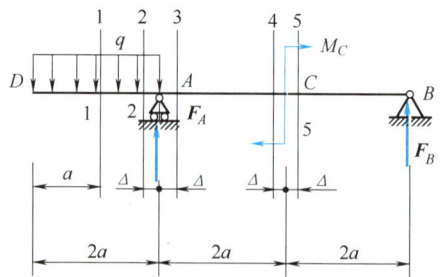

图 7-7

1. 计算剪力时

取左段梁为研究对象时，向上的外力取正号；向下的外力取负号。

取右段梁为研究对象时，向下的外力取正号；向上的外力取负号。

2. 计算弯矩时

取左段梁为研究对象时，对截面形心产生顺时针方向转动效应的外力矩（包括力偶矩）取正号；反之取负号。

取右段梁为研究对象时，对截面形心产生逆时针方向转动效应的外力矩（包括力偶矩）取正号；反之取负号。

按直接法计算剪力或弯矩时，如果结果为正值，则剪力或弯矩为正；否则为负。

三、横截面上剪力和弯矩的计算

根据上面规则，横截面上的剪力和弯矩的求法为：任意截面上的剪力等于该截面左段梁或右段梁上所有外力的代数和；任意截面上的弯矩，等于截面左段梁或右段梁上所有外力对截面形心力矩的代数和。

例 7-1 外伸梁受力如图 7-8 所示。已知均布载荷集度为 q，集中力偶 $M_C = 3qa^2$。图中截面 2—2 与 3—3 称为 A 点处的邻近截面，即 $\Delta \to 0$；同样 4—4 与 5—5 截面为 C 点处的邻近截面。试求梁各指定截面的剪力和弯矩。

解 （1）求梁支座的约束力。取整个梁为研究对象，画受力图，列平衡方程求解得

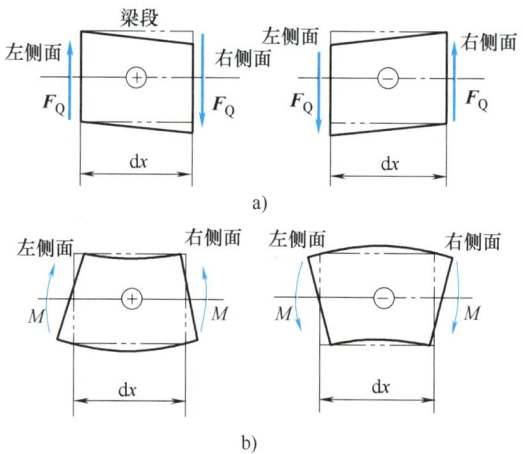

图 7-8

$$\sum M_B(\boldsymbol{F}) = 0 \quad -F_A \times 4a - M_C + q \times 2a \times 5a = 0$$

得

$$F_A = \frac{7qa}{4}$$

$$\sum F_y = 0 \qquad F_B + F_A - q \times 2a = 0$$

得

$$F_B = \frac{qa}{4}$$

（2）求各指定截面上的剪力和弯矩。

1—1 截面：由 1—1 截面左段梁上外力的代数和求得该截面的剪力为

$$F_{Q1} = -qa$$

由 1—1 截面左段梁上外力对截面形心力矩的代数和求得该截面的弯矩为

$$M_1 = -qa \times \frac{a}{2} = -\frac{qa^2}{2}$$

2—2 截面：取 2—2 截面左段梁计算，得

$$F_{Q2} = -q \times 2a = -2qa$$

$$M_2 = -q \times 2a \times a = -2qa^2$$

3—3 截面：取 3—3 截面左段梁计算，得

$$F_{Q3} = -q \times 2a + F_A = -2qa + \frac{7qa}{4} = -\frac{qa}{4}$$

$$M_3 = -q \times 2a \times a = -2qa^2$$

4—4 截面：取 4—4 截面右段梁计算，得

$$F_{Q4} = -F_B = -\frac{qa}{4}$$

$$M_4 = F_B \times 2a - M_C = \frac{qa^2}{2} - 3qa^2 = -\frac{5qa^2}{2}$$

5—5 截面：取 5—5 截面右段梁计算，得

$$F_{Q5} = -F_B = -\frac{qa}{4}$$

$$M_5 = F_B \times 2a = \frac{qa^2}{2}$$

由以上计算结果可以看出：

1）集中力作用处的两侧邻近截面上的弯矩相同，但剪力不同，说明剪力在集中力作用处产生了突变，突变的幅值等于集中力的大小。

2）集中力偶作用处的两侧邻近截面上的剪力相同，但弯矩不同，说明弯矩在集中力偶作用处产生了突变，突变的幅值等于集中力偶矩的大小。

3）由于集中力的作用截面上和集中力偶的作用截面上剪力和弯矩有突变，因此，应用截面法求任一指定截面上的剪力和弯矩时，截面不能取在集中力或集中力偶的作用截面处。

第三节　剪力、弯矩方程与剪力、弯矩图

在一般情况下，梁截面上的剪力和弯矩是随横截面位置的变化而连续变化的，若取梁的轴线为 x 轴，即以坐标 x 表示横截面的位置，则剪力和弯矩可表示为截面坐标 x 的单值连续函数，即

$$F_Q = F_Q(x)$$

$$M = M(x)$$

上述两式分别称为剪力方程和弯矩方程。为了能够直观地表明梁各横截面上剪力和弯矩的大小及正负，通常把剪力方程和弯矩方程用图像表示，并称为**剪力图**和**弯矩图**。

剪力图和弯矩图的基本作法是：先求出梁支座的约束力，沿梁轴线取截面坐标 x，再建立剪力方程和弯矩方程，然后应用函数作图法画出 $F_Q(x)$、$M(x)$ 的函数图像，即为剪力图和弯矩图。

例 7-2　台钻手柄 AB 用螺纹固定在转盘上（图 7-9a），其长度为 l，自由端作用力 F，试建立手柄 AB 的剪力、弯矩方程，并画出其剪力、弯矩图。

解　（1）建立手柄 AB 的力学模型。如图 7-9b 所示，列平衡方程，求得支座约束力 $F_A =$

F，$M_A = Fl$。

（2）列剪力、弯矩方程。以梁的左端点 A 为坐标原点，选取任意位置 x 截面，如图 7-9b 所示，用 x 截面处左段梁上的外力与外力矩的代数和来确定手柄 AB 的剪力方程与弯矩方程

$$F_Q(x) = F_A = F \qquad (0 < x < l)$$

$$M(x) = F_A x - M_A = -F(l-x) \qquad (0 < x \leqslant l)$$

（3）画剪力、弯矩图。由剪力方程 $F_Q(x) = F$ 可知，梁的各横截面上的剪力均等于 F，且为正值，故剪力图为平行于轴的水平线，如图 7-9c 所示。

由弯矩方程 $M(x) = -F(l-x)$ 可知，梁的各横截面上弯矩是截面坐标 x 的一次函数（图形是直线），确定直线两点的坐标，即 A 端截面的弯矩 $M(0) = -Fl$；B 端截面的弯矩 $M(l) = 0$，连接两点坐标即得此梁的弯矩图，如图 7-9d 所示。

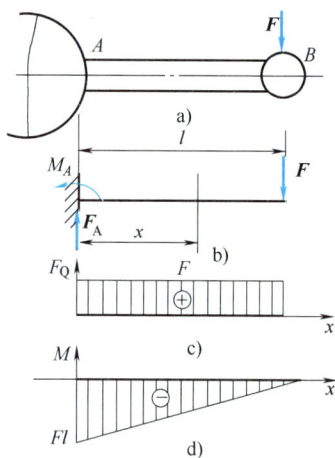

图 7-9

（4）确定最大弯矩值。由弯矩图可见，手柄 AB 固定端处截面上弯矩的绝对值最大，即 $|M_{max}| = Fl$。

例 7-3 图 7-10a 所示的简支梁 AB、在 C 点处作用集中力 F，试画出此梁的剪力、弯矩图。

解 （1）画受力图，求支座约束力。由平衡方程求得 $F_A = Fb/l$，$F_B = Fa/l$。

（2）建立剪力、弯矩方程。由于集中力作用点两侧邻近截面上剪力有突变，所以剪力方程在 C 点就不连续，因此要把梁 AB 分为 AC、CB 两段来考虑。

在 AC 段内取与梁左端 A 相距为 x_1 的任意截面（图 7-10a），该截面左段梁上有向上的外力 F_A，因此 x_1 截面上的剪力和弯矩分别为

$$F_Q(x_1) = F_A = \frac{Fb}{l} \qquad (0 < x_1 < a)$$

$$M(x_1) = F_A x_1 = \frac{Fb}{l} x_1 \qquad (0 \leqslant x_1 \leqslant a)$$

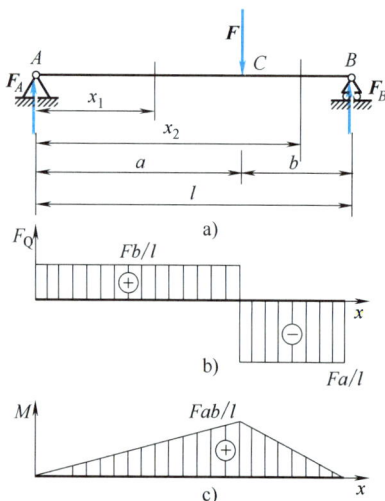

图 7-10

同理，在 CB 段内取与 A 点相距为 x_2 的任意截面（图 7-10a），该截面左段梁上有向上的外力 F_A 和 C 点向下的外力 F，因此 x_2 截面上的剪力和弯矩分别为

$$F_Q(x_2) = F_A - F = -\frac{Fa}{l} \qquad (a < x_2 < l)$$

$$M(x_2) = F_A x_2 - F(x_2 - a)$$

$$= \frac{Fb}{l} x_2 - F(x_2 - a) \qquad (a \leqslant x_2 \leqslant l)$$

（3）画剪力、弯矩图。由函数作图法可知，AC 段剪力为常量，弯矩图是斜直线；CB

段剪力也为常量，弯矩图也是斜直线，如图 7-10b、c 所示。

从剪力图和弯矩图可知，当 $a>b$ 时，$|F_{Qmax}|=Fa/l$，在 C 截面有最大弯矩值 $|M_{max}|=Fab/l$；当 $a=b=l/2$，即集中力作用在梁的中点时，梁中点处有最大弯矩值 $|M_{max}|=Fl/4$。

例 7-4　图 7-11 所示的简支梁 AB，集中力偶 M_0 作用在 C 点处，试画出此梁的剪力、弯矩图。

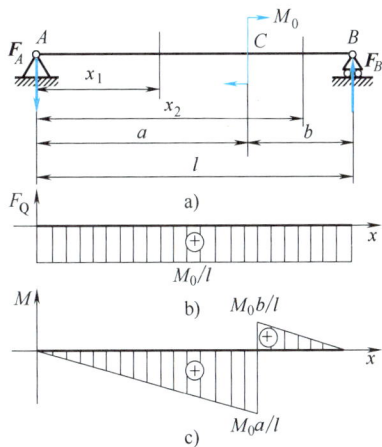

图 7-11

解　（1）画受力图并求支座约束力。由平衡方程求得

$$F_A=M_0/l, F_B=M_0/l$$

（2）建立剪力、弯矩方程。由于集中力偶作用点两侧邻近截面上弯矩有突变，弯矩方程在该点就不连续，因此要把梁分为 AC、CB 两段来考虑。截面坐标 x 的选取如图 7-11a 所示。

AC 段内的剪力、弯矩方程分别为

$$F_Q(x_1)=-F_A=-\frac{M_0}{l} \qquad (0<x_1\leqslant a)$$

$$M(x_1)=-F_A x_1=-\frac{M_0}{l}x_1 \qquad (0\leqslant x_1<a)$$

CB 段内的剪力、弯矩方程分别为

$$F_Q(x_2)=-F_A=-\frac{M_0}{l} \qquad\qquad (a\leqslant x_2<l)$$

$$M(x_2)=-F_A x_2+M_0=-\frac{M_0}{l}x_2+M_0 \qquad\qquad (a<x_2\leqslant l)$$

（3）画剪力、弯矩图。由剪力、弯矩方程分别绘出剪力、弯矩图（图 7-11b、c）。

例 7-5　图 7-12a 所示的简支梁 AB，作用有均布载荷 q，试画出该梁的剪力、弯矩图。

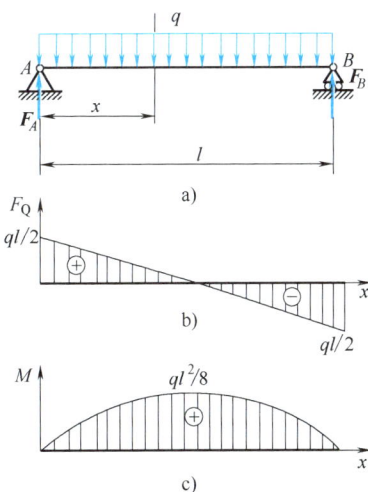

图 7-12

解　（1）画受力图并求支座约束力。由平衡方程求解得

$$F_A=ql/2, F_B=ql/2$$

（2）建立剪力、弯矩方程。由于均布载荷作用在全梁上，梁中间没有其他集中力或集中力偶作用，所以梁不需要分段，剪力方程和弯矩方程在全梁上是截面坐标 x 的单值连续函数，选取任意截面位置 x，如图 7-12a 所示，得

$$F_Q(x)=F_A-qx=\frac{ql}{2}-qx \qquad (0<x<l)$$

$$M(x)=F_A x-qx\times\frac{x}{2}=\frac{ql}{2}x-\frac{q}{2}x^2 \qquad (0\leqslant x\leqslant l)$$

（3）画剪力、弯矩图。剪力方程表明剪力是截面坐标 x 的一次函数（即直线），只需确定直线两点的坐标 $F_Q(0)=ql/2$，$F_Q(l)=-ql/2$，作这两点的连线即得剪力图，如图 7-12b 所示。

弯矩方程表明截面弯矩是截面坐标 x 的二次函数，弯矩图应为二次抛物线。作出 $M(0)=0$、$M(l)=0$、$M(l/2)=ql^2/8$、$M(l/4)=M(3l/4)=3ql^2/32$ 的各个点，便可绘出弯矩图，如图 7-12c 所示。

由图可见，$|F_{Qmax}|=ql/2$；最大弯矩值 $|M_{max}|=ql^2/8$ 出现在梁的中点截面处。

第四节　梁弯曲时横截面上的正应力

在确定了梁横截面上的内力之后，还需进一步研究梁横截面上的应力与内力之间的定量关系，从而建立梁的强度设计条件，并进行强度计算。

一、纯弯曲与横力弯曲的概念

火车轮轴的力学模型为图 7-13a 所示的外伸梁。该梁的剪力图与弯矩图如图 7-13b、c 所示，在 AC、BD 段内各横截面上既有弯矩 M 又有剪力 F_Q，梁在这些段内发生弯曲变形的同时还会发生剪切变形，这种变形称为**剪切弯曲**，也称为**横力弯曲**。在 CD 段内的各横截面上只有弯矩 M 而无剪力 F_Q，梁的这种弯曲称为**纯弯曲**。梁的弯曲强度主要决定于横截面上的弯矩，剪力居次要地位。所以本节将讨论梁在纯弯曲（即截面上没有剪力）时横截面上的正应力。

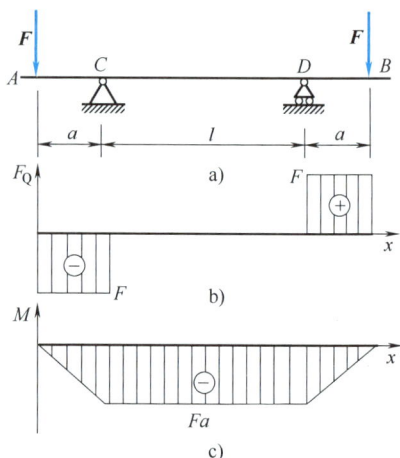

图 7-13

二、梁纯弯曲时横截面上的正应力

1. 实验观察与平面假设

如图 7-14a 所示，取一矩形截面等直梁，弯曲前在其表面画两条横向线 $m—m$ 和 $n—n$，再画两条纵向线 $a—a$ 和 $b—b$，然后在其两端作用外力偶 M，梁将发生平面纯弯曲变形。观察其变形（图 7-14b），可以看到如下现象：

1) 横向线 $m—m$ 和 $n—n$ 仍为直线且与纵向线正交，仅相对转动了一个微小角度。

2) 纵向线 $a—a$ 和 $b—b$ 弯成了曲线，且 $a—a$ 线缩短，而 $b—b$ 线伸长。

根据以上结果可以认为：原为平面的横截面变形后仍保持为平面，并垂直于变形后的轴线，只是绕横截面内某一轴线旋转了一角度，这种现象称为弯曲变形的平面假设。根据平面假设，同时设想梁由无数条纵向纤维组成，则可以看到各纵向纤维处于单向受拉或受压状态。由此可以推断，梁发生纯弯曲时，横截面上只有正应力。

2. 梁纯弯曲时横截面上正应力的分布规律

从图 7-14b 中可以看出，梁纯弯曲时，从凸边纤维伸长连续变化到凹边纤维缩短，其间必有一层纤维既不伸长也不缩短，这一既不伸长也不缩短的纵向纤维层称为**中性层**，如图 7-14c 所示，中性层与横截面的交线称为**中性轴**。梁弯曲时，横截面绕中性轴转动了一个角度。

由上述分析可知，矩形截面梁在纯弯曲时，横截面上正应力的分布有如下特点：

梁纯弯曲时横截面上的正应力

1）中性轴上的线应变为零，所以其正应力也为零。

2）距中性轴距离相等的各点，其线应变相等。根据胡克定律，它们的正应力也必相等。

3）在图 7-14b 所示的受力情况下，中性轴上部各点正应力为压应力（即负值），中性轴下部各点正应力为拉应力（即正值）。弯曲变形时，横截面上中性轴上下部分，正应力方向相反。

4）横截面上的正应力沿 y 轴呈线性分布，即 $\sigma = Ky$，K 为待定常数，如图 7-15 所示。最大正应力（绝对值）在离中性轴最远的上、下边缘处。

3. 梁纯弯曲时横截面上的正应力计算

在纯弯曲梁的横截面上任取一微面积 dA，如图 7-16 所示，微面积上的微内力为 σdA。

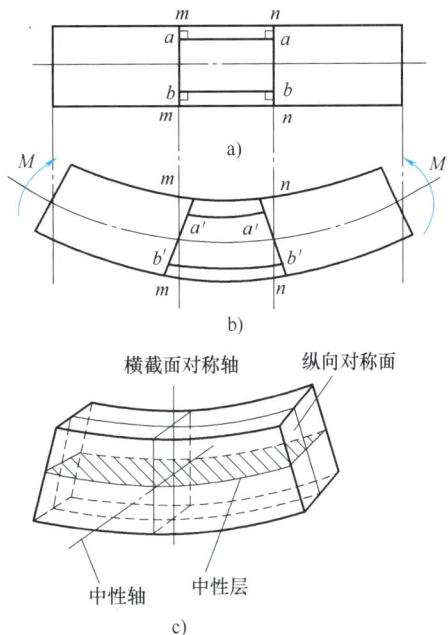

图 7-14

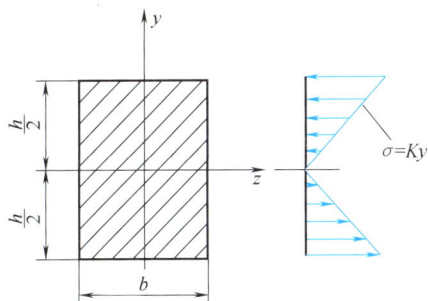

图 7-15

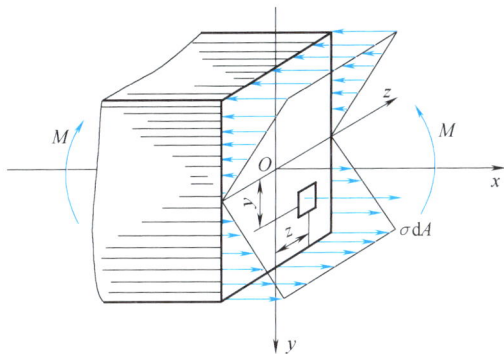

图 7-16

由于横截面上的微内力构成的合力必为零，而梁横截面上的微内力对中性轴 z 的合力矩就是弯矩 M，即有 $F_R = \int_A \sigma dA = 0$ 和 $M = \int_A y\sigma dA$。

将 $\sigma = Ky$ 代入以上两式，得

$$\int_A Ky\,dA = 0$$

$$\int_A Ky^2\,dA = M$$

式中，$\int_A y\,dA$ 为截面对 z 轴的静矩，记作 $S*$，单位为 mm^3；$\int_A y^2\,dA$ 为截面对 z 轴的轴惯性矩，记作 I_z，单位为 mm^4。因此，以上两式可写作

$$\left.\begin{array}{l} KS* = 0 \\ KI_z = M \end{array}\right\} \tag{7-1}$$

由于 K 不为零，则静矩 $S*$ 要等于零。可以证明（从略），静矩 $S*$ 等于零，横截面上的中性轴必通过横截面的形心。

将 $K = \sigma / y$ 代入式（7-1），得

$$\sigma = My/I_z \tag{7-2}$$

计算梁横截面上的最大正应力时，可定义抗弯截面系数 $W_z = I_z / y_{max}$，则式（7-2）可写作

$$\sigma_{max} = M/W_z \tag{7-3}$$

轴惯性矩 I_z、抗弯截面系数 W_z 是仅与截面尺寸有关的几何量，常用型钢的轴惯性矩 I_z、抗弯截面系数 W_z 可从有关的工程设计手册中查阅。

由式（7-2）和式（7-3）可以计算梁弯曲时横截面上各点的正应力与最大正应力。该两式虽是在梁纯弯曲变形的条件下推导出来的，但只要梁具有纵向对称面，且载荷作用在其纵向对称面内，梁的跨度又较大时，式（7-3）也适用于横力弯曲的梁。

4. 轴惯性矩和抗弯截面系数的计算

梁常用的简单截面的轴惯性矩 I 与抗弯截面系数 W 的计算公式可见表 7-1。

表 7-1　常见截面的 I、W 计算公式

截面形状		
轴惯性矩	$I_z = \dfrac{bh^3}{12}$ $I_y = \dfrac{hb^3}{12}$	$I_z = I_y = \dfrac{\pi D^4}{64} \approx 0.05D^4$	$I_z = I_y = \dfrac{\pi}{64}(D^4 - d^4)$ $\approx 0.05D^4(1-\alpha^4)$ 式中：$\alpha = \dfrac{d}{D}$
抗弯截面系数	$W_z = \dfrac{bh^2}{6}$ $W_y = \dfrac{hb^2}{6}$	$W_z = W_y = \dfrac{\pi D^3}{32} \approx 0.1D^3$	$W_z = W_y = \dfrac{\pi D^3}{32}(1-\alpha^4)$ $\approx 0.1D^3(1-\alpha^4)$ 式中：$\alpha = \dfrac{d}{D}$

第五节 梁弯曲时的强度计算

一、梁弯曲时的正应力强度条件

由式（7-3）可知，梁弯曲时横截面上的最大正应力出现在截面的上、下边缘处。对于等截面梁，全梁的最大正应力一定出现在最大弯矩所在截面的上、下边缘处，这个最大弯矩所在的截面通常称为**危险截面**，其上、下边缘处的各点称为**危险点**。要使梁能够正常工作，必须使梁危险截面上危险点处的工作应力不超过材料的许用应力，这就是梁弯曲时的正应力强度条件，即

$$\sigma_{max} = \frac{M_{max}}{W_z} \leqslant [\sigma] \tag{7-4}$$

二、梁弯曲时的正应力强度计算

应用式（7-4）弯曲正应力强度条件可以解决梁弯曲正应力强度计算的三类问题，即校核强度、设计截面尺寸和确定许可载荷。

必须注意，用式（7-4）进行计算时，需具体问题具体分析。工程实际中，为了充分发挥梁的抗弯能力，对抗拉和抗压性能相同的塑性材料，即 $[\sigma^+] = [\sigma^-]$，一般宜采用上、下对称于中性轴的截面形状；对抗拉和抗压性能不同的脆性材料，即 $[\sigma^+] < [\sigma^-]$，一般宜采用上、下不对称于中性轴的截面形状，其强度条件分别为

$$\left.\begin{array}{l} \sigma_{max}^+ = \dfrac{M_{max}y^+}{I_z} \leqslant [\sigma^+] \\[3mm] \sigma_{max}^- = \dfrac{M_{max}y^-}{I_z} \leqslant [\sigma^-] \end{array}\right\} \tag{7-5}$$

式中，y^+ 为受拉一侧的截面边缘到中性轴的距离；y^- 为受压一侧的截面边缘到中性轴的距离。由于 $[\sigma^+] < [\sigma^-]$，所以应尽量使 $y^+ < y^-$。

例 7-6 图 7-17a 所示为螺旋压板装置，已知工件受到的压紧力 $F = 2.5kN$，板长为 $3a$，$a = 50mm$，压板材料的许用应力 $[\sigma] = 140MPa$，试校核压板的弯曲强度。

解 压板发生弯曲变形，建立压板的力学模型，如图 7-17b 所示的外伸梁。画该梁的弯矩图如图 7-17c 所示。从弯矩图上可见，B 截面的弯矩最大，其值为 $M_{max} = Fa = 2.5 \times 10^3 \times 50N \cdot mm = 1.25 \times 10^5 N \cdot mm$。

B 截面的抗弯截面系数最小，其值为

$$I_z = \left(\frac{30 \times 20^3}{12} - \frac{14 \times 20^3}{12}\right) mm^4 = 1.07 \times 10^4 mm^4$$

$$W_z = \frac{I_z}{y_{max}} = \frac{1.07 \times 10^4}{10} mm^3 = 1.07 \times 10^3 mm^3$$

校核压板的弯曲强度

$$\sigma_{max} = \frac{M_{max}}{W_z} = \frac{1.25 \times 10^5}{1.07 \times 10^3} MPa = 117 MPa < [\sigma] = 140 MPa$$

压板的强度足够。

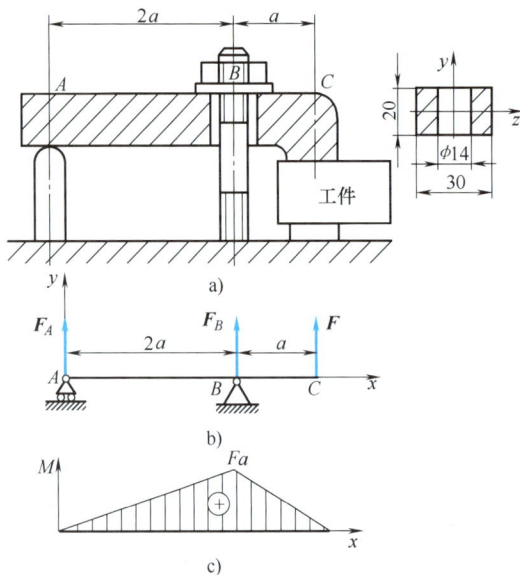

图 7-17

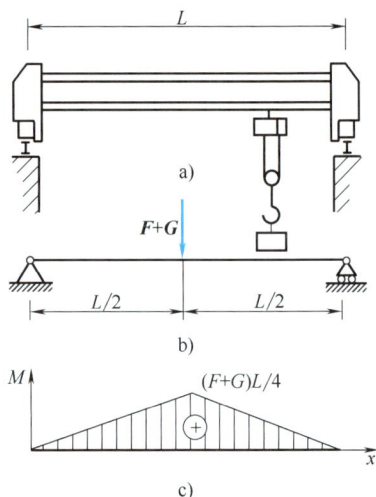

图 7-18

例 7-7 图 7-18 所示桥式起重机的大梁由 32b 工字钢制成，跨长 $L = 10m$，材料的许用应力为 $[\sigma] = 140 MPa$，电葫芦自重 $G = 0.5 kN$，梁的自重不计，求梁能够承受的最大起吊重量 F。

解 起重机大梁的力学模型为图 7-18b 所示的简支梁。电葫芦移动到梁跨长的中点时，梁中点截面处将产生最大弯矩，作出大梁的弯矩图，如图 7-18c 所示梁中点为危险截面，其最大弯矩为

$$M_{max} = \frac{(G+F)L}{4}$$

由梁的弯曲强度条件

$$\sigma_{max} = \frac{M_{max}}{W_z} \leqslant [\sigma]$$

得

$$\frac{(G+F)L}{4} \leqslant [\sigma] W_z$$

查热轧工字钢型钢表中的 32b 工字钢，其 $W_z = 726.33 cm^3 = 7.26 \times 10^5 mm^3$，代入上式得

$$F \leqslant \frac{4[\sigma]W_z}{L} - G = \left(\frac{4 \times 140 \times 7.26 \times 10^5}{10 \times 10^3} - 0.5 \times 10^3 \right) N$$

$$= 40.2 \times 10^3 N = 40.2 kN$$

梁能够承受的最大起吊重量为 40.2kN。

例 7-8 图 7-19a 所示为 T 形截面铸铁梁，已知 $F_1 = 9 kN$，$F_2 = 4 kN$，$a = 1m$，许用拉应

力 $[\sigma^+]=30\text{MPa}$，许用压应力 $[\sigma^-]=60\text{MPa}$，T 形截面尺寸如图 7-19b 所示。已知截面对形心轴 z 的惯性矩 $I_z=763\text{cm}^4$，$y_1=52\text{mm}$，试校核梁的抗弯强度。

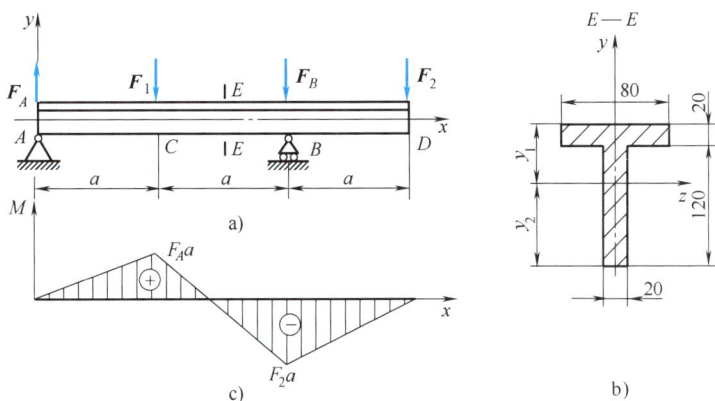

图 7-19

解　通过静力平衡方程可求得梁支座的约束力为 $F_A=2.5\text{kN}$，$F_B=10.5\text{kN}$，作出梁的弯矩图，如图 7-19c 所示，由图可见，最大正弯矩在 C 截面，$M_C=F_A a=2.5\text{kN}\cdot\text{m}$，最大负弯矩在 B 截面，$M_B=-F_2 a=-4\text{kN}\cdot\text{m}$。

铸铁梁 B 截面上的最大拉应力出现在截面的上边缘各点处，最大压应力出现在截面的下边缘各点处，分别为

$$\sigma_B^+=\frac{M_B y_1}{I_z}=\frac{4\times10^6\times52}{763\times10^4}\text{MPa}=27.26\text{MPa}$$

$$\sigma_B^-=\frac{M_B y_2}{I_z}=\frac{4\times10^6\times(120+20-52)}{763\times10^4}\text{MPa}=46.13\text{MPa}$$

铸铁梁 C 截面上的最大拉应力出现在截面的下边缘各点处，最大压应力出现在截面的上边缘各点处，分别为

$$\sigma_C^+=\frac{M_C y_2}{I_z}=\frac{2.5\times10^6\times88}{763\times10^4}\text{MPa}=28.83\text{MPa}$$

$$\sigma_C^-=\frac{M_C y_1}{I_z}=\frac{2.5\times10^6\times52}{763\times10^4}\text{MPa}=17.04\text{MPa}$$

所以，梁的最大拉应力出现在 C 截面的下边缘各点处，最大压应力出现在 B 截面的下边缘各点处，即

$$\sigma_{\max}^+=\sigma_C^+=28.83\text{MPa}<[\sigma^+]$$

$$\sigma_{\max}^-=\sigma_B^-=46.13\text{MPa}<[\sigma^-]$$

梁的弯曲强度足够。

第六节　提高梁抗弯强度的措施

在梁的强度设计中，常遇到如何根据工程实际情况来提高梁的抗弯强度问题。分析梁的弯曲正应力强度条件可以知道，降低梁的最大弯矩、提高梁的抗弯截面系数等，都可提高梁

的抗弯承载能力,所以,可以从这几个方面着手找出提高梁抗弯强度的几条主要措施。

一、降低梁的最大弯矩

在载荷不变的前提下,通过合理布置载荷和安排支座位置可以降低梁的最大弯矩。

(1)集中力远离简支梁的中点 图 7-20a 所示的简支梁作用有集中力 F,由弯矩图可见,最大弯矩为 $M_{max} = Fab/l$,若集中力 F 作用在梁的中点,即 $a = b = l/2$,则最大弯矩为 $M_{max} = Fl/4$;若集中力 F 作用点偏离梁的中点,当 $a = l/4$ 时,则最大弯矩 $M_{max} = 3Fl/16$;$a = l/6$ 时,最大弯矩 $M_{max} = 5Fl/36$;若集中力 F 作用点偏离梁的中点最远,无限靠近支座 A,即 $a \to 0$ 时,则最大弯矩 $M_{max} \to 0$。由此可见,集中力远离简支梁的中点或靠近支座作用可降低梁的最大弯矩,提高梁的抗弯强度。

(2)将载荷分散作用 图 7-20b 所示的简支梁若必须在中点作用载荷时,可通过增加辅助梁 CD,使集中力 F 在 AB 梁上分散作用。集中力作用于梁中点的最大弯矩为 $M_{max} = Fl/4$,增加辅助梁 CD 后,$M_{max} = Fx/2$,当 $x = l/4$ 时,$M_{max} = Fl/8$。必须注意,附加辅助梁 CD 的跨长要选择得适当,太长会降低辅助梁的强度,太短则不能有效提高 AB 梁的抗弯强度。

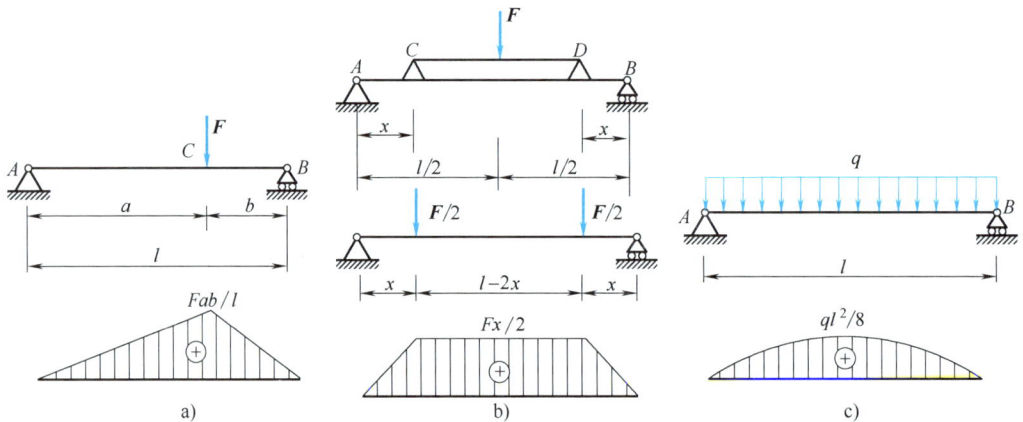

图 7-20

若将作用于简支梁中点的集中力均匀分散作用于梁的跨长上(图 7-20c),均布载荷集度 $q = F/l$,则梁的最大弯矩为 $M_{max} = ql^2/8 = Fl/8$。由此可见,在梁的跨长上分散作用载荷,可降低最大弯矩值,提高梁的抗弯强度。

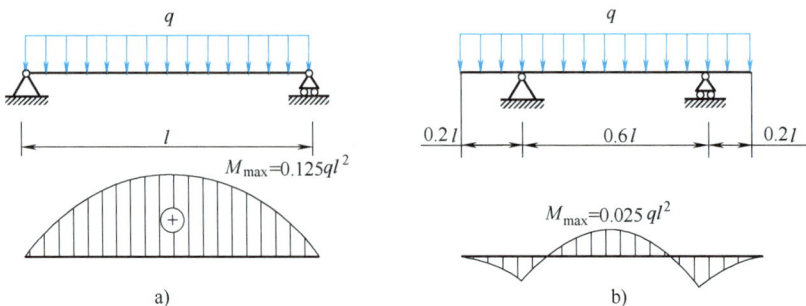

图 7-21

（3）合理安排支座位置　图 7-21a 所示为一受均布载荷作用的简支梁，最大弯矩为 $M_{max} = 0.125ql^2$；若将两支座向里移 $0.2l$，则梁的最大弯矩值将降低为 $M_{max} = 0.025ql^2$。

工程上将许多受弯构件的支座都向里移动，目的就是降低构件的最大弯矩，如机械设备的底座、运动场上双杠的支杆等。

二、选择梁的合理截面

从梁的弯曲强度条件可知，梁的抗弯截面系数 W_z 越大，横截面上的最大正应力就越小，即梁的抗弯能力就越大。W_z 一方面与截面的尺寸有关，同时还与截面的形状（材料的分布情况）有关。梁的横截面面积越大，W_z 越大，但消耗的材料也越多。因此梁的合理截面形状应该是：用最小的面积得到最大的抗弯截面系数。若用比值 W_z/A 来衡量截面的经济程度，则该比值越大，截面就越经济合理。表 7-2 给出了圆形、矩形、工字形截面的 W_z/A 值。

表 7-2　圆形、矩形、工字形截面的 W_z/A 值

截面形状	W_z/mm^3	所需尺寸/mm	A/mm	W_z/A
	250×10^2	$d = 137$	148×10^2	1.69
	250×10^3	$b = 72$ $h = 144$	104×10^2	2.4
	250×10^3	$20b$ 工字钢	39.5×10^2	6.33

由表中可以看出，矩形优于圆形，而工字形又优于矩形。原因是当构件危险截面上危险点的正应力达到材料的极限应力或破坏应力时，中性轴附近的正应力还较小。在整个工作过程中，中性轴附近材料的强度作用始终未得到充分利用，所以只有使大部分材料分布在离中性轴较远处，才能充分发挥材料的强度作用，从而充分利用材料。在表 7-2 中的三个截面形状中，工字钢形截面最充分地体现了这个原则。

三、采用变截面梁

等截面直梁的尺寸是由危险截面承受最大弯矩来设计的。但是其他截面的弯矩值较小，

所以对非危险截面来说，强度都有富余，材料未得到充分利用。工程中经常采用变截面梁。它们的截面尺寸随截面上弯矩的大小而变化。例如摇臂钻的横臂 AB（图 7-22a）、汽车上的板簧（图 7-22b）、阶梯轴（图 7-22c）等，都是变截面梁的应用实例。若使梁各截面上的最大应力都等于材料的许用应力，这种梁称为等强度梁。等强度梁的制造成本高，一般应用较少。

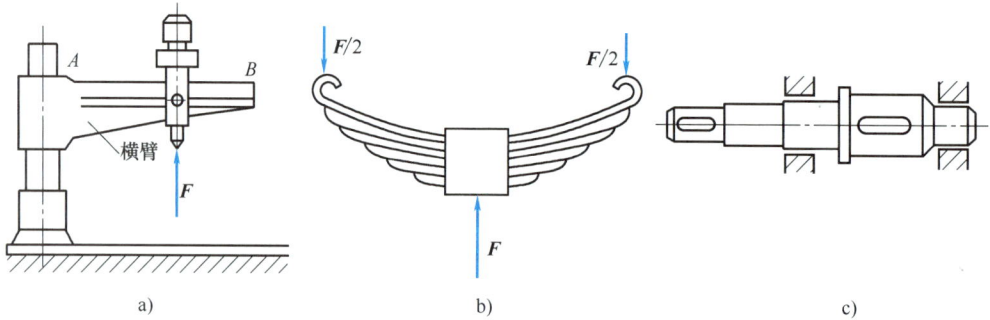

图 7-22

第七节 梁 的 变 形

梁除满足弯曲强度条件外，还要满足刚度条件，才能正常安全工作。如齿轮轴变形过大，会使齿轮不能正常啮合，工作时产生振动和噪声；起重机横梁（图 7-23a）的变形如过大，会使电葫芦移动困难；机械加工中刀杆或工件的变形会产生较大的制造误差，如图 7-23b 所示。因此，研究梁的弯曲变形是十分必要的。

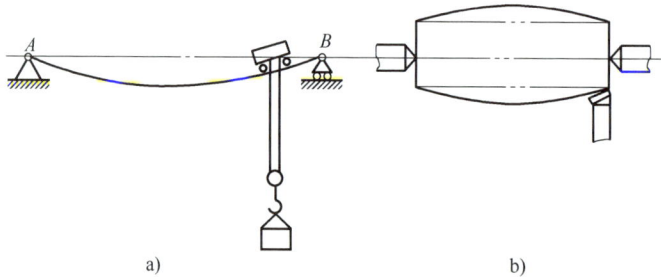

图 7-23

一、挠度和转角

度量梁弯曲变形的两个基本量是挠度和转角。研究表明，对于较长的弯曲梁，其产生弯曲变形的主要因素是弯矩，而剪力的影响一般可以忽略不计。以悬臂梁为例，变形前梁的轴线为直线 AB，m—m 截面是梁的某一横截面（图 7-24）；变形后直线 AB 变为光滑的连续曲线 AB_1，m—m 截面转到了 m_1—m_1 的位置。轴线 AB 上各点在 y 方向产生了位移，该位移称为挠度，用 y 表示，如图 7-24 中的 CC_1 即为 C 点的挠度，一般规定向上的挠度为正，向下的挠度为负。挠度的单位为 mm。在弯曲变形过程中，梁的横截面绕中性轴相对于原来位置转过的角度称为该截面的转角，转角用 θ 表示，如图 7-24 中的 θ 即为 m—m 截面的转角，转角的单位为 rad。一般规定逆时针方向的转角为正，顺时针方向的转角为负。

可以看出，转角的大小与挠曲线上 C_1 点的切线与 x 轴的夹角相等。

图 7-24 中的曲线 AB_1 表示了全梁各截面的挠度值，故称为挠曲线。挠曲线是梁截面位置 x 的函数，记作

$$y = f(x)$$

上式称为挠曲线方程。

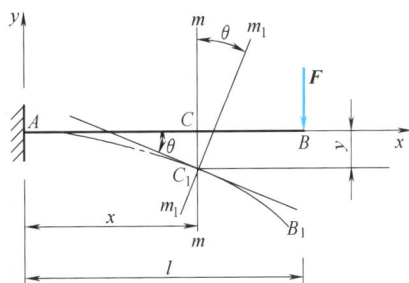

图 7-24

二、用查表法和叠加法求梁的变形

工程中将梁在简单载荷作用下的弯曲变形列成表，见表 7-3，通过查表确定梁变形值的方法称为查表法。如果梁同时受到几种载荷联合作用而发生变形时，可先从表中查出在各种载荷单独作用下的弯曲变形，然后将它们相加求出梁的实际弯曲变形。这种方法称为叠加法。

挠度和转角

表 7-3　梁在简单载荷作用下的弯曲变形

序号	梁的简图	挠曲线方程	断截面转角	最大挠度
1		$y = -\dfrac{Mx^2}{2EI_z}$	$\theta_B = -\dfrac{Ml}{EI_z}$	$y_B = -\dfrac{Ml^2}{2EI_z}$
2		$y = -\dfrac{Fx^2}{6EI_z}(3l-x)$	$\theta_B = -\dfrac{Fl^2}{2EI_z}$	$y_B = -\dfrac{Fl^3}{3EI_z}$
3		$y = -\dfrac{Fx^2}{6EI_z}(3a-x)$ $0 \leq x \leq a$ $y = -\dfrac{Fa^2}{6EI_z}(3x-a)$ $a \leq x \leq l$	$\theta_B = -\dfrac{Fa^2}{2EI_z}$	$y_B = -\dfrac{Fa^2}{6EI_z}(3l-a)$
4		$y = -\dfrac{qx^2}{24EI_z}(x^2-4lx+6l^2)$	$\theta_B = -\dfrac{ql^3}{6EI_z}$	$y_B = -\dfrac{ql^4}{8EI_z}$
5		$y = -\dfrac{Mx}{6EI_z l}(l-x)(2l-x)$	$\theta_A = -\dfrac{Ml}{3EI_z}$ $\theta_B = \dfrac{Ml}{6EI_z}$	$x = \left(1-\dfrac{1}{\sqrt{3}}\right)l$ $y_{max} = -\dfrac{Ml^2}{9\sqrt{3}EI_z}$ $x = \dfrac{l}{2}$ $y_{max} = -\dfrac{Ml^2}{16EI_z}$

（续）

序号	梁的简图	挠曲线方程	断截面转角	最大挠度
6		$y = -\dfrac{Mx}{6EI_z l}(l^2 - 3b^2 - x)$ $(0 \leqslant x \leqslant a)$ $y = \dfrac{M}{6EI_z l}\big[-x^3 + 3l(x-a)^2$ $+ (l^2 - 3b^2)x\big]$ $(a \leqslant x \leqslant l)$	$\theta_A = \dfrac{M}{6EI_z}(l^2 - 3b^2)$ $\theta_B = \dfrac{M}{6EI_z l}(l^2 - 3a^2)$	—
7		$y = -\dfrac{Fx}{48EI_z}(3l^2 - 4x^2)$ $\left(0 \leqslant x \leqslant \dfrac{l}{2}\right)$	$\theta_A = -\theta_B = -\dfrac{Fl^2}{16EI_z}$	$x = \dfrac{l}{2}$ $y_{\max} = -\dfrac{Fl^3}{48EI_z}$
8		$y = -\dfrac{Fbx}{6EI_z l}(l^2 - x^2 - b^2)$ $(0 \leqslant x \leqslant a)$ $y = -\dfrac{Fb}{6EI_z}\bigg[\dfrac{1}{b}(3x-a)^3$ $+ (l^2 - b^2)x - x^3\bigg]$ $(a \leqslant x \leqslant l)$	$\theta_A = -\dfrac{Fab(l+b)}{6EI_z l}$ $\theta_B = \dfrac{Fab(l+a)}{6EI_z l}$	设 $a > b$， $x = \sqrt{(l^2 - b^2)/3}$ 处 $y_{\max} = -\dfrac{Fb\sqrt{(l^2-b^2)^3}}{9\sqrt{3}\,EI_z l}$ 在 $x = \dfrac{l}{2}$ 处 $y = -\dfrac{Fb(3l^2 - 4b^2)}{48EI_z}$
9		$y = -\dfrac{qx^2}{24EI_z}(l^3 - 2lx^2 + x^3)$	$\theta_A = -\theta_B$ $= -\dfrac{ql^3}{24EI_z}$	$x = \dfrac{l}{2}$ $y_{\max} = -\dfrac{5ql^4}{384EI_z}$
10		$y = \dfrac{Fax}{6EI_z l}(l^2 - x^2)$ $(0 \leqslant x \leqslant l)$ $y = \dfrac{F(x-l)}{6EI_z}\{a(3x-l)$ $- (x-l)^2\}$ $(l \leqslant x \leqslant l+a)$	$\theta_A = -\dfrac{1}{2}\theta_B = \dfrac{Fal}{6EI_z}$ $\theta_C = -\dfrac{Fa}{6EI_z}(2l + 3a)$	$y_C = -\dfrac{Fa^2}{3EI_z}(l+a)$
11		$y = -\dfrac{Mx}{6EI_z l}(x^2 - l^2)$ $(0 \leqslant x \leqslant l)$ $y = -\dfrac{M}{6EI_z}(3x^2 - 4xl + l^2)$ $(l \leqslant x \leqslant l+a)$	$\theta_A = -\dfrac{1}{2}\theta_B = \dfrac{Ml}{6EI_z}$ $\theta_C = -\dfrac{M}{3EI_z}(l + 3a)$	$y_C = -\dfrac{Ma}{6EI_z}(2l + 3a)$

例 7-9　图 7-25 所示简支梁，试用叠加法求梁跨中点 C 的挠度 y_C 和支座处截面的转角 θ_A、θ_B。

解　梁上的作用载荷可以分为两个简单载荷（图 7-25b、c）。应用变形表查出它们分别作用时产生的相应变形，然后叠加求代数和，得

$$y_C = y_{Cq} + y_{CM} = -\frac{5ql^4}{384EI_z} - \frac{M_0 l^2}{16EI_z}$$

$$\theta_A = \theta_{Aq} + \theta_{AM} = -\frac{ql^3}{24EI_z} - \frac{M_0 l}{3EI_z}$$

$$\theta_B = \theta_{Bq} + \theta_{BM} = \frac{ql^3}{24EI_z} + \frac{M_0 l}{6EI_z}$$

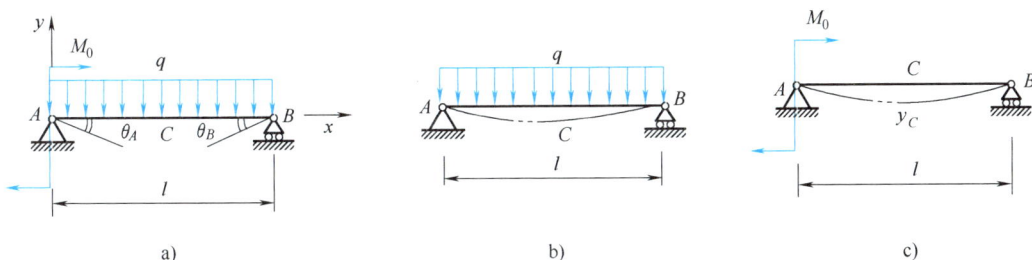

图 7-25

例 7-10 如图 7-26 所示的悬臂梁，已知 E、I_z、l、F、q，试用叠加法求梁的最大挠度和最大转角。

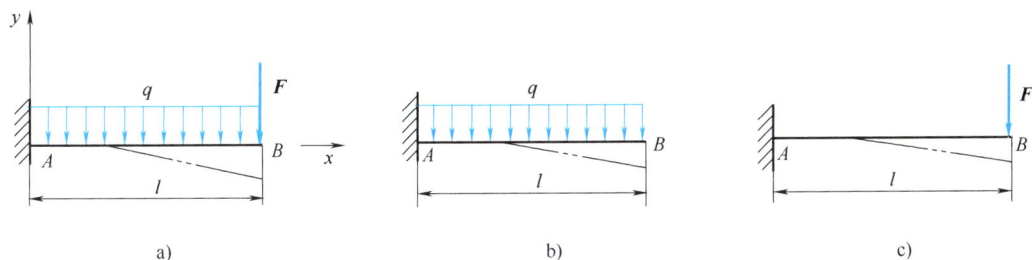

图 7-26

解 梁上的作用载荷分别为两种受力形式，如图 7-26b、c 所示。从悬臂梁在载荷作用下自由端有最大变形可知，梁 B 端有最大挠度和最大转角。查表 7-3 得到它们单独作用时产生的弯曲变形，然后叠加求代数和，得

$$y_{max} = y_{Bq} + y_{BF} = -\frac{ql^4}{8EI_z} - \frac{Fl^3}{3EI_z}$$

$$\theta_{max} = \theta_{BF} = -\frac{ql^3}{6EI_z} - \frac{Fl^2}{2EI_z}$$

三、梁的刚度条件

计算梁的变形，主要目的在于进行刚度计算。所谓梁要满足刚度要求，就是指梁在外力作用下，应保证最大挠度小于许用挠度，最大转角小于许用转角，即

$$y_{max} \leqslant [y] \tag{7-6}$$

$$\theta_{max} \leqslant [\theta] \tag{7-7}$$

式中，$[y]$ 为弯曲梁的许用挠度，$[\theta]$ 为弯曲梁的许用转角，其值根据工作要求或参照有关工程设计手册确定。

在设计梁时，一般应使其先满足强度条件，再校核刚度条件。如所选截面不能满足刚度条件，再考虑重新设计。

例 7-11 图 7-27a 所示为机床空心主轴的平面简图，已知轴的外径 $D = 80\text{mm}$，内径 $d = 40\text{mm}$，AB 跨长 $l = 400\text{mm}$，$a = 100\text{mm}$，材料的弹性模量 $E = 210\text{GPa}$，设切削力在该平面上的分力 $F_1 = 2\text{kN}$，齿轮啮合力在该平面上分力 $F_2 = 1\text{kN}$。若轴 C 端的许可挠度 $[y_C] = 0.0001l$，B 截面的许用转角 $[\theta_B] = 0.001\text{rad}$。设全轴（包括 BC 端工件部分）可近似为等截面梁，试校核机床主轴的刚度。

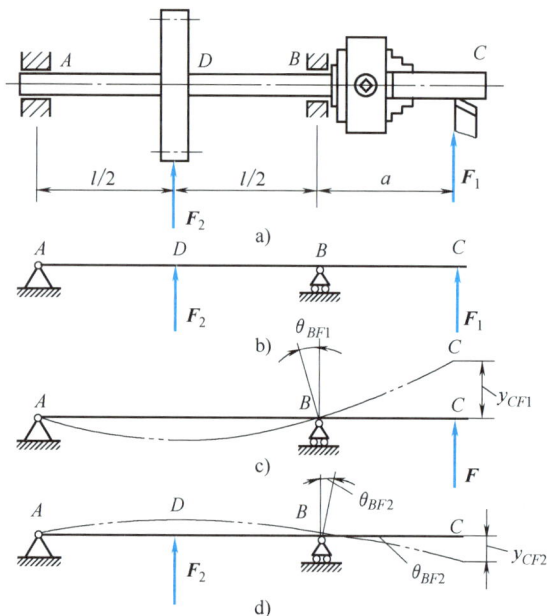

图 7-27

解 （1）求主轴的轴惯性矩。

$$I_z = \frac{\pi D^4}{64}(1-\alpha^4) = \frac{\pi \times 80^4}{64}\left[1-\left(\frac{40}{80}\right)^4\right]\text{mm}^4 = 1.88 \times 10^6 \text{mm}^4$$

（2）建立主轴的力学模型。如图 7-27b 所示，分别画出 F_1、F_2 作用在梁上的变形，如图 7-27c、d 所示。然后应用叠加法计算 C 截面的挠度和 B 截面的转角为

$$y_C = y_{CF1} + y_{CF2} = \frac{F_1 a^2(l+a)}{3EI_z} - \frac{F_2 l^2}{16EI_z}a$$

$$= \left[\frac{2 \times 10^3 \times 100^2 \times (400+100)}{3 \times 210 \times 10^3 \times 1.88 \times 10^6} - \frac{1 \times 10^3 \times 400^2 \times 100}{16 \times 210 \times 10^3 \times 1.88 \times 10^6}\right]\text{mm}$$

$$= 5.91 \times 10^{-3}\text{mm}$$

$$\theta_B = \theta_{BF1} + \theta_{BF2} = \frac{F_1 al}{3EI_z} - \frac{F_2 l^2}{16EI_z}$$

$$= \left[\frac{2 \times 10^3 \times 100 \times 400}{3 \times 210 \times 10^3 \times 1.88 \times 10^6} - \frac{1 \times 10^3 \times 400^2}{16 \times 210 \times 10^3 \times 1.88 \times 10^6}\right]\text{rad}$$

$$= 4.23 \times 10^{-5}\text{rad}$$

（3）校核主轴的刚度。

主轴的许用挠度为

$$[y_C] = 0.0001l = 10^{-4} \times 400\text{mm} = 40 \times 10^{-3}\text{mm} = 0.04\text{mm}$$

主轴的许用转角为

$$[\theta_B] = 0.001\text{rad} = 1.0 \times 10^{-3}\text{rad}$$

$$y_C < [y_C]$$

因此，有

$$\theta_B < [\theta_B]$$

即主轴的刚度满足要求。

思　考　题

7-1　什么情况下梁发生平面弯曲？

7-2　悬臂梁受集中力 **F** 作用，如图 7-28a 所示，**F** 与 y 轴的夹角如图 7-28b 所示。当截面分别为圆形、正方形、长方形时，梁是否发生平面弯曲？

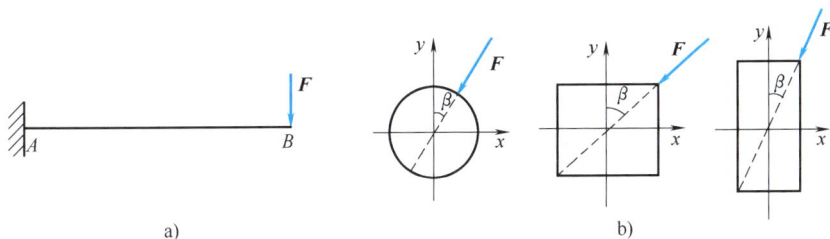

图 7-28

7-3　挑东西的扁担常在中间折断，而游泳池的跳板则在固定端处折断，为什么？

7-4　如图 7-29 所示，梁上作用分布载荷 q。在求梁的内力时，可用静力等效的集中力代替分布载荷吗？

7-5　矩形截面梁的横截面高度增加到原来的两倍，截面的抗弯能力将增大到原来的几倍？若矩形截面梁的横截面宽度增加到原来的两倍，则截面的抗弯能力将增大到原来的几倍？

7-6　矩形截面梁沿其横向对称轴剖为双梁，其截面的抗弯能力是否有变化？矩形截面梁沿其纵向对称轴剖为双梁，其截面的抗弯能力是否有变化？

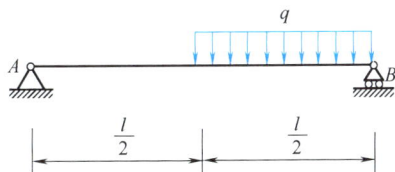

图 7-29

习　题

7-1　试求图 7-30 所示各指定截面上的剪力和弯矩，设 q、F、a 均为已知。

7-2　试作图 7-31 所示各梁的剪力图和弯矩图，并求出剪力和弯矩的绝对值的最大值，设 F、q、l、a 均为已知。

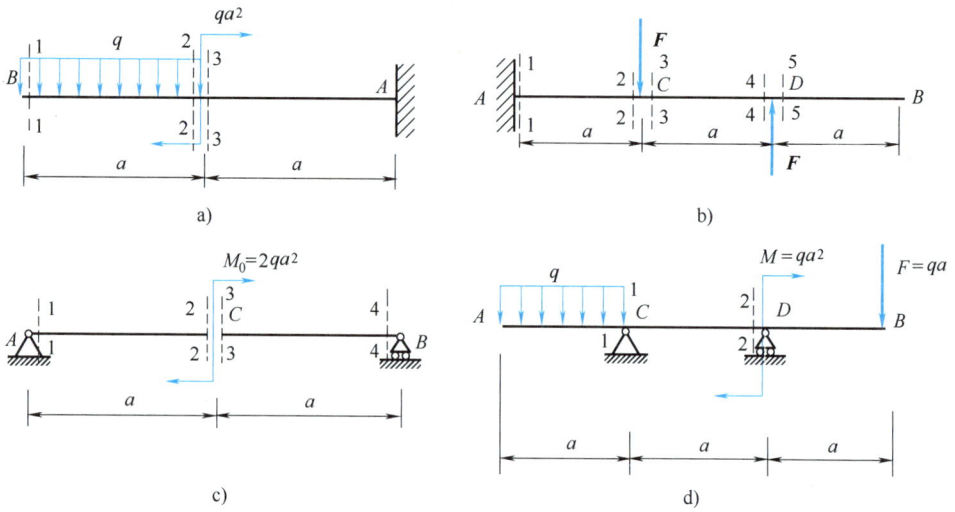

图 7-30

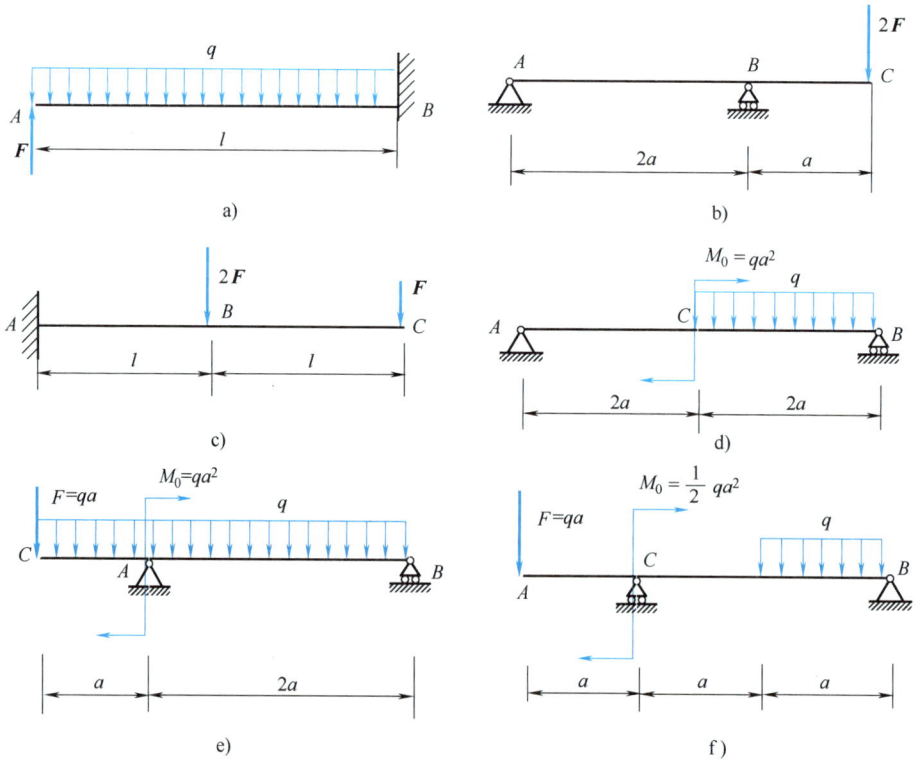

图 7-31

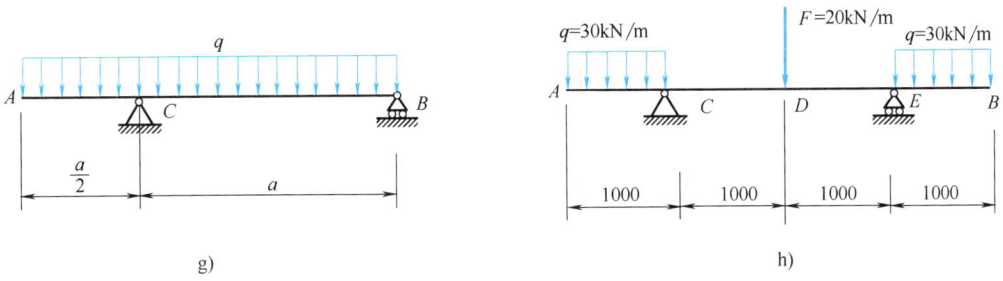

g)

h)

图 7-31（续）

7-3 如图 7-32 所示，已知悬臂梁的剪力图，试作出此梁的载荷分布图和弯矩图（梁上无集中力偶作用）。

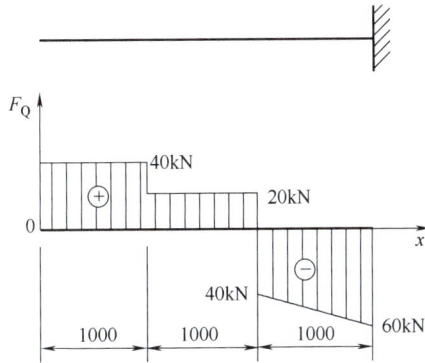

图 7-32

7-4 如图 7-33 所示，已知梁的弯矩图，试作梁的载荷分布图和剪力图。

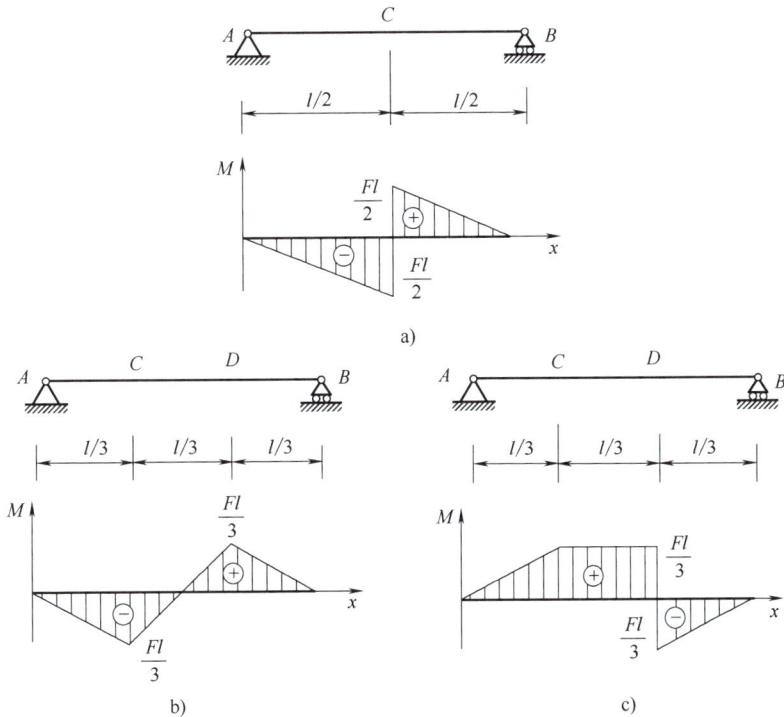

a)

b)

c)

图 7-33

7-5　如图 7-34 所示，试判断 F_Q、M 图是否有错，若有错请改正图中的错误。

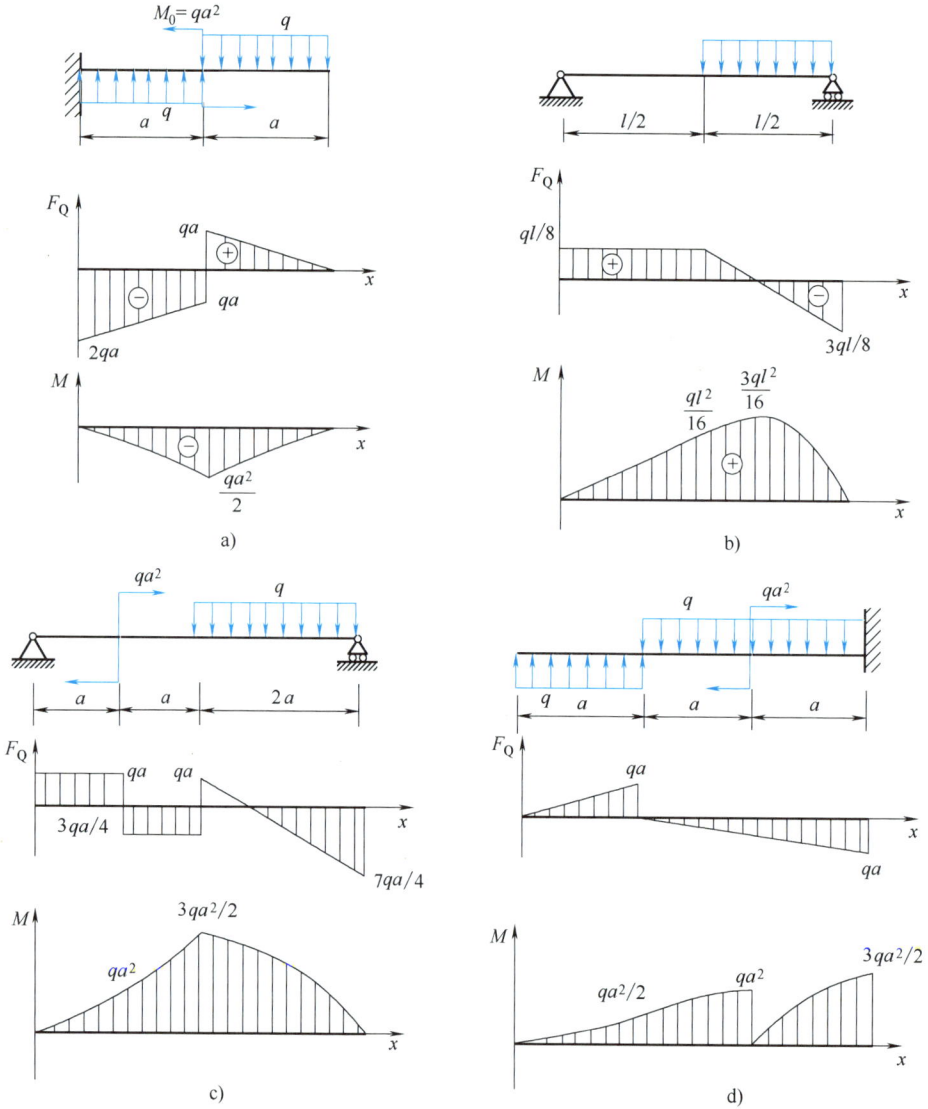

图 7-34

7-6　圆截面简支梁受载如图 7-35 所示，试计算支座 B 处梁截面上的最大正应力。

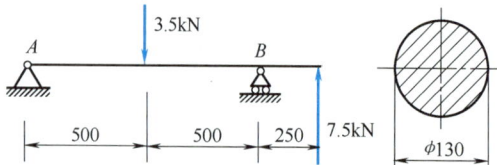

图 7-35

7-7　空心管梁受载如图 7-36 所示，已知 $[\sigma] = 150$MPa，管外径 $D = 60$mm。在保证安全的条件下，求内径 d 的最大值。

7-8　简支梁受载如图 7-37 所示，已知 $F = 10$kN，$q = 10$kN/m，$l = 4$m，$c = 1$m，$[\sigma] = 160$MPa。试设计正方形截面和 $b/h = 1/2$ 的矩形截面，并比较它们横截面面积的大小。

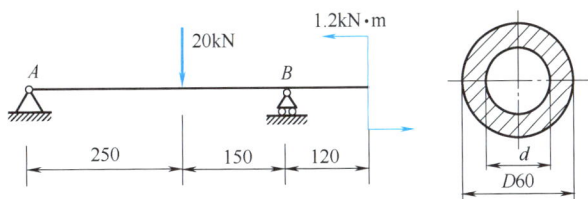

图 7-36

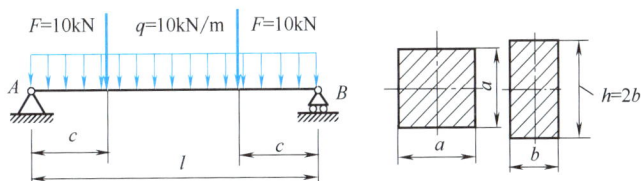

图 7-37

7-9 槽形铸铁梁受载如图 7-38 所示，槽形截面对中性轴 z 轴的惯性矩 $I_z = 40 \times 10^6 \text{mm}^4$，材料的许用拉应力 $[\sigma^+] = 40 \text{MPa}$，许用压应力 $[\sigma^-] = 150 \text{MPa}$。试校核此梁的强度。

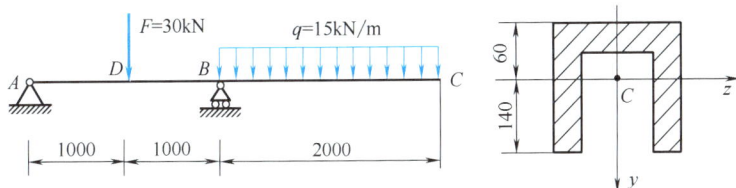

图 7-38

7-10 轧辊轴如图 7-39 所示，直径 $D = 280 \text{mm}$，跨长 $l = 1000 \text{mm}$，$a = 450 \text{mm}$，$b = 100 \text{mm}$，轧辊轴材料的许用弯曲正应力 $[\sigma] = 100 \text{MPa}$。试求轧辊轴所能承受的最大允许轧制力。

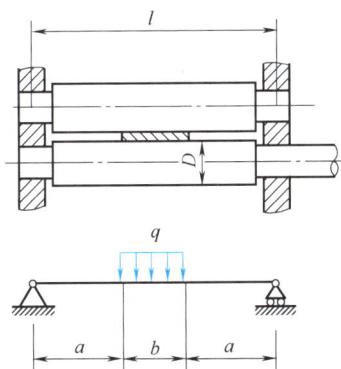

图 7-39

7-11 由 20b 工字钢制成的外伸梁如图 7-40 所示，在外伸端 C 处作用集中载荷 F，已知材料的许用应力 $[\sigma] = 160 \text{MPa}$，外伸端的长度为 2m。求最大许可载荷 $[F]$。

7-12 工字钢外伸梁，梁长 3m，外伸端长 0.5m，在外伸端处作用集中载荷 $F = 20 \text{kN}$，已知 $[\sigma] = 160 \text{MPa}$，试选择合适的工字钢型号。

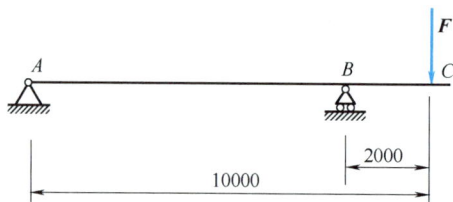

图 7-40

7-13 如图 7-41 所示，桥式起重机大梁由 32a 工字钢制成，梁跨 $l = 5\text{m}$，许用正应力 $[\sigma] = 160\text{MPa}$，若梁的最大起吊重量 $F = 50\text{kN}$，试按正应力强度条件校核梁的强度。

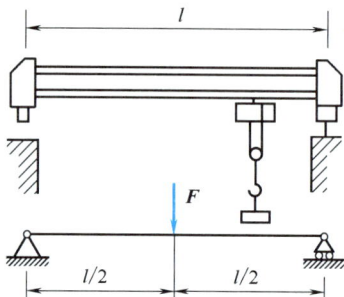

图 7-41

7-14 如图 7-42 所示，已知各梁的 E、I_z、M_0、F、l，试用叠加法求各梁的最大挠度和最大转角。

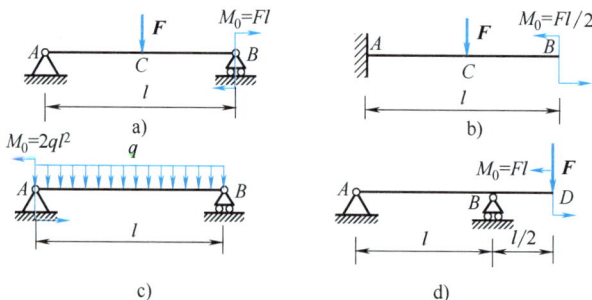

图 7-42

7-15 如图 7-43 所示，桥式起重机大梁为 32a 工字钢，材料的弹性模量 $E = 200\text{GPa}$，梁跨 $l = 8\text{m}$，梁的许可挠度 $[y] = l/500$，若起重机的最大载荷 $F = 20\text{kN}$，试校核梁的刚度。

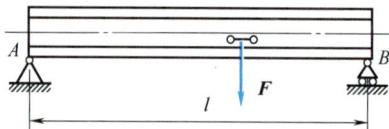

图 7-43

第 八 章

组合变形的强度计算

前面几章研究的构件在外力作用下只发生一种基本变形，而工程上大多数构件的受力情况较为复杂，它们的变形往往是两种或两种以上基本变形的组合。同时产生两种或两种以上基本变形的复杂变形称为组合变形。

本章主要讨论工程上常见的两种组合变形：轴向拉伸（或压缩）与弯曲的组合变形以及弯曲与扭转的组合变形。

第一节　拉伸（压缩）与弯曲组合变形的强度计算

现以图 8-1a 所示的钻床立柱为例来分析拉伸（压缩）与弯曲组合变形的强度计算。用截面法将立柱沿 m—n 截面截开，取上半部分为研究对象，上半部分在外力 $\boldsymbol{F}$ 及截面内力作用下应处于平衡状态，由平衡条件不难求得 m—n 截面上的轴向拉力 F_N 和弯矩 M 分别为

$$F_N = F$$

$$M = Fe$$

轴向拉力 F_N 使立柱产生拉伸作用，弯矩 M 使立柱产生平面弯曲，故立柱的变形为拉伸与弯曲的组合变形。轴向拉力 F_N 在 m—n 截面上产生拉伸正应力，弯矩 M 在 m—n 截面上产生弯曲正应力。这两种基本变形在立柱 m—n 面上产生的都是正应力，因此在计算 m—n 截面上的总应力时，只需将这两种正应力进行代数相加即可，如图 8-1c 所示。相加结果为截面左侧边缘处有最大压应力，截面右侧边缘处有最大拉应力，其值分别为

$$\sigma_{max}^- = \frac{F_N}{A} - \frac{M}{W_z}$$

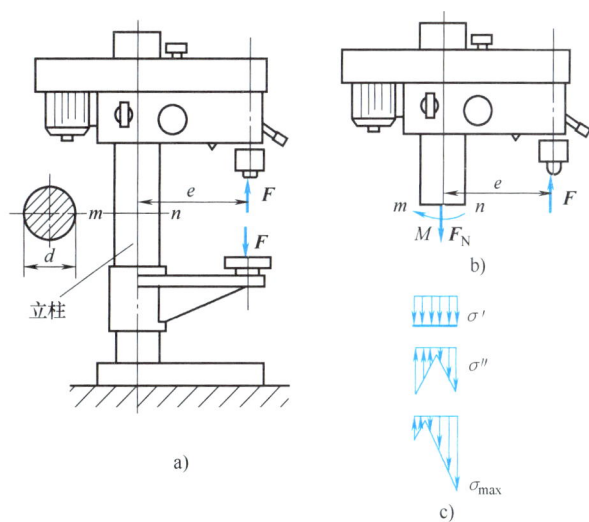

$$\sigma_{max}^+ = \frac{F_N}{A} + \frac{M}{W_z}$$

图 8-1

拉伸（压缩）与弯曲组合变形的强度计算

当杆件发生轴向拉伸（压缩）与弯曲的组合变形时，对于抗拉与抗压强度相同的塑性材料，只需按截面上的最大应力进行强度计算即可，其强度条件为

$$\sigma_{max} = \left| \frac{F_N}{A} \right| + \left| \frac{M}{W_z} \right| \leqslant [\sigma] \tag{8-1}$$

对于抗压强度大于抗拉强度的脆性材料，要分别按最大拉应力和最大压应力进行强度计算，其强度条件分别为

$$\left. \begin{array}{l} \sigma_{max}^+ = \dfrac{F_N}{A} + \dfrac{M}{W_z} \leqslant [\sigma^+] \\[3mm] \sigma_{max}^- = \left| -\dfrac{F_N}{A} - \dfrac{M}{W_z} \right| \leqslant [\sigma^-] \end{array} \right\} \tag{8-2}$$

例 8-1 如图 8-1a 所示，钻床钻孔时钻削力 $F = 15kN$，偏心距 $e = 400mm$，圆截面铸铁立柱的直径 $d = 125mm$，许用拉应力 $[\sigma^+] = 35MPa$，许用压应力 $[\sigma^-] = 120MPa$，试校核立柱的强度。

解 （1）求内力。由上述分析可知，立柱各截面发生拉弯组合变形，其内力分别为

$$F_N = F = 15kN$$

$$M = Fe = 15 \times 0.4 kN \cdot m = 6kN \cdot m$$

（2）强度计算。由于立柱材料为铸铁，且抗压性能优于抗拉性能，故只需对立柱截面右侧边缘点处的拉应力进行强度校核，即

$$\sigma_{max}^+ = \frac{F_N}{A} + \frac{M}{W_z} = \left\{ \frac{15 \times 10^3}{\pi \times 125^2 / 4} + \frac{6 \times 10^6}{0.1 \times 125^3} \right\} MPa = 32.5MPa < [\sigma^+]$$

计算结果表明立柱的强度足够。

例 8-2 图 8-2a 所示为简易起重机，其最大起吊重量 $G = 15.5kN$，横梁 AB 为工字钢，许用应力 $[\sigma] = 170MPa$，若梁的自重不计，试按正应力强度条件选择工字钢的型号。

解 （1）横梁的静力分析。横梁可简化为简支梁，由分析可知，当电葫芦移动到梁跨中点时，梁处于最危险的状态。将拉杆 BC 的作用力 F_B 分解为 F_{Bx} 和 F_{By}，如图 8-2b 所示，列静力平衡方程可求得

$$F_{By} = F_{Ay} = \frac{G}{2} = 7.75kN$$

$$F_{Bx} = F_{Ax} = F_{By} \cot\alpha = 7.75 \times \frac{3.4}{1.5} kN = 17.57kN$$

力 G、F_{Ay}、F_{By} 沿 AB 梁横向作用使梁 AB 发生弯曲变形；力 F_{Ax} 与 F_{Bx} 沿 AB 梁的轴向作用使梁 AB 发生轴向压缩变形。所以梁 AB 发生压缩与弯曲的组合变形。

（2）横梁的内力分析。当载荷作用于梁跨中点时，简支梁 AB 中点截面的弯矩值最大，其值为

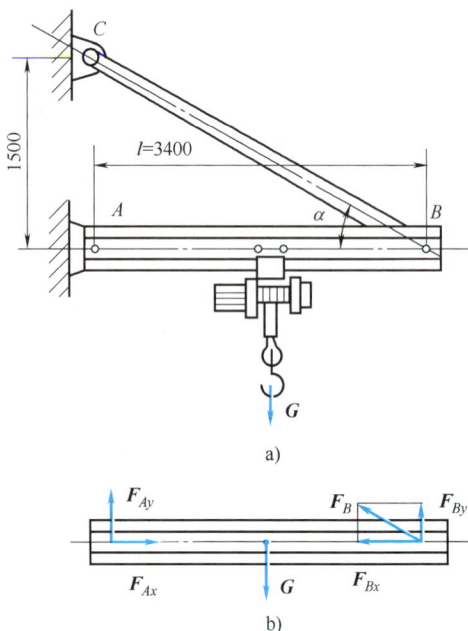

a)

b)

图 8-2

$$M_{max} = GL/4 = \frac{15.5 \times 3.4}{4} kN \cdot m = 13.18 kN \cdot m$$

横梁各截面的轴向压力为

$$F_N = F_{Ax} = 17.57 kN$$

（3）初选工字钢型号。按抗弯强度条件初选工字钢的型号

由

$$\sigma_{max} = \frac{M_{max}}{W_z} \leqslant [\sigma]$$

得

$$W_z \geqslant \frac{M_{max}}{[\sigma]} = \frac{13.18 \times 10^6}{170} mm^3 = 77.5 \times 10^3 mm^3 = 77.5 cm^3$$

查型钢表，初选工字钢型号为 14 号工字钢，其 $W_z = 102 cm^3$，$A = 21.5 cm^2$。

（4）校核横梁的强度。横梁最大压应力出现在中点截面的上边缘各点处。由压弯组合变形的强度条件

$$\begin{aligned}
\sigma_{max}^+ &= \frac{F_N}{A} + \frac{M}{W_z} \\
&= \left(\frac{17.57 \times 10^3}{21.5 \times 10^2} + \frac{13.18 \times 10^6}{102 \times 10^3} \right) MPa \\
&= 137 MPa < [\sigma]
\end{aligned}$$

选用 14 号工字钢作为横梁强度足够。倘若强度不满足，可以将所选的工字钢型号再放大一号进行校核，直到满足强度条件为止。

第二节　弯曲与扭转组合变形的强度计算

一、弯曲与扭转组合变形的概念

工程机械中的轴类构件，工作时大多数会发生弯曲与扭转的组合变形。如图 8-3a 所示的一端固定、一端自由的圆轴，A 端装有半径为 R 的圆轮，在轮上 C 点处作用一切向水平力

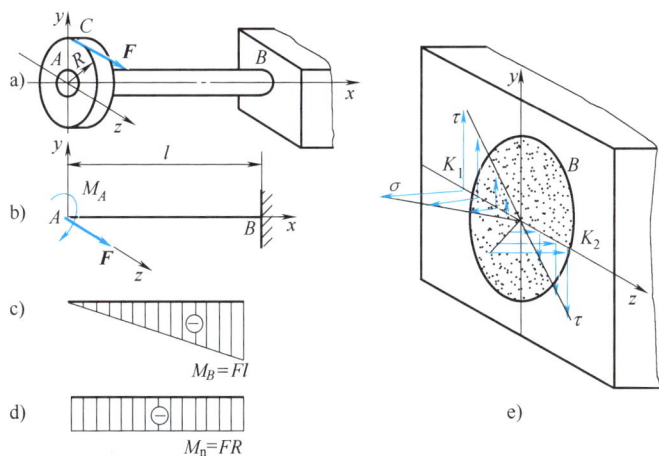

图 8-3

弯曲与扭转组合变形的概念

F。建立图示空间直角坐标系 $Axyz$，将轮轴简化并把力 F 向 A 点平移，结果为圆轴受到一横向平移力 F 和一附加力偶 M_A 的作用，如图 8-3b 所示，横向力 F 使圆轴在 xz 平面内发生弯曲变形，力偶 M_A 使圆轴发生扭转变形，故圆轴的变形为弯曲与扭转的组合变形，简称弯扭组合变形。

二、应力分析与强度条件

为了确定圆轴危险截面的位置，必须先分析轴的内力情况。圆轴在力 F 和力偶 M_A 的作用下，横截面上存在着弯矩与扭矩，作出圆轴的弯矩图（图 8-3c）和扭矩图（图 8-3d）。由图可见，圆轴各横截面上的扭矩相同，而弯矩则在固定端 B 截面处为最大，故 B 截面为圆轴的危险截面，其弯矩值和扭矩值分别为 $M_{max} = FL$ 和 $M_n = FR$。弯矩 M 将引起垂直于横截面的弯曲正应力 σ，扭矩 M_n 将引起平行于横截面的切应力 τ，B 截面上的应力分布规律如图 8-3e 所示。由图可知，B 截面上 K_1、K_2 两点处弯曲正应力和扭转切应力同时为最大值，所以这两点称为危险截面上的危险点。危险点的正应力和切应力的值分别为

$$\sigma_{max} = \frac{M_{max}}{W_z} \text{和} \tau_{max} = \frac{M_n}{W_n}$$

式中，M_{max} 为危险截面上的弯矩；M_n 为危险截面上的扭矩；W_z 为抗弯截面系数；W_n 为抗扭截面系数。

由于弯扭组合变形中危险点上既有正应力，又有切应力，属于复杂应力状态。在复杂应力状态下，不能将正应力和切应力简单地代数相加，而必须应用强度理论来建立强度条件。强度理论是关于材料破坏原因的假说。机械中产生弯扭组合变形的转轴大都采用塑性材料，实践证明，适用于塑性材料的强度理论是最大切应力理论和形状改变比能理论，分别称为第三强度理论和第四强度理论，两者都认为最大切应力是造成塑性材料屈服破坏的主要原因。据此，对于塑性材料处在弯扭组合变形的复杂应力状态下，可应用第三、第四强度理论来建立强度条件进行强度计算。第三、第四强度理论的强度条件分别为

$$\sigma_{xd3} = \sqrt{\sigma^2 + 4\tau^2} \leqslant [\sigma]$$

$$\sigma_{xd4} = \sqrt{\sigma^2 + 3\tau^2} \leqslant [\sigma]$$

式中，σ_{xd3} 为第三强度理论的相当应力；σ_{xd4} 为第四强度理论的相当应力。

将圆轴弯扭组合变形的弯曲正应力 $\sigma_{max} = M_{max}/W_z$ 和扭转切应力 $\tau_{max} = M_n/W_n$ 及 $W_n = 2W_z$ 代入上式，即得到圆轴弯扭组合变形时第三、第四强度理论的强度条件分别为

$$\sigma_{xd3} = \frac{\sqrt{M_{max}^2 + M_n^2}}{W_z} \leqslant [\sigma] \tag{8-3}$$

$$\sigma_{xd4} = \frac{\sqrt{M_{max}^2 + 0.75M_n^2}}{W_z} \leqslant [\sigma] \tag{8-4}$$

三、弯扭组合变形强度计算实例

例 8-3 图 8-4a 所示的直轴 AB，在轴右端的联轴器上作用有外力偶 M。已知带轮直径 $D = 0.5\text{m}$，带拉力 $F_T = 8\text{kN}$，$F_t = 4\text{kN}$，轴的直径 $d = 90\text{mm}$，间距 $a = 500\text{mm}$，若轴的许用应

力 $[\sigma]=50\mathrm{MPa}$。试按第三强度理论校核轴的强度。

解　（1）外力分析。将带的拉力平移到轴线，画直轴的力学模型，如图 8-4b 所示，作用于轴上的载荷有点 C 垂直向下的 $(F_\mathrm{T}+F_\mathrm{t})$ 和作用面垂直于轴线的附加力偶矩 $(F_\mathrm{T}-F_\mathrm{t})D/2$。其值分别为

$$F_\mathrm{T}+F_\mathrm{t}=(8+4)\mathrm{kN}=12\mathrm{kN}$$

$$M=(F_\mathrm{T}-F_1)D/2=(8-4)\times0.5/2\mathrm{kN\cdot m}=1\mathrm{kN\cdot m}$$

$F_\mathrm{T}+F_\mathrm{t}$ 与 A、B 处的约束力使轴产生弯曲变形，附加力偶 M 与联轴器上的外力偶使轴产生扭转变形，因此，轴 AB 发生弯扭组合变形。

（2）内力分析。作轴的弯矩图和扭矩图，如图 8-4c、d 所示，由图可知，轴的 C 截面为危险截面，该截面上的弯矩和扭矩分别为

$$M_C=(F_\mathrm{T}+F_\mathrm{t})a/2=(8+4)\times0.5/2\mathrm{kN\cdot m}=3\mathrm{kN\cdot m}$$

$$M_\mathrm{n}=M=1\mathrm{kN\cdot m}$$

（3）校核强度。由以上分析可知，C 截面的上、下边缘点是轴的危险点，按第三强度理论，其最大相当应力为

$$\sigma_\mathrm{xd3}=\frac{\sqrt{M_\mathrm{max}^2+M_\mathrm{n}^2}}{W_\mathrm{z}}=\frac{\sqrt{(3\times10^6)^2+(1\times10^6)^2}}{0.1\times90^3}\mathrm{MPa}=43.4\mathrm{MPa}<[\sigma]$$

所以轴的强度满足要求。

图 8-4

例 8-4　某减速器齿轮箱中的第 Ⅱ 轴如图 8-5 所示，该轴转速为 $n=265\mathrm{r/min}$；输入功率 $P_C=10\mathrm{kW}$；C、D 两轮的节圆直径分别为：$D_1=396\mathrm{mm}$；$D_2=168\mathrm{mm}$；轴径 $d=50\mathrm{mm}$；齿轮压力角 $\alpha=20°$；若轴的许用应力 $[\sigma]=100\mathrm{MPa}$，试按第四强度理论校核轴的强度。

解　（1）外力分析。将齿轮啮合力正交分解为

$$F_\mathrm{t1}=F_1\cos\alpha$$

$$F_\mathrm{r1}=F_1\sin\alpha$$

$$F_\mathrm{t2}=F_2\cos\alpha$$

$$F_\mathrm{r2}=F_2\sin\alpha$$

外力偶矩为

$$M_C=M_D=9550\times\frac{10}{265}\mathrm{N\cdot m}=360.38\mathrm{N\cdot m}$$

则

$$F_\mathrm{t1}=\frac{2M_C}{D_1}=\frac{2\times360.38\times10^3}{396}\mathrm{N}=1820\mathrm{N}$$

$$F_\mathrm{r1}=F_\mathrm{t1}\times\tan\alpha=1820\mathrm{N}\times\tan20°=662\mathrm{N}$$

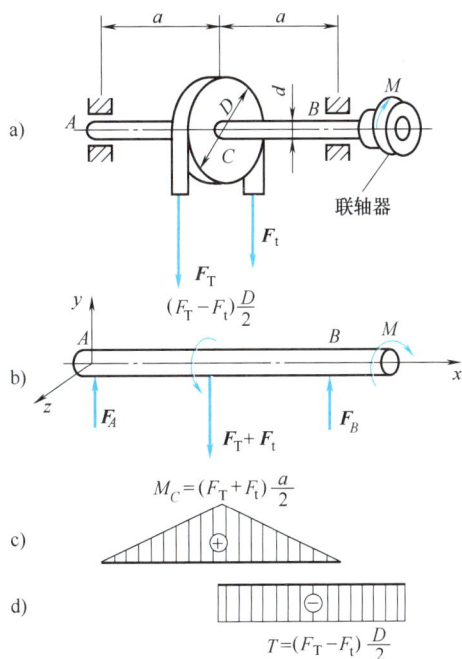

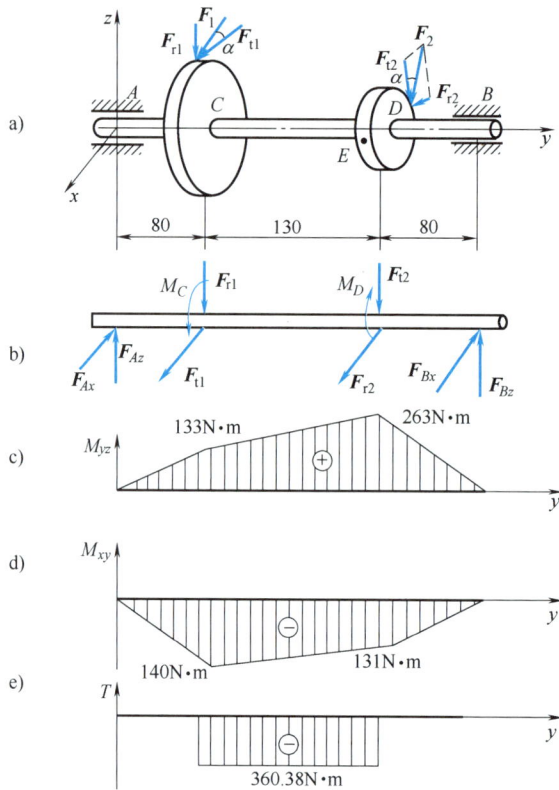

图 8-5

$$F_{t2} = \frac{2M_D}{D_2} = \frac{2 \times 360.38 \times 10^3}{168} \text{N} = 4290 \text{N}$$

$$F_{r2} = F_{t2} \times \tan\alpha = 4290 \text{N} \times \tan 20° = 1561 \text{N}$$

（2）作内力图。如图 8-5b 所示，轴在两相互垂直的平面内同时受到力的作用，所以在两个平面内都会发生弯曲变形，同时也可以作出两个相互垂直平面内的弯矩图，如图 8-5c、d 所示。由矢量合成法可以将该两个方向的弯矩合成，合成后的弯矩称为合成弯矩，各截面上合成弯矩的大小可用式 $M = \sqrt{M_{yz}^2 + M_{xy}^2}$ 进行计算。

由 yz 平面和 xy 平面两弯矩图（图 8-5c、d）可见，轴的 D 截面是最大合成弯矩所在的截面，即是轴的危险截面，其最大合成弯矩为

$$M_D = \sqrt{M_{Dyz}^2 + M_{Dxy}^2} = \sqrt{263^2 + 131^2} \text{N} \cdot \text{m} = 293.82 \text{N} \cdot \text{m}$$

（3）按第四强度理论

$$\sigma_{xd4} = \frac{\sqrt{M_D^2 + 0.75 M_n^2}}{W_z} = \frac{32}{\pi \times 50^3} \times \sqrt{(297.94 \times 10^3)^2 + 0.75 \times (360.38 \times 10^3)^2} \text{MPa}$$

$$= 34.9 \text{MPa} < [\sigma]$$

所以，轴的强度满足要求。

讨论与思考：若将 D 轮的啮合点改为前边缘点（图 8-5a 中的点 E），则 F_{t1} 与 F_{r2} 及 F_{r1} 与 F_{t2} 互成反向，这可使截面内的弯矩大幅度减小，使轴更加安全或可承受更大的载荷。

思 考 题

8-1 用叠加原理处理组合变形问题，将外力分解时应注意些什么？

8-2 如图8-6所示，试判别图中曲杆 *ABCD* 上 *AB*、*BC* 和 *CD* 等杆将产生何种变形？

8-3 拉弯组合变形杆件的危险点位置如何确定？建立强度条件时为什么不必利用强度理论？

8-4 弯扭组合变形的圆截面杆，在建立强度条件时，为什么要用强度理论？

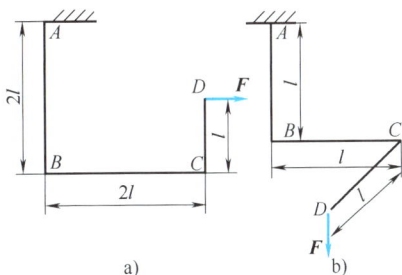

图 8-6

8-5 同时受轴向拉伸、扭转和弯曲的圆截面杆，按第三强度理论建立的强度条件是否可写成如下形式？为什么？

$$\sigma_{xd3} = \frac{F_N}{A} + \frac{\sqrt{M^2 + M_n^2}}{W_z} \leqslant [\sigma]$$

习 题

8-1 如图8-7所示，钻床立柱由铸铁制成，直径 $d = 130\text{mm}$，$e = 400\text{mm}$，材料的许用拉应力 $[\sigma^+] = 30\text{MPa}$。试求许可压力 $[F]$。

8-2 如图8-8所示，简支梁截面为22a工字钢。已知 $F = 100\text{kN}$，$l = 1.2\text{m}$，材料的许用应力 $[\sigma] = 160\text{MPa}$。试校核梁的强度。

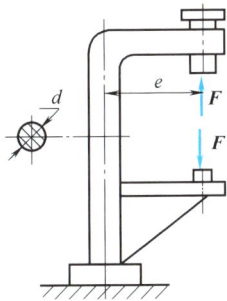

图 8-7

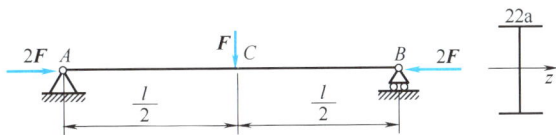

图 8-8

8-3 如图8-9所示，起重构架梁 *ACD* 由两根槽钢组成。已知 $a = 3\text{m}$，$b = 1\text{m}$，$F = 30\text{kN}$，槽钢材料的许用应力 $[\sigma] = 140\text{MPa}$，试选择槽钢的型号。

8-4 如图8-10所示，绞车的最大载重量 $W = 0.8\text{kN}$，鼓轮的直径 $D = 380\text{mm}$，绞车材料的许用应力 $[\sigma] = 80\text{MPa}$，试按第三强度理论确定绞车轴直径 d。

8-5 如图8-11所示，折杆的 *AB* 段为圆截面，*AB* 垂直于 *BC*，已知 *AB* 杆直径 $d = 100\text{mm}$，材料的许用应力 $[\sigma] = 80\text{MPa}$，试按第三强度理论确定许可载荷 $[F]$。

8-6 如图8-12所示的转轴，齿轮 *A* 的直径 $D_1 = 300\text{mm}$，其上作用有垂直力 $F_y = 1\text{kN}$；齿轮 *B* 的直径 $D_2 = 150\text{mm}$，其上作用有水平力 $F_z = 2\text{kN}$，轴材料的许用应力 $[\sigma] = 160\text{MPa}$。

试按第四强度理论设计轴的直径 d。

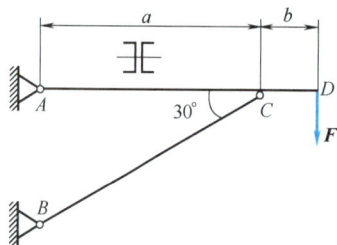

图 8-9

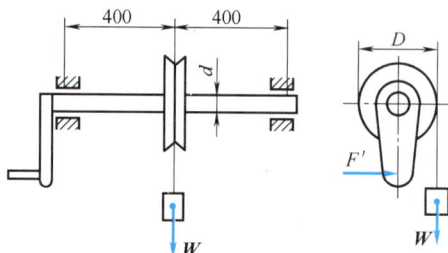

图 8-10

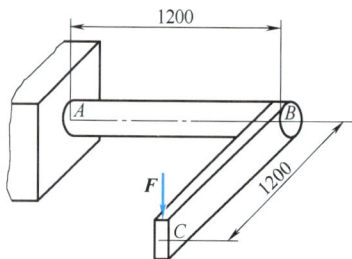

图 8-11

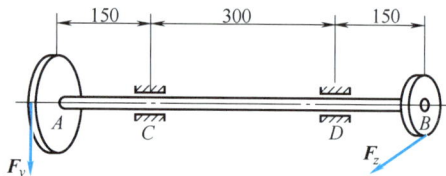

图 8-12

8-7　如图 8-13 所示，转轴传递的功率 $P = 2kW$，转速 $n = 100r/min$，带轮直径 $D = 250mm$，带的拉力 $F_T = 2F_t$，轴材料的许用应力 $[\sigma] = 80MPa$，轴的直径 $d = 45mm$。试按第三强度理论校核轴的强度。

8-8　如图 8-14 所示，直轴传递的功率 $P = 8kW$，转速 $n = 50r/min$，带轮 A 的拉力沿水平方向，带轮 B 的拉力沿垂直方向，两轮的直径均为 $D = 1m$，重力 $G = 5kN$，松边拉力 $F_t = 2kN$，轴的直径 $d = 70mm$，材料的许用应力 $[\sigma] = 90MPa$。试按第四强度理论校核轴的强度。

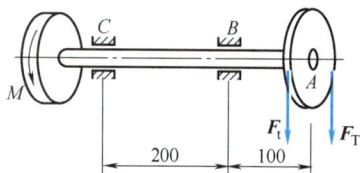

图 8-13

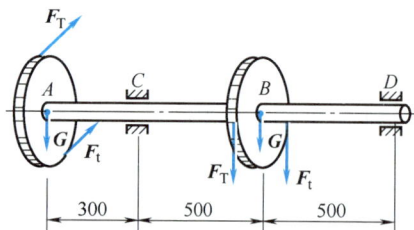

图 8-14

第九章

压杆稳定

前面研究了构件的强度与刚度问题。本章将研究受压构件的稳定性问题。它和强度、刚度问题一样，是材料力学所研究的基本问题之一。

第一节 压杆稳定的概念

细长杆件即使在强度和刚度足够的条件下，如果受到较大压力时，也会发生弯曲现象而失去工作能力。如图 9-1 所示的两端铰支的细长压杆，当轴向压力 F 逐渐增大但不超过某一极限值时，杆件一直能保持直线形状，如果从横向施加很微小的侧向干扰力而使之轻微弯曲，如图 9-1a 所示，但在干扰力解除后，它仍能恢复直线形状，如图 9-1b 所示，这表明直线形状的平衡是稳定的。而当压力 F 增大到某一极限值时，压杆直线形状的平衡就变为不稳定，这时，用微小的侧向干扰力使之轻微弯曲，在干扰力解除后，就不再恢复原来的直线形状而保持曲线形状的平衡，如图 9-1c 所示。上述压力 F 的极限值称为细长压杆的**临界载荷**或**临界压力**，记为 F_{cr}。压杆在临界载荷的作用下将失去直线平衡而转为曲线平衡。这种由于杆件直线平衡状态的突然转变而引起的失效称为丧失稳定。压杆失稳后，压力的微小增加也将会导致杆件的弯曲变形显著加大，给工程结构带来极大的危害，而且这种失稳往往发生在突然间，会造成严重的后果。例如，1907 年北美魁北克圣劳伦斯河上一座长 500 多米的钢桥在施工中突然倒塌，就是由于桁架中受压杆失稳而造成的。

与细长压杆的失稳相似，其他形状的受力构件也会发生失稳，例如狭长的板条式梁在平面内弯曲时（图 9-2）会因载荷达到临界值而发生倒向弯曲，并伴随扭转，这也是稳定性不

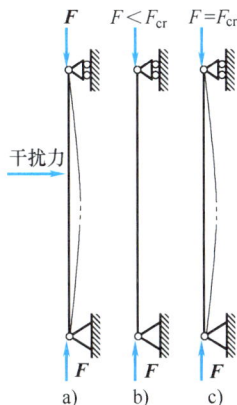

图 9-1

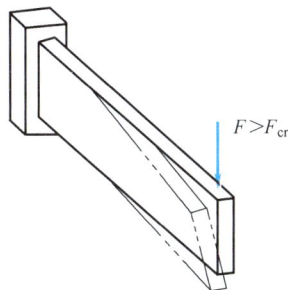

图 9-2

足而引起的失效。

压杆的稳定失效不同于压杆的强度失效。如对轴向受压杆而言，根据强度准则，只要横截面上的正应力不超过材料的许用应力，即可承受 $F \leqslant A[\sigma]$ 的载荷。但对于轴向受压的细长杆，则无法承受如此大的载荷，当轴向压力 F 远小于 $A[\sigma]$ 时，杆就会弯曲而折断。由此可知，压杆的破坏并不是由于抗压强度不足，而是由于稳定性不足所致。

第二节　细长压杆的临界载荷

设细长压杆的两端为铰支座约束，如图 9-3 所示，左端为固定铰，右端为活动铰，杆轴线为直线。当压力 F 逐渐增大时，压杆将由直线平衡状态转为曲线平衡状态。

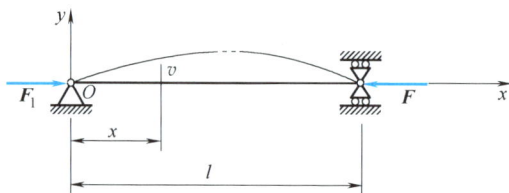

图 9-3

要使压杆维持直线平衡状态，压力 F 必须小于或等于临界载荷 F_{cr}。临界载荷的计算公式约在 200 多年前由瑞士数学家欧拉和法国数学家拉格朗日推导得出

$$F_{cr} = \frac{\pi^2 EI}{l^2} \qquad (9-1)$$

式中，E 为材料的弹性模量；I 为压杆截面的轴惯性矩；l 为压杆的长度。

式（9-1）适用于工程中最为常见的两端铰支约束的细长压杆，通常又称两端铰支细长压杆临界载荷的欧拉公式。

在工程实际中，除上述两端同为铰支约束的压杆外，还有其他支座约束形式的压杆。例如千斤顶的受压螺杆，如图 9-4 所示，其下端可简化为固定端约束，而上端未受到其他约束则简化为自由端。这样的细长压杆的支座条件就是一端自由而另一端固定。由于杆端支座对压杆变形起约束作用，不同支座形式对压杆变形的约束作用是不同的，因此其临界载荷值也必然不同。因此，工程上将不同约束条件下压杆临界载荷的欧拉公式统一写成

$$F_{cr} = \frac{\pi^2 EI}{(\mu l)^2} \qquad (9-2)$$

此式为欧拉公式的普遍形式。式中，μl 称为计算长度；μ 称为长度系数。不同支座情况下的长度系数见表 9-1，更为复杂的情况可查阅有关力学手册。

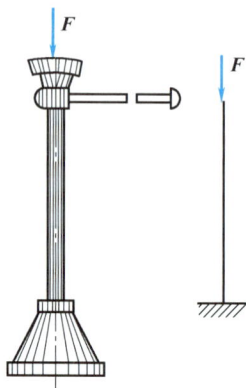

图 9-4

表 9-1　不同支座情况下的长度系数

杆端约束情况	两端铰支	一端固定一端自由	两端固定	一端固定一端铰支
挠曲线形状				
μ	1	2	0.5	0.7

第三节　欧拉公式的适用范围与经验公式

一、临界应力

当压杆所受的外力达到临界载荷时，其横截面上的平均应力称为压杆的临界应力，用 σ_{cr} 表示，即

$$\sigma_{cr} = \frac{F_{cr}}{A} = \frac{\pi^2 EI}{(\mu l)^2 A} \tag{9-3}$$

式中，A 为压杆的横截面面积。

令 $i^2 = I/A$，i 为横截面的惯性半径，于是式（9-3）可以写成

$$\sigma_{cr} = \frac{F_{cr}}{A} = \frac{\pi^2 EI}{(\mu l)^2 A} = \frac{\pi^2 E}{\left(\dfrac{\mu l}{i}\right)^2} \tag{9-4}$$

令 $\lambda = \mu l/i$，代入式（9-4）得

$$\sigma_{cr} = \frac{\pi^2 E}{\lambda^2} \tag{9-5}$$

式中，λ 称为柔度或长细比，其量纲为一。

该式为欧拉公式（9-2）的另一种表达形式，这两种不同的表达形式并无本质上的区别，它们都是在材料符合胡克定律的基础上导出的。式中，λ 综合地反映了压杆长度、截面形状与尺寸以及支承情况对临界应力的影响。另外，从式中还可看到，当 E 值一定时，σ_{cr} 与 λ^2 成反比，这表明，由同一材料制成的压杆，临界应力的大小仅决定于杆的长细比，λ 值越大，σ_{cr} 越小。

二、欧拉公式的适用范围

因为欧拉公式是根据挠曲线近似微分方程建立的，即压杆的临界应力在不超过材料的比

例极限 σ_p 时，欧拉公式（9-2）或式（9-5）才可应用，也就是欧拉公式的适用范围为

$$\sigma_{cr} = \frac{\pi^2 E}{\lambda^2} \leqslant \sigma_p \text{ 或 } \lambda \geqslant \pi \sqrt{\frac{E}{\sigma_p}}$$

若令 $\lambda_p = \pi\sqrt{E/\sigma_p}$，则上述适用范围又可写成

$$\lambda \geqslant \lambda_p = \pi \sqrt{\frac{E}{\sigma_p}} \tag{9-6}$$

由式（9-6）可以看出，λ_p 仅与材料的弹性模量 E 和比例极限 σ_p 有关，不同材料制成的压杆，其 λ_p 数值也就不同。例如对于 Q235 钢，已知 $E = 2.06 \times 10^5$ MPa，$\sigma_p = 200$ MPa，将其代入式（9-6）得

$$\lambda_p = \pi \sqrt{\frac{E}{\sigma_p}} = \pi \sqrt{\frac{2.06 \times 10^5}{200}} \approx 100$$

这说明由 Q235 钢制成的压杆，只有当 $\lambda_p \geqslant 100$ 时，才可以使用欧拉公式。对于满足条件 $\lambda \geqslant \lambda_p$ 的压杆，通常称为大柔度杆。以前提到的细长压杆，实际上就是指大柔度杆。

三、经验公式

欧拉公式只适用于 $\lambda \geqslant \lambda_p$ 的大柔度杆，对于 $\lambda < \lambda_p$ 的非细长压杆一般采用经验公式。经验公式是经过大量的实验通过分析而建立起来的。常见的适用于不同材料的经验公式有直线公式和抛物线公式二种。

（1）合金钢、铝合金、铸铁和木材　这类材料一般采用直线公式。该公式的一般表达式为

$$\sigma_{cr} = a - b\lambda \tag{9-7}$$

式中，a 和 b 均为与材料性能有关的常数，单位为 MPa。几种常用材料的 a 和 b 值见表 9-2。

使用直线公式时，柔度 λ 存在一个最低极限值，其值与材料的压缩极限应力有关，因为当应力达到屈服强度 σ_s（塑性材料）或抗拉强度 σ_b（脆性材料）时，压杆已因强度不足而失效。例如，塑性材料的压缩极限应力为屈服强度 σ_s，于是使用直线公式的最小值为

表 9-2　几种常用材料的 a、b 值和柔度 λ_p、λ_s

材料	a/MPa	b/MPa	λ_p	λ_s
硅钢　$\sigma_s = 353$MPa　$\sigma_b \geqslant 510$MPa	577	3.74	100	60
铬钼钢	980	5.29	55	0
Q235	304	1.12	104	61.4
优质钢　$\sigma_b \geqslant 470$　$\sigma_s = 306$	460	2.57	100	60
硬铝	372	2.14	50	0
铸铁	331.9	1.453	—	—
松木	39.2	0.199	59	0

$$\lambda_s = \frac{a - \sigma_s}{b} \tag{9-8}$$

综上所述，可将压杆柔度分为三类，分别按不同的方式处理。对于 $\lambda < \lambda_s$ 的小柔度杆，失效时没有失稳现象，按压缩强度问题处理；对于 $\lambda \geqslant \lambda_p$ 的大柔度杆采用欧拉公式（9-5）计算临界应力；对于 $\lambda_s \leqslant \lambda < \lambda_p$ 的中柔度杆，用直线经验公式（9-7）计算临界应力。在以上三种情况下，临界应力随柔度变化的关系曲线如图 9-5 所示。

（2）结构钢及低合金结构钢　这类材料一般采用抛物线公式，由此公式和欧拉公式绘成的临界应力总图，如图 9-6 所示。

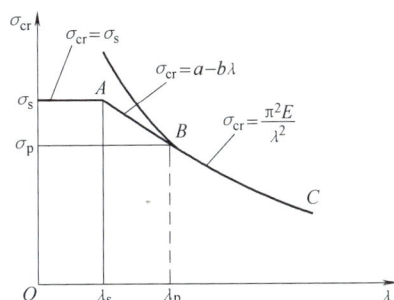

图 9-5

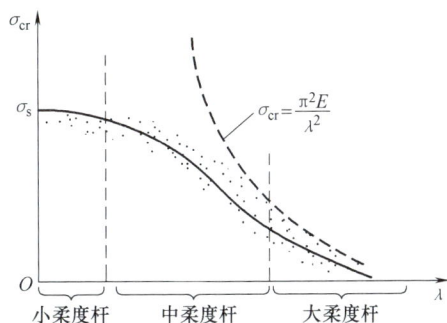

图 9-6

对于 $\lambda \geqslant \lambda_p$ 的大柔度杆，采用欧拉公式（9-2）计算临界应力；对于 $0 < \lambda < \lambda_p$ 的小柔度杆和中柔度杆，按抛物线公式计算临界应力 σ_{cr}，即

$$\sigma_{cr} = a_1 - b_1 \lambda^2 \tag{9-9}$$

式中，a_1 和 b_1 均为与材料力学性能有关的常数，单位为 MPa，如对于 Q235 钢，$E = 2.06 \times 10^5$ MPa，$\sigma_s = 235$ MPa，其临界应力表达式为 $\sigma_{cr} = (235 - 0.0068\lambda^2)$ MPa；对于 16Mn 钢，$\sigma_s = 343$ MPa，$E = 2.06 \times 10^5$ MPa，其临界应力表达式为 $\sigma_{cr} = (343 - 0.00161\lambda^2)$ MPa，等等。

例 9-1　由 Q235 钢制成的矩形截面杆，其受力和两端约束情况如图 9-7 所示，图 9-7a 为主视图，图 9-7b 为俯视图，在杆的两端 A、B 处为圆柱销连接。已知 $l = 2300$ mm，$b = 40$ mm，$h = 60$ mm，材料的弹性模量 $E = 205$ GPa，试求此杆的临界载荷。

解　压杆 AB 左右两端为圆柱销连接，它与球铰约束不同。在主视图平面内弯曲时，两端可以自由转动，相当于铰链；而在俯视图平面内弯曲时，两端不能转动，近似视为固定端。因为压杆是矩形横截面，故在主视

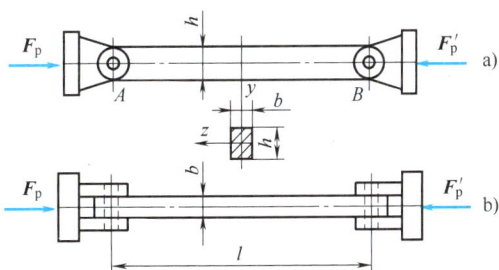

图 9-7

图平面内失稳时，截面将绕轴 z 转动；而在俯视图平面内失稳时，截面将绕轴 y 转动。因此，应先计算压杆在两个平面内的柔度，以确定在哪一个平面内失稳。在主视图平面内，取长度系数 $\mu_z = 1$，压杆柔度为

$$i_z = \sqrt{\frac{I_z}{A}} = \sqrt{\frac{bh^3/12}{bh}} = \frac{\sqrt{3}\,h}{6} = \frac{\sqrt{3} \times 60}{6}\text{mm} = 17.32\text{mm}$$

$$\lambda_z = \frac{\mu_z l}{i_z} = \frac{1 \times 2300}{17.32} = 132.8$$

同理

$$i_y = \frac{\sqrt{3}\,b}{6} = \frac{\sqrt{3} \times 40}{6}\text{mm} = 11.55\text{mm}$$

在俯视图平面内，取长度系数 $\mu_y = 0.5$，压杆柔度为

$$\lambda_y = \frac{\mu_y l}{i_y} = \frac{0.5 \times 2300}{11.55} = 99.6$$

因 $\lambda_z > \lambda_y$，故压杆首先在主视图平面内失稳，且在此平面 $\lambda_z > \lambda_p = 100$ 为细长杆，故临界载荷为

$$F_{cr} = \sigma_{cr} A = \frac{\pi^2 E}{\lambda^2} bh = \frac{\pi^2 \times 205 \times 10^3 \times 40 \times 60}{132.8^2}\text{N}$$

$$= 275.3 \times 10^3 \text{N}$$

$$= 275.3 \text{kN}$$

第四节　压杆的稳定性设计

为了保证压杆的直线平衡状态是稳定的，并具有一定的安全储备，必须使压杆的轴向工作压力满足如下条件

$$F \leqslant \frac{F_{cr}}{n_{st}} = [F]_{st} \tag{9-10}$$

式中，n_{st} 为稳定安全因数，$[F]_{st}$ 为稳定许可载荷。引入压杆横截面面积 A，上式也可写成

$$\sigma \leqslant \frac{\sigma_{cr}}{n_{st}} = [\sigma]_{st} \tag{9-11}$$

即压杆在直线平衡状态时横截面上的工作应力 σ 不能超过压杆的稳定许用应力 $[\sigma]_{st}$。因为压杆不可能是理想的直杆，加之压杆自身的初始缺陷如初始曲率、载荷作用的偏心以及失稳的突发性等因素，使压杆的临界载荷下降，所以通常规定的稳定安全因数都大于强度安全因数。如对于钢材，取 $n_{st} = 1.8 \sim 3.0$；对于铸铁，取 $n_{st} = 5.0 \sim 5.5$；对于木材，取 $n_{st} = 2.8 \sim 3.2$。基于如上压杆稳定设计要求，在工程上常采用安全因数法。采用安全因数法时，稳定性设计条件一般表示为

$$n_w \geqslant [n]_{st} \tag{9-12}$$

式中，$[n]_{st}$ 为规定的稳定安全因数，在静载荷作用下，它略高于强度安全因数。n_w 为工作安全因数，它可由下式确定

$$n_w = \frac{\sigma_{cr}}{\sigma} = \frac{F_{cr}}{F} \tag{9-13}$$

例 9-2　有一空气压缩机的活塞杆由 45 钢制成，已知 $\sigma_s = 350\text{MPa}$，$\sigma_p = 280\text{MPa}$，$E =$

210GPa，杆长度 $l=703\text{mm}$，直径 $d=45\text{mm}$。如最大压力 $F_{max}=41.6\text{kN}$，规定稳定安全因数 $[n]_{st}=8\sim10$，试校核其稳定性。

解　由式（9-6）计算其柔度值

$$\lambda_p=\pi\sqrt{\frac{E}{\sigma_p}}=3.14\times\sqrt{\frac{210\times10^3}{280}}=86$$

活塞杆两端可简化为铰支座，取长度系数 $\mu=1$，圆形活塞杆截面的惯性半径 $i=\sqrt{I/A}=d/4$，因此柔度为

$$\lambda=\frac{\mu l}{i}=\frac{1\times703}{45\times0.25}=62.5$$

因为 $\lambda<\lambda_p$，所以不能够用欧拉公式计算临界载荷。如果使用直线公式，根据表9-2查得优质钢的 $a=461\text{MPa}$，$b=2.568\text{MPa}$，由式（9-8）计算出优质钢强度失效时所对应的柔度为

$$\lambda_s=\frac{a-\sigma_s}{b}=\frac{461-350}{2.568}=43.2$$

活塞杆的 λ 介于 λ_s 和 λ_p 之间，是中柔度杆，由直线公式求得

$$\sigma_{cr}=a-b\lambda=(461-2.568\times62.5)\text{MPa}=301\text{MPa}$$

$$F_{cr}=A\sigma_{cr}=\frac{\pi}{4}\times45^2\times301\text{kN}=478\text{kN}$$

所以，活塞的工作安全因数为

$$n_w=\frac{F_{cr}}{F_{max}}=\frac{478}{41.6}=11.5>[n]_{st}=8\sim10$$

结果表明空气压缩机活塞杆满足稳定性要求。

第五节　提高压杆稳定性的措施

压杆的失稳与杆件的强度、刚度失效有本质上的差别，前者失效时的载荷远远低于后者，并且具有突发性，因而常常造成灾难性的后果。由于影响压杆稳定性的因素很多，因此为了提高压杆的承载能力，必须合理设计压杆，从杆的长度、横截面形状、约束条件和材料性能等多方面加以综合考虑。

一、减小压杆长度

对于细长压杆，其临界载荷与杆长的平方成反比，因此减小杆长可以明显提高压杆的承载能力。在某些情况下也可以通过改变结构或增加支点来达到减小杆长的目的。

二、合理选择压杆截面形状

大柔度杆和中柔度杆的临界应力均与柔度 λ 有关，柔度越小，临界应力越高。因此，对于长度和约束方式一定的压杆，在横截面面积保持不变的情况下，应选择惯性矩较大的截面形状。如果考虑压杆失稳的方向性，那么对两端为球铰支或固定端的压杆，宜选用空心圆

截面或者中空的正方形截面，以保证截面对各个方向的截面二次矩都相同，即 $I_y = I_z$，这样的截面无疑更加经济、合理。例如，起重机起重臂（图9-8a）上的角钢就分散放在截面周边的四角（图9-8b）。

还有钢结构桁架中的压杆，也是把型钢分开安放再连接成一个整体（图9-9）。当然，也不能为了取得较大惯性矩就无限制地增加环形截面直径并减小壁厚，这样有可能出现局部失稳而发生褶皱。

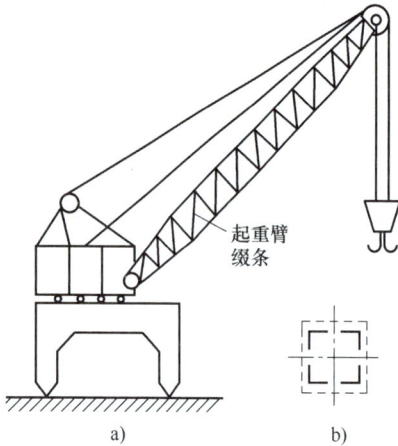

图 9-8

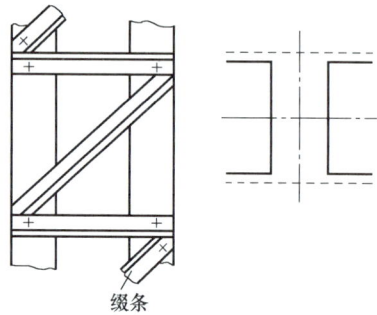

图 9-9

三、改变压杆约束条件

压杆支座的约束条件直接影响临界载荷的大小。若压杆约束的刚性越强，则长度系数 μ 值越低，压杆的临界载荷就越大。如将一端固定另一端自由的压杆，改变为一端固定另一端铰支的压杆，则长度系数 μ 由 2 降低为 0.7，而临界载荷将增大为原来的 8.16 倍。一般说来，增强压杆约束的刚性，都可以大幅度提高压杆的稳定性。

四、合理确定材料的弹性模量

大柔度压杆的临界载荷与材料的弹性模量 E 有关，在其他约束条件相同的情况下，选用弹性模量较高的材料，显然可以提高压杆的稳定性。但就钢材而言，它们的弹性模量相当接近。若采用优质高强度钢去替换普通钢，则对提高临界载荷的作用收效甚微，不仅意义不大，而且造成材料浪费和成本提高。但是，对中、小柔度压杆，因为它们的临界载荷与材料的比例极限、压缩强度极限有关，所以选用优质高强度钢有利于压杆稳定性的提高。

思 考 题

9-1 杆件的强度、刚度和稳定性有何区别？

9-2 何谓稳定平衡与不稳定平衡？何谓失稳？

9-3 何谓临界载荷？两端铰支细长压杆临界载荷欧拉公式的应用条件是什么？

9-4 何谓惯性半径？何谓柔度？它们的量纲是什么？

9-5 如图 9-10a 所示，把一件竖直的卡片纸立在桌子上，其自重就可以把它压弯。再如图 9-10b 所示，把卡片纸折成角钢形立在桌上，其自重就不能把它压弯了。又如图 9-10c 所示，把卡片纸卷成圆筒形立在桌子上，即使在其顶部施加一小砝码也不会把它压弯，为什么？

9-6 如图 9-11 所示，两端为球形铰支的细长压杆具有下列形式的横截面，试说明它们会朝哪个方向失稳？

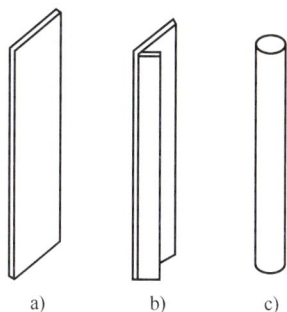

图 9-10

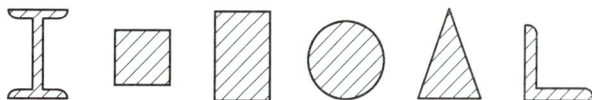

图 9-11

9-7 要制造三根不同长度的细长压杆，原拟定采用 Q235 钢，后因故改用优质碳钢，试问这样做是否可以提高各杆的承载能力？

9-8 一压杆如图 9-12 所示，二端均为球形铰支约束，试问在计算临界载荷时，应该选用对哪个轴的惯性矩和惯性半径？

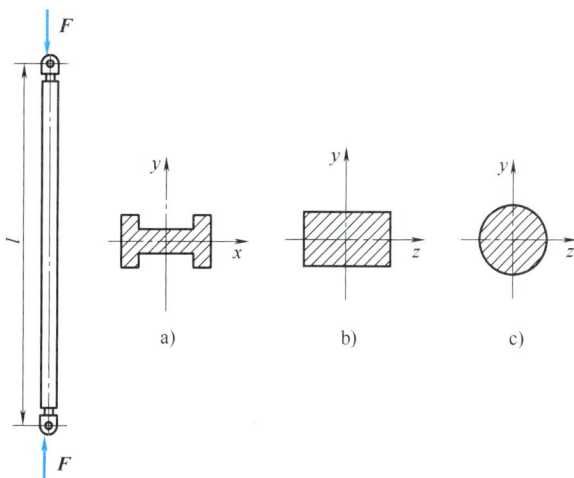

图 9-12

9-9 试判别以下说法的正确与否：

（1）当压杆失稳时，其横截面上的应力往往会低于压杆强度失效时的应力。

（2）长度、横截面面积、材料和杆端约束完全相同的两根细长压杆，其临界应力不一定是相等的。

（3）压杆的柔度越大表明压杆的稳定性越好。

习　题

9-1　如图 9-13 所示，已知三种不同支座约束的细长压杆，压杆直径 $d = 16\text{cm}$，材料都是 Q235 钢，弹性模量 $E = 200\text{GPa}$。试求这三种情况下的临界载荷 $\boldsymbol{F}_{cr}$ 的大小。

9-2　如图 9-14 所示，两端球形铰支细长压杆，弹性模量 $E = 200\text{GPa}$。试用欧拉公式计算其临界载荷。

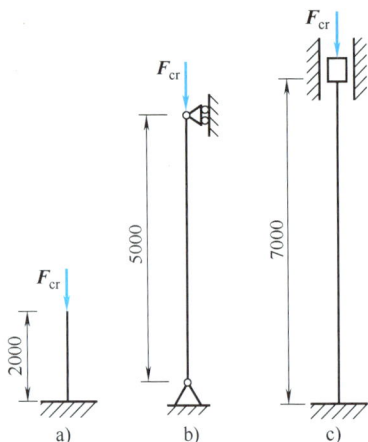

图 9-13

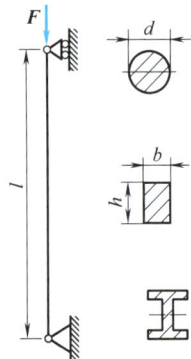

图 9-14

（1）圆形截面：$d = 30\text{mm}$，$l = 1.2\text{m}$。

（2）矩形截面：$h = 2b = 50\text{mm}$，$l = 1.2\text{m}$。

（3）14 号工字钢，$l = 1.9\text{m}$。

9-3　图 9-15 所示正方形桁架由五根细长杆组成，各杆截面的弯曲刚度均为 EI。试问当载荷 F 为何值时结构中的受压杆件将失稳？如果将载荷 F 的方向改为向内，则使杆件失稳的载荷 F 又为何值？

9-4　试校核图 9-16 所示千斤顶丝杠的稳定性。已知其最大承载 $F_P = 150\text{kN}$，有效直径 $d_1 = 52\text{mm}$，长度 $l = 0.5\text{m}$，材料为 Q235 钢，$\sigma_s = 235\text{MPa}$，稳定安全因数 $[n]_{st} = 1.8$。丝杠的下端可视为固定端约束，上端可视为自由端。

9-5　图 9-17 所示结构中，梁 AB 为 14 号普通热轧工字钢，支承柱 CD 的直径 $d = 20\text{mm}$，二者的材料均为 Q235 钢，结构受力如图所示，A、C、D 三处均为球铰约束。已知 $F = 25\text{kN}$，$l_1 = 1.25\text{m}$，$l_2 = 0.55\text{m}$，$E = 206\text{GPa}$。规定稳定安全系数 $[n]_{st} = 2.0$，梁的许用应力 $[\sigma] = 160\text{MPa}$，试校核此结构是否安全。

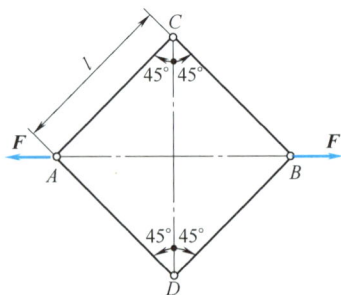

图 9-15

9-6　无缝钢管 CD 如图 9-18 所示，横截面直径 $d = 150\text{mm}$。材料为低合金钢，$E = 210\text{GPa}$。顶杆两端可简化为铰支座，规定稳定安全因数 $[n]_{st} = 3.3$。试求顶杆的许可载荷。

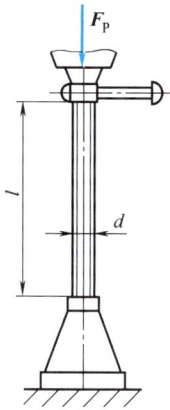

图 9-16

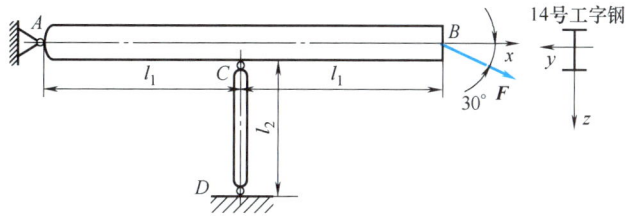

图 9-17

9-7 图 9-19 所示的托架中，$F = 10\text{kN}$，杆 AB 的外径 $D = 50\text{mm}$，内径 $d = 40\text{mm}$，两端为球铰，材料为 Q235 钢，$E = 200\text{GPa}$，规定稳定安全系数 $[n]_{st} = 3.0$。试校核杆 AB 的稳定性。

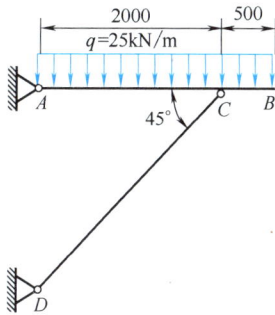

图 9-18

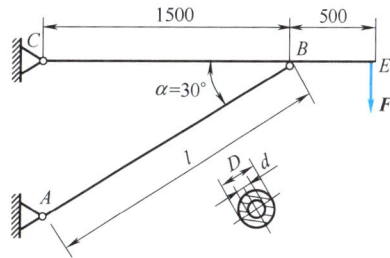

图 9-19

第十章

动载荷与交变应力

前面各章讨论了杆件在静载荷作用下的强度、刚度和稳定性问题。在工程上还会遇到许多在动载荷与交变应力作用下工作的构件。本章就工程上常遇到的一些构件受动载荷与交变应力作用的问题，简要地介绍一些这方面的基本概念与分析计算的初步知识。

第一节 动 载 荷

构件在静载荷作用下，构件内各点没有加速度，或加速度很小可略去不计。也就是说，构件的各部分处于平衡状态。相反，如果构件内各点有明显的加速度时，则构件除受静载荷作用外，还将有因加速度而产生的附加载荷。这类静载荷与附加载荷对构件共同作用的问题称为动载荷问题。在动载荷作用下，构件截面上产生的应力称为动应力。

工程实际中常见的动载荷一般产生于以下几个原因：

1）加速度引起的动载荷。例如起重机加速起吊重物时，吊索受到因加速度而产生的附加载荷作用；飞轮做匀速转动时因法向加速度而使轮缘受到的附加载荷作用。

2）冲击载荷或突加载荷。这种载荷的特点是在极短的时间内将载荷加在被冲击的构件上，例如锤对桩的冲击力，炸药对物体的爆破力等。冲击载荷对构件的作用力远远大于静载荷。

3）振动载荷。这种载荷的特点是其大小和方向都随时间做周期性变化，例如机器中具有偏心质量的转动部分在运转时对厂房及其基础的作用力。

实验表明，在动载荷的作用下，只要动应力不超过材料的比例极限，胡克定律仍然适用，而且弹性模量也与静载荷下的数值相同，故胡克定律能被直接用于动应力的计算。

一、构件在等加速直线运动时的动应力计算

下面以起重机加速起吊重物为例来说明此种情况下动应力的计算方法。

设起重机以匀加速度 a 提升重物，如图 10-1a 所示，重物的重力为 G，钢索的横截面面积为 A、钢索重量忽略不计，试求钢索中的应力。

应用截面法将钢索沿 $m—m$ 截面截开，取下半部分为研究对象，受力情况如图 10-1b 所示，N_d 为钢索的拉力，G 为物体的重力。为研究问题的方便，在研究对象上再加上一个力（称为惯性力），该力的方向与加速度的方向相反，该力的大小等于研究对象的质量与加速度的乘积，如图 10-1c 所示，这样，就可将研究对象看成是平衡状态。由平衡方程

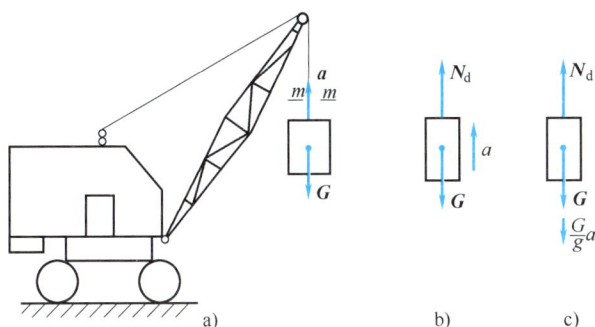

图 10-1

$$\sum F_y = 0 \qquad N_d - G - \frac{G}{g}a = 0$$

解得

$$N_d = G\left(1 + \frac{a}{g}\right)$$

钢索中的动应力为

$$\sigma_d = \frac{N_d}{A} = \frac{G}{A}\left(1 + \frac{a}{g}\right) = \sigma_j\left(1 + \frac{a}{g}\right) \qquad (10\text{-}1)$$

式中，$\sigma_j = G/A$ 是静载荷 G 在钢索中产生的应力，称为静应力。引进系数

$$K_d = 1 + \frac{a}{g} \qquad (10\text{-}2)$$

则

$$\sigma_d = K_d \sigma_j \qquad (10\text{-}3)$$

式中，K_d 称为动荷系数。式（10-3）表明钢索中的动应力等于动荷系数乘以静应力。因此，动应力的计算可归结为动荷系数的计算。

钢索的动应力强度条件为

$$\sigma_d = N_d/A = K_d \sigma_j \leqslant [\sigma] \qquad (10\text{-}4)$$

式中，$[\sigma]$ 为钢索在静载荷作用下的许用应力。

例 10-1 试求图 10-2a 中钢索的横截面面积 A。已知提升的物体重量 $G = 40\text{kN}$，上升的最大加速度 $a = 5\text{m/s}^2$，钢索的许用拉应力 $[\sigma] = 80\text{MPa}$，钢索自重不计。

解 （1）应用截面法计算动内力 N_d。沿 m—m 截面将钢索截开，取下半部分为研究对象，画出受力图并加上重物的惯性力，如图 10-2b 所示。研究对象被假想成平衡状态，建立平衡方程

$$\sum F_y = 0 \qquad N_d - G - \frac{G}{g}a = 0$$

解得 $N_d = G + \dfrac{G}{g}a = G\left(1 + \dfrac{a}{g}\right) = 40\left(1 + \dfrac{5}{9.8}\right)\text{kN} = 60.4\text{kN}$

（2）计算钢索的横截面面积 A。由强度条件 $\sigma_d = N_d / A \leqslant [\sigma]$ 得钢索的横截面面积为

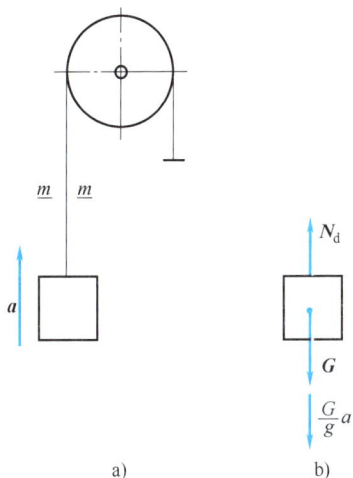

图 10-2

$$A \geqslant \frac{N_d}{[\sigma]} = \frac{60400}{80} mm^2 = 755 mm^2$$

二、构件匀速转动时的动应力计算

飞轮、齿轮、带轮等做匀速转动时，如不计轮辐的影响，可以近似地把轮缘看作为定轴转动的圆环。

如图 10-3a 所示，设圆环的横截面面积为 A，平均直径为 D，单位体积的重量为 γ，圆环以匀角速度 ω 绕通过圆心且垂直于环平面的轴转动。由运动学可知，当 ω 为常数时，圆环上各点的切向加速度为零，只有法向加速度。又因环壁很薄，可以认为圆环上各部分材料的向心加速度相等，其值为 $a_n = \frac{D}{2}\omega^2$。在圆环上取微段 $ds = \frac{D}{2}d\varphi$，其质量 $dm = \frac{\gamma A ds}{g} = \frac{\gamma A D d\varphi}{2g}$，圆环上的惯性力沿圆环轴线均匀分布，方向与 a_n 相反，如图 10-3a 所示，微段 ds 上惯性力的大小为

$$dQ_d = a_n dm = \frac{D}{2}\omega^2 \frac{\gamma A D d\varphi}{2g} = \frac{\gamma A D^2 \omega^2}{4g}d\varphi$$

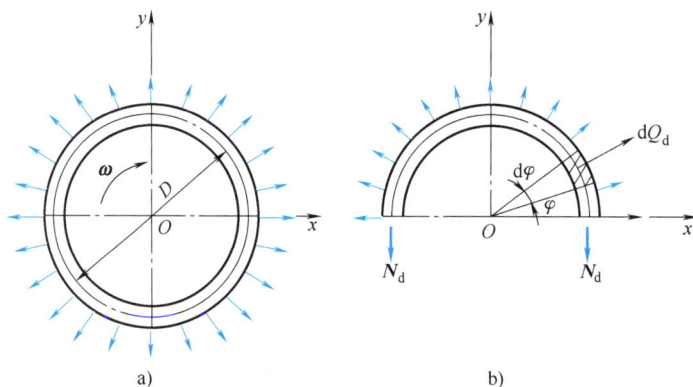

图 10-3

应用截面法，取半个圆环为研究对象，其受力图如图 10-3b 所示，N_d 为圆环横截面上的轴力。考虑惯性力，对半圆环建立平衡方程，由 $\sum F_y = 0$，得

$$\int_0^\pi dQ_d \sin\varphi - 2N_d = 0$$

即

$$\int_0^\pi \frac{\gamma A D^2 \omega^2}{4g}\sin\varphi d\varphi = 2N_d$$

故

$$N_d = \frac{\gamma A D^2 \omega^2}{4g}$$

动应力为

$$\sigma_d = \frac{N_d}{A} = \frac{\gamma D^2 \omega^2}{4g}$$

圆环上各点线速度为

$$v = \omega \frac{D}{2}$$

所以
$$\sigma_{\mathrm{d}} = \frac{\gamma}{g} v^2$$

圆环的强度条件为
$$\sigma_{\mathrm{d}} = \frac{\gamma}{g} v^2 \leqslant [\sigma]$$

由此知
$$v \leqslant \sqrt{\frac{[\sigma] g}{\gamma}}$$

飞轮的最大转速称为临界转速，即
$$n_{\mathrm{cr}} = \frac{60}{\pi D} \sqrt{\frac{[\sigma] g}{\gamma}}$$

三、受自由落体冲击时构件的应力和变形计算

工程实际中，杆件的弹性变形与载荷往往成正比，因此在具体抽象建模的计算中，常常把构件看作弹簧。如图 10-4a 所示的弹簧是代表受冲击的构件。实际问题中，一根受冲击的梁，如图 10-4b 所示，或受冲击的杆，如图 10-4c 所示，或其他任一构件都可以看作一个弹簧，只是各种情况下的弹簧参数不同而已。

为了简化计算，可做下述假设：

1）冲击物的变形很小，可将它视为刚体。

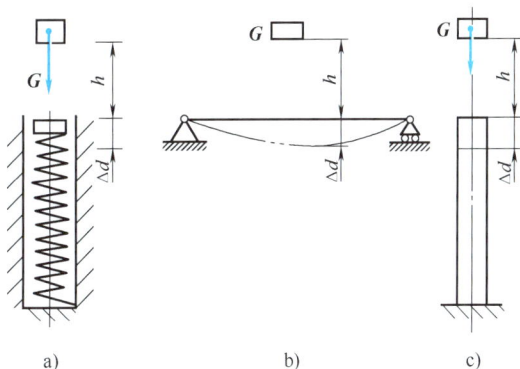

图 10-4

2）受冲击物的质量可以忽略不计。

3）受冲击物在冲击力作用下的变形是线弹性的。

4）忽略冲击过程中的其他能量损失。

5）冲击物与被冲击物一经接触就相互附着，做共同运动。

在上述假设的基础上，依据能量守恒定律，就可以对弹簧（受冲击构件的简化模型）受冲击时的变形和应力进行分析与计算。设一重为 G 的冲击物，自高度为 h 处自由下落到弹簧的顶端，如图 10-4a 所示。由于弹簧的阻抗，当变形到达最低位置时，速度变为零。此时，弹簧在受冲击处的位移达到最大值 Δd。Δd 即为弹簧在受冲击时的最大变形值。现研究冲击物从高度 h 处开始下落至弹簧产生最大变形 Δd 这一过程中，冲击物与弹簧之间的能量转换。在能量守恒定律的假设下，冲击物在这一过程中所减少的动能 T 和势能 V，应全部转化为受冲弹簧的变形能 U_{d}，即
$$T + V = U_{\mathrm{d}} \tag{a}$$
由于冲击物在起始和终了位置时速度均为零，故其动能无变化，即
$$T = 0 \tag{b}$$
冲击物所减少的势能为
$$V = G(h + \Delta d) \tag{c}$$
在冲击过程中，受冲击弹簧产生的变形能 U_{d}，则等于冲击载荷 $\boldsymbol{F}_{\mathrm{d}}$ 在冲击过程中所做的功。由于 $\boldsymbol{F}_{\mathrm{d}}$ 和 Δd 都是由零增加至最大值，在材料服从胡克定律的条件下，$\boldsymbol{F}_{\mathrm{d}}$ 和 Δd 的关系仍

然是线性的，所以 F_d 所做的功应为

$$U_d = F_d \Delta d / 2 \qquad (d)$$

将式（b）、（c）、（d）代入式（a），则得

$$G(h + \Delta d) = F_d \Delta d / 2 \qquad (e)$$

若重物 G 以静载的方式作用在弹簧上，如图 10-5 所示，则相应的静变形和静应力为 Δj 和 σ_j，在线弹性范围内，载荷、变形和应力成正比，故有

$$\frac{F_d}{G} = \frac{\Delta d}{\Delta j} = \frac{\sigma_d}{\sigma_j} \qquad (f)$$

式中，σ_d 为受冲击弹簧（构件）的动应力。由上式得

$$F_d = \frac{\Delta d}{\Delta j} G, \ \sigma_d = \frac{\Delta d}{\Delta j} \sigma_j \qquad (g)$$

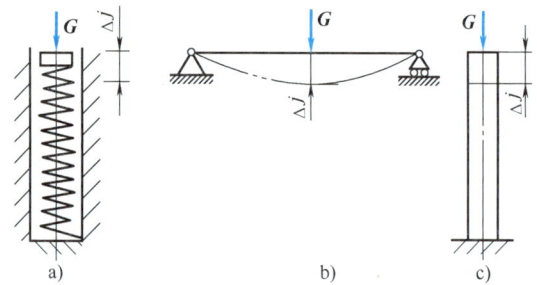

图 10-5

把 F_d 代入式（e），经整理后得出

$$\Delta d^2 - 2\Delta j \Delta d - 2h\Delta j = 0$$

解之得

$$\Delta d = \Delta j \pm \sqrt{\Delta j^2 + 2h\Delta j} = \Delta j \left(1 \pm \sqrt{1 + \frac{2h}{\Delta j}} \right)$$

Δd 应大于 Δj，故上式根号前应取正号，于是

$$\Delta d = \Delta j \left(1 + \sqrt{1 + \frac{2h}{\Delta j}} \right) \qquad (h)$$

引用记号

$$K_d = 1 + \sqrt{1 + \frac{2h}{\Delta j}} \qquad (10\text{-}5)$$

其中，K_d 称为构件受自由落体冲击时的动荷系数。这样式（h）和式（g）就可写成

$$\Delta d = K_d \Delta j, \ F_d = K_d G, \ \sigma_d = K_d \sigma_j \qquad (10\text{-}6)$$

可见，只要求出动荷系数 K_d，然后以 K_d 乘以静载荷、静变形和静应力就可求出冲击时的动载荷 F_d、动变形 Δd 和动应力 σ_d。当然这里的 F_d、Δd 和 σ_d 是指受冲击物体到达最大变形位置，冲击物体速度等于零时的瞬时载荷、变形和应力。

突然加于构件上的载荷，相当于物体自由下落时 $h = 0$ 的情况，由式（10-5）有

$$K_d = 1 + \sqrt{1 + 0} = 2$$

所以

$$\sigma_d = K_d \sigma_j = 2\sigma_j$$

可见，在突然加载时，构件内引起的应力为静应力的两倍。

对于其他形式的冲击问题，同样可利用式（a）来求解。

受冲击构件的强度条件为

$$\sigma_{dmax} = K_d \sigma_{jmax} \leqslant [\sigma] \qquad (10\text{-}7)$$

例 10-2 一简支梁由 22a 工字钢制成，如图 10-6 所示。已知梁跨度 $l = 3\text{m}$，在梁中点受重量 $G = 1\text{kN}$ 的重物从 $H = 0.1\text{m}$ 处自由落下的冲击。材料的弹性模量 $E = 200\text{GPa}$，求最大冲

击应力 σ_{dmax}。

解 （1）计算静挠度 Δj 和最大静应力 σ_{jmax}。查型钢表得 22a 工字钢的截面二次轴矩 I_z、抗弯截面系数 W_z 为

$$I_z = 3400 \text{cm}^4 \qquad W_z = 309 \text{cm}^3$$

简支梁的梁中点受集中力作用时的挠度为

$$\Delta j = \frac{Gl^3}{48EI_z} = \frac{1 \times 10^3 \times (3 \times 10^3)^3}{48 \times 200 \times 10^3 \times 3400 \times 10^4} \text{mm} = 8.28 \times 10^{-2} \text{mm}$$

最大静应力为

$$\sigma_{jmax} = \frac{M_{max}}{W_z} = \frac{Gl}{4W_z} = \frac{1 \times 10^3 \times 3 \times 10^3}{4 \times 309 \times 10^3} \text{MPa} = 2.43 \text{MPa}$$

（2）计算最大冲击应力。由式（10-8）得动荷系数

$$K_d = 1 + \sqrt{1 + \frac{2H}{\Delta j}} = 1 + \sqrt{1 + \frac{2 \times 100}{8.28 \times 10^{-2}}} = 50.2$$

所以梁的最大冲击应力为

$$\sigma_{dmax} = K_d \sigma_{jmax} = 50.2 \times 2.43 \text{MPa} = 122 \text{MPa}$$

由上例可见，构件受冲击时产生的应力比静应力要大得多。

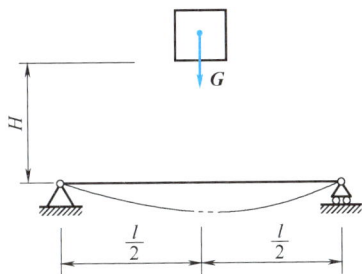

图 10-6

第二节　交变应力

一、交变应力的概念

在工程实际中，有些构件在工作时，横截面上的应力随时间做周期性的变化。如图 10-7a 所示的车辆的轮轴，在外力作用下，AB 段处于纯弯曲状态，其横截面上最外缘一点 A 的正应力随轮轴的转动而发生周期性变化，如图 10-7b 所示，当 A 点处于位置 1 时，正应力为最大拉应力 σ_{max}；当 A 点转至位置 2 时，正应力等于零；至位置 3 时，正应力为最大压应力 σ_{min}；到位置 4 时，正应力又等于零，如此周而复始。**这种大小与方向随时间做周期性变化的应力称为交变应力。**

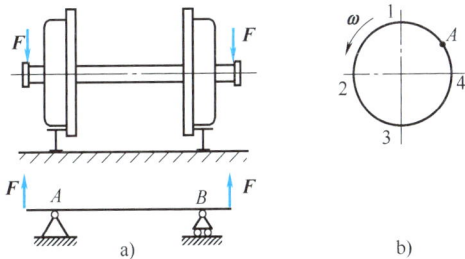

图 10-7

交变应力的循环情况可用图 10-8 所示的曲线表示。应力在最大值 σ_{max} 和最小值 σ_{min} 之间做周期性变化。应力从 σ_{max} 变到 σ_{min}，再从 σ_{min} 回到 σ_{max} 的过程称为一个应力循环。一个应力循环中的最小应力 σ_{min} 和最大应力 σ_{max} 的比值，称为**循环特征**，用 r 表示，即

$$r = \sigma_{min} / \sigma_{max}$$

最大应力与最小应力的平均值，称为平均应力，用 σ_m 表示，即

$$\sigma_m = (\sigma_{max} + \sigma_{min})/2$$

交变应力的概念

最大应力与最小应力之差的一半，称为**应力幅度**，用 σ_a 表示，即

$$\sigma_a = (\sigma_{max} - \sigma_{min})/2$$

r、σ_m、σ_a 是描述交变应力的特征值。

工程中常见的交变应力有两种类型。

如果应力循环中最大应力与最小应力大小相等而符号相反，则称为对称循环交变应力，如图 10-9a 所示，此时

$$r = -1; \sigma_m = 0; \sigma_a = \sigma_{max} = -\sigma_{min}$$

如果应力循环中最小拉应力或最小压应力为零，则称为脉动循环交变应力，如图 10-9b 所示，此时

$$r = 0; \sigma_m = \sigma_a = \sigma_{max}/2$$

如果应力循环中最大应力与最小应力的数值不等，统称为非对称循环交变应力。

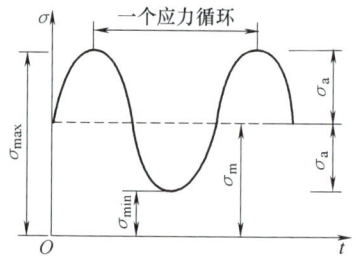

图 10-8

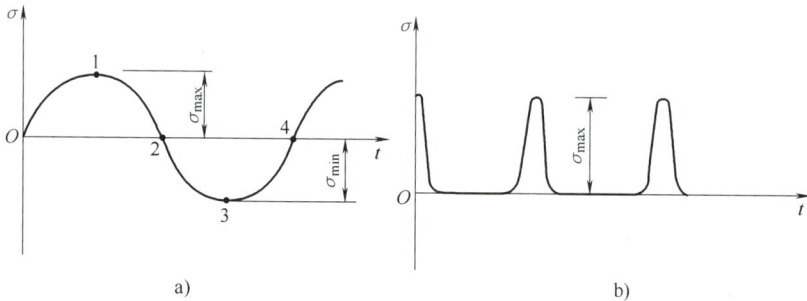

a)   b)

图 10-9

二、交变应力作用下的疲劳破坏

构件在交变应力作用下的破坏称为疲劳破坏，疲劳破坏与静载荷作用下的破坏有很大不同，其特点是：

1）疲劳破坏时的最大应力值，一般低于静载荷作用下材料的抗拉强度或屈服强度。

2）不管是脆性材料还是塑性材料，疲劳破坏时，构件没有明显的塑性变形，而表现为脆性断裂。

3）疲劳破坏时，断面明显地分成两个区域：光滑区和粗糙区，如图 10-10 所示。

目前关于疲劳破坏的一般解释是：当交变应力中的最大应力达到某一数值时，经过多次循环后，在构件中的最大应力或材料缺陷处，首先出现极细微的裂纹。随着应力循环次数的增加，裂纹逐渐扩大。在裂纹扩大的过程中，由于应力交替变化，致使裂纹两边的材料时而压紧，时而张开。在时而压紧的过程中，断口表面发生相互压研而形成光滑区域；在时而张开的过程中，裂纹不断扩展致使有效面积减小，当截面面积减小到一定程度时，由于突然的振动或冲击，使构件发生突然断裂，断面上形成粗糙区。

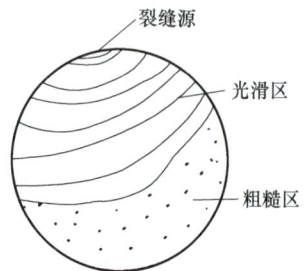

图 10-10

三、材料的持久极限

在交变应力的作用下，材料经无数次循环而不发生疲劳破坏的最大应力值称为材料的持久极限或疲劳极限，用 σ_r 表示。角标 r 表明是在何种循环特征下的持久极限。例如 σ_{-1} 表示对称循环下的持久极限；σ_0 表示脉动循环下的持久极限。

材料的持久极限是通过疲劳试验来测定的。在试验中，通常是用 10^7 次循环替代"无数次循环。"

在几何尺寸、外形、加工质量、工作环境等方面，实际构件与疲劳试验所用的试件之间存在着一定的差异，在应用持久极限对构件进行交变应力的强度计算时，还须根据构件的具体情况，对实验测得的材料的持久极限进行修正。修正持久极限时考虑的主要因素有构件外形、构件尺寸、构件表面质量等。

四、疲劳强度条件

考虑构件与试件之间的差异情况，因此将试件的持久极限 σ_r 除以安全因数 n，可得构件在交变应力作用下的许用应力，即

$$[\sigma_r] = \sigma_r / n \tag{10-8}$$

在交变应力作用下，构件截面上的最大工作应力 σ_{max} 必须小于或等于构件的许用应力，即

$$\sigma_{max} \leqslant [\sigma_r] \tag{10-9}$$

式（10-9）即为交变应力作用下构件的疲劳强度条件。

思　考　题

10-1　为什么冲击载荷属于动载荷？

10-2　举例说明动载荷的概念。

10-3　从减小动应力的角度出发，应使构件的刚度较大好还是较小好？

10-4　若冲击物高度和冲击点位置不变，冲击物重量增加一倍时，冲击应力是否也增大一倍？

10-5　材料的疲劳破坏有什么特点？

10-6　材料疲劳破坏的原因为何？

10-7　什么是材料的持久极限？

10-8　试列举交变应力的工程实例，并指出其循环特性。

习　　题

10-1　卷扬机上的钢索，以加速度 $a = 2\text{m/s}^2$ 向上提升重量 $G = 50\text{kN}$ 的料斗，如不计钢索的自重，试求钢索的拉力。

10-2　用两根平行的吊索起吊一根 14 号的工字钢，如图 10-11 所示。已知加速度 $a =$

10m/s^2，吊索的横截面面积 $A = 72 \text{mm}^2$。只考虑工字钢的重量，不计吊索的自重，试计算吊索的动应力和工字钢的最大动应力。

　　10-3　图 10-12 所示起重机构，装在两根 32 号工字钢组成的梁上。机构重量 $G = 20 \text{kN}$，用绳索吊起一重量为 $W = 60 \text{kN}$ 的重物。重物以等加速上升，并在第 1s 内上升了 2.5m。试求绳的拉力及梁的最大正应力。

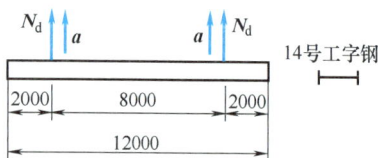

图 10-11

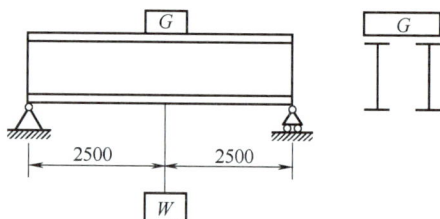

图 10-12

　　10-4　如图 10-13 所示，桥式起重机梁上吊着重物 $G = 50 \text{kN}$，以 $v = 2 \text{m/s}$ 的速度向前移动（垂直于纸面方向），当起重机梁突然停止前进时，重物因惯性而向前摆动。此时绳内的应力是原来的几倍？

　　10-5　图 10-14 所示重物 $G = 5 \text{kN}$，从 $H = 40 \text{mm}$ 处自由落下。已知直杆长 $l = 2 \text{m}$，截面积 $A = 30 \times 30 \text{mm}^2$，弹性模量 $E = 200 \text{GPa}$。求冲击时杆件内的最大正应力。

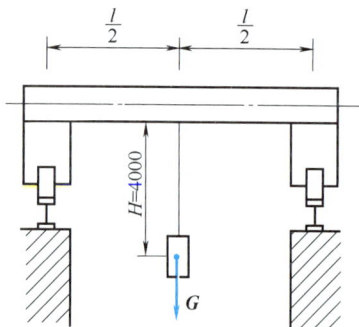

图 10-13

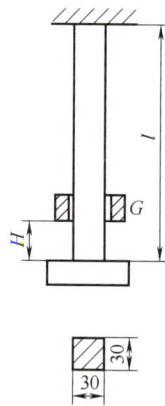

图 10-14

　　10-6　如图 10-15 所示，一重量 $G = 1 \text{kN}$ 的重物突然加在长度 $l = 2 \text{m}$ 的悬臂梁的自由端上。已知梁截面尺寸 $b = 100 \text{mm}$，$h = 200 \text{mm}$，弹性模量 $E = 10 \text{GPa}$。求梁内最大应力及自由端的挠度。

　　10-7　如图 10-16 所示，重量为 G 的重物自高度 H 下落冲击于梁上的 C 点，设梁的弹性

图 10-15

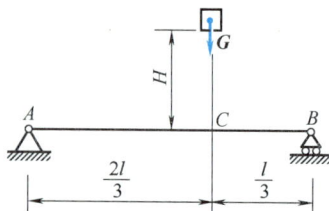

图 10-16

模量 E、轴惯性矩 I 及抗弯截面系数 W 皆为已知，试求梁内横截面上的最大正应力及梁跨度中点的挠度。

10-8　已知交变应力的平均应力 $\sigma_m = 20\mathrm{MPa}$，应力幅度 $\sigma_a = 40\mathrm{MPa}$，试求交变应力的最大应力 σ_{max}、最小应力 σ_{min} 和循环特征 r。

10-9　柴油发动机上连杆的大头螺钉在工作时受到的最大拉力 $F_{max} = 58.3\mathrm{kN}$，最小拉力 $F_{min} = 55.8\mathrm{kN}$。螺纹处内径 $d = 11.5\mathrm{mm}$。试求其平均应力 σ_m、应力幅度 σ_a 和循环特性 r，并作出 $\sigma\text{-}t$ 曲线。

第三篇

运 动 力 学

引　言

在静力学中，我们研究了物体在力系作用下的平衡问题。若作用在物体上的力系不平衡，则物体的运动状态要发生改变。从几何角度来研究物体的运动，即分析物体在空间位置随时间的变化，而不考虑其变化的原因，这部分内容称为运动学。分析作用于物体上的力与物体运动变化之间关系的这部分内容称为动力学。

在研究物体的运动时，要区别瞬时和时间间隔这两个不同的概念。瞬时是物体运动过程中的某一时刻，它对应于运动的瞬时状态，通常用 t 表示。时间间隔是指两个瞬时相隔的时间，它对应于运动的某一过程，通常用 Δt 表示。例如两瞬时已知为 t_1 和 t_2，则时间间隔 $\Delta t = t_2 - t_1$。

在运动力学中，物体的力学模型有质点、质点系和刚体。

刚体是由无数个质点组成的。各质点之间的距离保持不变的质点系又称为不变质点系。

学习运动力学，不仅能为学习有关的后续课程奠定理论基础，而且对分析和解决工程实际问题也具有重要意义。

力学故事汇

我国近代"力学之父"——钱伟长

钱伟长（1912 年 10 月 9 日—2010 年 7 月 30 日），江苏无锡人，我国著名科学家、教育家。他参与创建了我国大学里第一个力学专业——北京大学力学系；出版了我国第一本《弹性力学》专著；创建了上海市应用数学与力学研究所；开创了理论力学的研究方向和非线性力学的学术方向。他为中国的机械工业、土木建筑、航空航天和军工事业建立了不朽的功勋，被称为中国近代"力学之父"。

钱伟长生于江苏无锡一个书香世家。在 18 岁那年，他以中文和历史两个 100 分的成绩考入清华大学中文系。然而入学三天后，也就是 1931 年 9 月 18 日，日本发动了震惊中外的"九一八事变"，侵占我国东北三省。从收音机里听到了这个新闻后，钱伟长拍案而起，他说："我要学造飞机大炮，祖国的需要，就是我的专业！"他决定"弃文从理"，请求转入物理系。然而他当时的物理成绩只有 5 分，物理系主任吴有训不愿意接收他，经他软磨硬泡才勉强批准他试学一段时间。为了能尽早赶上课程，他早起晚归，极其用功，一年内便完成了数理化成绩均在 70 分以上的目标。到毕业时，钱伟长成为物理系最优秀的学生之一。

1940 年 3 月，钱伟长来到加拿大多伦多留学，主攻弹性力学。当他第一次和导师辛格见面时，辛格得知钱伟长正在研究薄板薄壳的统一方程，感到非常高兴，这是当时世界亟待攻克的科学难点。辛格对钱伟长的研究所取得的初步成果表示肯定。辛格说，他正在从宏观上进行这方面的研究，虽然与钱伟长研究的角度不同，但可以将它分为宏观和微观两个部分，合成一篇论文，这样就更有价值和意义了。听了辛格的提议，钱伟长高兴地答应了。就这样，钱伟长开始了微观的弹性力学方面的研究。最后，这篇题为《弹性板壳的内禀理论》的论文，由钱伟长写成初稿，辛格修改后，发表在为纪念美国著名科学家冯·卡门60寿辰的论文集中。这篇论文，是世界上第一篇有关板壳内禀的理论，具有极高的科学价值，被称为"钱伟长方程"和"关于扁壳的非线性方程组"。爱因斯坦看了钱伟长的论文，曾惊叹道：太伟大了，他解决了一直困扰我的问题。

1942年，钱伟长来到美国加州理工学院，工作于世界导弹之父冯·卡门主持的喷射推进研究所，从事航空航天领域的研究工作，主要研究火箭弹道、火箭的空气动力学设计、人造卫星轨道、降落伞运动、火箭飞行的稳定性等问题，成为固体力学和流体力学的大师。

1946年，钱伟长牢记当年在清华曾说过的"为中国造大炮"的话，钱伟长谢绝美国丰厚的工资待遇和优越的生活条件，冲破层层阻力毅然回国，到清华大学任教，准备用所学报效祖国。1951年，钱伟长创办了我国第一个力学研究室，后期又参与筹建了中国科学院力学研究所和自动化研究所。1952年，钱伟长参与创建了北京大学力学系，成为我国大学里的第一个力学专业，为我国的机械工业、土木工程和军工事业培养了一批杰出人才，也为新中国的"两弹一星"和"载人航天事业"的发展奠定了坚实基础。钱伟长同钱学森、钱三强一起于1956年共同制定了中国第一次12年科学规划，毛泽东主席戏称他们为"三钱"。20世纪70年代，钱伟长创立了中国力学学会理性力学和力学中的数学方法专业组，1980年又创办了中国最早的学术期刊《应用数学和力学》，促进了力学研究成果的国际学术交流。为我国的力学事业和中国力学学会的发展做出了重要贡献。

从义理到物理，从固体到流体，顺逆交替，委屈不曲，荣辱数变，老而弥坚，这就是他人生的完美力学！无名无利无悔，有情有义有祖国。

第十一章

运 动 学

本章主要研究质点的运动方程、轨迹、速度和加速度的确定方法。

第一节　点的运动学

一、点的运动方程

点在空间运动时所经过的路线称为该**点的运动轨迹**。如果点运动的轨迹是直线，就称为**直线运动**；如果轨迹是曲线，就称为**曲线运动**。这里只限于动点的直线运动和平面曲线运动。为了描述点的运动，必须首先确定点在空间的位置，下面介绍两种常用的方法。

（一）用自然法表示点的运动方程

自然法是以动点的运动轨迹作为自然坐标轴来确定动点位置的方法。设动点 M 在平面内沿已知轨迹 AB 运动，如图 11-1 所示。沿轨迹曲线建立一条自然坐标轴，在轨迹上任取一点 O 为原点，在原点 O 的两侧定出正负方向，则动点 M 的弧长称为动点 M 的**弧坐标** s，显然，$s = \overset{\frown}{OM}$ 是个代数量。弧坐标 s 完全确定了动点 M 在已知轨迹上的位置。当动点 M 沿轨迹运动时，弧坐标 s 将随时间 t 而变化，是时间 t 的单值连续函数，表示为

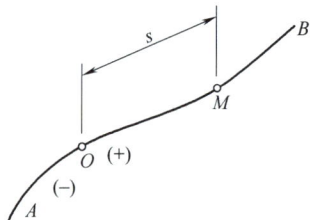

$$s = f(t) \tag{11-1}$$

图 11-1

式（11-1）称为**点沿已知轨迹的运动方程**或**点的弧坐标形式的运动方程**。当函数 $f(t)$ 已知时，动点任一瞬时在轨迹曲线上的位置即可完全确定。

显然，用自然法确定点的运动必须具备两个条件：①已知点的运动轨迹；②已知点沿轨迹的运动方程 $s = f(t)$。

（二）用直角坐标法表示点的运动方程

设动点 M 做平面曲线运动，为了确定动点 M 的位置，可在该平面的适当位置选取直角坐标系 Oxy，则动点 M 相对于这一坐标系位置可用它的两个坐标 x、y 来确定，如图 11-2 所示。

当动点 M 运动时，其坐标 x、y 将随时间而变化，是时间 t 的单值连续函数，表示为

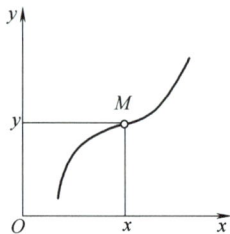

图 11-2

$$x=f_1(t) \atop y=f_2(t)$$ 　　　　　　　(11-2)

式（11-2）称为动点 M 的**直角坐标形式的运动方程**，也是**以 t 为参数的轨迹参数方程**。该方程给出了点的运动规律。当函数 $f_1(t)$、$f_2(t)$ 已知时，动点 M 在任一瞬时的位置即可确定。从方程式（11-2）中消去时间参数 t，便可得到用直角坐标表示的动点 M 的**轨迹方程**。

式（11-1）和式（11-2）都是运动方程的一般形式，对于具体问题应根据给定的运动条件和结构的几何关系选择适当的方法建立具体的运动方程式。

例 11-1 直杆 AB 两端分别沿两互相垂直的固定直线 Ox 和 Oy 运动，如图 11-3 所示。试确定杆上任一点 M 的运动方程和轨迹方程。已知 $MA=a$，$MB=b$，$\varphi=\omega t$。

解 （1）运动分析。由题意可知，动点 M 的运动轨迹是未知的，因而不能应用自然法，故只能采用直角坐标法。在运动平面内建立直角坐标系 Oxy，如图 11-3 所示。

（2）列直角坐标表示动点 M 的运动方程

$$\begin{cases} x=a\sin\varphi=a\sin\omega t \\ y=b\cos\varphi=b\cos\omega t \end{cases}$$

（3）求动点 M 的轨迹方程。从运动方程中消去时间 t，得

$$\frac{x^2}{a^2}+\frac{y^2}{b^2}=1$$

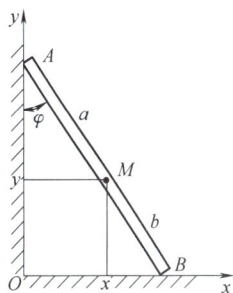
图 11-3

由上式可知，动点 M 的轨迹为一个椭圆。

例 11-2 如图 11-4 所示，机构中的小环 M，同时套在与地面固连、半径为 R 的大环与转动的摇杆 OA 上，摇杆 OA 绕 O 轴转动，$\varphi=\omega t(\omega$ 为常数)。已知运动开始时摇杆在水平位置，求小环 M 的运动方程和轨迹方程。

解 由已知条件可知，小环 M（动点）的运动轨迹已知，因此可用两种方法建立小环 M 的运动方程。

（1）用自然法求小环 M 的运动方程（只有运动轨迹已知时，才可用自然法）。

1）运动分析。由于小环 M 套在大环上，因此它的运动轨迹是以 O_1 为圆心，R 为半径的圆。由题意知，当 $t=0$ 时，点 M 位于 M_0，取点 M_0 为自然坐标轴的原点，并规定沿轨迹的逆时针方向为弧坐标的正向，如图 11-4 所示。

2）建立运动方程。小环 M 在任意位置的弧坐标为 $s=\widehat{M_0M}$，由几何关系得

$$s=\widehat{M_0M}=R\theta=R\cdot2\varphi$$

又 $\varphi=\omega t$，故小环 M 沿轨迹的运动方程为

$$s=2R\omega t$$

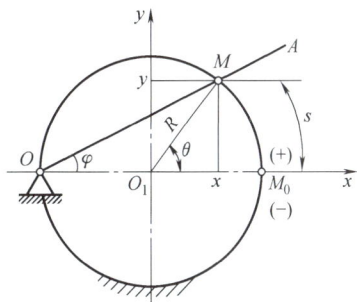
图 11-4

（2）用直角坐标法求小环 M 的运动方程（不管运动轨迹是否已知，均可采用直角坐标法）。

1）选直角坐标系 O_1xy，小环 M 在任意位置的坐标为 x、y。

2）建立运动方程

$$\begin{cases} x = R\cos\theta = R\cos 2\varphi = R\cos 2\omega t \\ y = R\sin\theta = R\sin 2\varphi = R\sin 2\omega t \end{cases}$$

（3）消去运动方程中的时间参数 t，即得小环 M 的轨迹方程为

$$x^2 + y^2 = R^2 \text{（以 } O_1 \text{ 为圆心，} R \text{ 为半径的圆）}$$

由此可知，自然法和直角坐标法是描述动点运动的两种不同方法，它们都能确定动点的运动规律。

二、点的速度和加速度

（一）用自然法求点的速度和加速度

若已知动点的运动轨迹和动点沿此轨迹的运动方程，可用自然法求动点的速度和加速度。

速度是表示动点运动快慢和方向的物理量。由于动点做曲线运动时，不仅运动的快慢有变化，而且运动的方向也在不断地变化，因此动点的速度是一个矢量。

设动点 M 沿平面曲线 AB 运动，在瞬时 t，动点位于 M，弧坐标为 s，经过 Δt 时间后，动点位于 M_1，弧坐标为 $s_1 = s + \Delta s$，位移矢量为 $\overrightarrow{MM_1}$，如图 11-5 所示。

位移 $\overrightarrow{MM_1}$ 与时间 Δt 之比，称为动点在 Δt 时间内的平均速度，以 v^* 表示，即

$$v^* = \frac{\overrightarrow{MM_1}}{\Delta t}$$

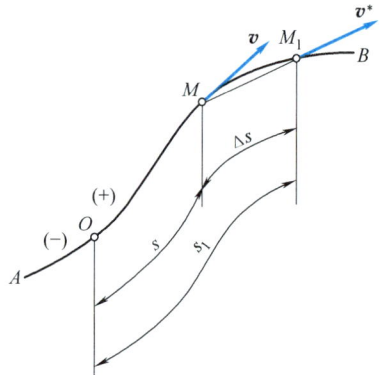

图 11-5

v^* 的方向即为 $\overrightarrow{MM_1}$ 的方向。当 $\Delta t \to 0$ 时，平均速度 v^* 的极限值就是动点在瞬时 t 的瞬时速度，以 v 表示，即

$$v = \lim_{\Delta t \to 0} v^* = \lim_{\Delta t \to 0} \frac{\overrightarrow{MM_1}}{\Delta t} \qquad (11\text{-}3)$$

当 $\Delta t \to 0$ 时，$M_1 \to M$，$|\overrightarrow{MM_1}| \approx \Delta s$，因此瞬时速度的大小为

$$v = \lim_{\Delta t \to 0} \frac{|\overrightarrow{MM_1}|}{\Delta t} = \lim_{\Delta t \to 0} \frac{\Delta s}{\Delta t} = \frac{\mathrm{d}s}{\mathrm{d}t} \qquad (11\text{-}4)$$

因为速度是矢量，所以不仅要确定它的大小，还要确定它的方向。由于平均速度的方向与位移矢量 $\overrightarrow{MM_1}$ 的方向相同，因此，瞬时速度 v 的方向沿轨迹上该点的切线，并指向运动的一方。

所以，在曲线运动中，瞬时速度的大小等于动点的弧坐标对时间的一阶导数，方向沿轨迹的切线方向，指向由 $\dfrac{\mathrm{d}s}{\mathrm{d}t}$ 的正负号来决定。若某瞬时 $\dfrac{\mathrm{d}s}{\mathrm{d}t} > 0$，表示动点沿轨迹的正向运动；若 $\dfrac{\mathrm{d}s}{\mathrm{d}t} < 0$，则表示动点沿轨迹的负向运动。

速度的单位一般用米/秒（m/s），或用公里/小时（km/h）。

动点做平面曲线运动时，其速度的大小和方向经常会发生变化。表示动点速度大小和方

向变化的物理量称为加速度。动点的加速度也是一个矢量。

由于速度大小的变化引起的加速度称为**切向加速度**，其方向沿轨迹的切线方向，用 a_τ 表示。又因为 $v = \dfrac{\mathrm{d}s}{\mathrm{d}t}$，所以

$$a_\tau = \frac{\mathrm{d}v}{\mathrm{d}t} = \frac{\mathrm{d}^2 s}{\mathrm{d}t^2} \qquad (11\text{-}5)$$

由于速度方向的变化引起的加速度称为**法向加速度**，其方向沿轨迹的法线方向，且指向曲率中心。用 a_n 表示

$$a_n = \frac{v^2}{\rho} \qquad (11\text{-}6)$$

式（11-6）表明，动点的速度值越大，运动轨迹的曲率半径越小，则动点的法向加速度越大。

综上所述，可得结论：点做曲线运动时，其全加速度 a 为切向加速度 a_τ 和法向加速度 a_n 的矢量和，即

$$a = a_n + a_\tau \qquad (11\text{-}7)$$

全加速度的大小为

$$a = \sqrt{a_\tau^2 + a_n^2} = \sqrt{\left(\frac{\mathrm{d}v}{\mathrm{d}t}\right)^2 + \left(\frac{v^2}{\rho}\right)^2} \qquad (11\text{-}8)$$

全加速度的方向可由 a 与 a_n（法线方向）所夹的锐角 β 来确定，如图 11-6 所示，即

$$\beta = \arctan \frac{|a_\tau|}{a_n} \qquad (11\text{-}9)$$

由图 11-6 可知，点做曲线运动时，不论点做加速运动还是做减速运动，全加速度 a 总是指向轨迹曲线内凹的一侧。加速度的常用单位为米/秒^2（$\mathrm{m/s^2}$）。下面讨论动点运动的特殊情况。

1. 匀变速曲线运动

点做匀变速曲线运动时，$a_\tau =$ 常量，$a_n = \dfrac{v^2}{\rho}$。设运动的初始条件为 $t = 0$ 时，点的弧坐标为 s_0，速度为 v_0，由式（11-6）得

$$\mathrm{d}v = a_\tau \mathrm{d}t$$

将上式积分

$$\int_{v_0}^{v} \mathrm{d}v = \int_0^t a_\tau \mathrm{d}t$$

得

$$v = v_0 + a_\tau t \qquad (11\text{-}10)$$

将 $v = \dfrac{\mathrm{d}s}{\mathrm{d}t}$ 代入式（11-10），整理得 $\qquad \mathrm{d}s = (v_0 + a_\tau t)\mathrm{d}t$

再将上式积分

$$\int_{s_0}^{s} \mathrm{d}s = \int_0^t (v_0 + a_\tau t)\mathrm{d}t$$

得

$$s = s_0 + v_0 t + \frac{1}{2} a_\tau t^2 \qquad (11\text{-}11)$$

将式（11-10）、式（11-11）两式联立并消去 t，可得

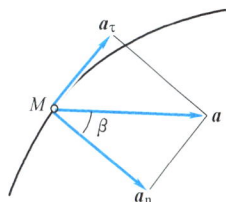

图 11-6

$$v^2 = v_0^2 + 2a_\tau(s - s_0) \tag{11-12}$$

式（11-10）称为匀变速曲线运动的速度方程，式（11-11）称为匀变速曲线运动时动点沿轨迹的运动方程。

2. 匀变速直线运动

动点做匀变速直线运动时，因直线的曲率半径 $\rho = \infty$，所以 $a_n = \dfrac{v^2}{\rho} = 0$，于是，$a = a_\tau = \dfrac{dv}{dt}$ 常量。可得

$$dv = a\,dt$$

与上述匀变速曲线运动相同的初始条件，将上式积分，可得匀变速直线运动的三个常用公式

$$v = v_0 + at \tag{11-13}$$

$$s = s_0 + v_0 t + \frac{1}{2}at^2 \tag{11-14}$$

$$v^2 = v_0^2 + 2a(s - s_0) \tag{11-15}$$

3. 匀速曲线运动

点做匀速曲线运动时，速度大小不变，故其切向加速度 $a_\tau = 0$，于是 $a = a_n = \dfrac{v^2}{\rho}$。由 $v = \dfrac{ds}{dt} =$ 常量，可用积分法得到

$$\int_{s_0}^{s} ds = \int_{0}^{t} v\,dt$$

故

$$s = s_0 + vt \tag{11-16}$$

（二）用直角坐标法求点的速度和加速度

若点的轨迹未知时，研究点的运动常用直角坐标法。下面讨论已知点的直角坐标形式的运动方程，求点的速度和加速度。

设动点 M 在直角坐标系 Oxy 内做平面曲线运动，已知其运动方程为

$$x = f_1(t), y = f_2(t)$$

在瞬时 t，动点位于 M，其坐标为 x、y，经过 Δt 时间后，动点位于 M_1，其坐标为 $x_1 = x + \Delta x$，$y_1 = y + \Delta y$，如图 11-7 所示。在 Δt 时间内，动点的位移矢量为 $\overrightarrow{MM_1}$，则动点在 Δt 时间内的平均速度为 $v^* = \dfrac{\overrightarrow{MM_1}}{\Delta t}$。

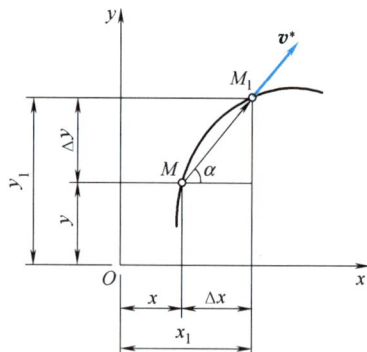

图 11-7

当 $\Delta t \to 0$ 时，可得动点在瞬时 t 的瞬时速度为

$$v = \lim_{\Delta t \to 0} \frac{\overrightarrow{MM_1}}{\Delta t}$$

将速度 v 沿直角坐标轴 x、y 分解为 $\boldsymbol{v}_x$ 和 $\boldsymbol{v}_y$ 两个分量，如图 11-8 所示，则

$$\boldsymbol{v} = \boldsymbol{v}_x + \boldsymbol{v}_y$$

速度 $\boldsymbol{v}_x$、$\boldsymbol{v}_y$ 的大小就分别等于速度矢量 $\boldsymbol{v}$ 在 x、y 两轴上的投影，并由图 11-8 可知

$$\left.\begin{array}{l} v_x = v\cos\alpha = \lim\limits_{\Delta t \to 0} \dfrac{|\overrightarrow{MM_1}|}{\Delta t}\cos\alpha = \lim\limits_{\Delta t \to 0} \dfrac{\Delta x}{\Delta t} = \dfrac{\mathrm{d}x}{\mathrm{d}t} \\[3mm] v_y = v\sin\alpha = \lim\limits_{\Delta t \to 0} \dfrac{|\overrightarrow{MM_1}|}{\Delta t}\sin\alpha = \lim\limits_{\Delta t \to 0} \dfrac{\Delta y}{\Delta t} = \dfrac{\mathrm{d}y}{\mathrm{d}t} \end{array}\right\} \qquad (11\text{-}17)$$

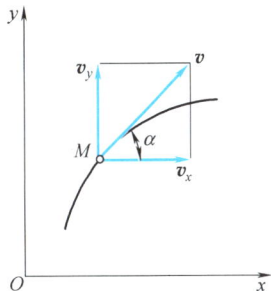
图 11-8

式（11-17）表明，动点的速度在直角坐标轴上的投影，等于其相应坐标对时间的一阶导数。于是动点速度 $\boldsymbol{v}$ 的大小和方向为

$$\left.\begin{array}{l} v = \sqrt{v_x^2 + v_y^2} = \sqrt{\left(\dfrac{\mathrm{d}x}{\mathrm{d}t}\right)^2 + \left(\dfrac{\mathrm{d}y}{\mathrm{d}t}\right)^2} \\[4mm] \alpha = \arctan\left|\dfrac{v_y}{v_x}\right| \end{array}\right\} \qquad (11\text{-}18)$$

式中，α 为速度 $\boldsymbol{v}$ 与 x 轴所夹的锐角。$\boldsymbol{v}$ 沿轨迹的切线方向，其指向由 v_x、v_y 的正负号确定。

依照求速度的方法，可求得加速度 $\boldsymbol{a}$ 在 x、y 轴上的投影 $\boldsymbol{a}_x$、$\boldsymbol{a}_y$（图 11-9）为

$$\left.\begin{array}{l} a_x = \dfrac{\mathrm{d}v_x}{\mathrm{d}t} = \dfrac{\mathrm{d}^2 x}{\mathrm{d}t^2} = a\cos\beta \\[4mm] a_y = \dfrac{\mathrm{d}v_y}{\mathrm{d}t} = \dfrac{\mathrm{d}^2 y}{\mathrm{d}t^2} = a\sin\beta \end{array}\right\} \qquad (11\text{-}19)$$

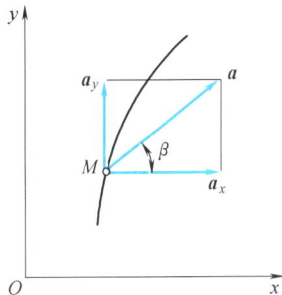
图 11-9

式（11-19）表明，动点的加速度在直角坐标轴上的投影等于其相应的速度投影对时间的一阶导数，或等于其相应的坐标对时间的二阶导数。于是动点加速度 $\boldsymbol{a}$ 的大小和方向为

$$\left.\begin{array}{l} a = \sqrt{a_x^2 + a_y^2} = \sqrt{\left(\dfrac{\mathrm{d}^2 x}{\mathrm{d}t^2}\right)^2 + \left(\dfrac{\mathrm{d}^2 y}{\mathrm{d}t^2}\right)^2} \\[4mm] \beta = \arctan\left|\dfrac{a_y}{a_x}\right| \end{array}\right\} \qquad (11\text{-}20)$$

式中，β 为加速度 $\boldsymbol{a}$ 与 x 轴所夹的锐角。$\boldsymbol{a}$ 的指向由 a_x、a_y 的正负号确定。

例 11-3　设火车在半径 $R = 1\mathrm{km}$ 的圆弧上做匀变速运动，火车的初速度为 15m/s，在 30s 内走了 600m。试建立火车的运动方程，并求第 30s 末火车的速度和加速度。

解　（1）运动分析。火车（动点）做匀变速圆周运动。

（2）列运动方程。由题意知 $t = 0$ 时，$s_0 = 0$，$v_0 = 15\mathrm{m/s}$，由式（11-11）得

$$s = s_0 + v_0 t + \frac{1}{2} a_\tau t^2 = 15t + \frac{1}{2} a_\tau t^2 \qquad (\mathrm{a})$$

当 $t = 30\mathrm{s}$ 时，$s = 600\mathrm{m}$，有

$$600 = 15 \times 30 + \frac{1}{2} a_\tau \times 30^2$$

解得

$$a_\tau = \frac{1}{3}\mathrm{m/s}^2 \qquad (\mathrm{b})$$

将式（b）代入式（a）得火车的运动方程为

$$s = 15t + \frac{1}{6}t^2$$

（3）求速度。当 $t = 30\text{s}$ 时，由式（11-10）可得火车的速度为

$$v = v_0 + a_\tau t = \left(15 + \frac{1}{3} \times 30\right)\text{m/s} = 25\text{m/s}$$

（4）求加速度。由式（11-6）可得火车的法向加速度

$$a_n = \frac{v^2}{R} = \frac{25^2}{1000}\text{m/s}^2 = 0.625\text{m/s}^2$$

火车全加速度的大小为

$$a = \sqrt{a_\tau^2 + a_n^2} = \sqrt{\left(\frac{1}{3}\right)^2 + (0.625)^2}\text{m/s}^2 = 0.708\text{m/s}^2$$

火车全加速度的方向为

$$\beta = \arctan\frac{a_\tau}{a_n} = \arctan(1/3)/0.625 = \arctan 0.533 = 28.1°$$

例 11-4 求例 11-2 中小环 M 的速度和加速度。如图 11-10 所示，已知 $\varphi = \omega t$，$\omega = $ 常数。

解 以小环 M 为研究对象（动点），按例 11-2，应用两种方法分别求得动点 M 的运动方程为

自然法 $\qquad\qquad\qquad s = 2R\omega t$

直角坐标法 $\qquad\qquad \begin{cases} x = R\cos 2\omega t \\ y = R\sin 2\omega t \end{cases}$

应用两种方法分别求动点 M 的速度和加速度。

（1）自然法。

1）求速度。由式（11-4）得速度的大小

$$v = \frac{\mathrm{d}s}{\mathrm{d}t} = 2R\omega$$

v 方向沿圆轨迹的切线方向，即垂直于 $O_1 M$，如图 11-10 所示。

2）求加速度。由式（11-5）得切向加速度的大小为

$$a_\tau = \frac{\mathrm{d}v}{\mathrm{d}t} = 0$$

由式（11-6）得法向加速度的大小为

$$a_n = \frac{v^2}{R} = \frac{4R^2\omega^2}{R} = 4R\omega^2$$

可见点的切向加速度等于零，点做匀速圆周运动。故其全加速度 $a = a_n$，全加速度 a 的大小为 $a = a_n = 4R\omega^2$，方向沿轨迹的法线指向圆心，即 a 的方向由 $M \rightarrow O_1$，如图 11-10 所示。

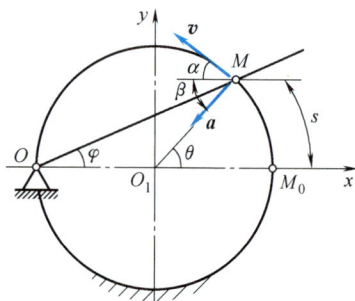

图 11-10

（2）直角坐标法。

1）求速度。由式（11-17）得

$$\begin{cases} v_x = \dfrac{\mathrm{d}x}{\mathrm{d}t} = -2R\omega\sin2\omega t \\[3mm] v_y = \dfrac{\mathrm{d}y}{\mathrm{d}t} = 2R\omega\cos2\omega t \end{cases}$$

于是动点 M 的速度大小为

$$v = \sqrt{v_x^2 + v_y^2} = \sqrt{\left(-2R\omega\sin2\omega t\right)^2 + \left(2R\omega\cos2\omega t\right)^2} = 2R\omega$$

速度的方向为

$$\tan\alpha = \left|\frac{v_y}{v_x}\right| = \frac{2R\omega\cos2\omega t}{2R\omega\sin2\omega t} = \tan\left(\frac{\pi}{2} - 2\omega t\right) = \tan\left(\frac{\pi}{2} - 2\varphi\right) = \tan\left(\frac{\pi}{2} - \theta\right)$$

故 $\alpha = \dfrac{\pi}{2} - \theta$，所以速度 v 与 MO_1 垂直，其指向如图 11-10 所示（由 v_x、v_y 的正负号确定）。

2）求加速度。由式（11-19）得

$$\begin{cases} a_x = \dfrac{\mathrm{d}v_x}{\mathrm{d}t} = -4R\omega^2\cos2\omega t \\[3mm] a_y = \dfrac{\mathrm{d}v_y}{\mathrm{d}t} = -4R\omega^2\sin2\omega t \end{cases}$$

于是动点 M 的加速度大小为

$$a = \sqrt{a_x^2 + a_y^2} = \sqrt{\left(-4R\omega^2\cos2\omega t\right)^2 + \left(-4R\omega^2\sin2\omega t\right)^2} = 4R\omega^2$$

加速度的方向为

$$\tan\beta = \left|\frac{a_y}{a_x}\right| = \frac{4R\omega^2\sin2\omega t}{4R\omega^2\cos2\omega t} = \tan2\omega t = \tan\theta$$

故 $\beta = \theta$，由于 a_x、a_y 均为负值，因此加速度 a 沿半径由 M 指向 O_1，如图 11-10 所示。

以上两种方法所求结果完全相同。通过比较可知，当点的运动轨迹已知时，采用自然法较简便，且速度和加速度的物理意义更清晰。

三、点的速度合成定理

在工程上或生活中，经常会遇到同时在两个不同参考系中来研究同一动点的运动问题。例如，在下雨时，对于地面上的观察者来说，雨点是竖直向下的，但是对于正在行驶的车上观察者来说，雨点是倾斜向后的；又如，桥式起重机起吊重物时，如图 11-11 所示，小车沿横梁做直线平动，并同时将重物 M 竖直向上提升，对于站在地面的观察人员来说，重物将做平面曲线运动，而对站在卷扬小车上的观察人员来说，重物将做向上的直线运动。

为了便于研究，取所研究的点为动点 M，将与地面所固连的参考系称为**静参考系**，简称**静系**，并以 Oxy 表示。将固结于相对静参考系运动着的动点上的参考系称为**动参考系**，简称**动系**，并以 $O'x'y'$

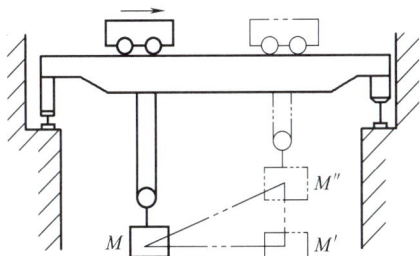

图 11-11

表示。为了区别动点相对于不同参考系的运动，将动点相对于动系的运动称为**相对运动**；动点相对于静系的运动称为**绝对运动**；动系相对于静系的运动称为**牵连运动**。例如，就桥式起重机来说，可取重物 M 为动点，则动点相对于小车（动系）的铅垂直线运动是相对运动；动点相对于地面（静系）的平面运动是绝对运动，而小车（动系）相对于地面（静系）向右的平动则是牵连运动。

（一）绝对速度、相对速度和牵连速度

根据以上阐述，我们将研究对象称为动点，则又可以定义为：动点相对于静系的速度称为**绝对速度**，以 v_a 表示；动点相对于动系的速度称为**相对速度**，以 v_r 表示；动系上与动点相重合的点相对静系的速度称为**牵连速度**，以 v_e 表示。

由于做牵连运动的物体往往是刚体而不是质点，刚体上各点的速度通常不一定相同，所以在确定动系相对静系的牵连速度时，指的是动系上的刚体与动点相重合的那一点的速度。

（二）速度合成定理

可以证明，动点的绝对速度、相对速度和牵连速度三者之间存在以下关系

$$v_a = v_e + v_r \tag{11-21}$$

式（11-21）是点的速度合成定理：**在任一瞬时，动点的绝对速度等于它的牵连速度和相对速度的矢量和。**

在速度合成定理表达式中，包含 v_a、v_r 和 v_e 三种速度的大小与方向共 6 个量，一般只要已知其中任意 4 个量，就可以作出速度平行四边形，求出另外 2 个未知量。

应用点的速度合成定理求解点的速度或构件的角速度时，重点在于正确选择动点、动系和静系，分析三种运动及其速度（大小和方向）。

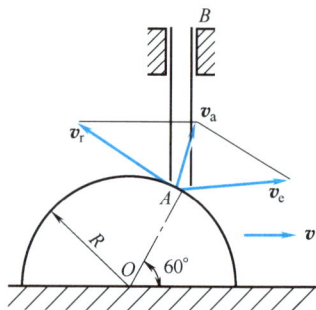

图 11-12

例 11-5 半圆形凸轮机构如图 11-12 所示，若已知凸轮半径为 R，凸轮的移动速度为 v。试求图示位置时从动杆的移动速度。

解 （1）确定动点、动系和静系。根据题意，凸轮移动时通过接触点 A 带动从动杆 AB 做铅垂移动，A 点处，凸轮与从动杆有相对运动，故选取从动杆上点 A 为动点，动系取在凸轮上随凸轮一起移动，静系取在地面上保持静止。

（2）运动分析。分析三种运动和三种速度：

绝对运动——点 A 相对于地面做铅垂直线运动。

相对运动——点 A 沿着凸轮半圆轮廓做圆周运动。

牵连运动——凸轮向右平动。

三种速度的大小和方向分析如下：

速度类型	v_a	v_e	v_r
速度大小	未知	$v_e = v$	未知
速度方向	铅垂向上	水平向右	沿凸轮轮廓的切线

（3）根据速度合成定理：$v_a = v_e + v_r$，求解未知量。作出速度的平行四边形，如图 11-12

所示。由几何关系可求点 A（动点）在图示位置的绝对速度为

$$v_a = v_e \tan 30° = \frac{\sqrt{3}}{3} v$$

第二节 刚体运动学

前一节研究了点的运动，而刚体则是由无数个质点组成的。在工程实际中，刚体的平面运动是极其广泛的一种运动形式，如内燃机和空压机中活塞的运动、牛头刨床刀架和刨刀的运动、飞轮的转动等。本节研究的内容仅限于刚体的平面运动。

在刚体的平面运动中，刚体的平动和定轴转动是两种最基本的运动，刚体某些复杂的平面运动可以看成这两种基本运动的组合。

一、刚体的平动

刚体的平动又称为刚体的平行移动。在运动过程中，刚体上的任何一条直线始终与其初始位置保持平行，则这种运动称为**刚体的平行移动**，简称**刚体的平动**。若平动刚体上各点的轨迹为直线，则称为**直线平动**，如牛头刨滑枕的运动。若平动刚体上各点的轨迹为曲线，则称为**曲线平动**，如图 11-13a 所示的沿平直轨道行驶的机车车轮连杆 AB，图 11-13b 所示的摆式送料机，其送料槽上的直线 AB 在运动过程中，始终能保持与原有方位平行，所以连杆与送料槽均做平动。

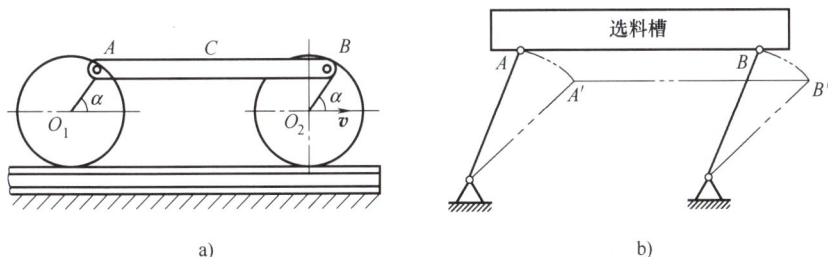

a)   b)

图 11-13

刚体平动时，其体内任意两点的连线的长度不变，而且如上所述，始终与原有方位平行，所以能认为这两点的运动情况完全相同。也就是说，**刚体做平动时，刚体上各点在任一瞬时的轨迹形状、位移、速度和加速度完全相同**。因此，研究刚体的平动时，只要研究刚体上一点（通常取质心）的运动情况即可。

例 11-6 荡木用两条等长的钢索平行吊起，如图 11-14 所示，钢索长为 l，长度单位为 cm。当荡木摆动时，钢索的摆动规律为 $\varphi = \varphi_0 \sin \frac{\pi}{4} t$，其中 t 为时间，单位为 s；转角 φ 的单位为 rad。试求当 $t = 0$ 和 $t = 2s$ 时，荡木中点 M 的速度和加速度。

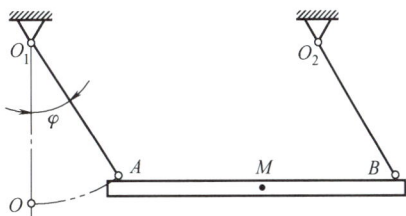

图 11-14

解 由于两条钢索 O_1A 和 O_2B 的长度相等，并

且相互平行，于是荡木 AB 在运动中始终平行于直线 O_1O_2，故荡木做平动。

为求中点 M 的速度和加速度，只需求出点 A（或点 B）的速度和加速度即可。点 A 在圆弧上运动，圆弧的半径为 l。如以最低点 O 为起点，规定弧坐标 s 向右为正，则点 A 的运动方程为

$$s = l\varphi_0 \sin\frac{\pi}{4}t$$

将上式对时间求导数，得点 A 的速度

$$v = \frac{\mathrm{d}s}{\mathrm{d}t} = \frac{\pi}{4}l\varphi_0 \cos\frac{\pi}{4}t$$

再求一次导数，得切向加速度点的法向加速度

$$a_\tau = \frac{\mathrm{d}v}{\mathrm{d}t} = -\frac{\pi^2}{16}l\varphi_0 \sin\frac{\pi}{4}t$$

点的法向加速度为

$$a_\mathrm{n} = \frac{v^2}{l} = \frac{\pi^2}{16}l\varphi_0^2 \cos^2\frac{\pi}{4}t$$

代入 $t=0$ 和 $t=2$ 就可求得这两瞬时点 A 的速度和加速度，即点 M 在这两瞬时的速度和加速度。计算结果列表如下：

t/s	φ/rad	$v/(\mathrm{cm/s})$	$a_\tau/(\mathrm{cm/s}^2)$	$a_\mathrm{n}/(\mathrm{cm/s}^2)$
0	0	$\frac{\pi}{4}\varphi_0 l$（水平向右）	0	$\frac{\pi^2}{16}\varphi_0^2 l$（铅直向上）
2	φ_0	0	$-\frac{\pi^2}{16}\varphi_0^2 l$	0

二、刚体的定轴转动

在工程实际中经常遇到飞轮，机床的主轴、发电机的转子、变速器中的齿轮等，它们都有一条固定的轴线。物体绕轴转动时，轴线上的各点保持不动，不在轴线上的各点都做圆周运动。因此，在刚体运动时，体内有一条线段始终保持不动，则这种运动称为**刚体绕定轴的转动**，简称**刚体的转动**。始终保持不动的直线称为刚体的转轴或轴线。

1. 刚体的定轴转动方程

如图 11-15 所示，设刚体绕定轴 z 转动。Ⅰ 是通过定轴的固定平面，Ⅱ 是过定轴并随刚体一起转动的动平面。在任一瞬时，刚体的位置可由动平面 Ⅱ 与固定平面 Ⅰ 所成的角 φ 来确定。角 φ 称为**转角**，又称为**角位移**。当刚体转动时，转角 φ 随时间而变化，是时间 t 的单值连续函数，即

$$\varphi = f(t) \tag{11-22}$$

式（11-22）称为刚体的定轴转动方程，它反映了刚体绕定轴转动的规律。若转动方程 $f(t)$ 已知，则刚体在任一瞬时的位置即可确定。转角 φ 的单位是弧度（rad）。转角 φ 的正负作如下规定：自 z 轴的正

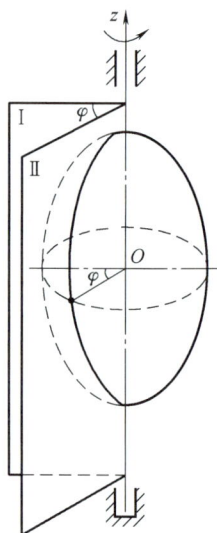

图 11-15

向看去，逆时针方向转动时，φ 角为正值；反之为负值。

2. 角速度

角速度是表征刚体转动快慢和转动方向的物理量。如图 11-16 所示，设刚体绕 O 轴转动，在瞬时 t 的转角为 φ，瞬时 $t+\Delta t$ 的转角为 φ'，则在时间 Δt 内刚体角位移的增量为

$$\Delta \varphi = \varphi' - \varphi$$

比值 $\dfrac{\Delta \varphi}{\Delta t}$ 的极限称为刚体在 t 瞬时的瞬时角速度，简称角速度，用 ω 表示。即

$$\omega = \lim_{\Delta t \to 0} \frac{\Delta \varphi}{\Delta t} = \frac{\mathrm{d}\varphi}{\mathrm{d}t} = f'(t) \qquad (11\text{-}23)$$

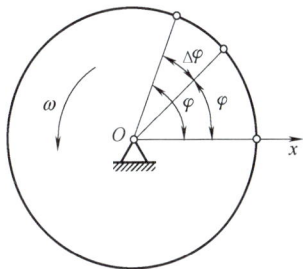

图 11-16

上式表明：**刚体绕定轴转动的角速度等于转角对于时间的一阶导数。**

角速度是代数量，其正负号表示刚体的转动方向。若 ω 为正值，则刚体按逆时针方向转动（从转轴正向端看去）；如为负值，则按顺时针方向转动。

角速度单位是弧度/秒（rad/s）或简写为 1/秒（1/s）。

工程上还常用转速 n 转/分（r/min）表示刚体的转动快慢。转速 n 与角速度 ω 之间的关系是

$$\omega = \frac{2\pi n}{60}\mathrm{rad/s} = \frac{\pi n}{30}\mathrm{rad/s} \qquad (11\text{-}24)$$

3. 角加速度

角加速度是反映角速度变化快慢的物理量。设刚体在瞬时 t 的角速度为 ω，瞬时 $t+\Delta t$ 的角速度为 ω'，则在时间 Δt 内角速度的增量为

$$\Delta \omega = \omega' - \omega$$

比值 $\dfrac{\Delta \omega}{\Delta t}$ 的极限值称为刚体在 t 瞬时的瞬时角加速度，简称角加速度，用 α 表示，即

$$\alpha = \lim_{\Delta t \to 0} \frac{\Delta \omega}{\Delta t} = \frac{\mathrm{d}\omega}{\mathrm{d}t} = \frac{\mathrm{d}^2 \varphi}{\mathrm{d}t^2} = f''(t) \qquad (11\text{-}25)$$

角加速度的单位为弧度/秒^2（rad/s^2）或简写为 1/秒^2（1/s^2）。

4. 匀速转动和匀变速转动

在工程实际中，最常见的刚体定轴转动是匀速转动和匀变速转动。刚体做匀速转动时，角速度为常量。刚体做匀变速转动时，角加速度为一常量。对照点的匀速运动与匀变速运动，刚体的转角 φ、角速度 ω 及角加速度 α 就相当于点的弧坐标 s、速度 v 及切向加速度 a_τ。所以当刚体匀速转动时，ω 为常量，则有

$$\varphi = \varphi_0 + \omega t \qquad (11\text{-}26)$$

当刚体做匀变速转动时，α 为常量，则有

$$\omega = \omega_0 + \alpha t \qquad (11\text{-}27)$$

$$\varphi = \varphi_0 + \omega_0 t + \frac{1}{2}\alpha t^2 \qquad (11\text{-}28)$$

$$\omega^2 - \omega_0^2 = 2\alpha(\varphi - \varphi_0) \qquad (11\text{-}29)$$

式中 φ_0 和 ω_0 分别是初转角和初角速度。

例 11-7 一汽油机转轴的转速为 3600r/min，其制动过程可视为匀减速转动，从开始制动至停止，转轴共转过 120r，问制动过程需要多少时间？

解 汽油机转轴的初角速度为

$$\omega_0 = \frac{\pi n}{30} = \left(\frac{3600\pi}{30}\right) \text{rad/s} = 120\pi \text{ rad/s}$$

末角速度为
$$\omega = 0$$

在制动过程中转过的转角为

$$\varphi = 2\pi n = (2\pi \times 120) \text{ rad} = 240\pi \text{ rad}$$

由式（11-29），得
$$\omega^2 - \omega_0^2 = 2\alpha\varphi$$

可得
$$\alpha = \frac{-\omega_0^2}{2\varphi} = \left(\frac{-(120\pi)^2}{2 \times 240\pi}\right) \text{rad/s}^2 = -30\pi \text{ rad/s}^2$$

由式（11-27），可得

$$t = \frac{-\omega_0}{\alpha} = \frac{-120\pi}{-30\pi}\text{s} = 4\text{s}$$

5. 定轴转动刚体上各点的速度和加速度

刚体在转动过程中，除转轴以外，其他各点都在与转轴垂直的平面内做圆周运动，各点都具有一定的速度与加速度。

如图 11-17 所示，在定轴转动刚体内任取一点 M，它到转轴的垂直距离为 R。取刚体转角为零时，M 点所在的位置 M_0 为弧坐标的原点，当刚体转过 φ 角时，M 点所走过的圆弧长度 $\overset{\frown}{M_0 M} = s$，即 M 点的弧坐标为

$$s = R\varphi \tag{11-30}$$

由式（11-4）得 M 点的速度为

$$v = \frac{\mathrm{d}s}{\mathrm{d}t} = R\frac{\mathrm{d}\varphi}{\mathrm{d}t} = R\omega \tag{11-31}$$

即**转动刚体上任一点的速度的大小等于刚体的角速度与该点转动半径的乘积，其方向垂直于转动半径，沿圆周切线，指向与刚体的转动方向（即 ω 的转向）一致**，如图 11-17 所示。

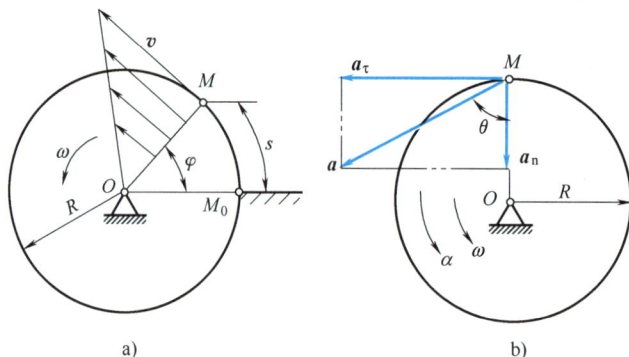

图 11-17

同理，可以求得 M 点的切向加速度和法向加速度为

$$a_\tau = \frac{\mathrm{d}v}{\mathrm{d}t} = R\frac{\mathrm{d}\omega}{\mathrm{d}t} = R\alpha \tag{11-32}$$

$$a_\mathrm{n} = \frac{v^2}{R} = \frac{(R\omega)^2}{R} = R\omega^2 \tag{11-33}$$

即**转动刚体内任一点的切向加速度等于刚体的角加速度与该点转动半径的乘积，其方向垂直于转动半径，指向与角加速度转向一致；法向加速度的大小等于角速度的平方与转动半径的乘积，其方向沿着转动半径指向圆心**，如图 11-17b 所示。

M 点全加速度的大小和方向为

$$a = \sqrt{a_\tau^2 + a_\mathrm{n}^2} = R\sqrt{\alpha^2 + \omega^4} \tag{11-34}$$

$$\tan\theta = \frac{|a_\tau|}{a_\mathrm{n}} = \frac{|\alpha|}{\omega^2} \tag{11-35}$$

式中，θ 为全加速度 $\boldsymbol{a}$ 与半径 OM 之间所夹的锐角，如图 11-17b 所示。

例 11-8 半径 $R = 0.2\mathrm{m}$ 的圆轮绕定轴 O 逆时针方向转动，如图 11-18 所示。圆轮的转动方程 $\varphi = 4t - t^2$，轮上绕有不可伸长的柔索，索端挂一重物 A。试求当 $t = 1\mathrm{s}$ 时，轮缘上任一点 M 和重物 A 的速度和加速度。

解 （1）研究轮缘上 M 点的速度与加速度。M 点的速度和加速度与圆轮的角速度、角加速度有关。根据题意，圆轮的转动方程为

$$\varphi = 4t - t^2 \tag{11-36}$$

根据式（11-23）可得圆轮的角速度为

$$\omega = \varphi' = 4 - 2t$$

根据式（11-25）可得圆轮的角加速度为

$$\alpha = \varphi'' = \omega' = -2\mathrm{rad/s}^2$$

当 $t = 1\mathrm{s}$ 时，$\omega = 2\mathrm{rad/s}$，此时 ω 与 α 异号，圆轮做减速运动。
根据式（11-31）可得 M 点的速度为

$$v_M = R\omega = (0.2 \times 2)\,\mathrm{m/s} = 0.4\mathrm{m/s}$$

v_M 方向与 ω 的转向一致，如图 11-18 所示。

根据式（11-32）、式（11-33）可得 M 点的切向加速度与法向加速度为

$$a_M^\tau = R\alpha = 0.2 \times (-2)\ \mathrm{m/s}^2 = -0.4\mathrm{m/s}^2 \quad （与 \alpha 转向一致，如图 11-18 所示）$$

$$a_M^\mathrm{n} = R\omega^2 = 0.2 \times 2^2\ \mathrm{m/s}^2 = 0.8\mathrm{m/s}^2 \quad （指向 O 轴，如图 11-18 所示）$$

根据式（11-34）、式（11-35）可得全加速度 $\boldsymbol{a}_M$ 的大小和方向为

$$a_M = \sqrt{(a_M^\tau)^2 + (a_M^\mathrm{n})^2} = 0.894\mathrm{m/s}^2$$

$$\tan\theta = \frac{|a_M^\tau|}{a_M^\mathrm{n}} = \frac{|\alpha|}{\omega^2} = 0.5 \quad \theta = 26°34'$$

（2）研究重物 A 的速度与加速度。因绳索不能伸长，重物 A 下落的距离 s_A 等于轮缘上任一点 M 在同一时间内所走过的弧长 s_M，即 $s_A = s_M = R\varphi$，故

$$v_A = s' = R\varphi' = R\omega = 0.4\mathrm{m/s}$$

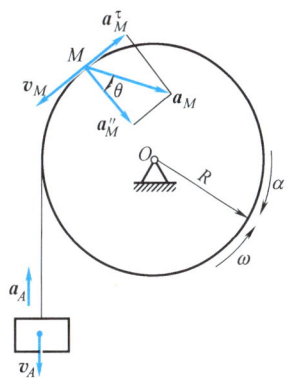

图 11-18

$$a_A = s'' = R\varphi'' = R\alpha = -0.4\text{m/s}^2$$

$\boldsymbol{v}_A$ 铅垂向下，$\boldsymbol{a}_A$ 铅垂向上，因而 $t=1\text{s}$ 时重物 A 减速下降。

例 11-9　如图 11-19 所示，图 11-19a 所示为一对外啮合齿轮，图 11-19b 所示为一对内啮合齿轮。大、小齿轮的节圆半径分别为 r_2、r_1。已知主动轮 Ⅰ 的角速度 ω_1 和角加速度 α_1，试求从动轮的角速度 ω_2 和角加速度 α_2。

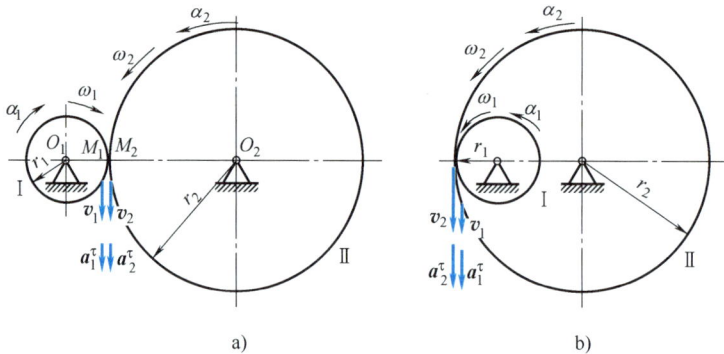

图 11-19

解　由于两齿轮无相对滑动，因此它们的接触点 M_1 和 M_2 的速度和切向加速度是相同的，即速度是相同的，即

$$v_1 = v_2 \qquad a_1^{\tau} = a_2^{\tau}$$

根据式（11-31）与式（11-32）可得

$$r_1\omega_1 = r_2\omega_2 \qquad r_1\alpha_1 = r_2\alpha_2$$

或

$$\omega_2 = \frac{r_1}{r_2}\omega_1 \qquad \alpha_2 = \frac{r_1}{r_2}\alpha_1 \qquad\qquad (\text{a})$$

对于一对啮合的齿轮来说，其齿数 z 与节圆半径 r 成正比，即

$$\frac{r_1}{r_2} = \frac{z_1}{z_2} \qquad\qquad (\text{b})$$

将式（b）代入式（a），则得

$$\frac{\omega_2}{\omega_1} = \frac{r_1}{r_2} = \frac{z_1}{z_2} = \frac{\alpha_2}{\alpha_1}$$

上式表明，**一对啮合齿轮的角速度（或角加速度）与两齿轮的节圆半径及齿数成反比**。一对啮合齿轮的转向为：外啮合时两轮转向相反，如图 11-19a 所示；内啮合时两轮转向相同，如图 11-19b 所示。

第三节　刚体的平面运动

在机械中，许多物体的运动都是平面运动。因此，掌握刚体平面运动的规律、掌握分析与计算做平面运动的刚体上各点的速度是非常必要的。

一、刚体平面运动的概念

许多运动着的物体，如沿直线轨道滚动的车轮、内燃机中连杆（AB）的运动（图 11-20）

等。这些刚体的运动既不是平动，又不是绕定轴的转动，而是一种比较复杂的运动。但它们有一个共同的特点，即在运动中，刚体上的任意一点与某一固定平面始终保持相等的距离，这种运动称为**刚体的平面运动**。做平面运动的刚体上各点都在平行于某一固定平面的平面内运动。

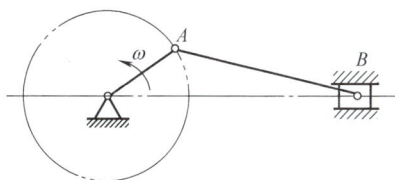

图 11-20

研究平面运动的基本方法是：先将复杂的平面运动分解为简单的平动和转动，然后应用合成运动的概念，求得平面运动刚体上各点的速度和加速度。

根据刚体平面运动的特点，可以作一个平面 P 与固定平面 P_0 平行，通过平面 P 从刚体上截得一个平面图形 S，如图 11-21 所示。刚体平动时，平面图形 S 将始终在平面 P 内运动。于是刚体上任一条垂直于平面图形 S 的线段 A_1A_2 始终保持与自身平行，即 A_1A_2 线段做平动，故线段上各点的运动完全相同。这样，线段与平面图形交点 A 的运动就可以代替整个线段的运动，而平面图形 S 的运动就可以代替整个刚体的运动。换句话说，刚体的平面运动可以简化为平面图形 S 在其自身平面内的运动。

设平面图形 S 在固定平面 P 内运动，在平面上作静坐标系 Oxy，如图 11-22 所示。图形 S 的位置可用其上任一线段 AB 的位置来确定，而线段 AB 的位置则由 A 点的坐标 x_A、y_A 和 AB 对于 x 轴的转角 φ 来确定。图形 S 运动时，x_A、y_A 和 φ 均随时间 t 变化，它们都是时间 t 的单值连续函数，即

$$\left.\begin{array}{l} x_A = f_1(t) \\ y_A = f_2(t) \\ \varphi = \varphi(t) \end{array}\right\} \tag{11-37}$$

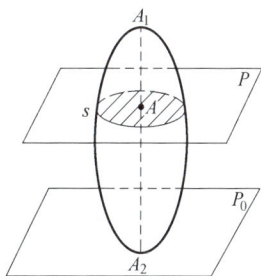

图 11-21

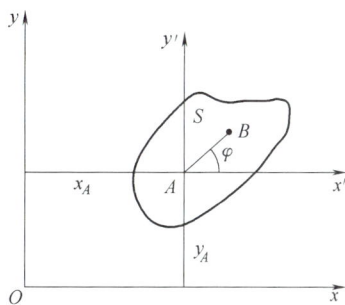

图 11-22

式（11-37）完全确定了每一瞬时平面图形的运动，称为**刚体平面运动的运动方程**，而动坐标系 $Ax'y'$ 的 A 点称为基点，当平面图形运动时，令动坐标系的两轴的方向始终不变，即始终分别平行于静坐标轴 Ox 和 Oy，如图 11-22 所示。这样，动坐标系 $Ax'y'$ 随基点 A 做平动，而平面图形 S 本身又相对于动坐标系绕基点 A 转动。于是平面图形 S 的绝对运动可以视为随同基点 A 的平动和绕基点 A 的转动这两部分运动的合成；前者是牵连运动；后者是相对运动。由于平面图形 S 上各点运动情况不同，所以选择不同的基点，动坐标系的运动也不

同，根据具体情况，基点的选择是任意的。可以证明，平面图形 S 相对动坐标系绕不同基点转动的角速度 ω 和角加速度 α 都相同，即平面图形 S 的转动与基点的选择无关。在动坐标系对静坐标系不存在转动的情况下，上述角速度和角加速度实质上也就是对静坐标系的角速度和角加速度。

二、平面运动刚体上各点的速度

设已知平面图形 S 上某点 O 的速度 v_0 和刚体的角速度 ω，求图形上任一点 M 的速度，可采用基点法。取 O 点为基点，并将动坐标系固结在 O 点上，图形上任一点 M 的绝对速度 v_M 可以看成是动坐标系（O 点）相对静坐标系的牵连速度 v_e（v_0）与图形上 M 点绕基点 O 的相对速度（转动速度）v_{MO} 的矢量和，如图 11-23 所示，即

$$v_M = v_0 + v_{MO} \tag{11-38}$$

式（11-38）表明，平面图形上任一点的速度等于基点的速度与该点绕基点的相对转动速度的矢量和。这种方法称为**基点法**，又称为**合成法**。

如果将 $v_M = v_0 + v_{MO}$ 向 OM 轴投影，由于 v_{MO} 垂直于 OM 轴，它在 OM 轴上的投影等于零，故可得

$$|v_M|_{OM} = |v_0|_{OM} \tag{11-39}$$

或如图 11-24 所示

$$v_0 \cos\alpha = v_M \cos\beta$$

上述关系表明，平面图形上任意两点的速度在这两点的连线上的投影相等。

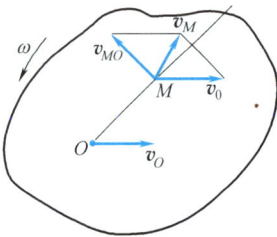

图 11-23

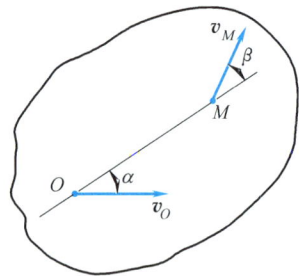

图 11-24

如果基点 O 的速度为零，即 $v_M = v_0 + v_{MO}$ 式中的 $v_0 = 0$ 则又有

$$v_M = v_{MO} = OM \cdot \omega \tag{11-40}$$

v_{MO} 的方向垂直于 OM，指向图形转动的一方。基点速度为零的 O 点称为平面图形在此瞬时的速度瞬心。轮子在地面上做纯滚动时，与地面没有相对滑动，轮子与地面的接触点 P 的速度相当于地面的速度，速度为零，此点 P 即为做平面运动的轮子在此瞬时的速度瞬心，如图 11-25 所示。轮子上各点都围绕着 P 点做瞬时定轴转动。

如果知道了做平面运动刚体的速度瞬心，则求解刚体上各点速度就比较简单，只须将刚体看成绕速度瞬心做定轴转动，运用定轴转动刚体上各点速度求法的公式来进行计算即可。

确定速度瞬心的一般方法为：若刚体上两点速度方向为已知，如图 11-26 所示，作两垂线分别垂直于两已知速度，两垂线的交点 C 即为该刚体的速度瞬心。

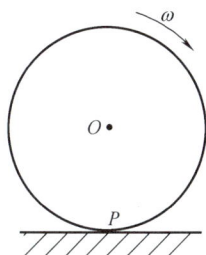

图 11-25

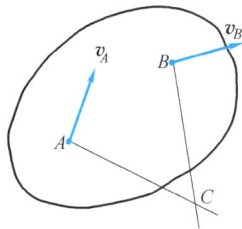

图 11-26

例 11-10 一曲柄滑块机构如图 11-27 所示，曲柄的转速 $n = 590\text{r/min}$，活塞 B 的行程 $s = 2r = 180\text{mm}$，曲柄与连杆长度比 $r/l = 1/5$。当曲柄与水平线成 $\varphi = 30°$ 时，试用基点法求连杆的角速度 ω_{AB} 和滑块 B 的速度 v_B。

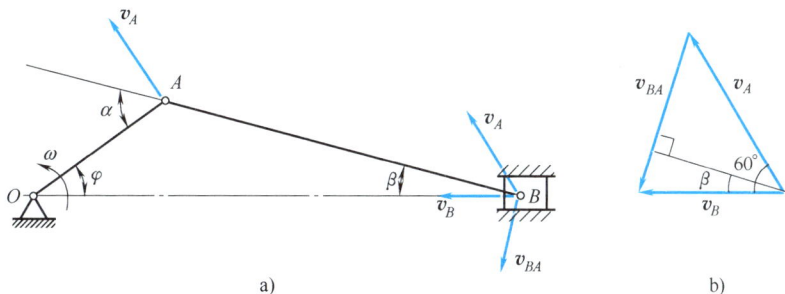

a)   b)

图 11-27

解　在此机构中，曲柄做定轴转动，滑块做直线平动，连杆 AB 做平面运动。取连杆 AB 为研究对象，由已知条件得

$$v_A = r\omega = 0.09 \times \left(\frac{\pi \times 590}{30}\right) = 5.56\text{m/s} \quad 方向垂直于曲柄 OA，指向如图 11-27a 所示。选速度$$

大小、方向已知的 A 点为基点，按式（11-38）则有

$$v_B = v_A + v_{BA}$$

由于 v_B、v_{BA} 的方向已定，按上式作矢量三角形，如图 11-27b 所示，由正弦定理可得

$$v_{BA} / \sin 60° = v_A / \sin(90° - \beta)$$

式中，角 β 可从图 11-27a 所示的 $\triangle OAB$ 中由正弦定理求出

根据

$$\sin\beta = \frac{r}{l}\sin 30° = 0.1$$

得

$$\beta = 5°45' \quad \cos\beta = 0.995$$

故

$$v_{BA} = v_A \sin 60° / \cos 5°45' = (5.56 \times 0.866 / 0.995)\text{m/s} = 4.84\text{m/s}$$

连杆的角速度

$$\omega_{BA} = v_{BA} / l = [4.84 / (5 \times 0.09)]\text{rad/s} = 10.76\text{rad/s}$$

由矢量三角形中（图 11-27b）各矢量的投影关系，可得滑块速度 v_B 的大小为

$$v_B = v_A \cos 60° + v_{BA}\cos(90° - \beta) = (5.56\cos 60° + 4.84\cos 84°15')\text{m/s} = 3.26\text{m/s}$$

若采用式（11-39）可得

$$v_A \cos(90° - \alpha) = v_B \cos\beta$$

故

$$v_B = v_A \cos(90° - \alpha)/\cos\beta = v_A \times \sin(\varphi + \beta)/\cos\beta$$
$$= (5.56 \times \sin35°45'/\cos5°45') \, \text{m/s} = 3.26 \, \text{m/s}$$

采用式（11-39）求解 v_B 比较简捷，但因为不涉及相对速度，所以不能求出连杆 AB 的角速度 ω_{AB}。

例 11-11 火车以 20cm/s 的速度沿直线轨道行驶，设车轮沿地面纯滚动而无滑动，其半径为 R。求图 11-28 中车轮上 A、B 两点的速度。

解 已知轮的轴心速度 $v_0 = 20\text{cm/s}$，取轴心 O 为基点，由于车轮做纯滚动，故在轮缘与地面接触处 C 点的绝对速度 $v_C = 0$，由此可求出车轮的角速度 ω_0。

以 O 点为基点，设角速度为 ω，则有

$$v_C = v_0 - v_{C0} = v_0 - R\omega = 0$$

得

$$\omega = v_0/R$$

A 点和 B 点相对于轴心 O 的速度为

$$v_{A0} = R\omega = v_0 = 20 \, \text{cm/s} \quad （方向为水平向右）$$

$$v_{B0} = R\omega = 20 \, \text{cm/s} \quad （方向为铅垂向下）$$

A 点的速度大小为

$$v_A = v_0 + v_{A0} = (20 + 20) \, \text{cm/s} = 40 \, \text{cm/s}（方向水平向右）$$

B 点的速度大小为

$$v_B = \sqrt{v_0^2 + v_{B0}^2} = \sqrt{20^2 + 20^2} \, \text{cm/s} = 28.3 \, \text{cm/s}（方向与水平线成 45°）$$

如图 11-28 所示。

由于车轮做纯滚动而无滑动，车轮与地面接触点 C 在该瞬时速度 $v_C = 0$，所以 C 点为车轮的速度瞬心。如果以 C 点为基点，根据车轮的中心速度 v_0 为已知，可求得车轮的角速度 ω 为

$$\omega = v_C/R = 20/R$$

轮缘上 A、B 两点的速度，可由下式求出

$$v_A = AC \cdot \omega = 2R \frac{20}{R} \, \text{cm/s} = 40 \, \text{cm/s} \quad （方向水平向右）$$

$$v_B = BC \cdot \omega = (\sqrt{2}R) \frac{20}{R} \, \text{cm/s} = 28.3 \, \text{cm/s}（方向垂直于 BC）$$

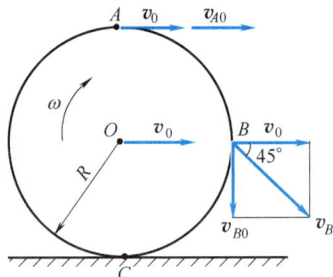

图 11-28

思 考 题

11-1 点做曲线运动时，点的路程、位移和弧坐标是否相同？

11-2 点的速度大小是常量，点的加速度一定等于零，这种说法对吗？应该怎样认识？

11-3 点做直线运动，某瞬时速度的大小为 $v = 5\text{m/s}$，根据 $a = \dfrac{\mathrm{d}v}{\mathrm{d}t}$，求得该瞬时加速度 $a = 0$，这样计算对吗？为什么？

11-4 点的运动方程与轨迹方程有何区别？如果点的运动方程为 $s = a + bt$，能否说点一定做直线运动？若点的运动方程为 $s = a + bt^2$，能否说点一定做曲线运动？式中 a、b 均为常数。

11-5　点在运动时，若某瞬时速度为零，该瞬时加速度是否也等于零？

11-6　如果 1）$a_\tau=0$，$a_n=0$；2）$a_\tau=0$，$a_n\neq0$；3）$a_\tau\neq0$，$a_n=0$；4）$a_\tau\neq0$，$a_n\neq0$。问动点分别做何种运动？

11-7　如图 11-29 所示，试指出图中所表明的点做曲线运动时，哪些是加速运动？哪些是减速运动？哪些是不可能出现的运动？

11-8　点做曲线运动时，如果其加速度是恒矢量，如图 11-30 所示，问点是否做匀变速运动？

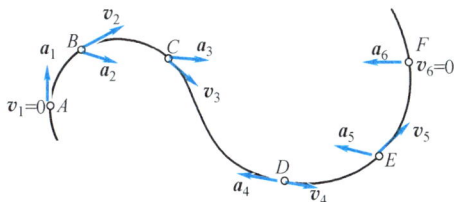

图 11-29

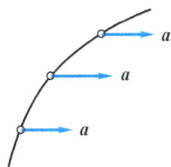

图 11-30

11-9　如图 11-31 所示，点 M 沿螺线自外向内运动，它所走过的弧长与时间的一次方成正比，问点的加速度是越来越大还是越来越小？该点是越动越快还是越动越慢？

11-10　圆轮沿地面纯滚动时，其速度瞬心的加速度是否为零？瞬心是否一定在运动的平面图形内？

11-11　如图 11-32 所示，车轮 A 与垫轮 B 的半径均为 r，两轮均沿地面做纯滚动，当拖车以速度v前进时，两轮的角速度是否相等？

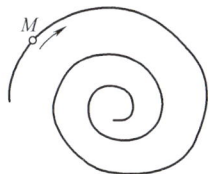

图 11-31

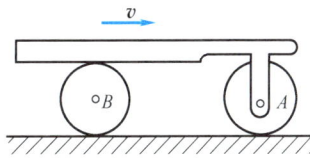

图 11-32

习　题

11-1　点沿半径 $R=1000\mathrm{m}$ 的圆弧运动，其运动方程为 $s=40t-t^2$（式中 s 的单位为 m，t 的单位为 s），求当 $s=400\mathrm{m}$ 时，点的速度和加速度。

11-2　点沿半径 $R=0.2\mathrm{m}$ 的圆周运动，其运动方程为 $s=3t^2+2t-4$（式中 s 的单位为 m，t 的单位为 s），求 1）$t=0$、1、2s 时点的位置；2）点在 0~1s 和 1~2s 内走过的路程。

11-3　点做直线运动，其运动方程为 $s=t^3-12t+2$（式中 s 的单位为 m，t 的单位为 s），求：1）点在最初 3s 内的位移；2）改变运动方向的时刻和所在的位置；3）最初 3s 内经过的路程；4）$t=3\mathrm{s}$ 时点的速度和加速度；5）点在哪段时间内做加速运动？哪段时间内做减速运动？

11-4　点的运动方程为 $x=3t$，$y=4t-3t^2$。求 $t=\dfrac{1}{6}\mathrm{s}$ 时点的速度和加速度之间的夹角 α。

11-5 点 M 的运动的方程为 $\begin{cases} x=t \\ y=t^3 \end{cases}$（式中 x、y 以 cm 计，t 以 s 计）。求 $t=1$ s 时动点的切向速度与加速度。

11-6 曲柄连杆机构如图 11-33 所示，曲柄逆时针方向转动，角 $\varphi=\omega t$（角速度 ω 为常量）。已知：$AB=OB=R$，$BC=l$，且 $l>R$。试求连杆 AC 上 C 点的运动方程和轨迹方程。如 $l=R$，C 点的运动方程和轨迹方程将如何变化？

11-7 圆形凸轮机构如图 11-34 所示。凸轮半径 $r=60$ mm，偏心距 $OC=e=40$ mm。已知凸轮以 $\varphi=5t$（式中 φ 的单位为 rad，t 单位为 s）的规律转动，试求从动杆上点 M 的运动方程，并求当 $\varphi=30°$ 时点 M 的速度和加速度。

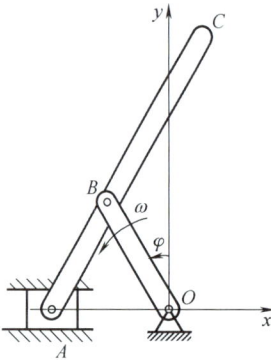

图 11-33

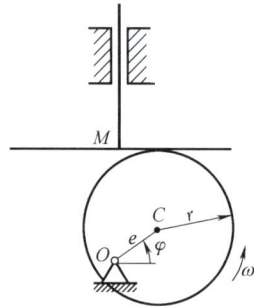

图 11-34

11-8 如图 11-35 所示，摇杆机构由摇杆 BC、滑块 A 和曲柄 OA 组成，已知 $OA=OB=$ 10 cm，BC 杆绕 B 轴按 $\varphi=10t$（式中 φ 以 rad 计，t 以 s 计）的规律转动，并通过滑块 A 在 BC 上滑动而带动 OA 杆绕 O 轴转动，试用自然法求滑块 A 的运动方程及速度和加速度。

11-9 试用直角坐标法确定习题 11-8 中滑块 A 的运动。

11-10 如图 11-36 所示，杆 AB 以角 $\varphi=\omega t$ 的规律绕 A 轴转动（ω 为常量），带动套在固定的水平杆 OC 上的小环 M（视为动点）运动。运动开始时，杆

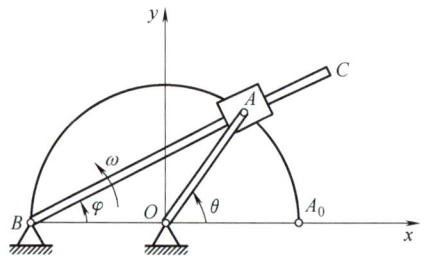

图 11-35

AB 在铅垂位置，$OA=h$，求小环 M 沿杆 OC 滑动的运动方程和速度、加速度。

11-11 如图 11-37 所示，火车沿曲线轨道做匀变速行驶，初速度 $v_1=18$ km/h，经过 $s=$ 1 km 后，速度增至 $v_2=54$ km/h。已知轨道在 M_1、M_2 处的曲率半径分别为 $\rho_1=600$ m，$\rho_2=$ 800 m。求火车从 M_1 到 M_2 所需的时间和经过 M_1、M_2 时的全加速度。

11-12 如图 11-38 所示，汽车沿水平直线行驶，已知雨点垂直下落的速度为 20 m/s，雨点滴在汽车侧面上的痕迹与铅垂线成 45°。试求汽车的行驶速度。

11-13 图 11-39 所示悬臂式起重机，起重臂以角速度 $\omega=0.1$ rad/s 绕铅垂轴线 AB 转动，并以 $v_1=0.3$ m/s 的速度垂直向上提升重物。试求重物运动的绝对速度 $\boldsymbol{v}$。

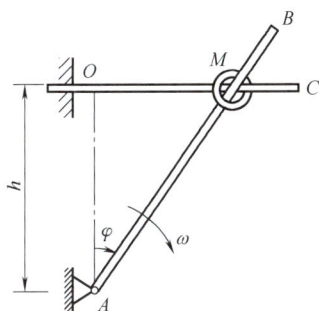

图 11-36

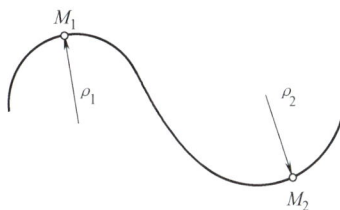

图 11-37

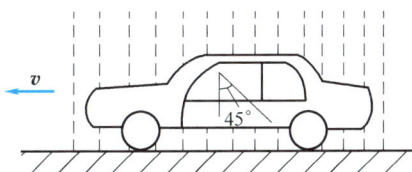

图 11-38

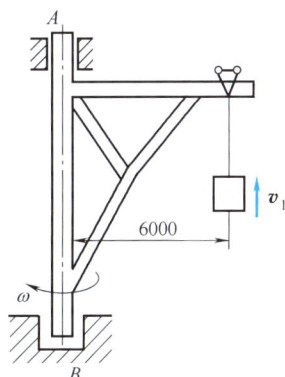

图 11-39

11-14　裁纸机如图 11-40 所示，纸由传送带以 $v_1 = 0.05\text{m/s}$ 的速度输送，裁纸刀 K 沿固定导杆 AB 以速度 $v_2 = 0.13\text{m/s}$ 移动。欲使裁出纸为矩形，试求导杆 AB 的安装角应为多少？

11-15　如图 11-41 所示，倾角 45° 的斜面体以 $v_1 = 1\text{m/s}$ 的速度做水平直线运动，物体 A 以 $v_2 = \sqrt{2}\,\text{m/s}$ 的速度沿斜面下滑。求物体 A 的绝对速度。

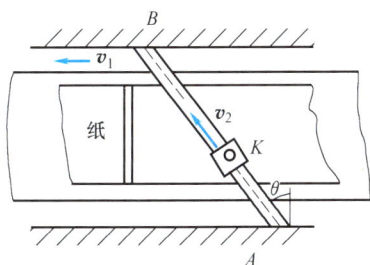

图 11-40

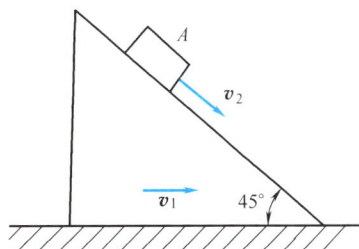

图 11-41

11-16　在直径 $d = 40\text{mm}$ 的工件上，需铣削与轴线成 $\alpha = 20°$ 的槽，如图 11-42 所示。已知铣刀相对工件的速度 $v = 50\text{mm/min}$。求铣床的纵向进给速度（即工件的轴向移动速度）和工件的圆周速度。

11-17　如图 11-43 所示，车床主轴的转速 $n = 30\text{r/min}$，工件的直径 $D = 4\text{cm}$，车刀的纵向进给速度为 1cm/s。试求车刀对工件的相对速度。

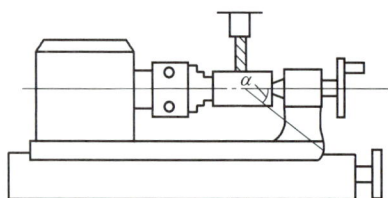

图 11-42

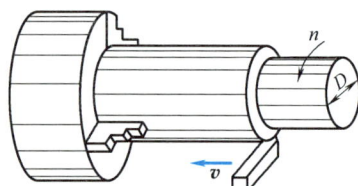

图 11-43

11-18　图 11-44 所示内圆磨床的砂轮直径 $d=60\text{mm}$，转速 $n_1=10000\text{r/min}$，工件的孔径 $D=80\text{mm}$，转速 $n_2=500\text{r/min}$，n_2 与 n_1 转向相反。求磨削时砂轮与工件接触点之间的相对速度。

11-19　曲柄滑杆机构如图 11-45 所示，滑杆上有半径 $R=10\text{cm}$ 的圆弧形滑道；曲柄 $OA=R=10\text{cm}$，以角速度 $\omega=4t\ \text{rad/s}$ 绕 O 轴转动，通过滑块 A 带动滑杆 BC 水平移动。当 $t=1\text{s}$ 时，$\varphi=30°$，试求此时滑杆 BC 的速度。

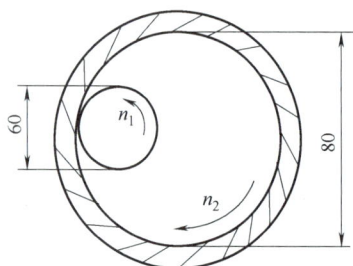

图 11-44

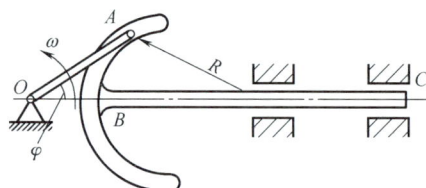

图 11-45

11-20　凸轮机构如图 11-46 所示，导杆 AB 利用弹簧使其端点 A 与凸轮保持接触，凸轮转动时，导杆做上下运动。凸轮角速度为 ω，在图示位置，A 点的法线与 OA 成 α 角，且 $OA=e$。试求导杆 AB 在此瞬时的速度。

11-21　牛头刨床机构的尺寸关系如图 11-47 所示，曲柄 $r=OA$，以匀角速度 ω_0 转动。当曲柄位于水平位置时，求摆杆 O_1D 的角速度和滑块 E 的速度。

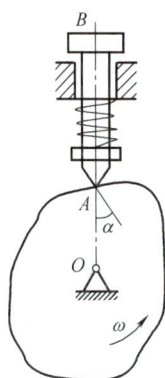

图 11-46

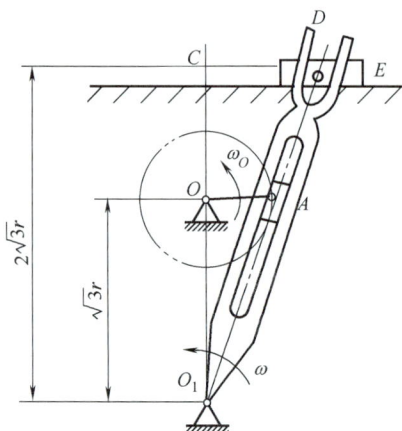

图 11-47

11-22　摇筛机如图 11-48 所示，已知 $O_1A = O_2B =$ 40cm，$O_1O_2 = AB$，杆 O_1A 按 $\varphi = \dfrac{1}{2}\sin\dfrac{\pi}{4}t$（rad）的规律摆动。求当 $t = 0$ 和 $t = 2$s 时，筛面中点 M 的速度和加速度。

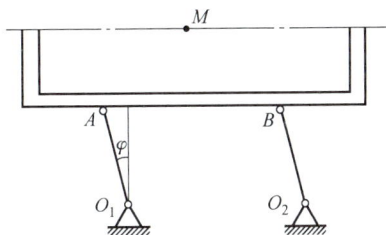
图 11-48

11-23　简易搅拌机如图 11-49 所示，已知 $O_1A = O_2B = R$，$AB = O_1O_2$，杆 O_1A 以匀转速 n 转动。试分析 BAM 上 M 点的轨迹并求其速度和加速度。

11-24　已知车床主轴转速 $n_0 = 300$r/min，要求主轴在两转后立即停止，以便很快反转。设停车过程是匀减速转动，求主轴的角加速度。

11-25　如图 11-50 所示，绕固定水平轴转动的摆，其转动方程 $\varphi = \varphi_0\cos\dfrac{2\pi}{T}t$，其中 T 是摆的周期。设摆的重心 C 到转轴 O 的距离为 L，求在初瞬时（$t = 0$）及经过平衡位置（$\varphi = 0$）时摆的重心 C 的速度和加速度。

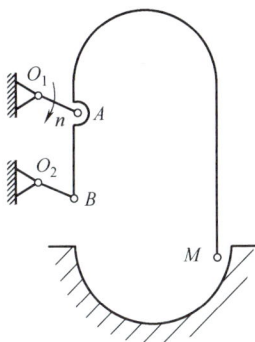
图 11-49

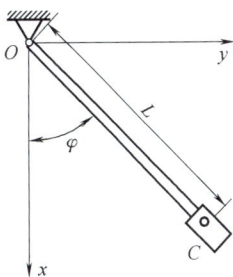
图 11-50

11-26　如图 11-51 所示，曲柄 CB 以等角速度 ω_0 绕 C 轴转动，其转动方程为 $\varphi = \omega_0t$，通过滑块带动摇杆 OA 绕轴 O 转动。设 $OC = h$，$CB = r$。求摇杆的转动方程。

11-27　一飞轮绕固定轴转动如图 11-52 所示，其轮缘上一点的全加速度与轮半径的交角恒为 60°。当运动开始时，其转角 φ_0 等于零，角速度为 ω_0。求飞轮的转动方程以及角速度与转角的关系。

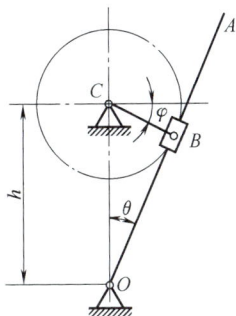
图 11-51

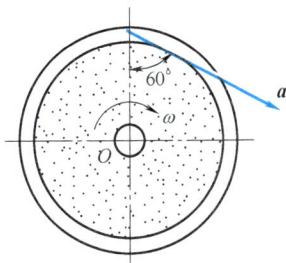
图 11-52

11-28 简易无级变速器如图 11-53 所示，主动轮 A 的转动轴线与从动轮 B 的轴线垂直，当主动轮 A 转动时，依靠两轮间的摩擦带动从动轮 B 转动。从动轮 B 的轴向位置可用调速手柄进行调整，以达到调速的目的。已知主动轮 A 的转速 $n_A = 274 \text{r/min}$；其转动半径 $R_A = 28.5 \sim 97 \text{mm}$，从动轮 B 的半径 $R_B = 40 \text{mm}$，试求从动轮 B 的调速范围。

11-29 一定轴转动的刚体，在初瞬时的角速度 $\omega_0 = 20 \text{rad/s}$，刚体上一点的运动规律 $s = t + t^3$，式中 s 以 m 计，t 以 s 计。求 $t = 1 \text{s}$ 时刚体的角速度和角加速度，以及该点至转轴的距离。

11-30 杆 AB 放置如图 11-54 所示，已知 B 点沿地面有水平向右速度 $v_B = 5 \text{m/s}$。试求在此瞬时，杆 AB 与台阶棱角相接触的 C 点的速度 v_C 值。

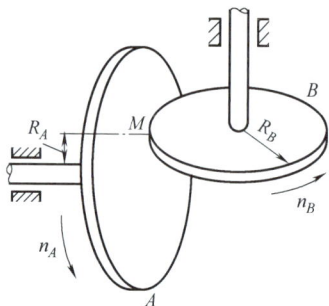

图 11-53

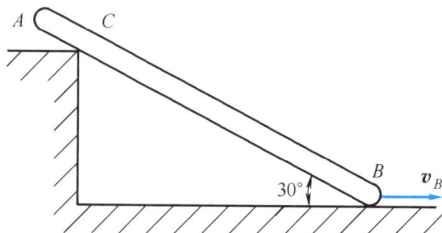

图 11-54

11-31 如图 11-55 所示，车轮沿地面做直线纯滚动，已知轮的直径 $d = 0.4 \text{m}$，角速度 $\omega = 7.5 \text{rad/s}$。试求轮缘上 A、B、C、D 四点的速度。

11-32 图 11-56 所示机构中，曲柄 OA 以角速度 ω_0 绕 O 轴转动，通过齿条 AB 带动齿轮绕 O_1 转动，已知齿轮半径 $r = 0.5$ (OA)，试求当齿条与曲柄夹角 $\alpha = 60°$ 时齿轮的角速度。

11-33 如图 11-57 所示，柴油机的曲柄 $OA = r = 80 \text{cm}$，连杆 $AB = l = 160 \text{cm}$，转速 $n = 116 \text{r/min}$。求当 α 分别为 $0°$ 和 $90°$ 时，连杆 AB 的角速度和活塞 B 的速度。

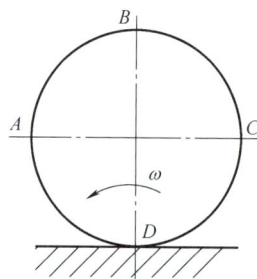

图 11-55

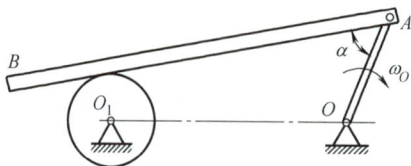

图 11-56

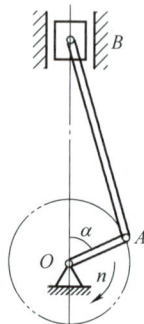

图 11-57

第十二章

动　力　学

第一节　质点动力学

一、动力学基本定律

在研究作用于物体上的力与物体的运动之间的关系时，通常是以动力学基本定律作为基础的。这些定律是牛顿在总结前人成果的基础上提出来的，称为牛顿三定律。

第一定律（惯性定律）　**不受力作用的质点，将永远保持静止或做匀速直线运动。**

这个定律说明任何物体都具有保持其原有运动状态不变的属性，这种属性称为惯性。故第一定律又称为惯性定律，而匀速直线运动则称为惯性运动。

惯性是物体的重要力学性质。一切物体不管在什么情况下，总是有惯性的，而且不同质量的物体，其惯性大小也不同。

这一定律还表明，如果要使物体原有的运动状态发生改变，就必须对它施加外力。所以，力是改变物体运动状态的原因。

第二定律（力与加速度关系定律）　**质点受力作用时将产生加速度。加速度的方向与力的方向相同，加速度的大小与力的大小成正比，与质点的质量成反比。**

如果以 m 表示质点的质量，F 表示质点所受的力，a 表示质点在力 F 作用下产生的加速度，选取适当的单位，则第二定律可表示为

$$a = \frac{F}{m}$$

或
$$F = ma \tag{12-1}$$

式（12-1）建立了质点的质量、加速度和力之间的关系，称为**动力学基本方程**。若质点受力系作用，则式（12-1）中的力 F 应理解为力系的合力，即

$$F = \sum_{i=1}^{n} F_i = ma \tag{12-2}$$

动力学基本方程表明：

1）动力学基本方程是矢量方程，质点的加速度 a 与质点所受的力 F 的方向一致，如图 12-1 所示。

2）质点的加速度不仅取决于作用力，而且与质点的质量有关。在同样的力作用下，质点的质量越大，质点获得的加速度越小，即改变其原来的运动状态越难，因而惯性越大；质

点的质量越小，质点获得的加速度越大，即改变其原来的运动状态越容易，因而惯性越小。因此，**质量是质点惯性大小的度量**。

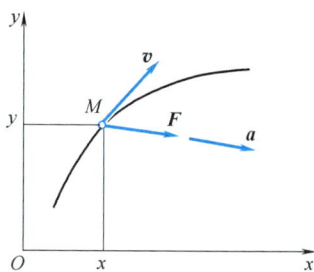

图 12-1

3）重量和质量是两个完全不同的概念。设质量为 m 的质点，在真空中受重力 W 作用而自由下落时，其加速度为重力加速度 g，根据式（12-1）得

$$W = mg \qquad (12\text{-}3)$$

式（12-3）给出了重量和质量的关系。应当注意，虽然物体的质量和重量存在着上述关系，但是它们的意义却是完全不同的。质量是物体固有的属性，是物体惯性的度量，在古典力学中是一个不变的常量。而重量是地球对物体的引力大小的度量，它随着物体在地球上所处的位置不同而改变，这是因为地面上各处的重力加速度 g 略有不同，在我国一般取 $g = 9.80\text{m/s}^2$。

第三定律（作用与反作用定律）　　**两个物体间的作用力与反作用力，总是同时存在、大小相等、方向相反，并沿同一作用线分别作用在这两个物体上。**

二、力学单位制

我国法定的计量单位采用国际单位制，其代号为 SI。国际单位制的基本单位共有 7 个，其中直接与力学有关的有 3 个：长度单位为米（m）、质量单位为千克（kg）、时间单位为秒（s），而力的单位是导出单位，由式（12-1）可知，力的单位为千克·米/秒²（kg·m/s^2），称为牛顿（N），并规定使质量为 1 千克的物体产生 1 米/秒² 的加速度所需的作用力为 1 牛顿，即 $1\text{N} = 1\text{kg·m/s}^2$。

由式（12-1）可知，质量为 1 千克的物体，它的重量是 $W = mg = 1\text{kg} \cdot 9.8\text{m/s}^2 = 9.8\text{N}$。

三、质点运动微分方程

根据牛顿第二定律给出的质点动力学基本方程，设点 M 的质量为 m，在合外力 $\sum F$ 的作用下，沿平面曲线运动，其加速度为 a，如图 12-2 所示，则有

$$ma = \sum F$$

将上式向质点运动轨迹的切向和法向投影得

$$\begin{cases} ma_\tau = \sum F_\tau \\ ma_n = \sum F_n \end{cases}$$

将 $a_\tau = \dfrac{\mathrm{d}v}{\mathrm{d}t} = \dfrac{\mathrm{d}^2 s}{\mathrm{d}t^2}$，$a_n = \dfrac{v^2}{\rho} = \dfrac{1}{\rho}\left(\dfrac{\mathrm{d}s}{\mathrm{d}t}\right)^2$ 代入上式后得

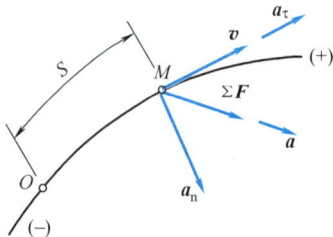

图 12-2

$$\begin{cases} m\dfrac{\mathrm{d}^2 s}{\mathrm{d}t^2} = \sum F_\tau \\ \dfrac{m}{\rho}\left(\dfrac{\mathrm{d}s}{\mathrm{d}t}\right)^2 = \sum F_n \end{cases} \qquad (12\text{-}4)$$

式（12-4）为**自然坐标形式的质点运动微分方程**。式中，$\sum F_\tau$、$\sum F_n$ 分别为作用于质

点上的所有外力在切线和法线方向的投影的代数和，s 为质点的孤坐标，ρ 为运动轨迹上点 M 处的曲率半径。

用同样的方法，在质点运动平面内取直角坐标系 Oxy，将动力学基本方程 $ma = \sum F$，向 x、y 两坐标轴方向投影，如图 12-3 所示，则有

$$\begin{cases} ma_x = \sum F_x \\ ma_y = \sum F_y \end{cases}$$

将 $a_x = \dfrac{\mathrm{d}^2 x}{\mathrm{d}t^2}$，$a_y = \dfrac{\mathrm{d}^2 y}{\mathrm{d}t^2}$ 代入上式可得

$$\begin{cases} m\dfrac{\mathrm{d}^2 x}{\mathrm{d}t^2} = \sum F_x \\ m\dfrac{\mathrm{d}^2 y}{\mathrm{d}t^2} = \sum F_y \end{cases} \tag{12-5}$$

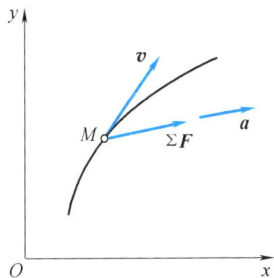

图 12-3

式（12-5）为**直角坐标形式的质点运动微分方程**。式中 $\sum F_x$、$\sum F_y$ 分别为作用在质点上的所有外力在 x、y 轴上投影的代数和，x、y 为质点的坐标。

运用上述两种投影形式的运动微分方程可求解质点动力学的两类问题：

1）第一类问题：已知质点的运动，求作用于质点上的力。

这类问题的一般情况为：已知质点的运动方程或速度方程，通过求导数的运算可求得质点的加速度，将加速度代入质点运动微分方程，便可求出作用在质点上的未知力。

例 12-1 设质量为 m 的质点 M 在 Oxy 平面内运动，如图 12-4 所示，其运动方程为 $\begin{cases} x = a\cos kt \\ y = b\sin kt \end{cases}$，式中 a、b 及 k 都是常数，求作用于质点 M 上的力 F。

解 （1）取质点 M 为研究对象。作质点的受力图，在运动方程中消去时间 t 得轨迹方程

$$\frac{x^2}{a^2} + \frac{y^2}{b^2} = 1$$

图 12-4

故质点 M 的运动轨迹为椭圆。

（2）求加速度。由运动方程可得

$$\begin{cases} a_x = \dfrac{\mathrm{d}^2 x}{\mathrm{d}t^2} = -k^2 a\cos kt = -k^2 x \\ a_y = \dfrac{\mathrm{d}^2 y}{\mathrm{d}t^2} = -k^2 b\sin kt = -k^2 y \end{cases} \tag{1}$$

（3）求作用于质点上的力。由质点运动微分方程可得

$$\begin{cases} F_x = ma_x = -mk^2 x \\ F_y = ma_y = -mk^2 y \end{cases} \tag{2}$$

根据式（2）可得力 F 的大小为

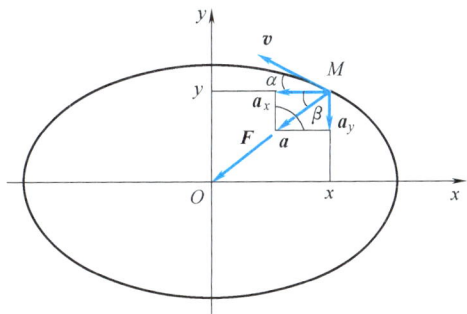

$$F = \sqrt{F_x^2 + F_y^2} = mk^2 \sqrt{x^2 + y^2} = mk^2 \cdot \overline{OM} \tag{3}$$

式中，$\overline{OM} = \sqrt{x^2 + y^2}$。力 $\boldsymbol{F}$ 的方向为

$$\tan\beta = \left| \frac{F_y}{F_x} \right| = \frac{y}{x}$$

例 12-2 图 12-5 所示为一桥式起重机。小车吊着质量 $m = 10^4\,\text{kg}$ 的重物沿横梁以 $v_0 = 1\,\text{m/s}$ 的速度做匀速运动，绳长 $l = 1\,\text{m}$。因故紧急制动时，重物因惯性绕悬挂点 O 向前摆动。求制动瞬时，钢绳所受的最大拉力 $\boldsymbol{F}_\text{T}$。

解 （1）取重物为研究对象。作重物的受力图，如图 12-5 所示。

（2）运动分析。制动前，重物做匀速直线运动，处于平衡状态，故 $F_\text{T} = mg = 10^4\,\text{kg} \times 9.8\,\text{m/s}^2 = 9.8 \times 10^4\,\text{N} = 98\,\text{kN}$。

图 12-5

制动后，小车不动。由于惯性，重物沿以悬挂点 O 为圆心，l 为半径的圆弧向前摆动，其加速度为

$$a_\tau = \frac{\text{d}^2 s}{\text{d}t^2}, \quad a_n = \frac{v^2}{l}$$

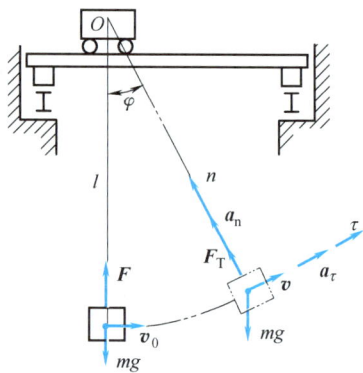

（3）求钢绳拉力 T。沿轨迹上质点处的切线和法线方向选取坐标轴 τ、n，由自然坐标形式的运动微分方程式（12-4）可得

$$\left. \begin{array}{c} m\dfrac{\text{d}^2 s}{\text{d}t^2} = -mg\sin\varphi \\[2mm] m\dfrac{v^2}{l} = F_\text{T} - mg\cos\varphi \end{array} \right\} \tag{1}$$

$$\frac{\text{d}^2 s}{\text{d}t^2} = -g\sin\varphi \tag{2a}$$

或改写成

$$F_\text{T} = m\left(g\cos\varphi + \frac{v^2}{l} \right) \tag{2b}$$

由式（2a）知，$a_\tau = \dfrac{\text{d}^2 s}{\text{d}t^2} = -g\sin\varphi < 0$，而 $v > 0$，故重物在摆动过程中做减速运动，所以 $v_{\max} = v_0$，在初始位置 $\varphi = 0$ 时，钢绳具有最大的拉力，其值为

$$F_{\text{Tmax}} = m\left(g + \frac{v_0^2}{l} \right) = 10^4\left(9.8 + \frac{1^2}{1} \right)\,\text{N} = 1.08 \times 10^5\,\text{N} = 108\,\text{kN}$$

（4）讨论。制动瞬时，钢绳拉力的变化为

$$\Delta F_\text{T} = F_{\text{Tmax}} - F_\text{T} = m\frac{v_0^2}{l} = \left(10^4 \times \frac{1^2}{1} \right)\,\text{N} = 10\,\text{kN}$$

这表明，在制动瞬时，钢绳拉力突然增大了 10kN，因此起重机在运行中应力求平稳，速度不宜太高，并要避免紧急制动，尽量不使钢绳中产生过大的附加拉力，以确保安全。此外，在不影响吊装工作安全的前提下，钢绳应尽量长，以减小钢绳中的附加拉力。

2）**第二类问题**：已知质点所受的力，求质点的运动。

求质点的运动，主要是求质点的速度或运动方程。这类问题涉及对质点运动微分方程的积分，运算过程中需根据运动的**初始条件**（$t=0$ 时质点的位置坐标和速度）来确定定积分的上下限，或不定积分的积分常数。

作用于质点的力通常是时间、质点位置或速度的函数。对此，可用数学中分离变量的积分法求解质点运动的微分方程。因此，求解质点动力学的第二类问题比第一类问题在运算方面要更为复杂。

例 12-3　设质点 M 以初速度 v_0 从 O 点与水平线 Ox 成 α 角射出，不计空气阻力，求此质点 M 在重力 W 作用下的运动规律（图 12-6）。

解　由题中条件可知，这是动力学第二类问题，力是常量。

（1）取质点为研究对象。作质点的受力图，质点 M 在被射出后的整个运动过程中，仅受重力 W 作用，如图 12-6 所示。

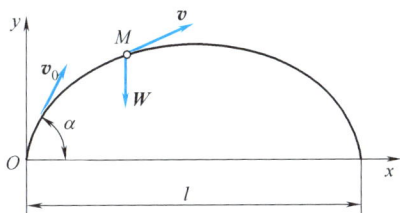

图 12-6

（2）运动分析。由于质点的受力方向与速度方向成一角度，故质点 M 做平面曲线运动。

（3）求运动方程和轨迹方程。取坐标系 Oxy，如图 12-6 所示，质点 M 的运动初始条件为 $t=0$ 时，$x_0=y_0=0$，$v_{0x}=v_0\cos\alpha$，$v_{0y}=v_0\sin\alpha$。根据质点运动微分方程可列出方程

$$\left.\begin{array}{l} \dfrac{w}{g}\cdot\dfrac{\mathrm{d}^2x}{\mathrm{d}t^2}=0 \\[3mm] \dfrac{w}{g}\cdot\dfrac{\mathrm{d}^2y}{\mathrm{d}t^2}=-w \end{array}\right\} \tag{a}$$

或改写成

$$\left.\begin{array}{l} \dfrac{\mathrm{d}v_x}{\mathrm{d}t}=0 \\[3mm] \dfrac{\mathrm{d}v_y}{\mathrm{d}t}=-g \end{array}\right\} \tag{b}$$

将式（b）分离变量后积分

$$\left.\begin{array}{l} \displaystyle\int_{v_{0x}}^{v_x}\mathrm{d}v_x=\int_0^t 0\,\mathrm{d}t \\[3mm] \displaystyle\int_{v_{0y}}^{v_y}\mathrm{d}v_y=\int_0^t -g\,\mathrm{d}t \end{array}\right\}$$

可得

$$\left.\begin{array}{l} v_x=v_{0x} \\[2mm] v_y=v_{0y}-gt \end{array}\right\} \tag{c}$$

或改写成

$$\left.\begin{aligned} \frac{\mathrm{d}x}{\mathrm{d}t} &= v_{0x} \\ \frac{\mathrm{d}y}{\mathrm{d}t} &= v_{0y} - gt \end{aligned}\right\} \tag{d}$$

将式（d）分离变量后积分

$$\int_{x_0}^{x} \mathrm{d}x = \int_{0}^{t} v_{0x} \mathrm{d}t$$

$$\int_{y_0}^{y} \mathrm{d}y = \int_{0}^{t} v_{0y} \mathrm{d}t - \int_{0}^{t} gt\mathrm{d}t$$

可得

$$\left.\begin{aligned} x &= x_0 + v_{0x}t \\ y &= y_0 + v_{0y}t - \frac{1}{2}gt^2 \end{aligned}\right\} \tag{e}$$

将质点 M 的运动初始条件 $t=0$ 时，$x_0 = y_0 = 0$，$v_{0x} = v_0\cos\alpha$，$v_{0y} = v_0\sin\alpha$ 代入式（e）即得质点 M 的运动方程为

$$\left.\begin{aligned} x &= v_0\cos\alpha \cdot t \\ y &= v_0\sin\alpha \cdot t - \frac{1}{2}gt^2 \end{aligned}\right\} \tag{f}$$

从运动方程中消去时间 t，可得质点的轨迹方程

$$y = x\tan\alpha - \frac{gx^2}{2v_0^2\cos^2\alpha} \tag{g}$$

（4）讨论。当抛射体到达射程 L 时，$x = L$，$y = 0$，代入轨迹方程得

$$L = \frac{v_0^2}{g}\sin 2\alpha$$

从上式可以看出，对于同样大小的初速度 v_0，当 $\alpha = 45°$ 时，射程最大。由于未计及空气阻力，因此实际射程比上式计算出的值要小。

第二节　刚体动力学

一、刚体平动动力学问题

在刚体运动学中，我们了解到刚体做平动时，刚体上各点的运动情况都相同，因而刚体可以用一个质点（通常取质心）来代替整个刚体的运动，所以平动刚体的动力学问题一般可以归结为质点动力学问题来研究。由牛顿第二定律可得刚体平动时的动力学基本方程为

$$Ma_C = \sum F$$

式中，M 为刚体的总质量；a_C 为质心的加速度；$\sum F$ 为作用于刚体上的合力。

因此，上一节研究的关于质点动力学内容完全适用于刚体平动的动力学问题。

二、刚体绕定轴转动的动力学基本方程

在前面我们讨论了刚体绕定轴转动的运动情况。工程上，绕定轴转动的运动状态是经常

变化的。例如，电动机的转轴在起动时，转速逐渐加快；制动时，转速逐渐减慢。刚体转动状态的改变与刚体所受的外力矩有关。通过长期的工程实践，可以得到刚体绕定轴转动时的动力计算关系为

$$M = \sum M_z(\boldsymbol{F}) = I_z\alpha \qquad (12\text{-}6)$$

式中，M 为作用在转动刚体上的外力对转轴 z 的力矩的代数和（N·m）；α 为转动刚体绕转轴 z 转动的角加速度（rad/s^2）；I_z 为转动刚体对转轴 z 的转动惯量（kg·m^2）。

式（12-6）表明，**作用在刚体上的所有外力对转轴之矩的代数和，等于刚体对于转轴的转动惯量与其角加速度的乘积**。式（12-6）称为刚体绕定轴转动的动力学基本方程。

由运动学可知

$$\alpha = \frac{\mathrm{d}\omega}{\mathrm{d}t} = \frac{\mathrm{d}^2\varphi}{\mathrm{d}t^2}$$

式（12-6）又可改写为如下形式

$$M = I_z\frac{\mathrm{d}\omega}{\mathrm{d}t} = I_z\frac{\mathrm{d}^2\varphi}{\mathrm{d}t^2} \qquad (12\text{-}7)$$

式（12-7）称为刚体绕定轴转动的微分方程。应用式（12-6）或式（12-7），可解决转动刚体动力学基本问题。

例 12-4 如图 12-7 所示，有一带传动。已知两带轮的半径分别为 R_1 和 R_2，带轮对各自转轴的转动惯量分别为 I_1 和 I_2。如在轮 I 上作用一个主动力矩 M_1，在轮 II 上作用一个阻力矩 M_2，轮与带之间无相对滑动，带的质量不计，求轮 I 的角加速度。

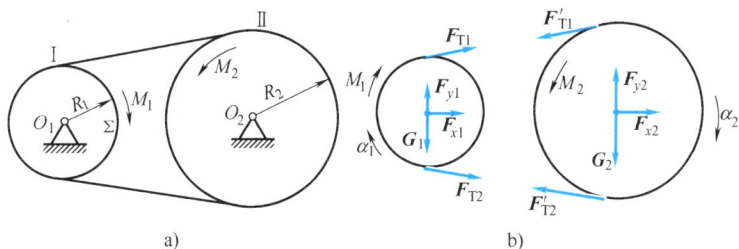

图 12-7

解 该系统包括两个带轮，它们分别绕不同的固定轴转动，故应取两轮为研究对象。两轮的受力情况如图 12-7b 所示，转动微分方程为

$$I_1\alpha_1 = M_1 + (F_{T1} - F_{T2})R_1 \qquad (a)$$

$$I_2\alpha_2 = (F'_{T2} - F'_{T1})R_2 - M_2 \qquad (b)$$

将 $F_{T1} = F'_{T1}$，$F_{T2} = F'_{T2}$，$R_1\alpha_1 = R_2\alpha_2$ 代入式（a）或式（b）再将式（a）、（b）联立求解得

$$\alpha_1 = \frac{M_1 - R_1 R_2 M_2}{I_1 + I_2 R_1^2 R_2^2}$$

三、转动惯量

(一) 转动惯量的概念

设 Δm 为刚体内任一质点的质量，r 为质点的转动半径（即该质点到转动轴的距离），则转动刚体对转轴 z 的转动惯量定义为

$$I_z = \sum \Delta m r^2 \tag{12-8}$$

式 (12-8) 表明，刚体对某轴 z 的转动惯量就是刚体内各质点的质量与质点到转轴距离平方乘积的总和。

转动惯量不仅与转动刚体的质量大小有关，还与质量的分布情况有关，即与质量位置到转轴的距离远近有关。

转动惯量是一个恒为正值的标量。在国际单位制中，转动惯量的单位是 $kg \cdot m^2$。

如果刚体的质量是连续分布的，转动惯量也可用积分形式表示，即

$$I_z = \int_M r^2 \mathrm{d}m \tag{12-9}$$

(二) 回转半径

工程上，常用刚体的质量与某个长度平方的乘积来表示刚体的转动惯量，即把 I_z 写为

$$I_z = m\rho^2 \tag{12-10}$$

式中，m 为整个刚体的质量；ρ 为刚体对于 z 轴的回转半径。

式 (12-10) 表明，设想把刚体的质量集中在离转轴距离为 ρ 的某一质点上，并使该质点对于 z 轴的转动惯量等于整个刚体对转轴 z 的转动惯量，满足这一条件的 ρ 称为回转半径，也称为惯性半径。

(三) 转动惯量的平行轴定理

设刚体的质量为 m，对质心轴 z 的转动惯量为 I_{zC}，如图 12-8 所示，而对另一与质心轴相距为 d 且与 z 轴平行的轴 z' 的转动惯量是 I_z'。可以证得如下结论

$$I_z' = I_{zC} + md^2 \tag{12-11}$$

上式表明，刚体对任意轴的转动惯量，等于对质心轴的转动惯量再加上刚体的质量与这两轴间距离平方的乘积。这一关系称为转动惯量的平行轴定理。

在一般工程手册中所列物体的转动惯量，大多数是物体对于通过质心轴的转动惯量。在工程实际中，应用上述定理可根据需要求得物体对与质心轴平行的任意轴的转动惯量。

常见简单形状的均质物体对通过质心的转轴的转动惯量，可由表 12-1 或工程手册中查得。

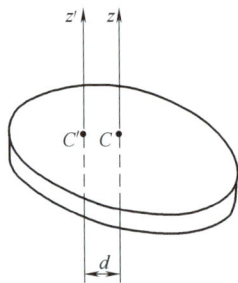

图 12-8

例 12-5 一个重 G、半径为 r 的均质圆盘，绕铅垂轴 z（垂直于图面）做定轴转动，铅垂轴与水平圆盘的交点为 D，$e = OD = 0.2r$，盘上装有一长 $l = \sqrt{3}\,r$、重 $0.2G$ 的细杆 AB，AB 垂直于 OD，如图 12-9 所示。试求该构件绕 z 轴（D 点）转动的转动惯量 I_z。

表 12-1　均质物体绕给定轴的转动惯量

物体种类	简图	I_z	回转半径
细直杆		$\dfrac{1}{12}ml^2$	$\dfrac{1}{2\sqrt{3}}l$
矩形六面体		$\dfrac{1}{12}ml(a^2+b^2)$	$\dfrac{\sqrt{a^2+b^2}}{2\sqrt{3}}$
圆柱或圆盘		$\dfrac{1}{2}mR^2$	$\dfrac{1}{\sqrt{2}}R$
空心圆柱		$\dfrac{1}{2}m(R^2+r^2)$	$\sqrt{\dfrac{R^2+r^2}{2}}$
球		$\dfrac{2}{5}mR^2$	$\sqrt{\dfrac{2}{5}}R$
圆环		mR^2	R

解　构件由圆盘及细杆两个转动刚体所组成。分别计算每个转动刚体对 z 轴的转动惯量。然后进行相加就是构件对 z 轴的转动惯量。

（1）计算圆盘对 z 轴的转动惯量。通过查表可知圆盘对绕其质心轴 O 的转动惯量 $I_0=\dfrac{1}{2}\dfrac{G}{g}r^2$。运用转动惯量平行轴定理，可算出圆盘对 z 轴的转动惯量 I_{z1} 为

$$I_{z1} = J_0 + \frac{G}{g}e^2 = \frac{1}{2}\frac{G}{g}r^2 + \frac{G}{g}(0.2r)^2 = 0.54\frac{G}{g}r^2$$

$$(a)$$

（2）计算 AB 杆对 z 轴的转动惯量。通过查表可知 AB 杆对绕其质心轴 C 的转动惯量 $I_C = \frac{1}{12}\frac{(0.2G)}{g}l^2 = \frac{1}{12}\frac{0.2G}{g}(\sqrt{3}r)^2 = 0.05\frac{G}{g}r^2$，运用转动惯量平行轴定理，可算出 AB 杆对 z 轴的转动惯量 $I_{z\text{Ⅱ}}$ 为

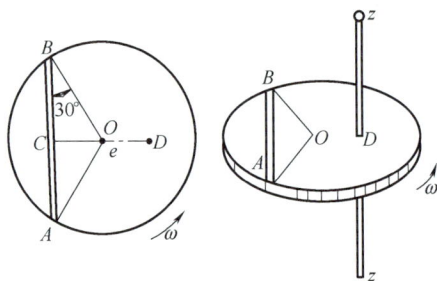

图 12-9

$$I_{z\text{Ⅱ}} = I_C + \frac{0.2G}{g}(\overline{DC})^2$$

$$(b)$$

由于 $\triangle ABO$ 为等腰三角形，$AB = \sqrt{3}r$，$OA = OB = r$，故有

$$\overline{DC} = e + r\sin30° = 0.2r + r\sin30° = 0.7r$$

$$(c)$$

将式（e）代入式（b）得，

$$I_{z\text{Ⅱ}} = 0.05\frac{G}{g}r^2 + \frac{(0.2G)}{g}(0.7r)^2 = 0.148\frac{G}{g}r^2$$

$$(d)$$

将式（a）、式（d）相加则得构件对 z 轴的转动惯量为

$$I_z = I_{z1} + I_{z\text{Ⅱ}} = (0.54 + 0.148)\frac{G}{g}r^2 = 0.688\frac{G}{g}r^2$$

（四）刚体绕定轴转动的动力学两类问题

1. 已知刚体的转动规律，求作用于刚体上的外力或外力矩

例 12-6 已知飞轮以 $n = 600\text{r/min}$ 的转速转动，转动惯量 $I_O = 2.5\text{kg·m}^2$，制动时要使它在 1s 内停止转动，设制动力矩为常数，求此力矩 M 的大小。

解 取飞轮为研究对象，画飞轮的受力图，如图 12-10 所示，轮上作用有制动力矩 M，轴承约束力 F_N 及飞轮自重 G。

飞轮的初角速度为 $\qquad \omega_0 = \frac{2\pi n}{60} = 20\pi \text{ rad/s}$

飞轮的末角速度为 $\qquad \omega = 0$

制动时间为 $\qquad t = 1s$

根据匀变速定轴转动公式 $\qquad \omega = \omega_0 + \alpha t$

将 ω_0、ω、t 代入上式则有 $\quad 0 = 20\pi - \alpha t$

解得 $\qquad \alpha = 20\pi \text{ rad/s}^2$

以 ω 方向为正方向，建立刚体绕定轴转动的动力学基本方程

$$-M = -I_O\alpha$$

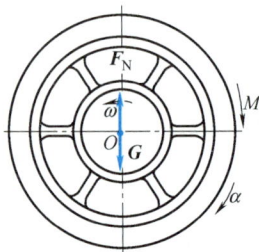

图 12-10

解之得 $\qquad M = I_O\alpha = (2.5 \times 20\pi)\text{N·m} = 157\text{N·m}$

2. 已知作用于刚体上的外力或外力矩，求刚体的转动规律

例 12-7 如图 12-11 所示，飞轮重 G、半径为 R，对 O 轴的转动惯量为 I，并以角速度 ω_0 转动。制动时，闸块受到不变压力 Q 的作用，闸块与轮缘的摩擦因数为 f。试求制动所需的时间 t 及停止前转过的圈数 n。

解 飞轮受到的制动力矩为

$$M_f = -QfR \qquad (a)$$

由 $M = I\alpha$，可列出

$$-QfR = I\alpha$$

解得角加速度

$$\alpha = -QfR/I \qquad (b)$$

因是制动，飞轮的末角速度 $\omega = 0$ $\qquad (c)$

将式（b）、式（c）代入匀变速定轴转动公式 $\omega = \omega_0 + \alpha t$

得

$$0 = \omega_0 - \frac{QfR}{I}t \qquad (d)$$

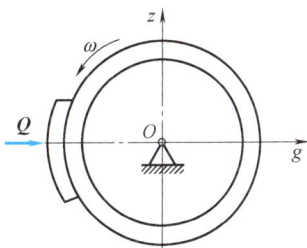
图 12-11

解式（d）得制动时间 $t = \omega_0 I/QfR$

将 ω_0 与式（b）代入匀变速定轴转动公式

$$\omega_0^2 = 2\alpha\varphi \qquad (e)$$

解式（e）得

$$\varphi = \omega_0^2/2\alpha = \omega_0^2 / \left(\frac{2QfR}{I} \right)$$

停止前转过的圈数为

$$n = \varphi/2\pi = \omega_0^2 I/4\pi QfR$$

例 12-8 一摆锤在竖直平面内绕 O 轴自由摆动，摆杆 OA 重为 G，长度为 L，在摆杆 A 端两侧连着两个相同的圆盘，每个圆盘重 $4G$，半径为 $r = 10\text{cm}$，已知 $L = 3r$，如图 12-12 所示。试求 $\theta = 30°$ 时，摆杆的角加速度。

解 由表 12-1 查得摆杆 OA 对质心 O' 轴的转动惯量 $I_{O'} = \dfrac{1}{12}\dfrac{G}{g}L^2$，利用转动惯量平行移轴公式求得摆杆 OA 对 O 轴转动的转动惯量为

$$I_{\mathrm{I}} = \frac{1}{12}\frac{G}{g}L^2 + \frac{G}{g}\left(\frac{1}{2}L\right)^2 = \frac{1}{3}\frac{G}{g}L^2 = \frac{1}{3}\left(\frac{G}{g}\right)(3r)^2 = 3\frac{G}{g}r^2 \qquad (a)$$

由表 12-1 查得圆盘对 A 轴的转动惯量 I_A。利用转动惯量平行移轴公式求得两圆盘对 O 轴的转动惯量为

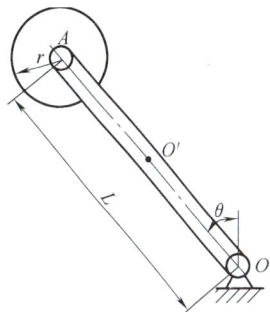
图 12-12

$$I_{\mathrm{II}} = I_A + mL^2 = \frac{1}{2}\left(\frac{8G}{g}\right)r^2 + \left(\frac{8G}{g}\right)(3r)^2 = 76\frac{G}{g}r^2 \qquad (b)$$

将式（a）、式（b）两式结果相加即得刚体对 O 轴的总的转动惯量 I_O 为

$$I_O = I_{\mathrm{I}} + I_{\mathrm{II}} = 79\frac{G}{g}r^2$$

摆杆重力及圆盘重力对 O 轴的力矩为

$$\sum M_O = \left(G\frac{L}{2} + 8GL\right)\sin 30° = \frac{51}{4}G\gamma$$

设摆杆的角加速度为 α，由动力学转动基本方程求得

$$\alpha = \frac{\sum M_O}{I_O} = \frac{51G\gamma/4}{79G\gamma^2/g} = \left(\frac{51}{316} \times \frac{g}{\gamma}\right)\text{rad/s}^2 = \left(\frac{51}{316} \times \frac{9.8}{0.1}\right)\text{rad/s}^2 = 15.8\text{rad/s}^2$$

第三节 动 静 法

一、质点的动静法

动静法是将动力学问题在形式上化为静力学问题的一种方法，这种方法在工程实践中得到广泛应用，尤其是在求解约束力时甚为方便。

如图 12-13 所示，设有一质量为 m 的非自由质点 M，在主动力 F 和约束力 F_N 作用下做曲线运动，加速度为 a，根据动力学第二定律，则有

$$R = F + F_N = ma$$

上式移项后，得

$$F + F_N + (-ma) = 0$$

令 $Q = -ma$，我们称其为惯性力，则有

$$F + F_N + Q = 0 \tag{12-12}$$

式（12-12）表明，在质点运动的任一瞬时，作用于质点上的主动力、约束力和虚加的惯性力在形式上组成平衡力系，这就是质点的动静法。

必须指出，质点的惯性力不是实际作用在该质点上的力，而是作用在使质点改变运动状态的另一物体上的。

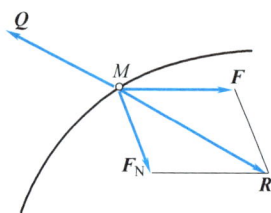

图 12-13

二、刚体惯性力系的简化

刚体是由无穷多个质点构成的不变质点系，应用动静法解决刚体或刚体系统的动力学问题时，应将惯性力系进行简化。由静力学中力系的简化理论知道：任一力系向已知点简化后，结果为作用于简化中心的一个力和一个力偶，它们由力系的主矢和对于简化中心的主矩决定；力系的主矢与简化中心无关，而力系的主矩与简化中心的选择有关。

可以证明无论刚体做什么运动，惯性力的主矢都等于刚体的质量与其质心加速度的乘积，方向与质心加速度方向相反，即

$$R_Q = -ma_C \tag{12-13}$$

至于惯性力系的主矩，一般随刚体运动的不同而不同，还与简化中心位置有关。

（一）平动刚体的惯性力系简化

刚体平动时，刚体上各点的加速度都相同，所以平动刚体上各点的惯性力构成一个平面平行力系，该惯性力系可简化为通过质心 C 的一惯性主矢 $R_C = -ma_C$。这样，只要把惯性主矢虚加在平动刚体的质心处就可以应用动静法了。

（二）绕定轴转动刚体的惯性力系简化

刚体绕定轴转动时，除轴线上的各点外，其他质点都做圆周运动，设各运动的质点都有切向加速度与法向加速度，由此产生虚加的惯性力系，运用力系简化方法将虚加的惯性力系向转轴 O 简化可得惯性主矢和惯性主矩，如图 12-14 所示。

惯性主矢 $\qquad\qquad\qquad R_{QO} = -ma_C$

惯性主矩 $\qquad\qquad\qquad M_{QO} = -I_z\alpha \tag{12-14}$

简化结果分下面几种情况：

1. 质心通过转轴，刚体做匀速转动

质心通过转轴，质心的加速度为零，惯性主矢为零；刚体做匀速转动，角加速度 $\alpha = 0$，惯性主矩为零。刚体表现为转动平衡状态。

2. 质心通过转轴，刚体做变速转动

质心通过转轴，质心的加速度为零，惯性主矢为零；刚体做变速转动，角加速度 $\alpha \neq 0$，有惯性主矩 $M_{QO} = -I_z \alpha_O$。

3. 质心不通过转轴，刚体做匀速转动

质心不通过转轴，刚体做匀速转动，质心相对转轴有法向加速度，惯性主矢的法向分量 $R_{QO}^{\mathrm{n}} = -ma_C^{\mathrm{n}}$ 不为零，法向分量 $R_{QO}^{\mathrm{n}} = -ma_C^{\mathrm{n}}$ 就是日常生活中所说的离心力，刚体做匀速转动，角加速度 $\alpha = 0$，惯性主矩为零。

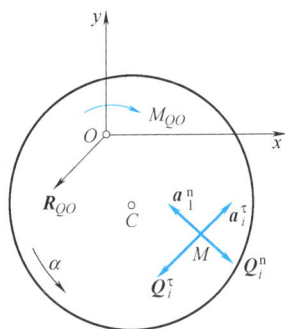

图 12-14

4. 质心不通过转轴，刚体做变速转动

质心不通过转轴，刚体做变速转动，质心有全加速度，惯性主矢 $R_{QO} = -ma_C$ 不为零，惯性主矢 R_{QO} 又可分解为切向分量 $R_{QO}^{\tau} = -ma_C^{\tau}$ 和法向分量 $R_{QO}^{\mathrm{n}} = -ma_C^{\mathrm{n}}$；刚体做变速转动，角加速度 $\alpha \neq 0$，有惯性主矩 $M_{QO} = -I_z \alpha$。

三、刚体的动静法

当刚体运动时，作用于刚体上的主动力、约束力与虚加在刚体上的惯性力系在形式上组成一平衡力系。这就是刚体的动静法。

根据刚体运动的不同形式，我们只要相应地在刚体的质量中心处虚加上惯性主矢与在刚体运动的平面内虚加上惯性主矩，利用刚体的动静法原理，就可以直接应用静力学中的平衡方程来求解未知数，这样，就将动力学问题转化为静力学问题来处理了。如果是平面任意力系，可得到 3 个平衡方程，解出 3 个未知数。

四、轴承的动反力

机械中的转动零件，即使几何形状对称于转动轴线，但由于质量的不均匀或制造和安装的误差而导致转动零件的质量中心偏离转动轴，这种现象称为偏心。高速偏心转动时，质量中心处有很大的向心加速度，因而会出现很大的法向惯性力，而且该惯性力往往比转动零件本身的重力大得多。

法向惯性力的方向时刻在变化，这样就会使机器发生周期性的振动，影响零件的加工精度。另外，法向惯性力还会使轴与轴承受到附加载荷，因动载荷而引起的轴承约束力称为轴承的动反力。轴承受力过大以后，容易磨损和引起早期失效，进而降低机器效率，缩短机器寿命，因此，机械设备在设计、加工、安装过程中要尽量消除或减少偏心，使轴承动反力减小到允许的程度。

例 12-9　设转子的偏心距 $e = 0.1\mathrm{mm}$，重为 200N，转轴垂直于转子的对称面。转子安装在 AB 轴中间，转子等速转动的转速为 12000r/min，求图示位置时轴承的动反力（图 12-15）。

解　（1）分析运动并虚加惯性力。转子做等速转动，转子的质量中心与转动轴线间有偏心。在转子的质量中心虚加法向惯性力 $R = R_{\mathrm{n}} = -ma_C^{\mathrm{n}}$，其大小为 $R = ma_C^{\mathrm{n}} = \dfrac{G}{g}e\omega^2$，方向与

质心的法向加速度的方向相反。

（2）画转子的受力图。

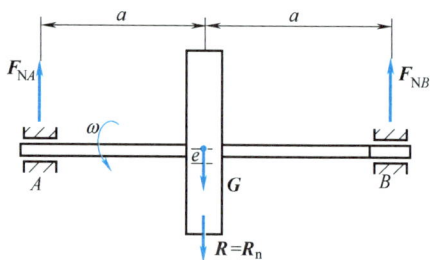

图 12-15

转子受到轴承反力 $\boldsymbol{F}_{NA}$、$\boldsymbol{F}_{NB}$、重力 $\boldsymbol{G}$、虚加的

法向惯性力 $\boldsymbol{R} = ma_C^n = \dfrac{G}{g}e\omega^2$ 的作用。

（3）列平衡方程求解未知数。

$$\sum M_A(\boldsymbol{F}) = 0 \qquad 2aF_{NB} - aR - aG = 0 \qquad \text{（a）}$$

$$\sum F_y = 0 \qquad F_{NA} + F_{NB} - G - R = 0 \qquad \text{（b）}$$

转子在轴中间，根据受力对称，故

$$F_{NA} = F_{NB} \qquad\qquad\qquad\qquad\qquad\qquad \text{（c）}$$

将式（b）、式（c）代入式（a）得

$$F_{NB} = \frac{1}{2}(R + G) = \frac{1}{2}G\left(1 + \frac{e\omega^2}{g}\right) \qquad\qquad \text{（d）}$$

将其他数据及 $\omega = \dfrac{2n\pi}{60} = 400\pi\,\text{rad/s}$ 代入式（d）

解得

$$F_{NA} = F_{NB} = 1700\text{N}$$

若转子不动，轴仅受重力作用，此时，静反力只有 $F'_{NA} = F'_{NB} = 100\text{N}$。可见，0.1mm 的微小偏心矩，在转子高速旋转时所引起的轴承反力增大至原来的 17 倍。轴承的动反力为 1700N - 100N = 1600N。

思 考 题

12-1　两个质量相同的质点在相同力的作用下运动，该两质点的运动轨迹及速度、加速度是否相同？为什么？

12-2　不受法向力作用的质点能做曲线运动吗？

12-3　质点运动方向是否一定与质点所受的合力方向相同？某一瞬时质点的速度大，是否说明该瞬时质点所受的作用力也一定大？

12-4　一圆环与一实心圆盘质量相同，绕质心做定轴转动，某一瞬时有相同的角加速度，试问作用在圆环和圆盘上的外力矩是否相同？

12-5　在铅垂平面内做定轴转动的悬摆，在摆动过程中，各个不同瞬时的角加速度是否相等？悬摆在何位置时角加速度为零？

12-6　刚体做定轴转动，当角速度很大时，是否外力矩一定很大？当角速度为零时，是否外力矩等于零？外力矩转向是否一定和角速度转向一致？

12-7　何谓质点的惯性力？它的大小和方向如何确定？质点的惯性大，是否其惯性力就一定大？

12-8　炮弹射出后，在空中做抛物线运动，试确定炮弹惯性力的大小、方向及作用对象。

12-9　刚体做平动与定轴转动时，惯性力系的简化结果如何？对于定轴转动有哪两种特殊情况？

习　题

12-1　如图 12-16 所示，质量 $m=3\text{kg}$ 的小球，在铅垂平面内摆动，绳长 $l=0.8\text{m}$，当 $\theta=60°$ 时，绳中的拉力为 25N，求这一瞬时小球的速度和加速度。

12-2　电动机通过钢索提升重物，如图 12-17 所示，已知物体重 $G=9.8\text{kN}$。求下列三种情况下钢索所受的拉力 F_T。

（1）物体以 $a=0.5\text{m/s}^2$ 加速下降。

（2）物体匀速下降。

（3）物体下降时突然制动，加速度 $a=2\text{m/s}^2$。

12-3　如图 12-18 所示，物块 A、B 质量分别为 $m_A=100\text{kg}$，$m_B=200\text{kg}$，用弹簧连接，设物块 A 在弹簧上按规律 $y=2\sin 10t$ 做简谐运动，其中 y 以 cm 计，t 以 s 计，试求水平面所受的压力的最大值和最小值。

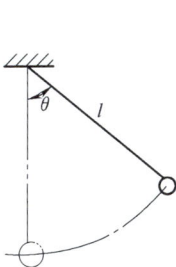

图 12-16

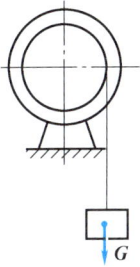

图 12-17

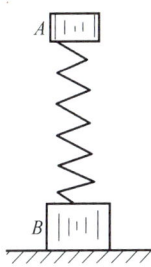

图 12-18

12-4　金属块重 196N，静止于水平的石桌上。设金属块与石桌间的摩擦因数为 0.1，若在金属块上施加 40N 的水平推力，问：

（1）在力开始作用后 5s 末，金属块的速度为多少？

（2）若在第 5s 末推力停止作用，金属块能继续向前滑动多远？

12-5　一电机车重 $G=980\text{kN}$，由静止开始沿水平直线轨道做匀加速运动，经过路程 $S=100\text{m}$ 后，速度达到 $v=36\text{km/h}$。若行车阻力是车重的 0.01 倍，试求电机车总的牵引力。

12-6　如图 12-19 所示，物块 A 放在倾角为 θ 的斜面上，物块与斜面间的摩擦因数 $\mu=\tan\varphi$，如斜面向左做加速运动，试问加速度 a 为何值时，物块 A 不会沿斜面滑动。

12-7　如图 12-20 所示，矿车的质量为 700kg，以速度 1.6m/s 沿倾角 15° 的斜坡下滑，摩擦因数 $\mu=0.015$，现使矿车在 4s 内制动，矿车制动时做匀减速运动，求制动时的绳子拉力 F_T。

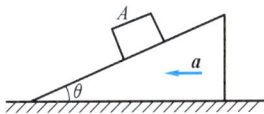

图 12-19

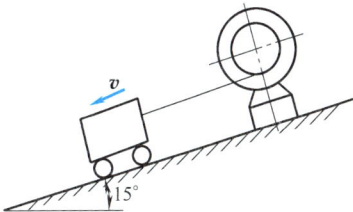

图 12-20

12-8　汽车行驶在水平道路上，速度 $v_0 = 9.8\text{m/s}$，制动时经过 2s 后才停止，停止前滑行的距离为 9.8m，若制动过程中汽车是做匀变速运动，试求轮胎与地面的摩擦因数。

12-9　如图 12-21 所示，A、B 两物体用绳连在一起，并放在光滑的水平面上，A 物体重 $G_A = 200\text{N}$，B 物体重 $G_B = 100\text{N}$，当 A 受到水平力 $F_P = 80\text{N}$ 作用时，求 A、B 的加速度 a 和绳子的拉力 F_T。

12-10　如图 12-22 所示，一物体沿倾角为 α 的斜面向下运动。设物体的初速度为零，物体与斜面间的动摩擦因数 μ 为常数，试求物体经过路程 L 所需的时间。

图 12-21

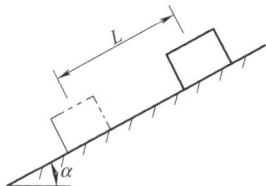

图 12-22

12-11　质量为 m 的质点受已知力作用沿直线运动，该力按规律 $F = F_0\cos\omega t$ 而变化，其中 F_0、ω 为常数，当开始运动时，质点具有初速度 v_0，求此质点的运动方程。

12-12　如图 12-23 所示，两物体各重 G_1 和 G_2，且 $G_1 > G_2$，用长为 L 的绳连接，此绳跨过一半径为 R 的滑轮，不计滑轮及绳的质量，如开始时两物体的高度差为 h，求由静止释放后，两物体到达相同高度时所需的时间。

12-13　质量为 10kg 的物体在变力 $F = 98(1-t)\text{N}$ 的作用下沿水平直线运动。设物体的初速度为 $v_0 = 20\text{cm/s}$，且力的方向与速度的方向相同，问经过多少秒后物体停止运动？停止前走了多少路程？

12-14　人造卫星质量为 m，在地球引力作用下，在距地面高 h 处的圆形轨道上以速度 v 运动，设地面上的重力加速度为 g，地球半径为 R，求卫星的运行速度（提示：地球引力 $F = G_0 \dfrac{mm'}{x^2}$，其中 G_0 为万有引力常数，m 为地球质量，m' 为卫星质量，x 为卫星至地心的距离）。

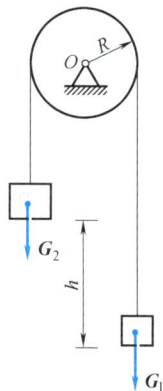

图 12-23

12-15　一个重 $G_0 = 1000\text{N}$，半径 $r = 0.4\text{m}$ 的匀质轮绕 O 点做定轴转动，其转动惯量 $I = 8\text{kg}\cdot\text{m}^2$，轮上绕有绳索，下端挂有 $G = 10^3\text{N}$ 的物块 A，如图 12-24 所示。试求圆轮的角加速度。

12-16　如图 12-25 所示，直杆长 $l = 3\text{m}$，质量 $m = 20\text{kg}$，绕 O 点做定轴摆动；在 A 点有

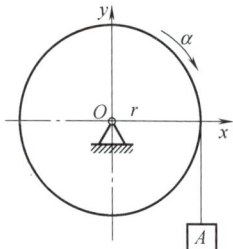

图 12-24

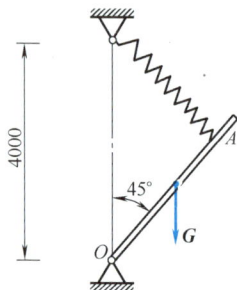

图 12-25

弹簧拉住，弹簧刚性系数 $k = 40\text{N/m}$，原长 $l_0 = 2.5\text{m}$，求图示位置时直杆的角加速度。

12-17 如图 12-26 所示，圆盘重 0.6kN，半径 $R = 0.8\text{m}$，转动惯量 $I_0 = 100\text{kg} \cdot \text{m}^2$，在半径为 R 处绕有绳索，其上挂着 $G_A = 2\text{kN}$ 的重物 A，在离转轴 $r = 0.5R$ 处绕有绳索，其上挂着 $G_B = 1\text{kN}$ 的重物 B。试求圆盘的角加速度。

12-18 飞轮对其质心轴的转动惯量 I 可用落体观察法测定，即在飞轮上缠上细绳，绳端系一质量为 m 的重锤，如图 12-27 所示，如重锤无初速地下落 h，所需的时间为 t，飞轮的半径为 R。试求飞轮的转动惯量。

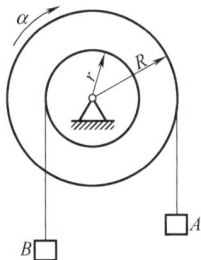

图 12-26

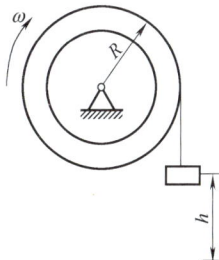

图 12-27

12-19 图 12-28 所示为一偏心盘形凸轮，凸轮半径为 r，偏心距为 e，重为 G，试求凸轮对 z 轴的转动惯量。

12-20 质量为 100kg，半径为 1m 的均质轮以转速 $n = 120\text{r/min}$ 绕 O 轴转动，设有一常力 F 作用于闸杆，使轮经 10s 后停止转动，如图 12-29 所示。已知动摩擦因数 $\mu = 0.1$，求 F 力的大小。

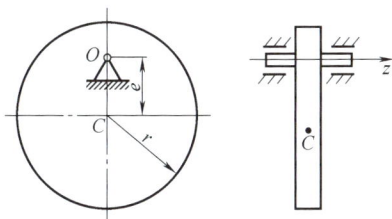

图 12-28

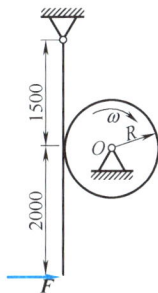

图 12-29

12-21 如图 12-30 所示，质量为 m、半径为 r 的偏心凸轮绕 O 轴做定轴转动，它推动质量为 m_0 的导杆克服水平阻力 F 以加速度 a_0 做水平向左方向运动，在图示位置时，凸轮的 ω、α、e、φ，导杆的 a_0、F 均为已知。试求作用在凸轮上的驱动力矩。

12-22 如图 12-31 所示，绞车提升质量为 m 的物体，主动轮和从动轮部件各自对转轴的转动惯量分别为 I_1 和 I_2，传动比 $z_2 : z_1 = k$，鼓轮半径为 R，略去绳子质量。求重物的加速度。

12-23 如图 12-32 所示，在铅垂平面内有重为 G、长为 l 的均质直杆 OA，由液压缸推力（或拉力）驱使绕 O 点摆动，$G = 300\text{N}$，$l = 1.2\text{m}$。在图示位置，已知直杆 OA 的角加速度 $\alpha = 4\text{rad/s}^2$，求液压缸拉力。

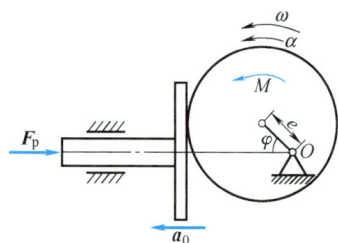

图 12-30

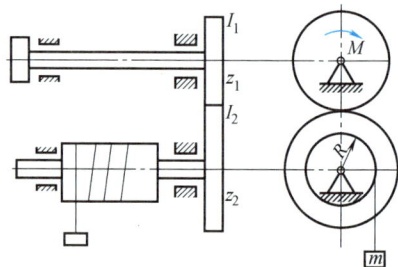

图 12-31

12-24 物体质量为 m，放在匀速转动的水平转台上，它与转台表面的摩擦因数为 f，物体距转轴的距离为 r，如图 12-33 所示。求转台转动时，物体不会滑动的最大转速。

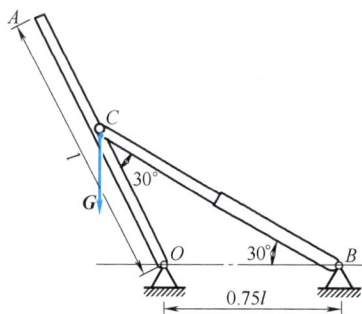

图 12-32

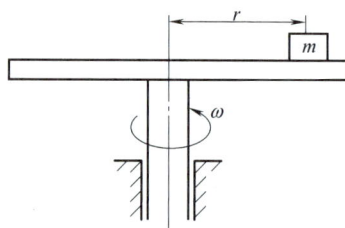

图 12-33

12-25 图 12-34 所示为提升装置，已知转矩为 M，滚筒重为 G，转动惯量为 I，重物重 G_1，支座与梁共重 G_2，尺寸如图 12-34 所示。求重物上升的加速度和梁 A、B 处的约束力。

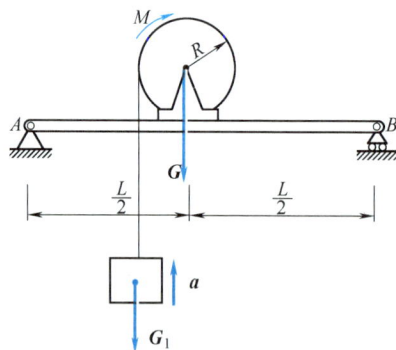

图 12-34

第十三章

动能定理

本章主要讨论功、功率、机械效率和动能定理。动能定理建立了物体动能的改变与其作用力所做功之间的关系。

第一节 功 与 功 率

一、功的定义与计算

一般来说，在力的作用下，物体运动状态的变化不仅取决于力的大小和方向，而且还与物体在该力的作用下经过的路程有关。例如，从高处落下的重物速度越来越大，就是重力对物体在下落的高度中作用的累积效果。于是，人们用力的功来表示力在一段路程中对物体作用的累积效果。在功的概念里，包含着力和路程这两个因素。由于在工程实际中遇到的力有常力、变力或力偶，而力的作用点的运动轨迹有直线也有曲线，因此，下面将分别说明在各种情况下力所做功的计算方法。

（一）常力的功

设物体 M 在常力 F 作用下沿直线运动，如图 13-1 所示。力 F 与运动方向的夹角为 α，物体 M 由位置 M_1 运动到位置 M_2 时所走过的路程为 s。由于在运动中只有分力 $F\cos\alpha$ 对运动的变化起作用，因此将常力 F 在运动方向的投影 $F\cos\alpha$ 与路程 s 的乘积，称为常力 F 在路程 s 中所做的功，以 W 表示，即

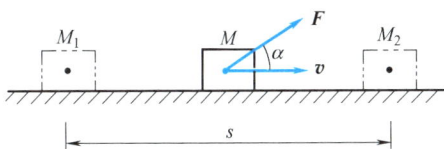

图 13-1

$$W = F\cos\alpha \cdot s \qquad (13-1)$$

由上式可知：当 $\alpha < 90°$ 时，功 W 为正值，即力 F 做正功；当 $\alpha > 90°$ 时，功 W 为负值，即力 F 做负功；当 $\alpha = 90°$ 时，功为零，即力与物体的运动方向垂直，力不做功。由于功只有正负值，不具有方向意义，所以功是一个代数量。

在国际单位制中，功的单位是牛·米（N·m），称为焦耳（J），即 1J = 1N·m。

（二）变力的功

设物体 M 在变力 F 的作用下沿曲线 M_1M_2 运动，如图 13-2 所示。由于物体 M 从位置 M_1 运动到位置 M_2 的过程中，力 F 的大小和方向都在不断地变化，因此，变力 F 所做的功不能直接用式（13-1）计算。将路程 s 分成无限多个微小段 ds，微段 ds 可视为直线，且在微小路程 ds 上，力 F 也可视为大小和方向均不变的常力。若此时 F 与质点运动方向的夹角

为 α，则它在速度方向的投影 $F_\tau = F\cos\alpha$，根据常力功的定义式（13-1），力 F 在路程 ds 上所做的功，等于力 F 在质点运动方向的投影 F_τ 与 ds 的乘积，称为力 F 的元功，以 δW 表示[−]，即 $\delta W = F_\tau \cdot ds = F\cos\alpha \cdot ds$

当物体 M 从位置 M_1 运动到位置 M_2 时，变力 F 所做的功 W 就等于在这段路程中所有元功的总和，即

$$W = \int_{M_1}^{M_2} F_\tau \cdot ds = \int_{M_1}^{M_2} F\cos\alpha \cdot ds \qquad (13\text{-}2)$$

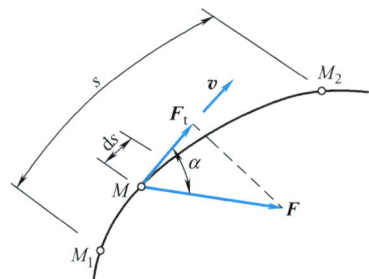

图 13-2

式（13-2）表明，变力在某一曲线路程上所做的功，等于该力在轨迹切线方向的投影沿这段曲线路程的积分。

（三）合力的功

设物体 M 受力系 F_1，F_2，$\cdots$，F_n 作用沿曲线 M_1、M_2 运动，如图 13-3 所示。力系合力为 F_R，则 $F_R = F_1 + F_2 + \cdots + F_n$。由合力投影定理可知，合力在某轴上的投影，等于各分力在同一轴上投影的代数和。设 τ 为运动曲线 M 点的切线方向（即物体 M 的运动方向），则

$$F_{R\tau} = F_{1\tau} + F_{2\tau} + \cdots + F_{n\tau}$$

因此，合力 F_R 在曲线 $M_1 M_2$ 上所做的功为

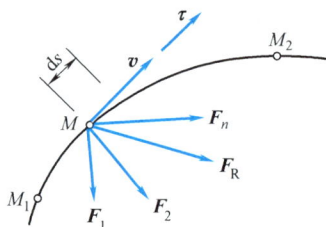

图 13-3

$$W = \int_{M_1}^{M_2} F_R \tau \cdot ds = \int_{M_1}^{M_2} F_1 \tau \cdot ds + \int_{M_1}^{M_2} F_2 \tau \cdot ds + \cdots + \int_{M_1}^{M_2} F_n \tau \cdot ds$$
$$\qquad (13\text{-}3)$$

$$= W_1 + W_2 + \cdots + W_n = \sum_{i=1}^{n} W_i$$

式（13-3）表明，作用于质点上所有力的合力在任一路程中所做的功，等于各分力在同一路程中所做的功的代数和。

（四）几种常见力的功

1. 重力的功

设物体 M 在重力 G 的作用下沿曲线 $M_1 M_2$ 由位置 M_1 运动到位置 M_2，其高度差为 h，如图 13-4 所示。下面计算重力 G 在这段路程上所做的功。

由于物体运动的轨迹是曲线，因此在运动过程中任意取一微段 ds，ds 与重力 G 的夹角为 α，显然有 $dh = ds \cdot \cos\alpha$，则由式（13-2）可知，当物体 M 从位置 M_1 运动到位置 M_2 的过程中，重力 G 所做的功为

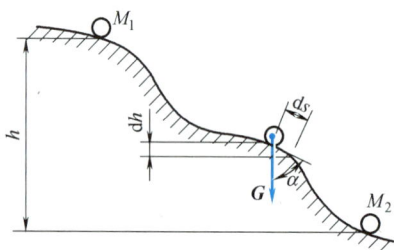

图 13-4

$$W = \int_{M_1}^{M_2} G\cos\alpha \cdot ds = \int_{M_1}^{M_2} G \cdot dh = Gh$$

[−] 因为力的元功在某些条件下才可能是函数 W 的全微分方程，因而将一般力的元功写成 δW 而不写成 dW。

上面讨论的是物体由高向低运动，由于重力与物体运动的方向相同，故重力做正功。如果物体由低向高运动，显然，重力做负功。因此，我们把重力做功的表达式写成

$$W = \pm Gh \tag{13-4}$$

式（13-4）表明，**重力的功等于物体的重量（重力）与其起始位置和终了位置高度差的乘积，与物体运动的轨迹无关。当物体下降时，重力做正功；升高时，重力做负功。**

2. 弹性力的功

如图 13-5 所示，将弹簧的一端固定，另一端与物体 M 相连。当物体 M 由位置 M_1 运动到位置 M_2 时，求弹性力所做的功。

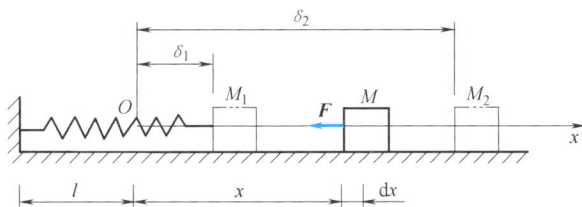

图 13-5

设弹簧的原长为 l_0，弹簧为原长时物体 M 所在的位置 O 称为自然位置。假设物体 M 沿弹簧中心线做直线运动，选取自然位置 O 为坐标原点并建立坐标系 Ox，令 x 轴与弹簧中心线重合，以弹簧伸长方向为正向。当物体运动到任一位置 M 处时，弹簧被拉长 x（伸长变形量），根据胡克定律，在弹性范围内，弹性力的大小与弹簧的变形成正比，即 $F = kx$。式中，k 为弹簧的刚度系数，单位是 N/m（或 N/cm），它表示弹簧每伸长或缩短单位长度所需作用力的大小。当弹簧被拉伸时，x 为正值，弹性力 F 的方向与 x 轴正向相反；当弹簧被压缩时，x 为负值，弹性力 F 的方向与 x 轴正向相同。由此可见，无论弹簧伸长还是缩短，弹性力 F 在 x 轴上的投影的符号与坐标 x 的符号总是相反，故弹性力在物体运动方向即 x 方向的投影可表示为

$$F_x = -kx$$

在物体运动到任意位置 M 时取一微段 dx，则弹性力在该微段 dx 上的元功为

$$\delta W = F_x \cdot dx = -kx dx$$

当物体从初始位置 M_1 运动到终了位置 M_2 的过程中，弹性力所做的功为

$$W = \int_{\delta_1}^{\delta_2} -kx dx = \frac{1}{2}k(\delta_1^2 - \delta_2^2) \tag{13-5}$$

式中，δ_1、δ_2 分别为弹簧在初始位置 M_1 与终了位置 M_2 的变形量。可以证明，当物体 M 做曲线运动时，弹性力的功仍按式（13-5）计算，即弹性力的功也只决定于弹簧初始位置与终了位置的变形量，而与物体的运动轨迹无关。

由以上讨论可知，**弹性力的功等于弹簧初变形 δ_1 和末变形 δ_2 的平方差与弹簧刚度系数乘积的一半，与物体运动的轨迹无关。若弹簧变形减小（即 $\delta_1 > \delta_2$），弹性力做正功；若变形增加（即 $\delta_1 < \delta_2$），弹性力做负功，与弹簧实际受拉伸或压缩无关。**

3. 不变力矩对转动刚体的功

设刚体在力 F 的作用下，绕 O 轴转动，如图 13-6 所示，现在求刚体的转角由零转过角 φ 时力 F 所做的功。设力 F 作用点 A 至转轴 O 的距离为 R，力 F 与 A 点速度 v 的夹角为 α。

则当刚体转过一微小角度 $\mathrm{d}\varphi$ 时，力 $\boldsymbol{F}$ 所做的元功为

$$\delta W = F\cos\alpha \cdot \mathrm{d}s$$

由于 $\mathrm{d}s = R\mathrm{d}\varphi$，故上式可表示为

$$\delta W = F\cos\alpha \cdot R\mathrm{d}\varphi$$

又因为力 $\boldsymbol{F}$ 对 O 轴的力矩为

$$M_O(\boldsymbol{F}) = F\cos\alpha \cdot R$$

于是有

$$\delta W = M_O(\boldsymbol{F}) \cdot \mathrm{d}\varphi$$

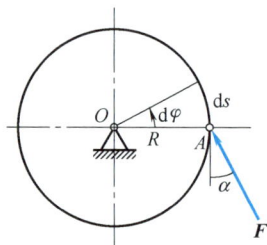

图 13-6

当刚体绕 O 轴转过角 φ 时，力 $\boldsymbol{F}$ 对刚体所做的功，也就是力矩 $M_O(\boldsymbol{F})$ 所做的功为

$$W = \int_0^\varphi M_O(\boldsymbol{F}) \cdot \mathrm{d}\varphi \tag{13-6a}$$

若 $M_O(\boldsymbol{F}) = $ 常量，则上式可写为

$$W = M_O(\boldsymbol{F}) \cdot \varphi \tag{13-6b}$$

由此可见，转动刚体上力的功的计算，可以转化为力矩功的表达式。式（13-6b）表明，**当力矩为常量时，力矩对转动刚体所做的功等于该力矩（转矩）与刚体相应转角的乘积**。当力矩与刚体转向相同时，力矩做正功；反之，做负功。

若转动刚体上作用的是力偶，且力偶作用面与转轴垂直，力偶对转轴之矩为力偶矩 M，则刚体在转动 φ 角过程中，力偶所做的功为

$$W = \int_0^\varphi M\mathrm{d}\varphi \tag{13-7a}$$

若力偶矩 $M = $ 常量，则上式可表示为

$$W = M\varphi \tag{13-7b}$$

例 13-1 如图 13-7a 所示，质量 $m = 10\mathrm{kg}$ 的物块 M 放在倾角 $\alpha = 35°$ 的斜面上，并用刚度系数 $k = 120\mathrm{N/m}$ 的弹簧拉住。斜面的动摩擦因数 $\mu = 0.2$，物块由弹簧原长位置 M_0 运动到 M_1 时，所走过的路程 $s = 0.5\mathrm{m}$，试求在此过程中作用在物块上的各力所做的功及合力的功。

解 取物块为研究对象，画受力图，如图 13-7b 所示。作用在物块上的力有重力 mg、弹性力 $\boldsymbol{F}$、动摩擦力 $\boldsymbol{F}'$、斜面法向约束力 $\boldsymbol{F}_N$。分别计算各力的功。

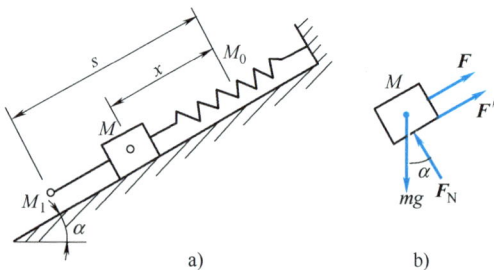

图 13-7

重力的功 $W_{mg} = mg \cdot s\sin\alpha = (10 \times 9.8 \times 0.5\sin 35°)\mathrm{J} = 28\mathrm{J}$

弹性力的功

$$W_F = \frac{1}{2}k(\delta_1^2 - \delta_2^2) = \frac{1}{2}k(0^2 - s^2) = \frac{1}{2} \times 120 \times (-0.5^2)\mathrm{J} = -15\mathrm{J}$$

动摩擦力的功

$$W_{F'} = F'\cos 180° \cdot s = -F' \cdot s = -\mu mg\cos 35° \cdot s$$

$$= (-0.2 \times 10 \times 9.8 \times \cos 35° \times 0.5)\mathrm{J} = -8\mathrm{J}$$

法向约束力的功　　　　　　　　$W_{F_N} = F_N \cos 90° \cdot s = 0$

合力的功　　　$W = W_{mg} + W_F + W_{F'} + W_{F_N} = (28 - 15 - 8 + 0)J = 5J$

例 13-2　带轮两侧传动带的拉力分别为 $F_{T1} = 150N$ 和 $F_{T2} = 80N$。如图 13-8 所示。若带轮直径 $D = 1m$，试求作用在带轮上的转矩在轮子转过两圈时所做的功。

解　带轮受到的转矩为

$$M_0 = F_{T1}\frac{D}{2} - F_{T2}\frac{D}{2} = (F_{T1} - F_{T2})\frac{D}{2}$$

$$= (150 - 80) \times \frac{1}{2}N \cdot m = 35N \cdot m$$

轮子转过两圈时其转角为 $\varphi = 2 \times 2\pi rad = 12.56 rad$，故

$$W = M \cdot \varphi = 35 \times 12.56J = 440J$$

二、功率和机械效率

（一）功率

在工程实际中，不仅需要知道力做了多少功，而且要知道力做功的快慢程度。力在单位时间内所做的功称为**功率**。功率是衡量机器工作性能的一项重要指标。功率越大，说明在给定的时间内它所做的功越多。

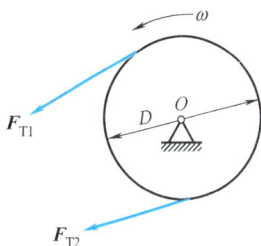

图 13-8

设作用力在某一时间间隔 Δt 内所做的功为 ΔW，则 ΔW 与 Δt 的比值称为该力在这段时间间隔内的**平均功率**，以 P^* 表示，即

$$P^* = \Delta W / \Delta t$$

当 $\Delta t \to 0$ 时，比值 $\Delta W / \Delta t$ 的极限值称为瞬时功率，简称**功率**，以 P 表示，即

$$P = \lim_{\Delta t \to 0} \Delta W / \Delta t = \delta W / dt \tag{13-8}$$

由于元功 $\delta W = F \cos \alpha \cdot ds = F_\tau \cdot ds$，所以

$$P = F \cos \alpha \cdot ds / dt = F_\tau \cdot v \tag{13-9}$$

式（13-9）中，F_τ 为力 F 在作用点运动方向的投影；v 是力 F 的作用点运动的速度大小。式（13-9）表明，**力在某瞬时的功率，等于该瞬时力在作用点运动方向的投影与速度大小的乘积。**

功率是代数量，其正负号取决于力 F 和速度 v 之间的夹角 α。在国际单位制中，功率的单位是焦/秒（J/s），称为瓦特，简称瓦（W），即 $1W = 1J/s = 1N \cdot m/s$。在工程实际中，常用千瓦（kW）作为功率的单位，$1kW = 1000W$。

由式（13-9）可见，当功率一定时，力 F 在运动方向的投影 F_τ 与 v 成反比。这一关系在工程中得到广泛应用。例如汽车上坡时，驾驶员使用低速档，使汽车的速度减小，以便在功率一定的情况下，汽车获得较大的牵引力。

如果当物体作定轴转动且作用在其上的力矩（或力偶矩）为 M 时，则力矩的元功可表示为

$$\delta W = M \cdot d\varphi$$

将上式代入功率的定义式（13-8）得

$$P = \delta W / dt = M d\varphi / dt = M\omega \tag{13-10a}$$

即力矩的功率等于力矩与刚体转动角速度的乘积。若力矩单位用牛·米（N·m），功率单位用千瓦（kW），并将 $\omega = \pi n/30$ 代入式（13-10a），则

$$P = M\omega/1000 = M/1000 \cdot (\pi n/30) = Mn/9550\,\text{kW} \tag{13-10b}$$

或写成转矩的表达式

$$M = 9550P/n \tag{13-10c}$$

（二）机械效率

任何机器工作时，必须输入一定的功率，称为输入功率，用 $P_{输入}$ 表示。机器运转时克服生产阻力或有用阻力所消耗的功率称为有用功率，用 $P_{有用}$ 表示，同时还要克服摩擦等阻力而消耗一部分功率，称为无用功率，以 $P_{无用}$ 表示。在机器稳定运转时有

$$P_{输入} = P_{有用} + P_{无用}$$

即机器的输入功率和输出功率是平衡的。此时，机器输出的有用功率与输入功率之比称为**机械效率**，用 η 表示，即

$$\eta = P_{有用}/P_{输入} \tag{13-11}$$

由于摩擦是不可避免的，故机械效率 η 总是小于1。机械效率越接近于1，有用功率就越接近于输入功率，消耗的无用功率也就越小，说明机器对输入功率的有效利用程度越高，机器的性能越好。因此，机械效率的大小是评价机器质量优劣的重要指标之一。机械效率与机器的传动方式、制造精度和工作条件等因素有关。各种常用机械的机械效率一般可在机械设计手册或有关说明书中查得。

例 13-3 一起重机，其悬挂部分的零件重 $W = 5\,\text{kN}$，所用电动机的功率 $P_电 = 36.5\,\text{kW}$，起重机齿轮的传动效率 $\eta = 0.92$，当提升速度 $v = 0.2\,\text{m/s}$ 时，求最大起重量 G。

解 电动机的功率 $P_电$ 就是起重机的输入功率 $P_{输入}$，由式（13-11）可求得起重机输出的有用功率

$$P_{有用} = P_{输入} \cdot \eta = P_电 \cdot \eta = 36.5 \times 0.92\,\text{kW} = 33.58\,\text{kW}$$

又由式（13-9）有

$$P_{有用} = (W+G) \cdot v$$

由此求得

$$G = P_{有用}\,v - W = (33.58 \times 10^3/0.2 - 5 \times 10^3)\,\text{N}$$
$$= 162900\,\text{N} = 162.9\,\text{kN}$$

例 13-4 用车刀切削一直径 $d = 0.2\,\text{m}$ 的零件外圆，如图13-9所示。已知切削力 $F = 2.5\,\text{kN}$，切削时车床主轴转速 $n = 180\,\text{r/min}$，车床齿轮传动的机械效率 $\eta = 0.8$，试求切削所消耗的功率及电动机的输出功率。

解 切削力对主轴的转矩为

$$M = F \cdot d/2 = (2.5 \times 10^3 \times 0.2/2)\,\text{N} \cdot \text{m} = 250\,\text{N} \cdot \text{m}$$

切削所消耗的功率即车床的有用功率，由式（13-10b）得

$$P_{有用} = Mn/9550 = (250 \times 180/9550)\,\text{kW} = 4.71\,\text{kW}$$

电动机的输出功率就是车床的输入功率，由式（13-11）得

$$P_电 = P_{输入} = P_{有用}/\eta = 4.71\,\text{kW}/0.8 = 5.89\,\text{kW}$$

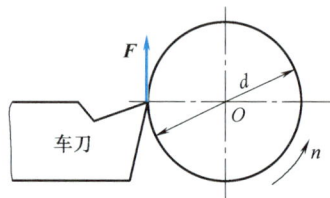

图 13-9

第二节　动 能 定 理

一、动能

一切运动着的物体都具有一定的能量。物体因运动速度而具有的能量称为动能。从实践中得知，一切做机械运动的物体，质量越大，运动速度越高，则其动能也越大。因此，动能是度量物体机械运动强度的物理量，物体的动能越大，其机械运动强度越高。

（一）质点的动能

质点的质量与其在某一瞬时速度平方乘积的一半，称为**质点在该瞬时的动能**，以 T 表示，则

$$T = \frac{1}{2}mv^2 \tag{13-12}$$

动能恒为正值，是一个与速度方向无关的标量。在国际单位制中，动能的单位为千克·米^2/秒^2（$kg \cdot m^2/s^2$），或为牛·米（$N \cdot m$），称为焦耳（J）。动能的单位与功的单位相同。

（二）质点系的动能

质点系内各质点在某一瞬时动能的总和，称为该瞬时质点系的动能，以 T 表示，则

$$T = \sum \frac{1}{2}m_i v_i^2 \tag{13-13}$$

式中，m_i、v_i 分别为质点系内第 i 个质点的质量和速度。

（三）刚体的动能

刚体是工程实际中常见的质点系，因此，计算刚体的动能具有重要的意义，下面根据式（13-13）分别导出刚体平动、定轴转动和平面运动时的动能表达式。

1. 刚体平动时的动能

刚体平动时，在同一瞬时，刚体内各质点的速度都相同，如用刚体质心 C 的速度 v_C 代表各质点的速度，于是刚体平动时的动能为

$$T = \sum \frac{1}{2}m_i v_i^2 = \sum \frac{1}{2}m_i v_C^2 = \frac{1}{2}\left(\sum m_i\right)v_C^2 = \frac{1}{2}Mv_C^2 \tag{13-14}$$

式中，$M = \sum m_i$ 为刚体的质量。式（13-14）表明，刚体平动时的动能等于刚体的质量与其质心速度平方乘积的一半。

2. 刚体定轴转动时的动能

如图 13-10 所示，设刚体绕定轴 z 转动时的瞬时角速度为 ω，其上任一质点 M_i 的质量为 m_i，该质点到转轴 z 的距离为 r_i，速度为 $v_i = r_i\omega$，于是刚体定轴转动时的动能为

$$T = \sum \frac{1}{2}m_i v_i^2 = \sum \frac{1}{2}m_i (r_i\omega)^2 = \frac{1}{2}\left(\sum m_i r_i^2\right)\omega^2 = \frac{1}{2}I_z\omega^2 \tag{13-15}$$

式中，$I_z = \sum m_i r_i^2$ 是刚体对转轴 z 的转动惯量。因此，**刚体定轴转动时的动能等于刚体对转轴的转动惯量与其角速度平方乘积的一半。**

3. 刚体平面运动时的动能

由运动学可知，刚体做平面运动时，每一瞬时刚体的运动可视为绕速度瞬心 P 的瞬时转动，如图 13-11 所示。设刚体对瞬心的转动惯量为 I_p，绕瞬心转动的角速度为 ω，则由式 (13-15) 得

$$T = \frac{1}{2} I_p \omega^2$$

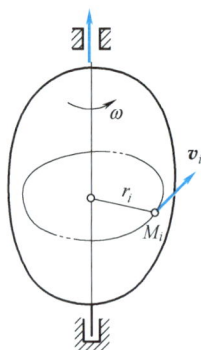

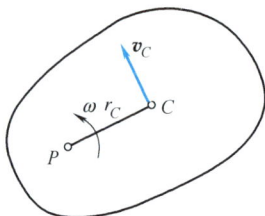

图 13-10　　　　　　　　　　图 13-11

由于瞬心的位置不断变化，所以转动惯量 I_p 的大小也是不断变化的。由转动惯量的平行移轴定理知

$$I_p = I_C + m r_C^2$$

式中，I_C 为刚体对质心 C 的转动惯量；m 为刚体的质量；r_C 为刚体质心 C 到瞬心的距离。于是，上式可改写为

$$T = \frac{1}{2} (I_C + m r_C^2) \omega^2 = \frac{1}{2} I_C \omega^2 + \frac{1}{2} m (r_C \omega)^2$$

由于质心 C 的速度 $v_C = r_C \omega$，故有

$$T = \frac{1}{2} m v_C^2 + \frac{1}{2} I_C \omega^2 \qquad\qquad (13\text{-}16)$$

式 (13-16) 表明，**刚体平面运动时的动能等于刚体随质心平动的动能与刚体绕质心转动的动能之和。**

例 13-5　如图 13-12 所示，一均质圆盘，质量为 m_1，半径为 R，以角速度 ω 绕通过圆盘质心的固定水平轴 O 转动，通过质量为 m_2 的绳子带动质量为 m_3 的物块沿斜面向上移动，求该系统的动能。

解　系统由圆盘、绳子和物块组成，故系统的动能由三部分组成。

图 13-12

圆盘的动能　$T_1 = \dfrac{1}{2} I_0 \omega^2 = \dfrac{1}{2} \left(\dfrac{1}{2} m_1 R^2 \right) \omega^2 = \dfrac{1}{4} m_1 R^2 \omega^2$

绳子的动能　$T_2 = \sum \dfrac{1}{2} m_i v^2 = \dfrac{1}{2} \left(\sum m_i \right) v^2 = \dfrac{1}{2} m_2 v^2 = \dfrac{1}{2} m_2 R^2 \omega^2$

物块的动能　$T_3 = \dfrac{1}{2} m_3 v^2 = \dfrac{1}{2} m_3 R^2 \omega^2$

故系统的动能为
$$T = T_1 + T_2 + T_3 = \frac{1}{4}(m_1 + 2m_2 + 2m_3)R^2\omega^2$$

二、动能定理

（一）质点的动能定理

设质量为 m 的质点 M，在合力 $\boldsymbol{F}$ 的作用下沿曲线由 M_1 点运动到 M_2 点，速度由 $\boldsymbol{v}_1$ 变到 $\boldsymbol{v}_2$，如图 13-13 所示。根据质点动力学基本方程有
$$m\boldsymbol{a} = \boldsymbol{F}$$
将上式向切线方向投影得
$$ma_\tau = F_\tau$$
即
$$m\frac{dv}{dt} = F_\tau$$

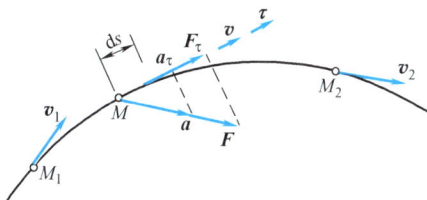
图 13-13

将上式两侧同乘以微小路程 ds，得
$$m\frac{dv}{dt}ds = F_\tau ds$$
上式左侧可写为
$$m\frac{dv}{dt}ds = m\frac{ds}{dt}dv = mvdv = d\left(\frac{1}{2}mv^2\right)$$
右侧可写为
$$F_\tau ds = \delta W$$
故得
$$d\left(\frac{1}{2}mv^2\right) = \delta W \tag{13-17}$$

式（13-17）表明，质点动能的微分等于作用在质点上所有力的元功之和，这就是质点动能定理的微分形式。

将式（13-17）沿曲线 M_1M_2 积分得
$$\int_{v_1}^{v_2} d\left(\frac{1}{2}mv^2\right) = \int_{M_1}^{M_2} \delta W$$
即
$$\frac{1}{2}mv_2^2 - \frac{1}{2}mv_1^2 = W_{12} \tag{13-18}$$

上式表明，质点的动能在某一路程上的变化，等于作用在质点上所有的力在同一路程上所做的功之和。这就是质点动能定理的积分形式。此定理说明功是力在一段路程中对物体作用的累积效果，其结果使物体的动能发生改变，力做正功时，质点的运动由弱变强，动能增加；力做负功则质点的动能减小。动能的改变量是用功来度量的。动能定理提供了质点的速度、作用力和路程之间的定量关系，因而在分析与此三者有关的动力学问题时特别方便。

例 13-6　小车质量为 $m = 98\text{kg}$，以 $v_1 = 2\text{m/s}$ 的速度撞到缓冲器上，如图 13-14 所示。若缓冲器弹簧的刚度系数为 $k = 88.2\text{kN/m}$，试求小车撞击后弹簧的最大变形和小车所受的最大冲击力。摩擦不计。

解　以小车为研究对象，将做平动的小车视为质点，作用在其上的力有：重力 mg、地面支承力 $\boldsymbol{F}_{N1}$、$\boldsymbol{F}_{N2}$ 及

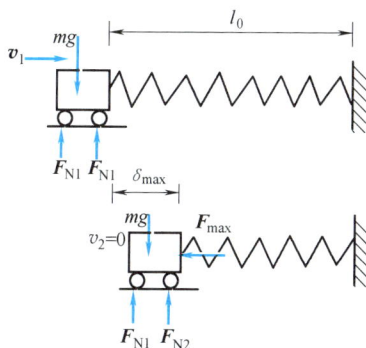
图 13-14

弹性力 F。

小车刚碰到缓冲器时，车速为 $v_1 = 2\text{m/s}$，动能为 $\frac{1}{2}mv_1^2$；弹簧未受压缩，$\delta_1 = 0$。

到终了位置时，车速减为零，即 $v_2 = 0$，动能为零；弹簧压缩量最大，记作 $\delta_{\max}$。

由于重力 mg、支承力 F_{N1}、F_{N2} 与小车运动方向垂直，故不做功，只有弹性力做功，其值为

$$W_{12} = \frac{1}{2}k(\delta_1^2 - \delta_{\max}^2) = -\frac{1}{2}k\delta_{\max}^2$$

由式（13-18）得

$$0 - \frac{1}{2}mv_1^2 = -\frac{1}{2}k\delta_{\max}^2$$

可解出 $\delta_{\max}$ 为

$$\delta_{\max} = v_1\sqrt{\frac{m}{k}} \qquad\qquad (\text{a})$$

当弹簧产生最大压缩量 $\delta_{\max}$ 时，小车受到的弹性力最大，即受最大的冲击力 $F_{\max}$，故

$$F_{\max} = k\delta_{\max} = kv_1\sqrt{\frac{m}{k}} = v_1\sqrt{km} \qquad\qquad (\text{b})$$

将已知数据代入式（a）可得

$$\delta_{\max} = 2\times\sqrt{\frac{98}{88.2\times10^3}}\,\text{m} = 0.0667\text{m}$$

$$F_{\max} = k\delta_{\max} = 88.2\times10^3\times0.0667\text{N} = 5880\text{N}$$

由式（b）可知，在物体质量和初速度相同的情况下，冲击力 $F_{\max}$ 与弹簧刚度系数 k 的平方根成正比，即刚度系数 k 越小（弹簧越软），冲击力也越小，缓冲作用显著，但变形较大。在工程中经常使用缓冲弹簧，例如火车客车车厢的支承弹簧比货车车厢的支承弹簧要软；仪器运输用泡沫塑料包装等，都是为了起缓冲作用。

（二）质点系的动能定理

由质点的动能定理可以直接推广到质点系的动能定理。设质点系由几个质点所组成，其中第 i 个质点 M_i 的质量为 m_i，某一瞬时的速度为 v_i，由式（13-17）有

$$\text{d}\left(\frac{1}{2}m_iv_i^2\right) = \delta W_i$$

对质点系中每一质点都可列出这样的方程，然后相加得

$$\sum \text{d}\left(\frac{1}{2}m_iv_i^2\right) = \sum \delta W_i$$

或

$$\text{d}\sum\frac{1}{2}m_iv_i^2 = \sum \delta W_i$$

即

$$\text{d}T = \sum \delta W_i \qquad\qquad (13\text{-}19)$$

式（13-19）表明，质点系动能的微分等于作用在质点系上所有力的元功总和，这就是微分形式的质点系动能定理。

当质点系由位置（1）运动到位置（2）时，质点系在这两个位置时的动能分别以 T_1、T_2 表示，将式（13-19）两边积分，则有

$$\int_{T_1}^{T_2} \mathrm{d}T = \sum \int_{(1)}^{(2)} \delta W_i$$

得
$$T_2 - T_1 = \sum W_{12} \qquad\qquad (13\text{-}20\mathrm{a})$$

式（13-20a）表明，**质点系的动能在某一路程上的变化，等于作用在质点系上所有的力在同一路程上所做功的总和**。这就是积分形式的质点系动能定理。

如果将作用于质点系内各质点的力分为外力和内力，则式（13-20a）中的 $\sum W_{12}$ 就是所有外力和内力所做功的总和，即

$$\sum W_{12} = \sum W_{12}^{(\mathrm{e})} + \sum W_{12}^{(\mathrm{i})}$$

$\sum W_{12}^{(\mathrm{e})}$ 为作用于质点系上的所有外力所做功之和，$\sum W_{12}^{(\mathrm{i})}$ 为质点系内部各质点间所有内力所做功之和。则式（13-20a）可写成

$$T_2 - T_1 = \sum W_{12}^{(\mathrm{e})} + \sum W_{12}^{(\mathrm{i})} \qquad\qquad (13\text{-}20\mathrm{b})$$

这里需要特别指出，在一般情况下，质点系的内力所做功之和 $\sum W_{12}^{(\mathrm{i})}$ 并不一定等于零。如图 13-15 所示，质点系内 M_1、M_2 两个质点的相互吸引力 F_{12} 和 F_{21} 是质点系的内力，虽然 $F_{12} + F_{21} = 0$。但当 M_1、M_2 互相移近 s 路程时，这一对内力所做的功都是正的，其和并不等于零。同理，弹性体内力做功之和一般也不等于零。在工程实际中，内力做功之和不等于零的例子还有很多，如汽车发动机气缸内的气体膨胀而推动活塞做正功，使汽车开动。但对于刚体来说，由于刚体上任意两点间距离保持不变，故每一对内力所做的功恰好正负抵消，所以刚体的内力所做功之和恒等于零。因此，动能定理应用于刚体时，就不必考虑刚体内力的功。

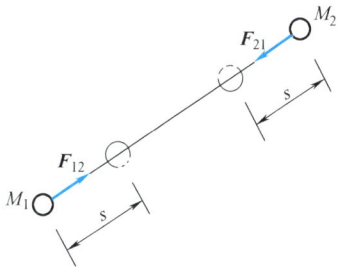

图 13-15

如果将作用于质点系的力分为主动力和约束力，则质点系动能定理又可写为

$$T_2 - T_1 = \sum W_{\mathrm{F}} + \sum W_{\mathrm{N}} \qquad\qquad (13\text{-}20\mathrm{c})$$

式中，$\sum W_{\mathrm{F}}$ 为所有主动力所做功之和；$\sum W_{\mathrm{N}}$ 为所有约束力所做功之和。在很多情况下，约束力不做功或所做功之和等于零，这种约束称为理想约束。例如，不可伸长的柔索、光滑接触面、光滑铰链等约束均是理想约束。因此，当质点系所受的约束都是理想约束时，约束力所做功之和为零，即 $\sum W_{\mathrm{N}} = 0$。在这种情况下，式（13-20c）又可写为

$$T_2 - T_1 = \sum W_{\mathrm{F}} \qquad\qquad (13\text{-}20\mathrm{d})$$

式（13-20d）表明，在理想约束的情况下，质点系的动能在某一路程上的变化，等于作用在质点系上的所有主动力在同一路程上所做功的总和。

对于受理想约束的质点系，由于式（13-20d）中不包含未知的约束力，解题较为简便，所以在工程上常应用动能定理来解决物体的速度、路程和力三个量相关的动力学问题。

例 13-7　如图 13-16 所示，一飞轮对转轴 O 的转动惯量为 $I_0 = 14\mathrm{kg \cdot m^2}$，绕转轴的转速为 $n = 600\mathrm{r/min}$，在制动力矩 M 的作用下进行制动，并要求在制动过程中转过角位移 $\varphi = \dfrac{3\pi}{2}$ rad，试求所需的制动力矩 M。

解　取飞轮为研究对象，作用在飞轮上的力有：重力 G、轴承约束力 $F_{\mathrm{N}Oy}$、$F_{\mathrm{N}Ox}$ 及制动力矩 M。

（1）求飞轮的动能。飞轮做定轴转动，开始制动时其角速度 $\omega_1 =$

$\dfrac{\pi n}{30} = \dfrac{3.14 \times 600}{30}$ rad/s = 62.8 rad/s，动能为 $T_1 = \dfrac{1}{2} I_O \omega_1^2 = \dfrac{1}{2} \times 14 \times 62.8^2$ J =

2.76×10^4 J。停止转动时，飞轮的角速度 $\omega_2 = 0$，其动能为 $T_2 = \dfrac{1}{2} I_O \omega_2^2$

$= 0$。

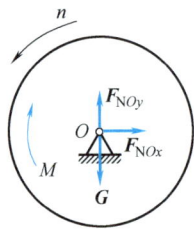

图 13-16

（2）求主动力的功。由于飞轮的转轴 O 固定不动，所以约束力 F_{NOx}、F_{NOy} 和重力 G 的功为零，因此在转动过程中只有制动力矩 M 做功，即

$$\sum W_F = -M\varphi = -M \times \dfrac{3\pi}{2} = -4.71M$$

（3）求制动力矩 M。根据质点系动能定理有

$$T_2 - T_1 = \sum W_F$$

即

$$0 - 2.76 \times 10^4 = -4.71M$$

解之得

$$M = 5860 \text{N} \cdot \text{m}$$

例 13-8　图 13-17 所示卷扬机中，小车连同物料的质量为 m_1，均质鼓轮的质量为 m_2，半径为 r，绕固定轴 O 转动。作用在鼓轮上的主动力矩为 M，轨道的倾角为 α，略去绳重及摩擦，试求小车由静止开始沿轨道上升路程为 s 时的速度和加速度。

解　取整个系统为研究对象，系统受到的力有：重力 m_1g、m_2g，约束力 F_{NOx}、F_{NOy}、F_N 及主动力矩 M。

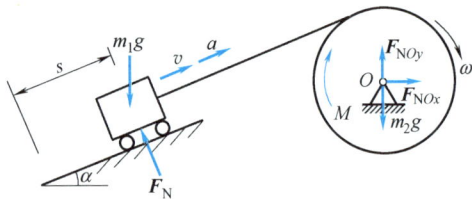

图 13-17

（1）求系统的动能。小车做平动，初始位置时的速度 $v_1 = 0$，终了位置时的速度 $v_2 = v$。鼓轮做定轴转动，初始位置的角速度 $\omega_1 = 0$，终了位置的角速度 $\omega_2 = \dfrac{v_2}{r} = \dfrac{v}{r}$。故整个系统的初动能 $T_1 = 0$，求动能

$$T_2 = \dfrac{1}{2} m_1 v_2^2 + \dfrac{1}{2} I_O \omega_2^2 = \dfrac{1}{2} m_1 v^2 + \dfrac{1}{2} \left(\dfrac{1}{2} m_2 r^2 \right) \cdot \left(\dfrac{v}{r} \right)^2 = \dfrac{1}{2} m_1 v^2 + \dfrac{1}{4} m_2 v^2$$

（2）求主动力的功。显然，在运动过程中，只有主动力矩 M 和小车重力 m_1g 做功。设小车上升 s 时鼓轮的转角为 φ，则

$$\sum W_F = M\varphi - m_1 g \sin\alpha \cdot s$$

由于绳索不可伸长，故有 $\varphi = \dfrac{s}{r}$，代入上式后得

$$\sum W_F = M \dfrac{s}{r} - m_1 g \sin\alpha \cdot s = \left(\dfrac{M}{r} - m_1 g \sin\alpha \right) s$$

（3）求速度和加速度。根据质点系动能定理有

$$T_2 - T_1 = \sum W_F$$

即

$$\left(\dfrac{1}{2} m_1 v^2 + \dfrac{1}{4} m_2 v^2 \right) - 0 = \left(\dfrac{M}{r} - m_1 g \sin\alpha \right) s$$

得
$$v^2 = \frac{4(M - m_1 gr\sin\alpha)s}{(2m_1 + m_2)r}$$
（1）

所以
$$v = 2\sqrt{\frac{(M - m_1 gr\sin\alpha)s}{(2m_1 + m_2)r}}$$

将式（1）两边对时间 t 求导数，有

$$2v\frac{\mathrm{d}v}{\mathrm{d}t} = \frac{4(M - m_1 gr\sin\alpha)}{(2m_1 + m_2)r}\frac{\mathrm{d}s}{\mathrm{d}t}$$
（2）

注意其中 $\dfrac{\mathrm{d}v}{\mathrm{d}t} = a$，$\dfrac{\mathrm{d}s}{\mathrm{d}t} = v$，消去 v 后得到

$$a = \frac{2(M - m_1 gr\sin\alpha)}{(2m_1 + m_2)r}$$

思 考 题

13-1 重力和弹性力分别在什么情况下做正功？在什么情况下做负功？

13-2 在弹性范围内，因为弹性力与变形成正比，所以弹性力的功也与变形成正比，这种说法对吗？为什么？

13-3 质点挂在弹簧的一端（弹簧的另一端固定），加外力使质点在铅垂平面做圆周运动，当质点恰好转过一周时，重力和弹性力所做的功分别是多少？

13-4 如图 13-18 所示，两种滑轮装置都能把重为 G 的物体提升到高度 h，问两种情况下所需的拉力 F_T 是否相等？所做的功是否相等？

13-5 车削工件时，为什么吃刀深度较大时，就需要降低主轴的转速？

13-6 由于质点系的内力成对出现，所以内力所做功之和为零，对吗？刚体的内力所做功之和为零，对吗？

13-7 有人说，力的功为常量时，则动能也为常量。这种说法对吗？为什么？

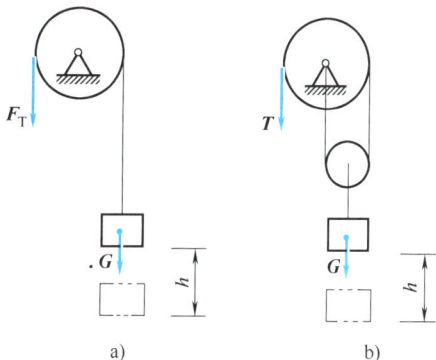

图 13-18

13-8 在距地面高 h 处，以相同的初速度 v_0 分别上抛和平抛两个小球。若两球的质量相等，问它们落地时的速度大小各为多少？

13-9 一汽车的速度由零增至 4m/s，再由 4m/s 增至 8m/s，这两种情况下，汽车发动机所做的功是否相等？

习 题

13-1 如图 13-19 所示，摆锤的质量为 m，$OA = r$，求摆锤由 A 至最低位置 B，以及由 A 经过 B 到 C 的过程中摆锤重力所做的功。图中 φ、θ 角为已知。

13-2 如图 13-20 所示，一对称的矩形木箱质量为 2000kg，宽 1.6m，高 2m。如要使它

绕棱边 E（转轴 E 垂直于图面）转动后翻倒，问在这一过程中重力何时做正功？何时做负功？总功是多少？人最少要对它做多少功？

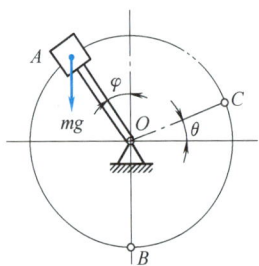

图 13-19

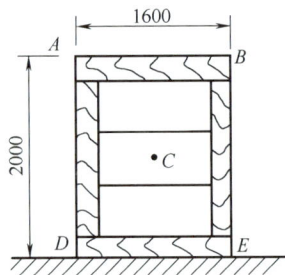

图 13-20

13-3 如图 13-21 所示，弹簧原长为 l_0，刚度系数 $k = 1960 N/m$，一端固定另一端与质点 M 相连。试分别计算下列各种情况时弹性力做的功：（1）质点由 M_1 至 M_2；（2）质点由 M_2 至 M_3；（3）质点由 M_3 至 M_1。

13-4 如图 13-22 所示，连接两滑块 A 和 B 的弹簧原长 $l_0 = 40 mm$，刚度系数 $k = 4.9 N/mm$。试求在两滑块分别从位置 A_1 和 B_1 运动到位置 A_2 和 B_2 的过程中弹性力做的功。各点的位置坐标是：$A_1 (40, 0)$、$B_1 (0, 30)$、$A_2 (60, 0)$、$B_2 (0, 60)$，单位为 mm。

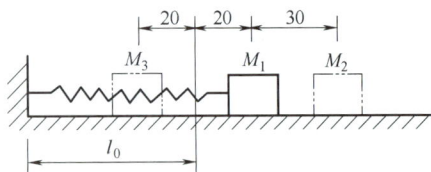

图 13-21

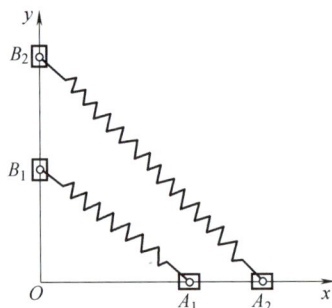

图 13-22

13-5 如图 13-23 所示，质点 A 受到有心力 F 的作用，力心在坐标原点 O，且 $F = k/x^2$，其中 $k = 8 N \cdot m^2$，力 F 的单位是 N，x 的单位是 m。求质点 A 由位置 A_1 运动到 A_2 的路程中，该引力所做的功。已知 $x_1 = 2m$，$x_2 = 4m$。

13-6 斜面倾角 $\alpha = 30°$，今将质量 $m = 2000 kg$ 的重物沿斜面向上移动 10m，如动滑动摩擦因数 $\mu = 0.1$，试求所耗的功应为多少？

13-7 如图 13-24 所示，带轮半径 $R = 500 mm$，胶带拉力分别为 $F_{T1} = 1800 N$ 和 $F_{T2} = 600 N$，若带轮转速 $n = 120 r/min$，试求 1min 内胶带拉力所做的总功。

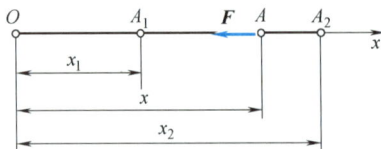

图 13-23

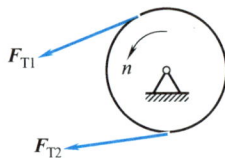

图 13-24

13-8 绞车鼓轮的直径 $D = 0.5\text{m}$，以转速 $n = 31.4\text{r/min}$ 提升。若提升物体重 $G = 5\text{kN}$，试求提升时的功率。

13-9 如图 13-25 所示，夹板锤的质量 $m = 250\text{kg}$，由电动机通过提升装置带动，若在 10s 内锤被提高 $H = 2\text{m}$，提升过程可近似地视为匀速的，求锤头重力的功率。若传动效率 $\eta = 0.7$，求电动机功率。

13-10 如图 13-26 所示，单级齿轮减速器的电动机的功率 $P = 7.5\text{kW}$，转速 $n = 1450\text{r/min}$，已知齿轮的齿数 $z_1 = 20$，$z_2 = 50$，减速器的机械效率 $\eta = 0.9$，试求输出轴 II 所传递的力矩和功率。

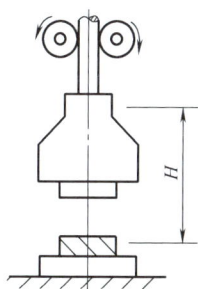
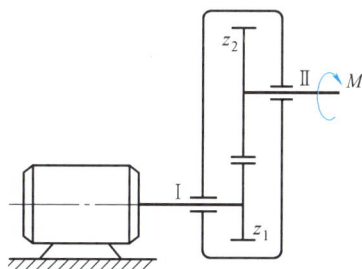

图 13-25   图 13-26

13-11 计算图 13-27 所示各均质物体的动能，物体的质量同为 m，其中图 13-27a~c 为绕固定轴 O 转动，角速度为 ω；图 13-27d 为半径为 r 的圆盘在水平面上做纯滚动，质心速度为 $\boldsymbol{v}$。

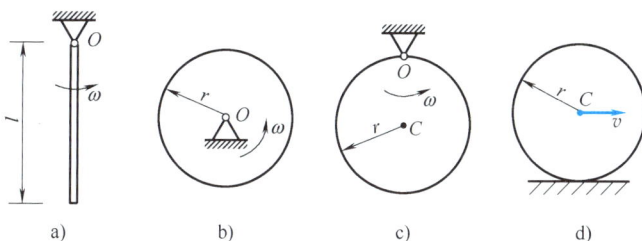

a)   b)   c)   d)

图 13-27

13-12 图 13-28 所示为一链传动机构。大链轮的质量为 m_1，以角速度 ω 转动，半径为 R，对转轴的回转半径为 ρ_1；小链轮的质量为 m_2，半径为 r，对转轴的回转半径为 ρ_2，链条的质量为 m_3，试计算此系统的动能。

13-13 如图 13-29 所示，弹射器水平放置，弹簧在未受力时的长度 $l_0 = 200\text{mm}$，恰好等于筒长，弹簧刚度系数 $k = 192\text{N/m}$。若弹簧被压缩 100mm 后无初速地释放，将放在弹簧自由端且质量 $m = 0.03\text{kg}$ 的小球自弹射器中射出。求小球离开弹射器筒口时的速度。不计摩擦。

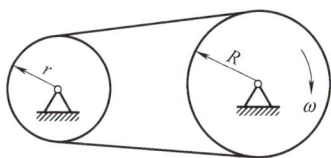
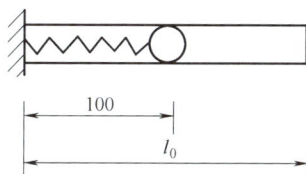

图 13-28   图 13-29

13-14 如图 13-30 所示，线 OA 上系一小球，自静止位置 A（$\angle AOC = 30°$）将小球释放，当运动至固定点 O 的铅垂下方时，线的中点被钉子 C 所阻止，只有下半段的线随球继续摆动。试求当小球到达最右位置 B 时，下半段的线与铅垂线所夹的角度 α。

13-15 如图 13-31 所示，半径为 r，转动惯量为 I 的轮以初角速度 ω_0 转动，现以力 F 压紧制动闸块，经过 n 圈后停止转动。试求闸块与轮间的摩擦因数 μ。

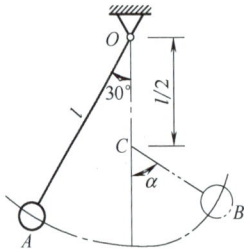

图 13-30

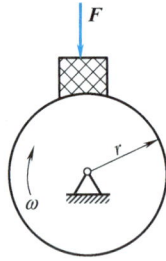

图 13-31

13-16 如图 13-32 所示，在水平面内的偏心轮机构，偏心轮 A 使从动件 BD 做往复运动，弹簧 E 保证从动件始终与偏心轮接触，其刚度系数为 k。当从动件在极左位置时，弹簧已有压缩变形 $\delta_0 = 0.5r$。设偏心轮质量为 m，半径为 r，偏心距 $e = OC = 0.5r$，不计从动件质量，试求从动件由极左位置至极右位置，偏心轮的初角速度 ω_0 至少应为多少？

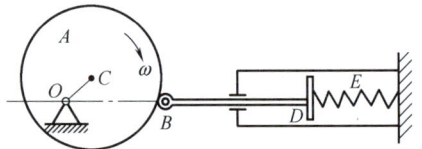

图 13-32

13-17 如图 13-33 所示，升降机的两个胶带轮 C、O 是相同的均质圆轮，半径都是 r，质量均为 m，在下面的轮 C 上作用一力矩 M，被提升的重物 A 的质量为 m_1，平衡锤 B 的质量为 m_2，不计胶带质量，求重物 A 的加速度。

13-18 置于水平面内的行星齿轮机构的曲柄 OA 受不变转矩 M 的作用而绕固定轴 O 转动，由曲柄带动的齿轮 1 在固定齿轮 2 上滚动，如图 13-34 所示。设曲柄 OA 长为 l，质量为 m，并认为是均质细杆；齿轮 1 的半径为 r_1，质量为 m_1，并认为是均质圆盘，试求曲柄由静止转过 φ 角后的角速度和角加速度，不计摩擦。

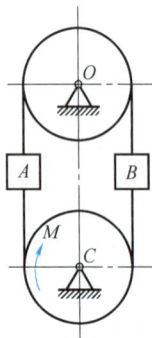

图 13-33

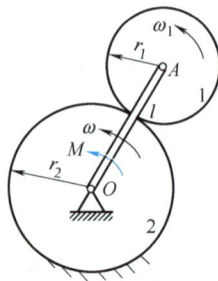

图 13-34

附 录

附录 A　热轧等边角钢（GB/T 706—2016）

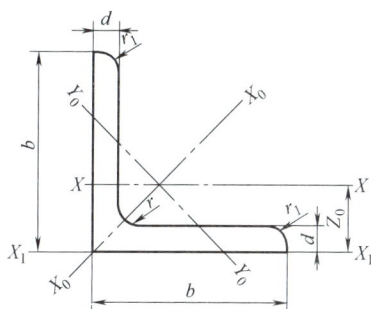

图 A-1

b—边宽度　d—边厚度　r—内圆弧半径　r_1—边端内圆弧半径，$r_1=\dfrac{1}{3}d$　Z_0—重心距离

型号	截面尺寸/mm			截面面积/cm²	理论重量/（kg/m）	外表面积/（m²/m）	惯性矩/cm⁴				惯性半径/cm			截面模数/cm³			重心距离/cm
	b	d	r				I_x	I_{x1}	I_{x0}	I_{y0}	i_x	i_{x0}	i_{y0}	W_x	W_{x0}	W_{y0}	Z_0
2	20	3	3.5	1.132	0.89	0.078	0.40	0.81	0.63	0.17	0.59	0.75	0.39	0.29	0.45	0.20	0.60
		4		1.459	1.15	0.077	0.50	1.09	0.78	0.22	0.58	0.73	0.38	0.36	0.55	0.24	0.64
2.5	25	3		1.432	1.12	0.098	0.82	1.57	1.29	0.34	0.76	0.95	0.49	0.46	0.73	0.33	0.73
		4		1.859	1.46	0.097	1.03	2.11	1.62	0.43	0.74	0.93	0.48	0.59	0.92	0.40	0.76

（续）

型号	截面尺寸/mm			截面面积/cm²	理论重量/(kg/m)	外表面积/(m²/m)	惯性矩/cm⁴				惯性半径/cm			截面模数/cm³			重心距离/cm
	b	d	r				I_x	I_{x1}	I_{x0}	I_{y0}	i_x	i_{x0}	i_{y0}	W_x	W_{x0}	W_{y0}	Z_0
3.0	30	3		1.749	1.37	0.117	1.46	2.71	2.31	0.61	0.91	1.15	0.59	0.68	1.09	0.51	0.85
		4		2.276	1.79	0.117	1.84	3.63	2.92	0.77	0.90	1.13	0.58	0.87	1.37	0.62	0.89
3.6	36	3	4.5	2.109	1.66	0.141	2.58	4.68	4.09	1.07	1.11	1.39	0.71	0.99	1.61	0.76	1.00
		4		2.756	2.16	0.141	3.29	6.25	5.22	1.37	1.09	1.38	0.70	1.28	2.05	0.93	1.04
		5		3.382	2.65	0.141	3.95	7.84	6.24	1.65	1.08	1.36	0.70	1.56	2.45	1.00	1.07
4	40	3	5	2.359	1.85	0.157	3.59	6.41	5.69	1.49	1.23	1.55	0.79	1.23	2.01	0.96	1.09
		4		3.086	2.42	0.157	4.60	8.56	7.29	1.91	1.22	1.54	0.79	1.60	2.58	1.19	1.13
		5		3.792	2.98	0.156	5.53	10.7	8.76	2.30	1.21	1.52	0.78	1.96	3.10	1.39	1.17
4.5	45	3	5	2.659	2.09	0.177	5.17	9.12	8.20	2.14	1.40	1.76	0.89	1.58	2.58	1.24	1.22
		4		3.486	2.74	0.177	6.65	12.2	10.6	2.75	1.38	1.74	0.89	2.05	3.32	1.54	1.26
		5		4.292	3.37	0.176	8.04	15.2	12.7	3.33	1.37	1.72	0.88	2.51	4.00	1.81	1.30
		6		5.077	3.99	0.176	9.33	18.4	14.8	3.89	1.36	1.70	0.80	2.95	4.64	2.06	1.33
5	50	3	5.5	2.971	2.33	0.197	7.18	12.5	11.4	2.98	1.55	1.96	1.00	1.96	3.22	1.57	1.34
		4		3.897	3.06	0.197	9.26	16.7	14.7	3.82	1.54	1.94	0.99	2.56	4.16	1.96	1.38
		5		4.803	3.77	0.196	11.2	20.9	17.8	4.64	1.53	1.92	0.98	3.13	5.03	2.31	1.42
		6		5.688	4.46	0.196	13.1	25.1	20.7	5.42	1.52	1.91	0.98	3.68	5.85	2.63	1.46
5.6	56	3	6	3.343	2.62	0.221	10.2	17.6	16.1	4.24	1.75	2.20	1.13	2.48	4.08	2.02	1.48
		4		4.39	3.45	0.220	13.2	23.4	20.9	5.46	1.73	2.18	1.11	3.24	5.28	2.52	1.53
		5		5.415	4.25	0.220	16.0	29.3	25.4	6.61	1.72	2.17	1.10	3.97	6.42	2.98	1.57
		6		6.42	5.04	0.220	18.7	35.3	29.7	7.73	1.71	2.15	1.10	4.68	7.49	3.40	1.61
		7		7.404	5.81	0.219	21.2	41.2	33.6	8.82	1.69	2.13	1.09	5.36	8.49	3.80	1.64
		8		8.367	6.57	0.219	23.6	47.2	37.4	9.89	1.68	2.11	1.09	6.03	9.44	4.16	1.68
6	60	5	6.5	5.829	4.58	0.236	19.9	36.1	31.6	8.21	1.85	2.33	1.19	4.59	7.44	3.48	1.67
		6		6.914	5.43	0.235	23.4	43.3	36.9	9.60	1.83	2.31	1.18	5.41	8.70	3.98	1.70
		7		7.977	6.26	0.235	26.4	50.7	41.9	11.0	1.82	2.29	1.17	6.21	9.88	4.45	1.74
		8		9.02	7.08	0.235	29.5	58.0	46.7	12.3	1.81	2.27	1.17	6.98	11.0	4.88	1.78
6.3	63	4	7	4.978	3.91	0.248	19.0	33.4	30.2	7.89	1.96	2.46	1.26	4.13	6.78	3.29	1.70
		5		6.143	4.82	0.248	23.2	41.7	36.8	9.57	1.94	2.45	1.25	5.08	8.25	3.90	1.74
		6		7.288	5.72	0.247	27.1	50.1	43.0	11.2	1.93	2.43	1.24	6.00	9.66	4.46	1.78
		7		8.412	6.60	0.247	30.9	58.6	49.0	12.8	1.92	2.41	1.23	6.88	11.0	4.98	1.82
		8		9.515	7.47	0.247	34.5	67.1	54.6	14.3	1.90	2.40	1.23	7.75	12.3	5.47	1.85
		10		11.66	9.15	0.246	41.1	84.3	64.9	17.3	1.88	2.36	1.22	9.39	14.6	6.36	1.93

（续）

型号	截面尺寸/mm			截面面积/cm²	理论重量/(kg/m)	外表面积/(m²/m)	惯性矩/cm⁴				惯性半径/cm			截面模数/cm³			重心距离/cm
	b	d	r				I_x	I_{x1}	I_{x0}	I_{y0}	i_x	i_{x0}	i_{y0}	W_x	W_{x0}	W_{y0}	Z_0
7	70	4	8	5.570	4.37	0.275	26.4	45.7	41.8	11.0	2.18	2.74	1.40	5.14	8.44	4.17	1.86
		5		6.876	5.40	0.275	32.2	57.2	51.1	13.3	2.16	2.73	1.39	6.32	10.3	4.95	1.91
		6		8.160	6.41	0.275	37.8	68.7	59.9	15.6	2.15	2.71	1.38	7.48	12.1	5.67	1.95
		7		9.424	7.40	0.275	43.1	80.3	68.4	17.8	2.14	2.69	1.38	8.59	13.8	6.34	1.99
		8		10.67	8.37	0.274	48.2	91.9	76.4	20.0	2.12	2.68	1.37	9.68	15.4	6.98	2.03
7.5	75	5	9	7.412	5.82	0.295	40.0	70.6	63.3	16.6	2.33	2.92	1.50	7.32	11.9	5.77	2.04
		6		8.797	6.91	0.294	47.0	84.6	74.4	19.5	2.31	2.90	1.49	8.64	14.0	6.67	2.07
		7		10.16	7.98	0.294	53.6	98.7	85.0	22.2	2.30	2.89	1.48	9.93	16.0	7.44	2.11
		8		11.50	9.03	0.294	60.0	113	95.1	24.9	2.28	2.88	1.47	11.2	17.9	8.19	2.15
		9		12.83	10.1	0.294	66.1	127	105	27.5	2.27	2.86	1.46	12.4	19.8	8.89	2.18
		10		14.13	11.1	0.293	72.0	142	114	30.1	2.26	2.84	1.46	13.6	21.5	9.56	2.22
8	80	5	9	7.912	6.21	0.315	48.8	85.4	77.3	20.3	2.48	3.13	1.60	8.34	13.7	6.66	2.15
		6		9.397	7.38	0.314	57.4	103	91.0	23.7	2.47	3.11	1.59	9.87	16.1	7.65	2.19
		7		10.86	8.53	0.314	65.6	120	104	27.1	2.46	3.10	1.58	11.4	18.4	8.58	2.23
		8		12.30	9.66	0.314	73.5	137	117	30.4	2.44	3.08	1.57	12.8	20.6	9.46	2.27
		9		13.73	10.8	0.314	81.1	154	129	33.6	2.43	3.06	1.56	14.3	22.7	10.3	2.31
		10		15.13	11.9	0.313	88.4	172	140	36.8	2.42	3.04	1.56	15.6	24.8	11.1	2.35
9	90	6	10	10.64	8.35	0.354	82.8	146	131	34.3	2.79	3.51	1.80	12.6	20.6	9.95	2.44
		7		12.30	9.66	0.354	94.8	170	150	39.2	2.78	3.50	1.78	14.5	23.6	11.2	2.48
		8		13.94	10.9	0.353	106	195	169	44.0	2.76	3.48	1.78	16.4	26.6	12.4	2.52
		9		15.57	12.2	0.353	118	219	187	48.7	2.75	3.46	1.77	18.3	29.4	13.5	2.56
		10		17.17	13.5	0.353	129	244	204	53.3	2.74	3.45	1.76	20.1	32.0	14.5	2.59
		12		20.31	15.9	0.352	149	294	236	62.2	2.71	3.41	1.75	23.6	37.1	16.5	2.67
10	100	6	12	11.93	9.37	0.393	115	200	182	47.9	3.10	3.90	2.00	15.7	25.7	12.7	2.67
		7		13.80	10.8	0.393	132	234	209	54.7	3.09	3.89	1.99	18.1	29.6	14.3	2.71
		8		15.64	12.3	0.393	148	267	235	61.4	3.08	3.88	1.98	20.5	33.2	15.8	2.76
		9		17.46	13.7	0.392	164	300	260	68.0	3.07	3.86	1.97	22.8	36.8	17.2	2.80
		10		19.26	15.1	0.392	180	334	285	74.4	3.05	3.84	1.96	25.1	40.3	18.5	2.84
		12		22.80	17.9	0.391	209	402	331	86.8	3.03	3.81	1.95	29.5	46.8	21.1	2.91
		14		26.26	20.6	0.391	237	471	374	99.0	3.00	3.77	1.94	33.7	52.9	23.4	2.99
		16		29.63	23.3	0.390	263	540	414	111	2.98	3.74	1.94	37.8	58.6	25.6	3.06

（续）

型号	截面尺寸/mm			截面面积/cm²	理论重量/（kg/m）	外表面积/（m²/m）	惯性矩/cm⁴				惯性半径/cm			截面模数/cm³			重心距离/cm
	b	d	r				I_x	I_{x1}	I_{x0}	I_{y0}	i_x	i_{x0}	i_{y0}	W_x	W_{x0}	W_{y0}	Z_0
11	110	7	12	15.20	11.9	0.433	177	311	281	73.4	3.41	4.30	2.20	22.1	36.1	17.5	2.96
		8		17.24	13.5	0.433	199	355	316	82.4	3.40	4.28	2.19	25.0	40.7	19.4	3.01
		10		21.26	16.7	0.432	242	445	384	100	3.38	4.25	2.17	30.6	49.4	22.9	3.09
		12		25.20	19.8	0.431	283	535	448	117	3.35	4.22	2.15	36.1	57.6	26.2	3.16
		14		29.06	22.8	0.431	321	625	508	133	3.32	4.18	2.14	41.3	65.3	29.1	3.24
12.5	125	8	14	19.75	15.5	0.492	297	521	471	123	3.88	4.88	2.50	32.5	53.3	25.9	3.37
		10		24.37	19.1	0.491	362	652	574	149	3.85	4.85	2.48	40.0	64.9	30.6	3.45
		12		28.91	22.7	0.491	423	783	671	175	3.83	4.82	2.46	41.2	76.0	35.0	3.53
		14		33.37	26.2	0.490	482	916	764	200	3.80	4.78	2.45	54.2	86.4	39.1	3.61
		16		37.74	29.6	0.489	537	1050	851	224	3.77	4.75	2.43	60.9	96.3	43.0	3.68
14	140	10	14	27.37	21.5	0.551	515	915	817	212	4.34	5.46	2.78	50.6	82.6	39.2	3.82
		12		32.51	25.5	0.551	604	1100	959	249	4.31	5.43	2.76	59.8	96.9	45.0	3.90
		14		37.57	29.5	0.550	689	1280	1090	284	4.28	5.40	2.75	68.8	110	50.5	3.98
		16		42.54	33.4	0.549	770	1470	1220	319	4.26	5.36	2.74	77.5	123	55.6	4.06
15	150	8	14	23.75	18.6	0.592	521	900	827	215	4.69	5.90	3.01	47.4	78.0	38.1	3.99
		10		29.37	23.1	0.591	638	1130	1010	262	4.66	5.87	2.99	58.4	95.5	45.5	4.08
		12		34.91	27.4	0.591	749	1350	1190	308	4.63	5.84	2.97	69.0	112	52.4	4.15
		14		40.37	31.7	0.590	856	1580	1360	352	4.60	5.80	2.95	79.5	128	58.8	4.23
		15		43.06	33.8	0.590	907	1690	1440	374	4.59	5.78	2.95	84.6	136	61.9	4.27
		16		45.74	35.9	0.589	958	1810	1520	395	4.58	5.77	2.94	89.6	143	64.9	4.31
16	160	10	16	31.50	24.7	0.630	780	1370	1240	322	4.98	6.27	3.20	66.7	109	52.8	4.31
		12		37.44	29.4	0.630	917	1640	1460	377	4.95	6.24	3.18	79.0	129	60.7	4.39
		14		43.30	34.0	0.629	1050	1910	1670	432	4.92	6.20	3.16	91.0	147	68.2	4.47
		16		49.07	38.5	0.629	1180	2190	1870	485	4.89	6.17	3.14	103	165	75.3	4.55
18	180	12	16	42.24	33.2	0.710	1320	2330	2100	543	5.59	7.05	3.58	101	165	78.4	4.89
		14		48.90	38.4	0.709	1510	2720	2410	622	5.56	7.02	3.56	116	189	88.4	4.97
		16		55.47	43.5	0.709	1700	3120	2700	699	5.54	6.98	3.55	131	212	97.8	5.05
		18		61.96	48.6	0.708	1880	3500	2990	762	5.50	6.94	3.51	146	235	105	5.13
20	200	14	18	54.64	42.9	0.788	2100	3730	3340	864	6.20	7.82	3.98	145	236	112	5.46
		16		62.01	48.7	0.788	2370	4270	3760	971	6.18	7.79	3.96	164	266	124	5.54
		18		69.30	54.4	0.787	2620	4810	4160	1080	6.15	7.75	3.94	182	294	136	5.62
		20		76.51	60.1	0.787	2870	5350	4550	1180	6.12	7.72	3.93	200	322	147	5.69
		24		90.66	71.2	0.785	3340	6460	5290	1380	6.07	7.64	3.90	236	374	167	5.87

（续）

型号	截面尺寸/mm			截面面积/cm²	理论重量/(kg/m)	外表面积/(m²/m)	惯性矩/cm⁴				惯性半径/cm			截面模数/cm³			重心距离/cm
	b	d	r				I_x	I_{x1}	I_{x0}	I_{y0}	i_x	i_{x0}	i_{y0}	W_x	W_{x0}	W_{y0}	Z_0
22	220	16	21	68.67	53.9	0.866	3190	5680	5060	1310	6.81	8.59	4.37	200	326	154	6.03
		18		76.75	60.3	0.866	3540	6400	5620	1450	6.79	8.55	4.35	223	361	168	6.11
		20		84.76	66.5	0.865	3870	7110	6150	1590	6.76	8.52	4.34	245	395	182	6.18
		22		92.68	72.8	0.865	4200	7830	6670	1730	6.73	8.48	4.32	267	429	195	6.26
		24		100.5	78.9	0.864	4520	8550	7170	1870	6.71	8.45	4.31	289	461	208	6.33
		26		108.3	85.0	0.864	4830	9280	7690	2000	6.68	8.41	4.30	310	492	221	6.41
25	250	18	24	87.84	69.0	0.985	5270	9380	8370	2170	7.75	9.76	4.97	290	473	224	6.84
		20		97.05	76.2	0.984	5780	10400	9180	2380	7.72	9.73	4.95	320	519	243	6.92
		22		106.2	83.3	0.983	6280	11500	9970	2580	7.69	9.69	4.93	349	564	261	7.00
		24		115.2	90.4	0.983	6770	12500	10700	2790	7.67	9.66	4.92	378	608	278	7.07
		26		124.2	97.5	0.982	7240	13600	11500	2980	7.64	9.62	4.90	406	650	295	7.15
		28		133.0	104	0.982	7700	14600	12200	3180	7.61	9.58	4.89	433	691	311	7.22
		30		141.8	111	0.981	8160	15700	12900	3380	7.58	9.55	4.88	461	731	327	7.30
		32		150.5	118	0.981	8600	16800	13600	3570	7.56	9.51	4.87	488	770	342	7.37
		35		163.4	128	0.980	9240	18400	14600	3850	7.52	9.46	4.86	527	827	364	7.48

注：截面图中的 $r_1 = 1/3d$ 及表中 r 的数据用于孔型设计，不做交货条件。

附录 B　热轧工字钢（GB/T 706—2016）

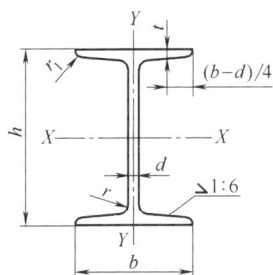

图 B-1

h—高度　b—腿宽度　d—腰厚度　t—平均腿厚度
r—内圆弧半径　r_1—腿端圆弧半径

型号	截面尺寸/mm						截面面积/cm²	理论重量/(kg/m)	外表面积/(m²/m)	惯性矩/cm⁴		惯性半径/cm		截面模数/cm³	
	h	b	d	t	r	r_1				I_x	I_y	i_x	i_y	W_x	W_y
10	100	68	4.5	7.6	6.5	3.3	14.33	11.3	0.432	245	33.0	4.14	1.52	49.0	9.72
12	120	74	5.0	8.4	7.0	3.5	17.80	14.0	0.493	436	46.9	4.95	1.62	72.7	12.7
12.6	126	74	5.0	8.4	7.0	3.5	18.10	14.2	0.505	488	46.9	5.20	1.61	77.5	12.7
14	140	80	5.5	9.1	7.5	3.8	21.50	16.9	0.553	712	64.4	5.76	1.73	102	16.1
16	160	88	6.0	9.9	8.0	4.0	26.11	20.5	0.621	1130	93.1	6.58	1.89	141	21.2
18	180	94	6.5	10.7	8.5	4.3	30.74	24.1	0.681	1660	122	7.36	2.00	185	26.0
20a	200	100	7.0	11.4	9.0	4.5	35.55	27.9	0.742	2370	158	8.15	2.12	237	31.5
20b	200	102	9.0	11.4	9.0	4.5	39.55	31.1	0.746	2500	169	7.96	2.06	250	33.1
22a	220	110	7.5	12.3	9.5	4.8	42.10	33.1	0.817	3400	225	8.99	2.31	309	40.9
22b	220	112	9.5	12.3	9.5	4.8	46.50	36.5	0.821	3570	239	8.78	2.27	325	42.7
24a	240	116	8.0	13.0	10.0	5.0	47.71	37.5	0.878	4570	280	9.77	2.42	381	48.4
24b	240	118	10.0	13.0	10.0	5.0	52.51	41.2	0.882	4800	297	9.57	2.38	400	50.4
25a	250	116	8.0	13.0	10.0	5.0	48.51	38.1	0.898	5020	280	10.2	2.40	402	48.3
25b	250	118	10.0	13.0	10.0	5.0	53.51	42.0	0.902	5280	309	9.94	2.40	423	52.4
27a	270	122	8.5	13.7	10.5	5.3	54.52	42.8	0.958	6550	345	10.9	2.51	485	56.6
27b	270	124	10.5	13.7	10.5	5.3	59.92	47.0	0.962	6870	366	10.7	2.47	509	58.9
28a	280	122	8.5	13.7	10.5	5.3	55.37	43.5	0.978	7110	345	11.3	2.50	508	56.6
28b	280	124	10.5	13.7	10.5	5.3	60.97	47.9	0.982	7480	379	11.1	2.49	534	61.2
30a	300	126	9.0	14.4	11.0	5.5	61.22	48.1	1.031	8950	400	12.1	2.55	597	63.5
30b	300	128	11.0	14.4	11.0	5.5	67.22	52.8	1.035	9400	422	11.8	2.50	627	65.9
30c	300	130	13.0	14.4	11.0	5.5	73.22	57.5	1.039	9850	445	11.6	2.46	657	68.5
32a	320	130	9.5	15.0	11.5	5.8	67.12	52.7	1.084	11100	460	12.8	2.62	692	70.8
32b	320	132	11.5	15.0	11.5	5.8	73.52	57.7	1.088	11600	502	12.6	2.61	726	76.0
32c	320	134	13.5	15.0	11.5	5.8	79.92	62.7	1.092	12200	544	12.3	2.61	760	81.2
36a	360	136	10.0	15.8	12.0	6.0	76.44	60.0	1.185	15800	552	14.4	2.69	875	81.2
36b	360	138	12.0	15.8	12.0	6.0	83.64	65.7	1.189	16500	582	14.1	2.64	919	84.3
36c	360	140	14.0	15.8	12.0	6.0	90.84	71.3	1.193	17300	612	13.8	2.60	962	87.4
40a	400	142	10.5	16.5	12.5	6.3	86.07	67.6	1.285	21700	660	15.9	2.77	1090	93.2
40b	400	144	12.5	16.5	12.5	6.3	94.07	73.8	1.289	22800	692	15.6	2.71	1140	96.2
40c	400	146	14.5	16.5	12.5	6.3	102.1	80.1	1.293	23900	727	15.2	2.65	1190	99.6
45a	450	150	11.5	18.0	13.5	6.8	102.4	80.4	1.411	32200	855	17.7	2.89	1430	114
45b	450	152	13.5	18.0	13.5	6.8	111.4	87.4	1.415	33800	894	17.4	2.84	1500	118
45c	450	154	15.5	18.0	13.5	6.8	120.4	94.5	1.419	35300	938	17.1	2.79	1570	122

（续）

型号	截面尺寸/mm						截面面积/cm²	理论重量/(kg/m)	外表面积/(m²/m)	惯性矩/cm⁴		惯性半径/cm		截面模数/cm³	
	h	b	d	t	r	r_1				I_x	I_y	i_x	i_y	W_x	W_y
50a		158	12.0				119.2	93.6	1.539	46500	1120	19.7	3.07	1860	142
50b	500	160	14.0	20.0	14.0	7.0	129.2	101	1.543	48600	1170	19.4	3.01	1940	146
50c		162	16.0				139.2	109	1.547	50600	1220	19.0	2.96	2080	151
55a		166	12.5				134.1	105	1.667	62900	1370	21.6	3.19	2290	164
55b	550	168	14.5				145.1	114	1.671	65600	1420	21.2	3.14	2390	170
55c		170	16.5	21.0	14.5	7.3	156.1	123	1.675	68400	1480	20.9	3.08	2490	175
56a		166	12.5				135.4	106	1.687	65600	1370	22.0	3.18	2340	165
56b	560	168	14.5				146.6	115	1.691	68500	1490	21.6	3.16	2450	174
56c		170	16.5				157.8	124	1.695	71400	1560	21.3	3.16	2550	183
63a		176	13.0				154.6	121	1.862	93900	1700	24.5	3.31	2980	193
63b	630	178	15.0	22.0	15.0	7.5	167.2	131	1.866	98100	1810	24.2	3.29	3160	204
63c		180	17.0				179.8	141	1.870	102000	1920	23.8	3.27	3300	214

注：表中 r、r_1 的数据用于孔型设计，不做交货条件。

附录 C 热轧槽钢（GB/T 706—2016）

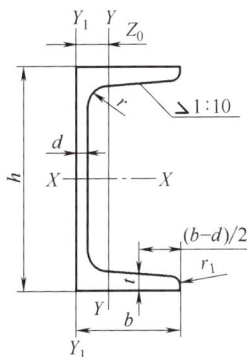

图 C-1

h—高度 b—腿宽度 d—腰厚度 t—平均腿厚度 r—内圆弧半径
r_1—腿端圆弧半径 Z_0—Y-Y 轴与 Y_1-Y_1 轴线间距离

型号	截面尺寸/mm						截面面积/cm²	理论重量/(kg/m)	外表面积/(m²/m)	惯性矩/cm⁴			惯性半径/cm		截面模数/cm³		重心距离/cm
	h	b	d	t	r	r_1				I_x	I_y	I_{y1}	i_x	i_y	W_x	W_y	Z_0
5	50	37	4.5	7.0	7.0	3.5	6.925	5.44	0.226	26.0	8.30	20.9	1.94	1.10	10.4	3.55	1.35
6.3	63	40	4.8	7.5	7.5	3.8	8.446	6.63	0.262	50.8	11.9	28.4	2.45	1.19	16.1	4.50	1.36
6.5	65	40	4.3	7.5	7.5	3.8	8.292	6.51	0.267	55.2	12.0	28.3	2.54	1.19	17.0	4.59	1.38
8	80	43	5.0	8.0	8.0	4.0	10.24	8.04	0.307	101	16.6	37.4	3.15	1.27	25.3	5.79	1.43
10	100	48	5.3	8.5	8.5	4.2	12.74	10.0	0.365	198	25.6	54.9	3.95	1.41	39.7	7.80	1.52
12	120	53	5.5	9.0	9.0	4.5	15.36	12.1	0.423	346	37.4	77.7	4.75	1.56	57.7	10.2	1.62
12.6	126	53	5.5	9.0	9.0	4.5	15.69	12.3	0.435	391	38.0	77.1	4.95	1.57	62.1	10.2	1.59
14a	140	58	6.0	9.5	9.5	4.8	18.51	14.5	0.480	564	53.2	107	5.52	1.70	80.5	13.0	1.71
14b		60	8.0				21.31	16.7	0.484	609	61.1	121	5.35	1.69	87.1	14.1	1.67
16a	160	63	6.5	10.0	10.0	5.0	21.95	17.2	0.538	866	73.3	144	6.28	1.83	108	16.3	1.80
16b		65	8.5				25.15	19.8	0.542	935	83.4	161	6.10	1.82	117	17.6	1.75
18a	180	68	7.0	10.5	10.5	5.2	25.69	20.2	0.596	1270	98.6	190	7.04	1.96	141	20.0	1.88
18b		70	9.0				29.29	23.0	0.600	1370	111	210	6.84	1.95	152	21.5	1.84
20a	200	73	7.0	11.0	11.0	5.5	28.83	22.6	0.654	1780	128	244	7.86	2.11	178	24.2	2.01
20b		75	9.0				32.83	25.8	0.658	1910	144	268	7.64	2.09	191	25.9	1.95
22a	220	77	7.0	11.5	11.5	5.8	31.83	25.0	0.709	2390	158	298	8.67	2.23	218	28.2	2.10
22b		79	9.0				36.23	28.5	0.713	2570	176	326	8.42	2.21	234	30.1	2.03
24a	240	78	7.0	12.0	12.0	6.0	34.21	26.9	0.752	3050	174	325	9.45	2.25	254	30.5	2.10
24b		80	9.0				39.01	30.6	0.756	3280	194	355	9.17	2.23	274	32.5	2.03
24c		82	11.0				43.81	34.4	0.760	3510	213	388	8.96	2.21	293	34.4	2.00
25a	250	78	7.0	12.0	12.0	6.0	34.91	27.4	0.722	3370	176	322	9.82	2.24	270	30.6	2.07
25b		80	9.0				39.91	31.3	0.776	3530	196	353	9.41	2.22	282	32.7	1.98
25c		82	11.0				44.91	35.3	0.780	3690	218	384	9.07	2.21	295	35.9	1.92
27a	270	82	7.5	12.5	12.5	6.2	39.27	30.8	0.826	4360	216	393	10.5	2.34	323	35.5	2.13
27b		84	9.5				44.67	35.1	0.830	4690	239	428	10.3	2.31	347	37.7	2.06
27c		86	11.5				50.07	39.3	0.834	5020	261	467	10.1	2.28	372	39.8	2.03
28a	280	82	7.5	12.5	12.5	6.2	40.02	31.4	0.846	4760	218	388	10.9	2.33	340	35.7	2.10
28b		84	9.5				45.62	35.8	0.850	5130	242	428	10.6	2.30	366	37.9	2.02
28c		86	11.5				51.22	40.2	0.854	5500	268	463	10.4	2.29	393	40.3	1.95
30a	300	85	7.5	13.5	13.5	6.8	43.89	34.5	0.897	6050	260	467	11.7	2.43	403	41.1	2.17
30b		87	9.5				49.89	39.2	0.901	6500	289	515	11.4	2.41	433	44.0	2.13
30c		89	11.5				55.89	43.9	0.905	6950	316	560	11.2	2.38	463	46.4	2.09

（续）

型号	截面尺寸/mm						截面面积/cm²	理论重量/(kg/m)	外表面积/(m²/m)	惯性矩/cm⁴			惯性半径/cm		截面模数/cm³		重心距离/cm
	h	b	d	t	r	r_1				I_x	I_y	I_{y1}	i_x	i_y	W_x	W_y	Z_0
32a		88	8.0				48.50	38.1	0.947	7600	305	552	12.5	2.50	475	46.5	2.24
32b	320	90	10.0	14.0	14.0	7.0	54.90	43.1	0.951	8140	336	593	12.2	2.47	509	49.2	2.16
32c		92	12.0				61.30	48.1	0.955	8690	374	643	11.9	2.47	543	52.6	2.09
36a		96	9.0				60.89	47.8	1.053	11900	455	818	14.0	2.73	660	63.5	2.44
36b	360	98	11.0	16.0	16.0	8.0	68.09	53.5	1.057	12700	497	880	13.6	2.70	703	66.9	2.37
36c		100	13.0				75.29	59.1	1.061	13400	536	948	13.4	2.67	746	70.0	2.34
40a		100	10.5				75.04	58.9	1.144	17600	592	1070	15.3	2.81	879	78.8	2.49
40b	400	102	12.5	18.0	18.0	9.0	83.04	65.2	1.148	18600	640	1140	15.0	2.78	932	82.5	2.44
40c		104	14.5				91.04	71.5	1.152	19700	688	1220	14.7	2.75	986	86.2	2.42

注：表中 r、r_1 的数据用于孔型设计，不做交货条件。

附录 D　部分习题参考答案

第 一 章

1-1　$F_1 = -(866N)i - (500N)j$

$F_2 = -(1500N)j$

$F_3 = (2121N)i + (2121N)j$

$F_4 = (1000N)i - (1732N)j$

1-3　a）$M_O(F) = Fl$

b）$M_O(F) = 0$

c）$M_O(F) = F \cdot \sin\beta \cdot l$

d）$M_O(F) = F\sin\theta l$

e）$M_O(F) = -Fa$

f）$M_O(F) = F(l+r)$

g）$M_O(F) = F\sin\alpha\sqrt{l^2+b^2}$

1-5　在位置 1 时：$M_O(G) = 0$

在位置 2 时：$M_O(G) = -Gl\sin\theta$

在位置 3 时：$M_O(G) = -Gl$

第 二 章

2-2　$b = 213mm$

2-5 a) $F_{NAx}=-2kN$; $F_{NAy}=0$; $F_{NOx}=2kN$; $F_{NOy}=2kN$。

　　 b) $F_{NOy}=2kN$; $m_O=4kN \cdot m$。

　　 c) $F_{NAy}=-2kN$; $F_{NAx}=-2kN$; $F_{NOy}=4kN$; $F_{NOx}=2kN$。

2-7 a) $F_{NAy}=1.5kN$; $F_{NAx}=0$; $m_A=-120N \cdot m$。

　　 b) $F_{NAy}=1kN$; $F_{NAx}=0$; $m_A=-50N \cdot m$。

　　 c) $F_{NAx}=-1.5kN$; $F_{NAy}=0$; $m_A=120N \cdot m$。

2-9 $F_{NAy}=-5kN$; $F_{NBy}=5kN$

2-11 $F_{TB}=-\dfrac{2\sqrt{3}}{3}G$; $F_{NAx}=-\dfrac{\sqrt{3}}{3}G$; $F_{NAy}=G$

2-13 $F_A=100F$

2-15 $F_{NB}=1224N$; $Q=1200N$; $F_{NAx}=-240N$; $F_{NAy}=1000N$

2-17 $F_{NBx}=2.79kN$; $F_{NBy}=4.84kN$; $F_{NCx}=-16.93kN$; $F_{NCy}=29.3kN$

2-19 $F_N=3.57kN$

2-21 $m_1=3N \cdot m$; $T_N=5N$

2-23 $F_{NB}=192N$

2-25 $F=F_T \cdot \dfrac{h}{H}$; $F_{NB}=\dfrac{F_T ha+GbH}{2aH}$

2-27 $F_{NAx}=12kN$; $F_{NAy}=1.5kN$; $F_{NB}=10.5kN$; $F_{NBC}=-15kN$

2-29 1) $F=10N$，物体静止；

　　 2) $F=30N$，物体处于临界状态；

　　 3) $F=30N$，物体处于运动状态。

2-31 $F_P=90.1N$

2-33 A 物体运动，B 物体静止。$F_A=-2.5N$; $F_B=-2.5N$

2-35 $b \le 105mm$

2-37 $M=12.35N \cdot m$

第 三 章

3-1 $F_{1x}=0$; $F_{1y}=0$; $F_{1z}=2kN$

　　 $F_{2x}=-0.89kN$; $F_{2y}=-1.43kN$; $F_{2z}=-1.07kN$

　　 $F_{3x}=0$; $F_{3y}=3.2kN$; $F_{3z}=-2.4kN$

3-3 $F_r=0.678kN$; $F_a=0.48kN$; $F_n=1.98kN$

3-5 $F_{AC}=F_{AD}=7.07kN$; $F_{AB}=14.14kN$

3-7 $F_{N1}=F_{N2}=5kN$; $F_{N3}=7.07kN$; $F_{N4}=F_{N5}=5kN$; $F_{N6}=10kN$

3-9 $F_{NAx}=F_{NBx}=-500N$; $F_{NAz}=3182N$; $F_{NBz}=-818N$

3-11 $F_f=12.9kN$; $F_{NAx}=-6.84kN$; $F_{NAy}=22.5kN$; $F_{NAz}=-28.64kN$;

　　 $F_{NBx}=-122.5kN$; $F_{NBz}=-44.64kN$

3-13 $x_C=20.16cm$

3-15 $x_C=1.468m$; $y_C=0.938m$

3-17 $x_C = \dfrac{a}{6}$; $y_C = \dfrac{a}{z}$; $z_C = \dfrac{a}{6}$

第 四 章

4-3 $\sigma_{1-1} = 70\text{MPa}$; $\sigma_{2-2} = 47.8\text{MPa}$

4-5 $a \geqslant 14.14\text{mm}$; $b \geqslant 28.28\text{mm}$

4-7 $[G] \leqslant 84\text{kN}$

4-9 1) $\Delta l_{AC} = -0.1875\text{mm}$; $\Delta l_{CD} = 0.075\text{mm}$; $\Delta l_{DB} = 0.3\text{mm}$

2) $\Delta l_{AB} = 0.1875\text{mm}$

3) $|\varepsilon_{AC}|_{\max} = 0.000625 = 6.25 \times 10^{-4}$

第 五 章

5-1 铅丝: $F_Q = 2800\text{N}$; 销: $F_Q = 3500\text{N}$

5-3 $l \geqslant 127\text{mm}$

5-5 $F \leqslant 16\text{kN}$

5-7 $D \geqslant 61.2\text{mm}$

第 六 章

6-3 $\rho = 10\text{mm}$ 时, $\tau_\rho = 23.9\text{MPa}$; $\tau_{\max} = 47.8\text{MPa}$

6-5 $P_{\max} = 13.5\text{kW}$

6-7 $d_2/d_1 = 1.145$

6-9 $d \geqslant 46\text{mm}$

6-11 1) $\tau_{\max} = 52.3\text{MPa}$

2) $P_{\max} = 100.8\text{kW}$

6-13 $d \geqslant 60\text{mm}$

6-15 按强度 $d \geqslant 23\text{mm}$

按刚度 $d \geqslant 39\text{mm}$

第 七 章

7-6 $\sigma_{b\max} = 8.7\text{MPa}$

7-8 矩形截面: $b = 65.5\text{mm}$, $h = 131\text{mm}$;

正方形截面: $a = 104\text{mm}$;

面积之比: $\dfrac{b \times h}{a^2} = 0.79$

7-10　$q = 9.07\text{kN/mm}$

7-12　12.6 号工字钢

7-15　$y_{\max} = 9.63\text{mm} < [y]$，安全

第 八 章

8-1　$[F] = 15.5\text{kN}$

8-3　18a 槽钢

8-5　$[F] = 4.6\text{kN}$

8-7　$\sigma_{xd3} = 55.5\text{MPa} < [\sigma]$，强度足够

第 九 章

9-1　a）$F_{cr} = 3962\text{kN}$

　　b）$F_{cr} = 2536\text{kN}$

　　c）$F_{cr} = 4139\text{kN}$

9-3　载荷方向往外，$F = \dfrac{\pi^2 EI}{2l^2}$

　　载荷方向往内，$F = \dfrac{\sqrt{2}\,\pi^2 EI}{l^2}$

9-5　AB 梁，$\sigma_{\max} = 163\text{MPa} > [\sigma] = 160\text{MPa}$
　　CD 杆，$n_W = 2.1 > [n]_{st} = 2.0$
　　结构安全

9-7　$n_W = 4.76 > [n]_{st} = 3$，稳定性足够

第 十 章

10-1　$N_d = 60.2\text{kN}$

10-3　绳：$N_d = 90.6\text{kN}$；梁：$\sigma_{\max} = 99.9\text{MPa}$

10-5　$\sigma_d = 216\text{MPa}$

10-7　$\sigma_{d\max} = \dfrac{2Gl}{9W}\left(1 + \sqrt{1 + \dfrac{243EIH}{2Gl^3}}\right)$

　　$y_{中点} = \dfrac{23Gl^3}{1296EI}\left(1 + \sqrt{1 + \dfrac{243EIH}{2Gl^3}}\right)$

10-9　$\sigma_m = 549.6\text{MPa}$，$\sigma_a = 12\text{MPa}$，$r = 0.957$

第十一章

11-1　$v=0$，$a=2\text{m/s}^2$，$\beta=90°$

11-3　1）$s=-7\text{m}$；2）$t=2\text{s}$；$s=-14\text{m}$；3）$s=23\text{m}$；4）$v=15\text{m/s}$，$a=18\text{m/s}^2$；

　　　5）第2s前减速运动，第2s后加速运动

11-5　$v=\sqrt{5}\,\text{cm/s}$；$a=2\text{cm/s}^2$

11-7　$y=60°+40\sin st$，$v=173.2\text{mm/s}(\uparrow)$，$a=-500\text{mm/s}^2\ (\downarrow)$

11-9　$\begin{cases}x=10\cos 20t\\y=10\sin 20t\end{cases}$

11-11　$t=100s$，$a_1=0.108\text{m/s}^2$，$\beta_1=22°47'$；$a_2=0.298\text{m/s}^2$，$\beta_2=70°25'$

11-13　$v=1.9\text{m/s}$

11-15　$v_A=2.24\text{m/s}$

11-17　$v_r=0.36\text{cm/s}$

11-19　$v=6.36\text{cm/s}$

11-21　$\omega=0.25\omega_O$，$v_E=\dfrac{2\sqrt{3}}{3}r\omega_0$

11-23　$v_m=\dfrac{R\pi n}{30}$，$a_m=\dfrac{R\pi^2 n^2}{900}$

11-25　$v_0=0$，$a_0^\tau=\dfrac{4\pi^2\varphi_0 L}{T^2}$，$a_0^n=0$；$v=\pm\dfrac{2\pi\varphi_0 L}{T}$，$a_\tau=0$，$a_n=\dfrac{4\pi^2\varphi_0^2 L}{T^2}$

11-27　$\varphi=\dfrac{\sqrt{3}}{3}\ln\left(\dfrac{1}{1-\sqrt{3}\,\omega_0 t}\right)$，$\omega=\omega_0 e^{\sqrt{3}\varphi}$

11-29　$\omega=80\text{rad/s}$，$\alpha=120\text{rad/s}^2$，$r=0.05\text{m}$

11-31　$v_A=v_C=2.12\text{m/s}$，$v_B=3\text{m/s}$，$v_D=0$

11-33　$\alpha=0°$，$\omega_{AB}=6.07\text{rad/s}$，$v_B=0$；$\alpha=90°$，$\omega_{AB}=0$，$v_B=9.72\text{m/s}$

第十二章

12-1　$v=1.656\text{m/s}$，$a=9.16\text{m/s}^2$，$\beta=68°$

12-3　$N_{max}=3.14\text{kN}$，$N_{min}=2.74\text{kN}$

12-5　$F_牵=59.8\text{kN}$

12-7　$F_T=1956\text{N}$

12-9　$a=2.6\text{m/s}^2$，$F_T=26.7\text{N}$

12-11　$x=v_0 t+\dfrac{F_0}{m\omega^2}(1-\cos\omega t)$

12-13　$t=2.02\text{s}$，$s=6.94\text{m}$

12-15　$\alpha=16.45\text{rad/s}^2$

12-17　$\alpha = 4.86\text{rad/s}^2$

12-19　$I_z = \dfrac{G}{2g}(r^2 + 2e^2)$

12-21　$M = (F_p + m_0 a_0)\,e\sin\varphi - mge\cos\varphi + \left(\dfrac{mr^2}{2} + me^2\right)\alpha$

12-23　$T = 330\text{N}$

第 十 三 章

13-1　$W_{AB} = mgr(1 + \cos\varphi)$，$W_{AC} = mgr(\cos\varphi - \sin\theta)$

13-3　$W_{12} = -2.06\text{J}$，$W_{23} = 2.06\text{J}$，$W_{31} = 0\text{J}$

13-5　$W = -2\text{J}$

13-7　$W = 452\text{kJ}$

13-9　$P_{\text{锤}} = 490\text{W}$，$P_{\text{电}} = 700\text{W}$

13-13　$v = 8\text{m/s}$

13-15　$\mu = \dfrac{I\omega_0^2}{4\pi rnF}$

13-17　$a = \dfrac{2(M + m_2 gr - m_1 gr)}{m + m_1 + m_2}$

参 考 文 献

[1] 张秉荣. 工程力学［M］. 2 版. 北京：机械工业出版社，2011.

[2] 韩向东，张小亮. 工程力学［M］. 3 版. 北京：机械工业出版社，2014.

[3] 刘思俊. 工程力学［M］. 4 版. 北京：机械工业出版社，2019.

[4] 刘鸿文. 材料力学［M］. 6 版. 北京：高等教育出版社，2020.

高等职业教育汽车类专业活页式新形态创新教材

新能源汽车电气技术

实践任务及工作任务单

主　编　李远军

副主编　宋以庆　王功安

参　编　姜松舟　徐德亭　娄　敏

机械工业出版社

CHINA MACHINE PRESS

目 录 | CONTENTS

一、实践任务

实践任务 1　蓄电池亏电故障的解决

一、小组分工

按照所学知识内容，进行工作任务分配，并填写表 1-1-1。

表 1-1-1　工作任务分配

班级		组号		指导教师	
组长		学号			
组员角色分配					
操作员 1		学号			
操作员 2		学号			
记录员		学号			
安全员		学号			
任务分工					

（就组织讨论、工具准备、数据采集、数据记录、安全监督、成果展示等工作内容进行任务分工）

二、维修方案合理性评估和纠正

教师提供资料或类似的视频进行提示，以帮助学生完成主要操作步骤填写用表（表 1-1-2）。教师评估通过后，方可进行具体操作。任务实施中若有改变需经教师再次评估，以确认安全性和可行性。

表 1-1-2　主要操作步骤填写用表

内容	序号	为解决问题的主要操作步骤	是否通过
学生完成	1		是□　否□
	2		是□　否□
	3		是□　否□
	4		是□　否□
	5		是□　否□
	6		是□　否□
	7		是□　否□
	8		是□　否□
教师完成	1	安全可行	是□　否□
	2	步骤可行	是□　否□
	3	时间可行	是□　否□
	4	成本可行	是□　否□

三、工作准备

以小组为单位，完成设备、工具和资料准备自检表（表 1-1-3）。

表 1-1-3　设备、工具和资料准备自检表

序号	设备、工具、资料名称	数量	设备及工具是否完好
1			是□　否□
2			是□　否□
3			是□　否□
4			是□　否□
5			是□　否□
6			是□　否□
7			是□　否□
8			是□　否□

四、过程记录

根据测量的数值填写蓄电池亏电检查工作单（表 1-1-4）。

表 1-1-4　蓄电池亏电检查工作单

序号	测量项目名称	测量数值	是否正常
1			是□　否□
2			是□　否□
3			是□　否□
4			是□　否□
5			是□　否□
6			是□　否□
7			是□　否□
8			是□　否□
9			是□　否□
10			是□　否□
11			是□　否□
12			是□　否□
13			是□　否□
14			是□　否□
15			是□　否□
16			是□　否□
17			是□　否□
18			是□　否□
19			是□　否□
20			是□　否□
21			是□　否□
22			是□　否□
23			是□　否□
24			是□　否□

五、评价反馈

以小组为单位对本小组的操作过程与操作结果进行自评，并将结果填入小组自评表（表 1-1-5）中。小组自评要能承受小组间互评的考验，若互评阶段被其他小组找出扣分项，则扣分加倍。

表 1-1-5 小组自评表

班级				组别	
日期				指导教师	
实践任务名称					
全体组员姓名					
评价项目		评价标准		分值	得分
考勤（10%）		小组少1人，扣5分		10	
工作过程（60%）	计划制订合理	工作方案合理可行，一次通过不扣分，每多1次评估通过扣5分		20	
	任务实施	出现火花，出现1次扣2分		20	
		点火开关操作，错误1次扣2分		10	
		电压测量，错误1次扣5分		10	
	工作态度	认真严谨，积极主动，安全生产，文明施工，违反1项1次扣1分		5	
	工作质量	能按照工作方案操作，按计划完成工作任务，未完成扣3分		5	
	团队合作	与小组成员、同学之间能合作交流、协调工作，违反1项1次扣1分		5	
项目成果（30%）	工作完整	不能按时完成工作任务的所有环节，扣5分		5	
	工作规范	在整个操作过程中出现不规范操作，1次扣1分		5	
	汇报展示	能准确表达、汇报工作成果，差一级减1分		5	
合计				100	

总结与反思

（如：学习过程中遇到什么问题→如何解决的/解决不了的原因→心得体会）

实践任务 2　电动汽车仪表无显示的故障排除

一、小组分工

按照所学知识内容，进行工作任务分配，并填写表 1-2-1。

表 1-2-1　工作任务分配

班级		组号		指导教师	
组长		学号			
组员角色分配					
操作员 1		学号			
操作员 2		学号			
记录员		学号			
安全员		学号			
任务分工					

（就组织讨论、工具准备、数据采集、数据记录、安全监督、成果展示等工作内容进行任务分工）

二、维修方案合理性评估和纠正

教师提供资料或类似的视频进行提示，以帮助学生完成主要操作步骤填写用表（表 1-2-2）。教师评估通过后，方可进行具体操作。任务实施中若有改变需经教师再次评估，以确认安全性和可行性。

表 1-2-2　主要操作步骤填写用表

内容	序号	为解决问题的主要操作步骤	是否通过
学生完成	1		是□　否□
	2		是□　否□
	3		是□　否□
	4		是□　否□
	5		是□　否□
	6		是□　否□
	7		是□　否□
	8		是□　否□
	9		是□　否□
	10		是□　否□
教师完成	1	安全可行	是□　否□
	2	步骤可行	是□　否□
	3	时间可行	是□　否□
	4	成本可行	是□　否□

三、工作准备

以小组为单位，完成设备、工具和资料准备自检表（表 1-2-3）。

表 1-2-3　设备、工具和资料准备自检表

序号	设备、工具、资料名称	数量	设备及工具是否完好
1			是□　否□
2			是□　否□
3			是□　否□
4			是□　否□
5			是□　否□
6			是□　否□
7			是□　否□
8			是□　否□

四、过程记录

以小组为单位，完成电动汽车仪表无显示的故障检查工作单（表 1-2-4）。

表 1-2-4　电动汽车仪表无显示的故障检查工作单

序号	测量项目名称	测量数值	是否正常
1			是□　否□
2			是□　否□
3			是□　否□
4			是□　否□
5			是□　否□
6			是□　否□
7			是□　否□
8			是□　否□
9			是□　否□
10			是□　否□
11			是□　否□
12			是□　否□
13			是□　否□
14			是□　否□
15			是□　否□
16			是□　否□
17			是□　否□
18			是□　否□
19			是□　否□
20			是□　否□
21			是□　否□
22			是□　否□
23			是□　否□
24			是□　否□

五、评价反馈

以小组为单位对本小组的操作过程与操作结果进行自评，并将结果填入小组自评表（表 1-2-5）中。小组自评要能承受小组间互评的考验，若互评阶段被其他小组找出扣分项，则扣分加倍。

表 1-2-5　小组自评表

班级				组别	
日期				指导教师	
实践任务名称					
全体组员姓名					
评价项目		评价标准		分值	得分
考勤（10%）		小组少 1 人，扣 5 分		10	
工作过程（60%）	计划制订合理	工作方案合理可行，一次通过不扣分，每多 1 次评估通过扣 5 分		20	
	任务实施	故障现象描述，错误 1 次扣 5 分		20	
		检查或判断，错误 1 次扣 5 分		10	
		测量或判断，错误 1 次扣 5 分		10	
	工作态度	认真严谨，积极主动，安全生产，文明施工，违反 1 项 1 次扣 1 分		5	
	工作质量	能按照工作方案操作，按计划完成工作任务，未完成扣 3 分		5	
	团队合作	与小组成员、同学之间能合作交流、协调工作，违反 1 项 1 次扣 1 分		5	
项目成果（30%）	工作完整	不能按时完成工作任务的所有环节，扣 5 分		5	
	工作规范	在整个操作过程中出现不规范操作，1 次扣 1 分		5	
	汇报展示	能准确表达、汇报工作成果，差一级减 1 分		5	
合计				100	

总结与反思

（如：学习过程中遇到什么问题→如何解决的 / 解决不了的原因→心得体会）

实践任务 3　照明系统故障灯点亮后的故障排除

一、小组分工

按照所学知识内容，进行工作任务分配，并填写表 1-3-1。

表 1-3-1　工作任务分配

班级		组号		指导教师	
组长		学号			
组员角色分配					
操作员 1		学号			
操作员 2		学号			
记录员		学号			
安全员		学号			
任务分工					

（就组织讨论、工具准备、数据采集、数据记录、安全监督、成果展示等工作内容进行任务分工）

二、维修方案合理性评估和纠正

教师提供资料或类似的视频进行提示，以帮助学生完成主要操作步骤填写用表（表 1-3-2）。教师评估通过后，方可进行具体操作。任务实施中若有改变需经教师再次评估，以确认安全性和可行性。

表 1-3-2　主要操作步骤填写用表

内容	序号	为解决问题的主要操作步骤	是否通过
学生完成	1		是□　否□
	2		是□　否□
	3		是□　否□
	4		是□　否□
	5		是□　否□
	6		是□　否□
	7		是□　否□
	8		是□　否□
	9		是□　否□
	10		是□　否□
教师完成	1	安全可行	是□　否□
	2	步骤可行	是□　否□
	3	时间可行	是□　否□
	4	成本可行	是□　否□

三、工作准备

以小组为单位，完成设备、工具和资料准备自检表（表 1-3-3）。

表 1-3-3　设备、工具和资料准备自检表

序号	设备、工具、资料名称	数量	设备及工具是否完好
1			是□　否□
2			是□　否□
3			是□　否□
4			是□　否□
5			是□　否□
6			是□　否□
7			是□　否□
8			是□　否□

四、过程记录

以小组为单位，在照明系统故障检查工作单（表 1-3-4）中填写测量的数值。

表 1-3-4　照明系统故障检查工作单

序号	测量项目名称	测量数值	是否正常
1			是□　否□
2			是□　否□
3			是□　否□
4			是□　否□
5			是□　否□
6			是□　否□
7			是□　否□
8			是□　否□
9			是□　否□
10			是□　否□
11			是□　否□
12			是□　否□
13			是□　否□
14			是□　否□
15			是□　否□
16			是□　否□
17			是□　否□
18			是□　否□
19			是□　否□
20			是□　否□
21			是□　否□
22			是□　否□
23			是□　否□
24			是□　否□

五、评价反馈

以小组为单位对本小组的操作过程与操作结果进行自评，并将结果填入小组自评表（表 1-3-5）中。小组自评要能承受小组间互评的考验，若互评阶段被其他小组找出扣分项，则扣分加倍。

表1-3-5 小组自评表

班级			组别		
日期			指导教师		
实践任务名称					
全体组员姓名					
评价项目		评价标准		分值	得分
考勤（10%）		小组少1人，扣5分		10	
工作过程（60%）	计划制订合理	工作方案合理可行，一次通过不扣分，每多1次评估通过扣5分		20	
	任务实施	出现火花，出现1次扣2分		20	
		点火开关操作，错误1次扣2分		10	
		电压测量，错误1次扣5分		10	
	工作态度	认真严谨，积极主动，安全生产，文明施工，违反1项1次扣1分		5	
	工作质量	能按照工作方案操作，按计划完成工作任务，未完成扣3分		5	
	团队合作	与小组成员、同学之间能合作交流、协调工作，违反1项1次扣1分		5	
项目成果（30%）	工作完整	不能按时完成工作任务的所有环节，扣5分		5	
	工作规范	在整个操作过程中出现不规范操作，1次扣1分		5	
	汇报展示	能准确表达、汇报工作成果，差一级减1分		5	
合计				100	
总结与反思					

（如：学习过程中遇到什么问题→如何解决的/解决不了的原因→心得体会）

实践任务 4　刮水器故障的解决

一、小组分工

按照所学知识内容，进行工作任务分配，并填写表 1-4-1。

表 1-4-1　工作任务分配

班级		组号		指导教师	
组长		学号			
组员角色分配					
操作员 1		学号			
操作员 2		学号			
记录员		学号			
安全员		学号			
任务分工					

（就组织讨论、工具准备、数据采集、数据记录、安全监督、成果展示等工作内容进行任务分工）

二、维修方案合理性评估和纠正

教师提供资料或相类似的视频进行提示，以帮助学生完成主要操作步骤填写用表（表 1-4-2）。教师评估通过后，方可进行具体操作。任务实施中若有改变需经教师再次评估，以确认安全性和可行性。

表 1-4-2　主要操作步骤填写用表

内容	序号	为解决问题的主要操作步骤	是否通过
学生完成	1		是□　否□
	2		是□　否□
	3		是□　否□
	4		是□　否□
	5		是□　否□
	6		是□　否□
	7		是□　否□
	8		是□　否□
	9		是□　否□
	10		是□　否□
教师完成	1	安全可行	是□　否□
	2	步骤可行	是□　否□
	3	时间可行	是□　否□
	4	成本可行	是□　否□

三、工作准备

以小组为单位，完成设备、工具和资料准备自检表（表 1-4-3）。

表 1-4-3　设备、工具和资料准备自检表

序号	设备、工具、资料名称	数量	设备及工具是否完好
1			是□　否□
2			是□　否□
3			是□　否□
4			是□　否□
5			是□　否□
6			是□　否□
7			是□　否□
8			是□　否□

四、过程记录

以小组为单位，填写刮水器故障现象、检查或测量工作单（表 1-4-4）。

表 1-4-4　刮水器故障现象、检查或测量工作单

序号	测量项目名称	测量数值	是否正常
1			是□　否□
2			是□　否□
3			是□　否□
4			是□　否□
5			是□　否□
6			是□　否□
7			是□　否□
8			是□　否□
9			是□　否□
10			是□　否□
11			是□　否□
12			是□　否□
13			是□　否□
14			是□　否□
15			是□　否□
16			是□　否□
17			是□　否□
18			是□　否□
19			是□　否□
20			是□　否□
21			是□　否□
22			是□　否□
23			是□　否□
24			是□　否□

五、评价反馈

以小组为单位对本小组的操作过程与操作结果进行自评，并将结果填入小组自评表（表 1-4-5）中。小组自评要能承受小组间互评的考验，若互评阶段被其他小组找出扣分项，则扣分加倍。

表 1-4-5　小组自评表

班级				组别		
日期				指导教师		
实践任务名称						
全体组员姓名						
评价项目		评价标准			分值	得分
考勤（10%）		小组少 1 人，扣 5 分			10	
工作过程（60%）	计划制订合理	工作方案合理可行，一次通过不扣分，每多 1 次评估通过扣 5 分			20	
	任务实施	故障现象描述，错误 1 次扣 5 分			20	
		检查或判断，错误 1 次扣 5 分			10	
		测量或判断，错误 1 次扣 5 分			10	
	工作态度	认真严谨，积极主动，安全生产，文明施工，违反 1 项 1 次扣 1 分			5	
	工作质量	能按照工作方案操作，按计划完成工作任务，未完成扣 3 分			5	
	团队合作	与小组成员、同学之间能合作交流、协调工作，违反 1 项 1 次扣 1 分			5	
项目成果（30%）	工作完整	不能按时完成工作任务的所有环节，扣 5 分			5	
	工作规范	在整个操作过程中出现不规范操作，1 次扣 1 分			5	
	汇报展示	能准确表达、汇报工作成果，差一级减 1 分			5	
合计					100	

总结与反思

（如：学习过程中遇到什么问题→如何解决的 / 解决不了的原因→心得体会）

实践任务 5　红色制动警告灯亮故障的解决

一、小组分工

按照所学知识内容，进行工作任务分配，并填写表 1-5-1。

表 1-5-1　工作任务分配

班级		组号		指导教师	
组长		学号			
组员角色分配					
操作员 1		学号			
操作员 2		学号			
记录员		学号			
安全员		学号			
任务分工					

（就组织讨论、工具准备、数据采集、数据记录、安全监督、成果展示等工作内容进行任务分工）

二、维修方案合理性评估和纠正

教师提供资料或相类似的视频进行提示，以帮助学生完成主要操作步骤填写用表（表 1-5-2）。教师评估通过后，方可进行具体操作。任务实施中若有改变需经教师再次评估，以确认安全性和可行性。

表 1-5-2　主要操作步骤填写用表

内容	序号	为解决问题的主要操作步骤	是否通过
学生完成	1		是□　否□
	2		是□　否□
	3		是□　否□
	4		是□　否□
	5		是□　否□
	6		是□　否□
	7		是□　否□
	8		是□　否□
	9		是□　否□
	10		是□　否□
教师完成	1	安全可行	是□　否□
	2	步骤可行	是□　否□
	3	时间可行	是□　否□
	4	成本可行	是□　否□

三、工作准备

以小组为单位，完成设备、工具和资料准备自检表（表 1-5-3）。

表 1-5-3　设备、工具和资料准备自检表

序号	设备、工具、资料名称	数量	设备及工具是否完好
1			是□　否□
2			是□　否□
3			是□　否□
4			是□　否□
5			是□　否□
6			是□　否□
7			是□　否□
8			是□　否□

四、过程记录

以小组为单位，完成红色制动警告灯亮故障检查工作单（表 1-5-4）。

表 1-5-4 红色制动警告灯亮故障检查工作单

序号	故障现象、检查或测量项目名称	测量数值	是否正常
1			是□ 否□
2			是□ 否□
3			是□ 否□
4			是□ 否□
5			是□ 否□
6			是□ 否□
7			是□ 否□
8			是□ 否□
9			是□ 否□
10			是□ 否□
11			是□ 否□
12			是□ 否□
13			是□ 否□
14			是□ 否□
15			是□ 否□
16			是□ 否□
17			是□ 否□
18			是□ 否□
19			是□ 否□
20			是□ 否□
21			是□ 否□
22			是□ 否□
23			是□ 否□
24			是□ 否□

五、评价反馈

以小组为单位对本小组的操作过程与操作结果进行自评，并将结果填入小组自评表（表 1-5-5）中。小组自评要能承受小组间互评的考验，若互评阶段被其他小组找出扣分项，则扣分加倍。

表 1-5-5 小组自评表

班级				组别	
日期				指导教师	
实践任务名称					
全体组员姓名					
评价项目		评价标准		分值	得分
考勤（10%）		小组少1人，扣5分		10	
工作过程（60%）	计划制订合理	工作方案合理可行，一次通过不扣分，每多1次评估通过扣5分		20	
	任务实施	故障现象，错误1次扣5分		20	
		检查或判断，错误1次扣5分		10	
		测量或判断，错误1次扣5分		10	
	工作态度	认真严谨，积极主动，安全生产，文明施工，违反1项1次扣1分		5	
	工作质量	能按照工作方案操作，按计划完成工作任务，未完成扣3分		5	
	团队合作	与小组成员、同学之间能合作交流、协调工作，违反1项1次扣1分		5	
项目成果（30%）	工作完整	不能按时完成工作任务的所有环节，扣5分		5	
	工作规范	在整个操作过程中出现不规范操作，1次扣1分		5	
	汇报展示	能准确表达、汇报工作成果，差一级减1分		5	
合计				100	
总结与反思					
（如：学习过程中遇到什么问题→如何解决的 / 解决不了的原因→心得体会）					

实践任务 6   电动汽车空调制冷能力差的故障排除

一、小组分工

按照所学知识内容，进行工作任务分配，并填写表 1-6-1。

表 1-6-1   工作任务分配

班级		组号		指导教师	
组长		学号			
组员角色分配					
操作员 1		学号			
操作员 2		学号			
记录员		学号			
安全员		学号			
任务分工					

（就组织讨论、工具准备、数据采集、数据记录、安全监督、成果展示等工作内容进行任务分工）

二、维修方案合理性评估和纠正

教师提供资料或相类似的视频进行提示，以帮助学生完成主要操作步骤填写用表（表 1- 6-2）。教师评估通过后，方可进行具体操作。任务实施中若有改变需经教师再次评估，以确认安全性和可行性。

表 1-6-2　主要操作步骤填写用表

内容	序号	为解决问题的主要操作步骤	是否通过
学生完成	1		是□　否□
	2		是□　否□
	3		是□　否□
	4		是□　否□
	5		是□　否□
	6		是□　否□
	7		是□　否□
	8		是□　否□
	9		是□　否□
	10		是□　否□
教师完成	1	安全可行	是□　否□
	2	步骤可行	是□　否□
	3	时间可行	是□　否□
	4	成本可行	是□　否□

三、工作准备

以小组为单位，完成设备、工具和资料准备自检表（表 1-6-3）。

表 1-6-3　设备、工具和资料准备自检表

序号	设备、工具、资料名称	数量	设备及工具是否完好
1			是□　否□
2			是□　否□
3			是□　否□
4			是□　否□
5			是□　否□
6			是□　否□
7			是□　否□
8			是□　否□

四、过程记录

以小组为单位，完成电动汽车空调制冷能力差故障检查工作单（表 1-6-4）。测量物理量时，写出的数值要带单位，不是测量物理量的操作，不用填测量数值。

表 1-6-4　电动汽车空调制冷能力差故障检查工作单

序号	检查或测量项目名称	测量数值	是否正常
1			是□　否□
2			是□　否□
3			是□　否□
4			是□　否□
5			是□　否□
6			是□　否□
7			是□　否□
8			是□　否□
9			是□　否□
10			是□　否□
11			是□　否□
12			是□　否□
13			是□　否□
14			是□　否□
15			是□　否□
16			是□　否□
17			是□　否□
18			是□　否□
19			是□　否□
20			是□　否□
21			是□　否□
22			是□　否□

五、评价反馈

以小组为单位对本小组的操作过程与操作结果进行自评，并将结果填入小组自评表（表 1-6-5）中。小组自评要能承受小组间互评的考验，若互评阶段被其他小组找出扣分项，则扣分加倍。

表 1-6-5　小组自评表

班级			组别	
日期			指导教师	
实践任务名称				
全体组员姓名				
评价项目		评价标准	分值	得分
考勤（10%）		小组少1人，扣5分	10	
工作过程（60%）	计划制订合理	工作方案合理可行，一次通过不扣分，每多1次评估通过扣5分	20	
	任务实施	故障现象描述，错误1次扣5分	20	
		检查或判断，错误1次扣5分	10	
		测量或判断，错误1次扣5分	10	
	工作态度	认真严谨，积极主动，安全生产，文明施工，违反1项1次扣1分	5	
	工作质量	能按照工作方案操作，按计划完成工作任务，未完成扣3分	5	
	团队合作	与小组成员、同学之间能合作交流、协调工作，违反1项1次扣1分	5	
项目成果（30%）	工作完整	不能按时完成工作任务的所有环节，扣5分	5	
	工作规范	在整个操作过程中出现不规范操作，1次扣1分	5	
	汇报展示	能准确表达、汇报工作成果，差一级减1分	5	
合计			100	

总结与反思

（如：学习过程中遇到什么问题→如何解决的/解决不了的原因→心得体会）

实践任务 7 防盗未通过的故障解决

一、小组分工

按照所学知识内容，进行工作任务分配，并填写表 1-7-1。

表 1-7-1 工作任务分配

班级		组号		指导教师	
组长		学号			
组员角色分配					
操作员 1		学号			
操作员 2		学号			
记录员		学号			
安全员		学号			
任务分工					

（就组织讨论、工具准备、数据采集、数据记录、安全监督、成果展示等工作内容进行任务分工）

二、维修方案合理性评估和纠正

教师提供资料或相类似的视频进行提示，以帮助学生完成主要操作步骤填写用表（表 1-7-2）。教师评估通过后，方可进行具体操作。任务实施中若有改变需经教师再次评估，以确认安全性和可行性。

表 1-7-2　主要操作步骤填写用表

内容	序号	为解决问题的主要操作步骤	是否通过
学生完成	1		是□　否□
	2		是□　否□
	3		是□　否□
	4		是□　否□
	5		是□　否□
	6		是□　否□
	7		是□　否□
	8		是□　否□
	9		是□　否□
教师完成	1	安全可行	是□　否□
	2	步骤可行	是□　否□
	3	时间可行	是□　否□
	4	成本可行	是□　否□

三、工作准备

以小组为单位，完成设备、工具和资料准备自检表（表 1-7-3）。

表 1-7-3　设备、工具和资料准备自检表

序号	设备、工具、资料名称	数量	设备及工具是否完好
1			是□　否□
2			是□　否□
3			是□　否□
4			是□　否□
5			是□　否□
6			是□　否□
7			是□　否□
8			是□　否□

四、过程记录

以小组为单位，完成防盗未通过的故障检查工作单（表 1-7-4）。

表 1-7-4 防盗未通过的故障检查工作单

序号	故障现象、检查或测量项目名称	测量数值	是否正常
1			是□ 否□
2			是□ 否□
3			是□ 否□
4			是□ 否□
5			是□ 否□
6			是□ 否□
7			是□ 否□
8			是□ 否□
9			是□ 否□
10			是□ 否□
11			是□ 否□
12			是□ 否□
13			是□ 否□
14			是□ 否□
15			是□ 否□
16			是□ 否□
17			是□ 否□
18			是□ 否□
19			是□ 否□
20			是□ 否□
21			是□ 否□
22			是□ 否□
23			是□ 否□
24			是□ 否□

五、评价反馈

以小组为单位对本小组的操作过程与操作结果进行自评，并将结果填入小组自评表（表 1-7-5）中。小组自评要能承受小组间互评的考验，若互评阶段被其他小组找出扣分项，则扣分加倍。

表 1-7-5　小组自评表

班级			组别		
日期			指导教师		
实践任务名称					
全体组员姓名					
评价项目		评价标准		分值	得分
考勤（10%）		小组少 1 人，扣 5 分		10	
工作过程（60%）	计划制订合理	工作方案合理可行，一次通过不扣分，每多 1 次评估通过扣 5 分		20	
	任务实施	故障现象，错误 1 次扣 5 分		20	
		检查或判断，错误 1 次扣 5 分		10	
		测量或判断，错误 1 次扣 5 分		10	
	工作态度	认真严谨，积极主动，安全生产，文明施工，违反 1 项 1 次扣 1 分		5	
	工作质量	能按照工作方案操作，按计划完成工作任务，未完成扣 3 分		5	
	团队合作	与小组成员、同学之间能合作交流、协调工作，违反 1 项 1 次扣 1 分		5	
项目成果（30%）	工作完整	不能按时完成工作任务的所有环节，扣 5 分		5	
	工作规范	在整个操作过程中出现不规范操作，1 次扣 1 分		5	
	汇报展示	能准确表达、汇报工作成果，差一级减 1 分		5	
合计				100	

总结与反思

（如：学习过程中遇到什么问题→如何解决的 / 解决不了的原因→心得体会）

实践任务 8 电动车窗故障的解决

一、小组分工

按照所学知识内容，进行工作任务分配，并填写表 1-8-1。

表 1-8-1 工作任务分配

班级		组号		指导教师	
组长		学号			
组员角色分配					
操作员 1		学号			
操作员 2		学号			
记录员		学号			
安全员		学号			
任务分工					

（就组织讨论、工具准备、数据采集、数据记录、安全监督、成果展示等工作内容进行任务分工）

二、维修方案合理性评估和纠正

教师提供资料或相类似的视频进行提示，以帮助学生完成主要操作步骤填写用表（表 1-8-2）。教师评估通过后，方可进行具体操作。任务实施中若有改变需经教师再次评估，以确认安全性和可行性。

表 1-8-2　主要操作步骤填写用表

内容	序号	为解决问题的主要操作步骤	是否通过
学生完成	1		是☐　否☐
	2		是☐　否☐
	3		是☐　否☐
	4		是☐　否☐
	5		是☐　否☐
	6		是☐　否☐
	7		是☐　否☐
	8		是☐　否☐
	9		是☐　否☐
	10		是☐　否☐
教师完成	1	安全可行	是☐　否☐
	2	步骤可行	是☐　否☐
	3	时间可行	是☐　否☐
	4	成本可行	是☐　否☐

三、工作准备

以小组为单位，完成设备、工具和资料准备自检表（表 1-8-3）。

表 1-8-3　设备、工具和资料准备自检表

序号	设备、工具、资料名称	数量	设备及工具是否完好
1			是☐　否☐
2			是☐　否☐
3			是☐　否☐
4			是☐　否☐
5			是☐　否☐
6			是☐　否☐
7			是☐　否☐
8			是☐　否☐

四、过程记录

以小组为单位，完成电动窗故障检查工作单（表 1-8-4），有测量数据时需要填测量数值。

表 1-8-4　电动窗故障检查工作单

序号	现象、检查或测量项目名称	测量数值	是否正常
1			是☐　否☐
2			是☐　否☐
3			是☐　否☐
4			是☐　否☐
5			是☐　否☐
6			是☐　否☐
7			是☐　否☐
8			是☐　否☐
9			是☐　否☐
10			是☐　否☐
11			是☐　否☐
12			是☐　否☐
13			是☐　否☐
14			是☐　否☐
15			是☐　否☐
16			是☐　否☐
17			是☐　否☐
18			是☐　否☐
19			是☐　否☐
20			是☐　否☐
21			是☐　否☐
22			是☐　否☐
23			是☐　否☐
24			是☐　否☐

五、评价反馈

以小组为单位对本小组的操作过程与操作结果进行自评，并将结果填入小组自评表（表 1-8-5）中。小组自评要能承受小组间互评的考验，若互评阶段被其他小组找出扣分项，则扣分加倍。

表1-8-5 小组自评表

班级			组别	
日期			指导教师	
实践任务名称				
全体组员姓名				
评价项目		评价标准	分值	得分
考勤（10%）		小组少1人，扣5分	10	
工作过程（60%）	计划制订合理	工作方案合理可行，一次通过不扣分，每多1次评估通过扣5分	20	
	任务实施	故障现象，错误1次扣10分	20	
		检查或判断，错误1次扣5分	10	
		测量或判断，错误1次扣5分	10	
	工作态度	认真严谨，积极主动，安全生产，文明施工，违反1项1次扣1分	5	
	工作质量	能按照工作方案操作，按计划完成工作任务，未完成扣3分	5	
	团队合作	与小组成员、同学之间能合作交流、协调工作，违反1项1次扣1分	5	
项目成果（30%）	工作完整	不能按时完成工作任务的所有环节，扣5分	5	
	工作规范	在整个操作过程中出现不规范操作，1次扣1分	5	
	汇报展示	能准确表达、汇报工作成果，差一级减1分	5	
合计			100	
总结与反思				

（如：学习过程中遇到什么问题→如何解决的/解决不了的原因→心得体会）

实践任务 9 电动座椅故障的排除

一、小组分工

按照所学知识内容，进行工作任务分配，并填写表 1-9-1。

表 1-9-1 工作任务分配

班级		组号		指导教师	
组长		学号			
组员角色分配					
操作员 1		学号			
操作员 2		学号			
记录员		学号			
安全员		学号			
任务分工					

（就组织讨论、工具准备、数据采集、数据记录、安全监督、成果展示等工作内容进行任务分工）

二、维修方案合理性评估和纠正

教师提供资料或相类似的视频进行提示，以帮助学生完成主要操作步骤填写用表（表 1-9-2）。教师评估通过后，方可进行具体操作。任务实施中若有改变需经教师再次评估，以确认安全性和可行性。

表 1-9-2　主要操作步骤填写用表

内容	序号	为解决问题的主要操作步骤	是否通过
学生完成	1		是□　否□
	2		是□　否□
	3		是□　否□
	4		是□　否□
	5		是□　否□
	6		是□　否□
	7		是□　否□
	8		是□　否□
	9		是□　否□
	10		是□　否□
教师完成	1	安全可行	是□　否□
	2	步骤可行	是□　否□
	3	时间可行	是□　否□
	4	成本可行	是□　否□

三、工作准备

以小组为单位，完成设备、工具和资料准备自检表（表 1-9-3）。

表 1-9-3　设备、工具和资料准备自检表

序号	设备、工具、资料名称	数量	设备及工具是否完好
1			是□　否□
2			是□　否□
3			是□　否□
4			是□　否□
5			是□　否□
6			是□　否□
7			是□　否□
8			是□　否□

四、过程记录

以小组为单位，完成电动座椅故障检查工作单（表 1-9-4）。

表 1-9-4　电动座椅故障检查工作单

序号	故障现象、检查或测量项目名称	测量数值	是否正常
1			是□　否□
2			是□　否□
3			是□　否□
4			是□　否□
5			是□　否□
6			是□　否□
7			是□　否□
8			是□　否□
9			是□　否□
10			是□　否□
11			是□　否□
12			是□　否□
13			是□　否□
14			是□　否□
15			是□　否□
16			是□　否□
17			是□　否□
18			是□　否□
19			是□　否□
20			是□　否□
21			是□　否□
22			是□　否□
23			是□　否□
24			是□　否□

五、评价反馈

以小组为单位对本小组的操作过程与操作结果进行自评，并将结果填入小组自评表（表 1-9-5）中。小组自评要能承受小组间互评的考验，若互评阶段被其他小组找出扣分项，则扣分加倍。

表 1-9-5　小组自评表

班级			组别	
日期			指导教师	
实践任务名称				
全体组员姓名				
评价项目		评价标准	分值	得分
考勤（10%）		小组少1人，扣5分	10	
工作过程（60%）	计划制订合理	工作方案合理可行，一次通过不扣分，每多1次评估通过扣5分	20	
	任务实施	故障现象，错误1次扣10分	20	
		检查或判断，错误1次扣5分	10	
		测量或判断，错误1次扣5分	10	
	工作态度	认真严谨，积极主动，安全生产，文明施工，违反1项1次扣1分	5	
	工作质量	能按照工作方案操作，按计划完成工作任务，未完成扣3分	5	
	团队合作	与小组成员、同学之间能合作交流、协调工作，违反1项1次扣1分	5	
项目成果（30%）	工作完整	不能按时完成工作任务的所有环节，扣5分	5	
	工作规范	在整个操作过程中出现不规范操作，1次扣1分	5	
	汇报展示	能准确表达、汇报工作成果，差一级减1分	5	
合计			100	
总结与反思				

（如：学习过程中遇到什么问题→如何解决的/解决不了的原因→心得体会）

实践任务 10　音响漏电故障的排除

一、小组分工

按照所学知识内容，进行工作任务分配，并填写表 1-10-1。

表 1-10-1　工作任务分配

班级		组号		指导教师	
组长		学号			
组员角色分配					
操作员 1		学号			
操作员 2		学号			
记录员		学号			
安全员		学号			
任务分工					

（就组织讨论、工具准备、数据采集、数据记录、安全监督、成果展示等工作内容进行任务分工）

二、维修方案合理性评估和纠正

教师提供资料或相类似的视频进行提示，以帮助学生完成主要操作步骤填写用表（表 1-10-2）。教师评估通过后，方可进行具体操作。任务实施中若有改变需经教师再次评估，以确认安全性和可行性。

表 1-10-2　主要操作步骤填写用表

内容	序号	为解决问题的主要操作步骤	是否通过
学生完成	1		是☐　否☐
	2		是☐　否☐
	3		是☐　否☐
	4		是☐　否☐
	5		是☐　否☐
	6		是☐　否☐
	7		是☐　否☐
	8		是☐　否☐
	9		是☐　否☐
	10		是☐　否☐
教师完成	1	安全可行	是☐　否☐
	2	步骤可行	是☐　否☐
	3	时间可行	是☐　否☐
	4	成本可行	是☐　否☐

三、工作准备

以小组为单位，完成设备、工具和资料准备自检表（表 1-10-3）。

表 1-10-3　设备、工具和资料准备自检表

序号	设备、工具、资料名称	数量	设备及工具是否完好
1			是☐　否☐
2			是☐　否☐
3			是☐　否☐
4			是☐　否☐
5			是☐　否☐
6			是☐　否☐
7			是☐　否☐
8			是☐　否☐

四、过程记录

以小组为单位，完成音响漏电故障检查工作单（表 1-10-4）。

表 1-10-4　音响漏电故障检查工作单

序号	检查或测量项目名称	测量数值	是否正常
1			是□　否□
2			是□　否□
3			是□　否□
4			是□　否□
5			是□　否□
6			是□　否□
7			是□　否□
8			是□　否□
9			是□　否□
10			是□　否□
11			是□　否□
12			是□　否□
13			是□　否□
14			是□　否□
15			是□　否□
16			是□　否□
17			是□　否□
18			是□　否□
19			是□　否□
20			是□　否□
21			是□　否□
22			是□　否□
23			是□　否□
24			是□　否□

五、评价反馈

以小组为单位对本小组的操作过程与操作结果进行自评，并将结果填入小组自评表（表 1-10-5）中。小组自评要能承受小组间互评的考验，若互评阶段被其他小组找出扣分项，则扣分加倍。

表 1-10-5　小组自评表

班级			组别	
日期			指导教师	
实践任务名称				
全体组员姓名				
评价项目		评价标准		分值	得分
考勤（10%）		小组少1人，扣5分		10	
工作过程（60%）	计划制订合理	工作方案合理可行，一次通过不扣分，每多1次评估通过扣5分		20	
	任务实施	故障现象，错误1次扣10分		20	
		检查或判断，错误1次扣5分		10	
		测量或判断，错误1次扣5分		10	
	工作态度	认真严谨，积极主动，安全生产，文明施工，违反1项1次扣1分		5	
	工作质量	能按照工作方案操作，按计划完成工作任务，未完成扣3分		5	
	团队合作	与小组成员、同学之间能合作交流、协调工作，违反1项1次扣1分		5	
项目成果（30%）	工作完整	不能按时完成工作任务的所有环节，扣5分		5	
	工作规范	在整个操作过程中出现不规范操作，1次扣1分		5	
	汇报展示	能准确表达、汇报工作成果，差一级减1分		5	
合计				100	

总结与反思

（如：学习过程中遇到什么问题→如何解决的/解决不了的原因→心得体会）

二、工作任务单

工作任务单 1	铅酸蓄电池检测	班级：
		姓名：

1. 车辆信息记录

品牌		整车型号		生产年月	
电机型号		动力蓄电池容量		续驶里程	
车辆识别码					

2. 车辆基本检查

检查项目	检查情况	
安全防护		是□　否□
辅助蓄电池电压		异常□　正常□
高压部件安装及插接器连接情况		异常□　正常□
膨胀水箱液位		异常□　正常□

3. 故障现象记录

诊断项目	诊断内容
确认故障现象	

4. 读取相关故障码

诊断项目	诊断内容
相关故障码描述	

5. 记录相关主要数据流

诊断项目	诊断内容
相关数据流描述	

6. 故障范围分析

诊断项目	诊断内容
故障初步诊断范围	

（续）

7. 故障检测过程			
步骤	检测项目	测量结果或操作	结果分析
12V 蓄电池检测			
1	准备蓄电池功率放电计或蓄电池检测仪		
2	对待检蓄电池进行充电至 12.0V 以上（充不进电的电池直接判定为有问题，不用检测）		
3	第一种方法：用蓄电池功率放电计进行放电测试		
4	将蓄电池功率放电计连接到蓄电池上，按下蓄电池功率放电计的开关，观察电流表指针是否在绿区		
5	第二种方法：用蓄电池检测仪进行测试		
6	按蓄电池检测仪屏幕引导进行		
更换 12V 蓄电池			
1	关闭点火开关		
2	打开前机舱盖		
3	先拆下蓄电池负极电缆		
4	再拆下蓄电池正极电缆		
5	拆下蓄电池底部固定螺钉		
6	取出蓄电池		
7	放入新蓄电池		
8	安装正极电缆		
9	安装负极电缆		

8. 故障诊断结论	
确认故障部位	
故障机理描述	

9. 维修处理方法	
维修建议	零部件 / 总成　　维修□　更换□
维修工时	

工作任务单 2	休眠电流检测	班级： 姓名：

1. 车辆信息记录

品牌		整车型号		生产年月	
电机型号		动力蓄电池容量		续驶里程	
车辆识别码					

2. 车辆基本检查

检查项目	检查情况	
安全防护		是□　　否□
辅助蓄电池电压		异常□　正常□
高压部件安装及插接器连接情况		异常□　正常□
膨胀水箱液位		异常□　正常□

3. 故障现象记录

诊断项目	诊断内容
确认故障现象	

4. 读取相关故障码

诊断项目	诊断内容
相关故障码描述	

5. 记录相关主要数据流

诊断项目	诊断内容
相关数据流描述	

6. 故障范围分析

诊断项目	诊断内容
故障初步诊断范围	

（续）

7. 故障检测过程

步骤	检测项目	测量结果或操作	结果分析
休眠电流检测			
1	关闭点火开关		
2	拆下蓄电池负极电缆		
3	用引线是带夹子的电流表，将电流表两端的线夹子串入蓄电池负极和负极电缆之间，注意电流方向		
4	用螺丝刀压下前机舱锁		
5	关闭车门并遥控锁车，将遥控器放置在离车较远的地方（5m以上）		
6	观察电流表数值下降情况，若5min以上仍不能下降到30mA以下说明有漏电部位		
漏电位置检查			
1	拔熔丝，若电流降至30mA以下，说明漏电发生在此电路		
2	在熔丝下游查找隐性工作元件		

8. 故障诊断结论

确认故障部位	
故障机理描述	

9. 维修处理方法

维修建议	零部件/总成　　维修□　更换□
维修工时	

工作任务单 3	熔丝、继电器检测及更换	班级：
		姓名：

1. 车辆信息记录

品牌		整车型号		生产年月	
电机型号		动力蓄电池容量		续驶里程	
车辆识别码					

2. 车辆基本检查

检查项目	检查情况	
安全防护		是□　否□
辅助蓄电池电压		异常□　正常□
高压部件安装及插接器连接情况		异常□　正常□
膨胀水箱液位		异常□　正常□

3. 故障现象记录

诊断项目	诊断内容
确认故障现象	

4. 读取相关故障码

诊断项目	诊断内容
相关故障码描述	

5. 记录相关主要数据流

诊断项目	诊断内容
相关数据流描述	

6. 故障范围分析

诊断项目	诊断内容
故障初步诊断范围	

（续）

7. 故障检测过程

步骤	检测项目	测量结果或操作	结果分析
1	打开点火开关		
2	万用表打到直流电压档		
3	测量熔丝的上游对地电压		
4	测量熔丝的下游对地电压		
5	关闭点火开关		
6	取出熔断的熔丝		
7	插入新的熔丝		
8	打开点火开关		

8. 故障诊断结论

确认故障部位	
故障机理描述	

9. 维修处理方法

维修建议	零部件 / 总成　　维修□　更换□
维修工时	

工作任务单 4	高压系统下电规范操作	班级：
		姓名：

1. 车辆信息记录

品牌		整车型号		生产年月	
电机型号		动力蓄电池容量		续驶里程	
车辆识别码					

2. 车辆基本检查

检查项目	检查情况	
安全防护		是□　　否□
辅助蓄电池电压		异常□　　正常□
高压部件安装及插接器连接情况		异常□　　正常□
膨胀水箱液位		异常□　　正常□

3. 故障现象记录

诊断项目	诊断内容
确认故障现象	

4. 读取相关故障码

诊断项目	诊断内容
相关故障码描述	

5. 记录相关主要数据流

诊断项目	诊断内容
相关数据流描述	

（续）

6. 故障范围分析

诊断项目	诊断内容
故障初步诊断范围	

7. 故障检测过程

步骤	检测项目	测量结果	结果分析
1	关掉点火开关		
2	断开蓄电池负极		
3	拆下高压检修塞把手（对于没有高压检修塞的拆下低压检修塞把手）		
4	等待电容放电		
5	高压下电结束		

8. 故障诊断结论

确认故障部位	
故障机理描述	

9. 维修处理方法

维修建议	零部件/总成　维修□ 更换□
维修工时	

工作任务单 5	常用检测工具使用	班级：
		姓名：

1. 车辆信息记录

品牌		整车型号		生产年月	
电机型号		动力蓄电池容量		续驶里程	
车辆识别码					

2. 车辆基本检查

检查项目	检查情况	
安全防护		是□ 否□
辅助蓄电池电压		异常□ 正常□
高压部件安装及插接器连接情况		异常□ 正常□
膨胀水箱液位		异常□ 正常□

3. 故障现象记录

诊断项目	诊断内容
确认故障现象	

4. 读取相关故障码

诊断项目	诊断内容
相关故障码描述	

5. 记录相关主要数据流

诊断项目	诊断内容
相关数据流描述	

6. 故障范围分析

诊断项目	诊断内容
故障初步诊断范围	

（续）

步骤	检测项目	测量结果或操作	结果分析
7. 故障检测过程			
	常用检测工具的使用		
1	用万用表检测熔丝电阻		
2	用万用表检测色环电阻		
3	用万用表检测蓄电池电压		
4	用万用表检测220V交流电电压、并切换至测频率档测交流电频率		
5	用万用表电压档检测风扇电机PWM端子，并切换至占空比档，读出占空比数值		
6	用万用表电压档检测二极管正向导通电压		
7	用万用表电压档检测电容容量		
	线路维修		
1	准备汽车导线、尖嘴钳、扒线钳、热缩管、汽车电线专用绝缘胶布及打火机		
2	用尖嘴钳制作4根100mm的导线，用扒线钳扒掉导线的绝缘皮		
3	每两根用指定绕线接法进行绕制连接		
4	第一条导线用绝缘胶布缠绕		
5	第二条导线用热缩管加热法连接		

8. 故障诊断结论

确认故障部位	
故障机理描述	

9. 维修处理方法

维修建议	零部件/总成　　维修□ 更换□
维修工时	

工作任务单 6	车外照明系统检测与维修	班级：
		姓名：

1. 车辆信息记录

品牌		整车型号		生产年月	
电机型号		动力蓄电池容量		续驶里程	
车辆识别码					

2. 车辆基本检查

检查项目	检查情况	
安全防护		是□　　否□
辅助蓄电池电压		异常□　　正常□
高压部件安装及插接器连接情况		异常□　　正常□
膨胀水箱液位		异常□　　正常□

3. 故障现象记录

诊断项目	诊断内容
确认故障现象	

4. 读取相关故障码

诊断项目	诊断内容
相关故障码描述	

5. 记录相关主要数据流

诊断项目	诊断内容
相关数据流描述	

6. 故障范围分析

诊断项目	诊断内容
故障初步诊断范围	

（续）

步骤	检测项目	测量结果或操作	结果分析
	**7. 故障检测过程**		
	**更换前照灯总成**		
1	关掉点火开关		
2	脱开前照灯总成线束		
3	拆卸保险杠		
4	拆前照灯下部螺栓		
5	拆前照灯上部螺栓		
6	取下前照灯，更换新的前照灯总成		
7	装上新前照灯总成上、下螺栓		
	**前照灯的检测与调整**		
1	将车开上灯光检测线		
2	按屏幕提示调整前照灯总成调节杆		
	**前照灯及辅助灯的诊断与分析**		
1	打到示宽灯档位，检查灯光		
2	打到近光灯档位，检查灯光		
3	打到远光灯档位，检查灯光		
4	打到左转向灯档位，检查灯光		
5	打到右转向灯档位，检查灯光		
6	向左打方向盘，检查灯光		
7	照明灯或信号灯不亮，检查灯泡		
8	检查相应的熔丝		
9	检查相应的接地		
10	更换灯光开关		

8. 故障诊断结论

确认故障部位	
故障机理描述	

9. 维修处理方法

维修建议	零部件/总成　　维修□　更换□
维修工时	

工作任务单 7	转向及信号灯检修	班级：
		姓名：

1. 车辆信息记录

品牌		整车型号		生产年月	
电机型号		动力蓄电池容量		续驶里程	
车辆识别码					

2. 车辆基本检查

检查项目	检查情况	
安全防护		是□　　否□
辅助蓄电池电压		异常□　正常□
高压部件安装及插接器连接情况		异常□　正常□
膨胀水箱液位		异常□　正常□

3. 故障现象记录

诊断项目	诊断内容
确认故障现象	

4. 读取相关故障码

诊断项目	诊断内容
相关故障码描述	

5. 记录相关主要数据流

诊断项目	诊断内容
相关数据流描述	

6. 故障范围分析

诊断项目	诊断内容
故障初步诊断范围	

（续）

7. 故障检测过程			
步骤	检测项目	测量结果或操作	结果分析
转向及信号系统故障码、数据流读取			
1	打开转向灯开关，对转向灯进行检查		
2	用诊断仪进行 BCM 读取故障码		
3	读取转向开关数流，并进行转向灯开关操作		
4	读取制动开关数流，并进行制动操作		
转向灯线路的检修			
1	根据电路图，检查转向灯熔丝是否熔断		
2	用万用表电压档检查转向灯熔丝下游电路是否有断路		
制动灯线路的检修			
1	根据电路图，检查制动灯熔丝是否熔断		
2	用万用表电压档检查制动灯熔丝下游电路是否有断路		

8. 故障诊断结论	
确认故障部位	
故障机理描述	

9. 维修处理方法	
维修建议	零部件 / 总成　　维修□　更换□
维修工时	

工作任务单 8	车内灯检测与维修	班级： 姓名：

1. 车辆信息记录

品牌		整车型号		生产年月	
电机型号		动力蓄电池容量		续驶里程	
车辆识别码					

2. 车辆基本检查

检查项目	检查情况	
安全防护		是□　　否□
辅助蓄电池电压		异常□　正常□
高压部件安装及插接器连接情况		异常□　正常□
膨胀水箱液位		异常□　正常□

3. 故障现象记录

诊断项目	诊断内容
确认故障现象	

4. 读取相关故障码

诊断项目	诊断内容
相关故障码描述	

5. 记录相关主要数据流

诊断项目	诊断内容
相关数据流描述	

6. 故障范围分析

诊断项目	诊断内容
故障初步诊断范围	

（续）

步骤	检测项目	测量结果或操作	结果分析
7. 故障检测过程			
	阅读灯线路的检修		
1	打开阅读灯开关，检查灯是否亮		
2	检查阅读灯熔丝		
3	取下熔丝，用万用表电压档测量阅读灯熔丝下游是否是通路		
4	断路时，检查灯泡		
5	灯泡完好，检查线路		
	氛围灯线路的检修		
1	打开车门，检查氛围灯是否亮		
2	检查氛围灯熔丝		
3	取下熔丝，用万用表电压档测量氛围灯熔丝下游是否是通路		
4	断路时，检查灯泡		
5	灯泡完好，检查线路		

8. 故障诊断结论

确认故障部位	
故障机理描述	

9. 维修处理方法

维修建议	零部件/总成　　维修□ 更换□
维修工时	

| 工作任务单 9 | 刮水器系统检修 | 班级： |
| | | 姓名： |

1. 车辆信息记录

品牌		整车型号		生产年月	
电机型号		动力蓄电池容量		续驶里程	
车辆识别码					

2. 车辆基本检查

检查项目	检查情况	
安全防护		是□　否□
辅助蓄电池电压		异常□　正常□
高压部件安装及插接器连接情况		异常□　正常□
膨胀水箱液位		异常□　正常□

3. 故障现象记录

诊断项目	诊断内容
确认故障现象	

4. 读取相关故障码

诊断项目	诊断内容
相关故障码描述	

5. 记录相关主要数据流

诊断项目	诊断内容
相关数据流描述	

（续）

6. 故障范围分析

诊断项目	诊断内容
故障初步诊断范围	

7. 故障检测过程

步骤	检测项目	测量结果或操作	结果分析
更换车窗清洗装置			
1	检查刮水片		
2	拆下刮水片		
3	装上新的刮水片		
刮水片不复位故障的诊断			
1	检查电机的接地情况		
2	检查复位开关		
3	检查刮水器开关内的接触片		

8. 故障诊断结论

确认故障部位	
故障机理描述	

9. 维修处理方法

维修建议	零部件 / 总成　　维修□　更换□
维修工时	

| 工作任务单 10 | 汽车仪表的检修 | 班级： |
| | | 姓名： |

1. 车辆信息记录

品牌		整车型号		生产年月	
电机型号		动力蓄电池容量		续驶里程	
车辆识别码					

2. 车辆基本检查

检查项目	检查情况	
安全防护		是☐　　否☐
辅助蓄电池电压		异常☐　正常☐
高压部件安装及插接器连接情况		异常☐　正常☐
膨胀水箱液位		异常☐　正常☐

3. 故障现象记录

诊断项目	诊断内容
确认故障现象	

4. 读取相关故障码

诊断项目	诊断内容
相关故障码描述	

5. 记录相关主要数据流

诊断项目	诊断内容
相关数据流描述	

（续）

6. 故障范围分析	
诊断项目	**诊断内容**
故障初步诊断范围	

7. 故障检测过程

步骤	检测项目	测量结果或操作	结果分析
1	连接诊断仪到 OBD 接口		
2	打开诊断仪		
3	打开点火开关		
4	进入仪表控制器		
5	对各仪表进行主动驱动测试		
6	对各指示灯进行主动驱动测试		

8. 故障诊断结论

确认故障部位	
故障机理描述	

9. 维修处理方法

维修建议	零部件 / 总成　　维修□　更换□
维修工时	

| 工作任务单 11 | 空调系统检查保养 | 班级： |
| | | 姓名： |

1. 车辆信息记录

品牌		整车型号		生产年月	
电机型号		动力蓄电池容量		续驶里程	
车辆识别码					

2. 车辆基本检查

检查项目	检查情况	
安全防护		是□　否□
辅助蓄电池电压		异常□　正常□
高压部件安装及插接器连接情况		异常□　正常□
膨胀水箱液位		异常□　正常□

3. 故障现象记录

诊断项目	诊断内容
确认故障现象	

4. 读取相关故障码

诊断项目	诊断内容
相关故障码描述	

5. 记录相关主要数据流

诊断项目	诊断内容
相关数据流描述	

6. 故障范围分析

诊断项目	诊断内容
故障初步诊断范围	

（续）

7. 故障检测过程			
步骤	检测项目	测量结果或操作	结果分析
保养空调系统			
1	检查冷凝器是否堵塞		
2	检查蒸发器是否有异味		
3	通过视液镜检查制冷剂的量		
4	更换空调滤芯		
制冷剂泄漏排查			
1	将稀释的肥皂水涂抹在空调各管接头上，观察是否有气泡		
2	用空调压力表检查空调系统压力		
3	学习其他制冷剂泄漏的检查方法		
空调制冷功率检测			
1	打开空调开关		
2	将温度调至最冷		
3	将鼓风机风量调至最大		
4	测量出风口温度，应在10℃以下		

8. 故障诊断结论	
确认故障部位	
故障机理描述	

9. 维修处理方法	
维修建议	零部件/总成　维修□ 更换□
维修工时	

工作任务单 12	空调系统维修	班级：
		姓名：

1. 车辆信息记录

品牌		整车型号		生产年月	
电机型号		动力蓄电池容量		续驶里程	
车辆识别码					

2. 车辆基本检查

检查项目	检查情况	
安全防护		是□　　否□
辅助蓄电池电压		异常□　正常□
高压部件安装及插接器连接情况		异常□　正常□
膨胀水箱液位		异常□　正常□

3. 故障现象记录

诊断项目	诊断内容
确认故障现象	

4. 读取相关故障码

诊断项目	诊断内容
相关故障码描述	

5. 记录相关主要数据流

诊断项目	诊断内容
相关数据流描述	

6. 故障范围分析

诊断项目	诊断内容
故障初步诊断范围	

（续）

7. 故障检测过程			
步骤	检测项目	测量结果或操作	结果分析
更换空调压缩机			
1	用制冷剂回收加注机放出制冷剂		
2	检查测试管路中是否仍有压力存在		
3	无压力存在状态下拆开空调压缩机高、低压连接管		
4	取下压缩机		
5	换上新的压缩机，紧固高、低压管路		
6	用制冷剂回收加注机抽真空，并设定加注制冷剂的量，并确定加注冷冻机油的量，按自动按钮		
7	工作完毕		
更换PTC			
1	关闭点火开关		
2	断开蓄电池负极		
3	取下高压或低压检修塞		
4	等待放电		
5	脱开PTC低压线束		
6	脱开PTC高压线束		
7	脱开PTC水管		
8	拆下PTC固定的螺栓，取出PTC		
9	更换新的PTC		
10	逆序安装		
11	补加损失的冷却液		

8. 故障诊断结论	
确认故障部位	
故障机理描述	

9. 维修处理方法	
维修建议	零部件/总成　　维修□　更换□
维修工时	

| 工作任务单 13 | 空调电气故障诊断与分析 | 班级： | |
| | | 姓名： | |

1. 车辆信息记录

品牌		整车型号		生产年月	
电机型号		动力蓄电池容量		续驶里程	
车辆识别码					

2. 车辆基本检查

检查项目	检查情况	
安全防护		是□　　否□
辅助蓄电池电压		异常□　正常□
高压部件安装及插接器连接情况		异常□　正常□
膨胀水箱液位		异常□　正常□

3. 故障现象记录

诊断项目	诊断内容
确认故障现象	

4. 读取相关故障码

诊断项目	诊断内容
相关故障码描述	

5. 记录相关主要数据流

诊断项目	诊断内容
相关数据流描述	

6. 故障范围分析

诊断项目	诊断内容
故障初步诊断范围	

（续）

7. 故障检测过程			
步骤	检测项目	测量结果或操作	结果分析
压缩机不工作的诊断与分析			
1	用压力表或压力传感器的数据流检查制冷剂的量		
2	根据电路图检查电路		
暖风控制故障的诊断与分析			
1	调节温度开关到最热		
2	打开鼓风机到最高档		
3	用手摸 PTC 输出水管是否有脉动及是否温热		
4	如果不热，检查 PTC 低压电路		
5	更换 PTC 总成		
通风系统故障的诊断与分析			
1	打开外循环开关		
2	打开模式开关到吹脸		
3	检查通风情况		

8. 故障诊断结论	
确认故障部位	
故障机理描述	

9. 维修处理方法	
维修建议	零部件 / 总成　维修□ 更换□
维修工时	

工作任务单 14 遥控及中控锁系统检修

班级：

姓名：

1. 车辆信息记录

品牌		整车型号		生产年月	
电机型号		动力蓄电池容量		续驶里程	
车辆识别码					

2. 车辆基本检查

检查项目	检查情况	
安全防护		是☐ 否☐
辅助蓄电池电压		异常☐ 正常☐
高压部件安装及插接器连接情况		异常☐ 正常☐
膨胀水箱液位		异常☐ 正常☐

3. 故障现象记录

诊断项目	诊断内容
确认故障现象	

4. 读取相关故障码

诊断项目	诊断内容
相关故障码描述	

5. 记录相关主要数据流

诊断项目	诊断内容
相关数据流描述	

（续）

6. 故障范围分析

诊断项目	诊断内容
故障初步诊断范围	

7. 故障检测过程

步骤	检测项目	测量结果或操作	结果分析
中控锁故障的诊断与分析			
1	遥控打开车门		
2	用机械钥匙打开车门		
3	两次开门作对比，判断是遥控器有问题，还是车门锁芯开关有问题		
4	根据电路图进行电路检查		
无钥匙进入故障的诊断与分析			
1	按车门微动开关，看车门是否打开		
2	若遥控能打开，按车门微动开关打不开，检查车门天线		
3	根据电路图进行电路检查		

8. 故障诊断结论

确认故障部位	
故障机理描述	

9. 维修处理方法

维修建议	零部件 / 总成　　维修□　更换□
维修工时	

工作任务单 15	电动车窗及天窗机构检修	班级： 姓名：

1. 车辆信息记录

品牌		整车型号		生产年月	
电机型号		动力蓄电池容量		续驶里程	
车辆识别码					

2. 车辆基本检查

检查项目	检查情况	
安全防护		是□　否□
辅助蓄电池电压		异常□　正常□
高压部件安装及插接器连接情况		异常□　正常□
膨胀水箱液位		异常□　正常□

3. 故障现象记录

诊断项目	诊断内容
确认故障现象	

4. 读取相关故障码

诊断项目	诊断内容
相关故障码描述	

5. 记录相关主要数据流

诊断项目	诊断内容
相关数据流描述	

6. 故障范围分析

诊断项目	诊断内容
故障初步诊断范围	

（续）

步骤	检测项目	测量结果或操作	结果分析
	7. 故障检测过程		
	更换电动车窗		
1	拆下内饰板		
2	拆下玻璃托架螺栓		
3	取下玻璃		
4	逆序安装		
	电动车窗的诊断与分析		
1	按上升键，检查是否有卡滞		
2	按下降键，检查是否有卡滞		
3	若电机不能动作，检查电路		
	电动车窗及天窗机构初始化		
1	手动将电动车窗升到最顶部（天窗至全闭合）		
2	手动将电动车窗降到最底部（天窗至全开启）		
3	测试单触功能是否恢复		

8. 故障诊断结论

确认故障部位	
故障机理描述	

9. 维修处理方法

维修建议	零部件/总成　　维修☐　更换☐
维修工时	

| 工作任务单 16 | 电动座椅调节系统检修 | 班级： |
| | | 姓名： |

1. 车辆信息记录

品牌		整车型号		生产年月	
电机型号		动力蓄电池容量		续驶里程	
车辆识别码					

2. 车辆基本检查

检查项目	检查情况	
安全防护		是□　　否□
辅助蓄电池电压		异常□　　正常□
高压部件安装及插接器连接情况		异常□　　正常□
膨胀水箱液位		异常□　　正常□

3. 故障现象记录

诊断项目	诊断内容
确认故障现象	

4. 读取相关故障码

诊断项目	诊断内容
相关故障码描述	

5. 记录相关主要数据流

诊断项目	诊断内容
相关数据流描述	

6. 故障范围分析

诊断项目	诊断内容
故障初步诊断范围	

（续）

7. 故障检测过程			
步骤	检测项目	测量结果或操作	结果分析
更换电动座椅			
1	拆下座椅后部螺栓		
2	向后调节座椅位置		
3	拆下座椅前部螺栓		
4	断开底椅底部线束		
5	从车内移出座椅		
电动座椅调节系统的诊断与分析			
1	前、后调节座椅		
2	上、下调节座椅前部		
3	上、下调节座椅后部		
4	若相应方向电机不动作，检查线路，再进行判别		
电动座椅调节系统初始化			
1	打开点火开关		
2	调节座椅到合适位置		
3	按存储按键进行存储		

8. 故障诊断结论	
确认故障部位	
故障机理描述	

9. 维修处理方法	
维修建议	零部件 / 总成　维修□ 更换□
维修工时	

工作任务单 17	汽车音响系统漏电的检修	班级:
		姓名:

1. 车辆信息记录

品牌		整车型号		生产年月	
电机型号		动力蓄电池容量		续驶里程	
车辆识别码					

2. 车辆基本检查

检查项目	检查情况	
安全防护		是□ 否□
辅助蓄电池电压		异常□ 正常□
高压部件安装及插接器连接情况		异常□ 正常□
膨胀水箱液位		异常□ 正常□

3. 故障现象记录

诊断项目	诊断内容
确认故障现象	

4. 读取相关故障码

诊断项目	诊断内容
相关故障码描述	

5. 记录相关主要数据流

诊断项目	诊断内容
相关数据流描述	

（续）

6. 故障范围分析

诊断项目	诊断内容
故障初步诊断范围	

7. 故障检测过程

步骤	检测项目	测量结果	结果分析
1	铅酸蓄电池是否亏电		
2	检查漏电电流是否较大		
3	取下音响的常供电熔丝		
4	再次检查漏电电流是否减小		

8. 故障诊断结论

确认故障部位	
故障机理描述	

9. 维修处理方法

维修建议	零部件 / 总成　维修□　更换□
维修工时	